Regionen und Regionalismus in den Internationalen Beziehungen

Simon Koschut
(Hrsg.)

Regionen und Regionalismus in den Internationalen Beziehungen

Eine Einführung

Herausgeber
Simon Koschut
Freie Universität Berlin
Berlin, Deutschland

ISBN 978-3-658-05433-5   ISBN 978-3-658-05434-2   (eBook)
DOI 10.1007/978-3-658-05434-2

Die Deutsche Nationalbibliothek verzeichnet diese Publikation in der Deutschen Nationalbibliografie; detaillierte bibliografische Daten sind im Internet über http://dnb.d-nb.de abrufbar.

Springer VS
© Springer Fachmedien Wiesbaden GmbH 2017
Das Werk einschließlich aller seiner Teile ist urheberrechtlich geschützt. Jede Verwertung, die nicht ausdrücklich vom Urheberrechtsgesetz zugelassen ist, bedarf der vorherigen Zustimmung des Verlags. Das gilt insbesondere für Vervielfältigungen, Bearbeitungen, Übersetzungen, Mikroverfilmungen und die Einspeicherung und Verarbeitung in elektronischen Systemen.
Die Wiedergabe von Gebrauchsnamen, Handelsnamen, Warenbezeichnungen usw. in diesem Werk berechtigt auch ohne besondere Kennzeichnung nicht zu der Annahme, dass solche Namen im Sinne der Warenzeichen- und Markenschutz-Gesetzgebung als frei zu betrachten wären und daher von jedermann benutzt werden dürften.
Der Verlag, die Autoren und die Herausgeber gehen davon aus, dass die Angaben und Informationen in diesem Werk zum Zeitpunkt der Veröffentlichung vollständig und korrekt sind. Weder der Verlag noch die Autoren oder die Herausgeber übernehmen, ausdrücklich oder implizit, Gewähr für den Inhalt des Werkes, etwaige Fehler oder Äußerungen. Der Verlag bleibt im Hinblick auf geografische Zuordnungen und Gebietsbezeichnungen in veröffentlichten Karten und Institutionsadressen neutral.

Lektorat: Dr. Jan Treibel

Gedruckt auf säurefreiem und chlorfrei gebleichtem Papier

Springer VS ist Teil von Springer Nature
Die eingetragene Gesellschaft ist Springer Fachmedien Wiesbaden GmbH
Die Anschrift der Gesellschaft ist: Abraham-Lincoln-Str. 46, 65189 Wiesbaden, Germany

Inhaltsverzeichnis

Einleitung.. 1
Simon Koschut

Teil I Theoretisch-konzeptionelle Perspektiven

Der Neue Regionalismus 21
Diana Panke

Vergleichende Regionalismusforschung........................... 39
Tobias Lenz und Kai Striebinger

Teil II Intraregionale Perspektiven

Europa 59
Simon Koschut

Eurasien... 75
Katharina Hoffmann

Naher und Mittlerer Osten 93
Stephan Stetter

Nordamerika... 113
Christian Lammert und Boris Vormann

Lateinamerika.. 127
Detlef Nolte

Afrika 145
Frank Mattheis

Asien 161
Christian Wagner

Teil III   Interregionale und vergleichende Perspektiven

Transpazifische Sicherheitsbeziehungen 181
Reinhard Wolf

**Transatlantische Handelsbeziehungen: TTIP
als geostrategisches, interregionales Projekt** 197
Andreas Falke

**Brasiliens Süd-Süd-Kooperation mit Afrika – eine
neue atlantische Partnerschaft?** 211
Christina Stolte

**Regionalisierung globaler Normen: ‚Human Security'
Ansätze von EU und AU** 227
Matthias Dembinski

**Die Kooperation zwischen EU und ASEAN
in der Terrorismusbekämpfung** 243
Felix Heiduk

Energie- und Umweltgovernance in der Arktis 257
Arne Riedel

Abkürzungsverzeichnis

A2AD	Anti-Acess/Area Denial-Strategie
ABC	Agência Brasileira de Cooperação/Brasilianische Agentur für Kooperation
ACS	Karibische Gemeinschaft/Association of Caribbean States
ADB	Asia Development Bank
ADMM	ASEAN Defence Ministers' Meeting
AEPS	Arktisches Umweltschutzstrategieübereinkommen/Arctic Environmental Protection Strategy
AHDR	Arab Human Development Report
AHDR	Arctic Human Development Reports
AIIB	Asian Infrastructure Investment Bank/Asiatische Infrastrukturinvestmentbank
AIPAC	American Israel Public Affairs Committee
AKP	Partei für Gerechtigkeit und Aufschwung/Adalet ve Kalkınma Partisi
AL	Arabische Liga
ALBA-TCP	Bolivarianische Allianz für die Völker unseres Amerika – Handelsvertrag der Völker/Alianza Bolivariana para los Pueblos de Nuestra América – Tratado de Comercio de los Pueblos
AMAP	Arctic Marine Assessment Programme
ANDEAN	Andengemeinschaft/Andean community
AP	Andenpakt
AP	Pazifische Allianz/Alianza del Pacifico
APEC	Asiatisch-Pazifische Wirtschaftsgemeinschaft/Asia Pacific Economic Cooperation
APS	ASEAN Plus Six
APT	ASEAN Plus Three
ARF	ASEAN Regional Forum/ASEAN Regional Forum

ASA	Africa-South America Summit
ASA	Assoziation von Südost-Asien/Association of Southeast Asia
ASEAN	Gemeinschaft Südostasiatischer Staaten/Association of Southeast Asian Nations
ASEM	Asien-Europa-Treffen/Asia-Europe Meeting
AU	Afrikanische Union/African Union
AWZ	Ausschließliche Wirtschaftszone
BCIM	Bangladesh-China-India-Myanmar Forum for Regional Cooperation
BDS	Boycott, Divestment and Sanctions-Kampagne
BIMSTEC	Bay of Bengal Initiative for Multi-Sectoral Technical and Economic Cooperation
BIP	Bruttoinlandsprodukt
BNDES	Banco Nacional de Desenvolvimento Econômico e Social/Brasilianische Entwicklungsbank
CAREC	Central Asia Regional Economic Cooperation
CARICOM	Karibische Gemeinschaft/Caribbean Community
CDS	Consejo de Defensa Suramericano
CEED	Centro de Estudios Estratégicos de Defensa
CELAC	Gemeinschaft der Lateinamerikanischen und Karibischen Staaten/Comunidad de Estados Latinoamericanos y Caribeños
CEMAC	Wirtschafts-und Währungsgemeinschaft Zentralafrikas/Central African Economic and Monetary Community
CENTO	Bagdadpakt/Central Treaty Organisation
CEPEA	Comprehensive Economic Partnership in East Asia
CJK	China, Japan, Korea
CLCS	Kommission zur Begrenzung des Festlandsockels/Commission on the Limits of the Continental Shelf
COMECON	Rat für gegenseitige Wirtschaftshilfe
COMESA	Gemeinsamer Markt im östlichen und südlichen Afrika/Common Market for Eastern and Southern Africa
COSIPLAN	Consejo Suramericano de Infraestructura y Planeamiento
CPLP	Gemeinschaft der Portugiesischsprachigen Länder
CSTO/OVKS	Organisation des Vertrags über kollektive Sicherheit/Collective Security Treaty Organisation
CTTF	Counter Terrorism Task Force
EAC	Ostafrikanische Gemeinschaft/East African Community
EAD	Europäischer Auswärtiger Dienst
EAEC	East Asia Economic Caucus

EAEG	East Asia Economic Grouping
EAG	Europäische Atomgemeinschaft/European Atomic Energy Community
EAPC	Euro-atlantischer Partnerschaftsrat/Euro-Atlantic Partnership Council
EAS	Ostasiengipfel/East Asia Summit
EAWG	Eurasische Wirtschaftsgemeinschaft
EAWU	Eurasische Wirtschaftsunion
ECCAS	Wirtschaftsgemeinschaft Zentralafrikanischer Staaten/Economic Community of Central African States
ECO	Organisation für wirtschaftliche Zusammenarbeit/Economic Cooperation Organisation
ECOWAS	Wirtschaftsgemeinschaft westafrikanischer Staaten/Economic Community of West African States
EEA	Einheitliche Europäischen Akte
EFTA	Europäische Freihandelszone/European Free Trade Association
EG	Europäische Gemeinschaft
EGKS	Europäische Gemeinschaft für Kohle und Stahl
EGMR	Europäischer Gerichtshof für Menschenrechte
EMRK	Europäische Menschenrechtskonvention
ENP	European Neighbourhood Policy/Europäische Nachbarschaftspolitik
EPA	Wirtschaftspartnerschaftsabkommen/Economic Partnership Agreement
EPU	Europäische Politische Union/European Political Union
ESVP	Europäische Sicherheits- und Verteidigungspolitik
EU	Europäische Union/European Union
EUFOR	European Union Force
EuGH	Europäischer Gerichtshof
EURASEC	Eurasische Wirtschaftsgemeinschaft/Eurasian Economic Community
EVG	Europäische Verteidigungsgemeinschaft
EWG	Europäische Wirtschaftsgemeinschaft
EWR	Europäischer Wirtschaftsraum
EZ	Entwicklungszusammenarbeit
FATF	Arbeitsgruppe für finanzielle Maßnahmen/Financial Action Task Force
FTA	Freihandelsabkommen zwischen USA und Kanada von 1989/ Free Trade Area
FTAA	Amerikanische Freihandelszone/Free Trade Area of the Americas
GASP	Gemeinsame Außen- und Sicherheitspolitik

GATT	General Agreement on Tariffs and Trade/Allgemeines Zoll- und Handelsabkommen
GCC	Golfkooperationsrat/Gulf Cooperation Council
GSVP	Gemeinsame Sicherheits- und Verteigungspolitik
GUAM	Organisation für Demokratie und Wirtschaftliche Entwicklung/ Organization for Democracy and Economic Development
GUS	Gemeinschaft Unabhängiger Staaten
IB	Internationale Beziehungen
ICC	Internationaler Strafgerichtshof/International Criminal Court
ICISS	International Commission on Intervention and State Sovereignty/ Internationale Kommission zu Intervention und Staatensouveränität
IIRSA	Iniciativa para la Integración de la Infraestructura Regional Suramericana
IMO	Internationale Schifffahrtsorganisation/International Maritime Organization
IO	Internationale Organisation
IORA	Indian Ocean Rim Association
IPY	Internationales Polarjahr /International Polar Year
IS	Islamischer Staat/Islamic State
ISA	Internet Security Act
ISAF	International Security Assistance Force
ISAGS	Instituto Suramericano de Gobierno en Salud
IWF	Internationale Währungsfonds
JCLEC	Jakarta Centre for Law Enforcement Cooperation
KPCh	Kommunistische Partei Chinas
KPdSU	Kommunistische Partei der Sowjetunion
KSE	Vertrag über Konventionelle Streitkräfte in Europa
KSZE	Konferenz über Sicherheit und Zusammenarbeit in Europa
MARPOL	Abkommen zur Verhütung der Meeresverschmutzung durch Schiffe/International Convention for the Prevention of Marine Pollution from Ships
MDIC	Ministério do Desenvolvimento, Indústria e Comércio Exterior/ Ministerium für Entwicklung, Industrie und Außenhandel in Brasilien
Mercosur	Gemeinsamer Markt Südamerikas/Mercado Común del Sur
MGC	Mekong–Ganga Cooperation
MNC	Multinationaler Konzern/Multinational Corporation
MOPPR	Abkommen zum Umgang mit Meeresverschmutzung durch potentielle Ölunfälle

Abkürzungsverzeichnis

NAFTA	Nordamerikanisches Freihandelsabkommen/North American Free Trade Area
NATO	Nordatlantikpaktorganisation/North Atlantic Treaty Organization
NCCTs	Nichtkooperative Staaten und Territorien/Non-Cooperative Countries and Territories
NEAFC	Nordostatlantische Fischerei-Kommission/North East Atlantic Fisheries Commission
NGO	Nichtregierungsorganisation/Non-governmental organization
NMO	Naher und Mittlerer Osten
NORAD	North American Aerospace Defense Command
NSR	Nordmeer-Route/Northern Sea Route
NWP	Nordwest-Passage/North/West Passage
OAS	Organisation Amerikanischer Staaten/Organization of American States
OAU	Organisation für Afrikanische Einheit/Organisation of African Unity
OECD	Organisation für wirtschaftliche Zusammenarbeit und Entwicklung/Organisation for Economic Co-operation and Development
OIC	Organisation der Islamischen Konferenz/Organization of the Islamic Conference
OIF	Internationale Organisation der Frankophonie/Organisation internationale de la Francophonie
OPEC	Organisation erdölexportierender Länder/Organization of the Petroleum Exporting Countries
OSZE	Organisation für Sicherheit und Zusammenarbeit in Europa
OVKS/CSTO	Organisation des Vertrags für Kollektive Sicherheit/Collective Security Treaty Organisation
PFLP	Volksfront zur Befreiung Palästinas/Popular Front for the Liberation of Palestine
PfP	Partnerschaft für den Frieden/Partnership for Peace
PI	Primärinstitution
PKK	Partîya Karkerén Kurdîstan/Arbeiterpartei Kurdistans
PLO	Palästinensische Befreiungsorganisation/Palestine Liberation Organization
PSC	Friedens- und Sicherheitsrat/Peace and Security Council
R2P	Responsibility-to-Protect
RATS	Regional Anti-Terrorist Structure
RCEP	Regional Comprehensive Economic Partnership
RECs	Regionale Wirtschaftsgemeinschaften/Regional Economic Communities

RO	Regionalorganisation
RSCT	Regional Security Complex Theory
RSO	Regionale Sicherheitsorganisationen
SAARC	Südasiatische Vereinigung für regionale Kooperation/South Asian Association for Regional Cooperation
SACEUR	Supreme Allied Commander Europe
SACT	Supreme Allied Commander Transformation
SACU	Zollunion des Südlichen Afrikas/Southern African Customs Union
SADC	Südafrikanische Entwicklungsgemeinschaft/Southern African Development Community
SADCC	Südafrikanische Entwicklungskoordinierungskonferenz/Southern African Development Coordination Conference
SAFTA	South Asian Free Trade Area/South American Free Trade Area
SAOs	Senior Arctic Officials
SAR	Search and Rescue
SAU	South Asia University
SCO	Shanghai Kooperationsorganisation/Shanghai Cooperation Organization
SDF	SAARC Development Fund
SEARCCT	Southeast Asia Regional Centre for Counter-Terrorism
SEATO	Organisation des Südostasienvertrags/South East Asia Treaty Organisation
SOLAS	Abkommen zum Schutz des menschlichen Lebens auf See/ Safety of Life at Sea
SRÜ	Seerechtsübereinkommen
SSR	Sozialistische Sowjetrepubliken
TAFTA	Transatlantic Free Trade Area/Transatlantische Freihandelszone
TPP	Transpazifische Partnerschaft/Trans-Pacific Partnership
TTIP	Transatlantic Trade and Investment Partnership/Transatlantische Handels- und Investitionspartnerschaft
UdSSR	Union der Sozialistischen Sowjetrepubliken
UN/VN	United Nations/Vereinten Nationen
UNASUR	Union Südamerikanischer Nationen/Union of South American Nations
UNCTAD	United Nations Conference on Trade and Development/Konferenz der Vereinten Nationen für Handel und Entwicklung
UNDOF	United Nations Disengagement Observer Force/Truppenkontingent der Vereinten Nationen für die Truppenentflechtung

UNDP	United Nations Development Programme/Entwicklungsprogramm der Vereinten Nationen
UNHCR	United Nations High Commissioner for Refugees/Hochkommissar der Vereinten Nationen für Flüchtlinge
UNIFIL	United Nations Interim Force in Lebanon/Interimstruppe der Vereinten Nationen im Libanon
UN-OCHA	United Nations Office for the Coordination of Humanitarian Affairs
UNRWA	United Nations Relief and Works Agency for Palestine Refugees in the Near East
UNSC	United Nations Security Council
USGS	United States Geological Survey
V4	Visegrád-Gruppe
VRF	Vergleichende Regionalismusforschung
WEU	Westeuropäische Union/Western European Union
WTO	World Trade Organization/Welthandelsorganisation
WWU	Europäische Wirtschafts- und Währungsunion
ZOPACAS	Friedens- und Zusammenarbeitszone des Südatlantiks/The South Atlantic Peace and Cooperation Zone

Einleitung

Regionen und Regionalismus in den Internationalen Beziehungen

Simon Koschut

Zusammenfassung

Der Beitrag führt in die Thematik des Bandes ein und widmet sich dabei zwei grundlegenden Fragen: was wird unter Regionalismus in den Internationalen Beziehungen (IB) *verstanden* und wie lässt sich dieses Phänomen *erklären?* Im ersten Teil wird der Regionen- beziehungsweise Regionalismusbegriff definiert und konzeptionelle Komponenten zu dessen Verständnis vorgeschlagen. Im zweiten Teil werden dann theoretische Zugänge aus den Internationalen Beziehungen vorgestellt, die unterschiedliche Erklärungsansätze für das Phänomen Regionalismus beinhalten. Dabei wird zwischen systemischen und subsystemischen Theorieansätzen unterschieden. Abschließend wird das didaktische Konzept des Lehrbuchs vorgestellt und der strukturelle Aufbau des Bandes erläutert.

---

1 Einleitung

In seinem viel zitierten Buch *Man, the State and War* unterscheidet Kenneth Waltz (1954) zwischen drei Analyseebenen *(images)* in den Internationalen Beziehungen (IB): Individuen, Staaten und das internationale System. Bezeichnend ist hierbei das Fehlen einer regionalen Dimension oberhalb der staatlichen Ebene und unterhalb der Ebene des internationalen Systems, war doch bereits

---

S. Koschut (✉)
Freie Universität Berlin, Berlin, Deutschland
E-Mail: simon.koschut@fu-berlin.de

© Springer Fachmedien Wiesbaden GmbH 2017
S. Koschut (Hrsg.), *Regionen und Regionalismus in den Internationalen Beziehungen*, DOI 10.1007/978-3-658-05434-2_1

bei der Gründung der Vereinten Nationen (VN) die Bedeutung und Relevanz von Regionen in der internationalen Politik allgegenwärtig (Wilcox 1965). Während die sogenannten Globalisten, angeführt vom damaligen US-amerikanischen Präsidenten Franklin D. Roosevelt, auf der Gründungskonferenz in San Francisco 1945 für die Schaffung einer universellen und zentralisierten institutionellen Ordnung plädierten, forderten die sogenannten Regionalisten, insbesondere aus Lateinamerika und der Arabischen Liga, ein partikularistisches und dezentralisiertes Ordnungssystem bestehend aus weitgehend autonomen Regionalorganisationen. Letztere argumentierten dabei gemäß dem Subsidiaritätsprinzip, dass regionale Organisationen lokale Probleme und Herausforderungen besser und rascher lösen könnten als eine sowohl geografisch als auch politisch weit entfernte VN. Dem hielten die Globalisten entgegen, dass eine globale Ordnung aufbauend auf autonomen regionalen Strukturen zu widersprüchlichen Normen und Regelsystemen und damit zu Konflikten führen würde. Letztlich einigte man sich in San Francisco auf einen Kompromiss. Einerseits ließen sich die Regionalisten auf die Schaffung einer globalen Ordnungsstruktur in Form der VN ein. Andererseits wurde die gesonderte Rolle regionaler Organisationen hinsichtlich der friedlichen Beilegung von Konflikten explizit in die Charta der VN mit aufgenommen (Kap. VI, Art. 33, Abs. 1 sowie Kap. VIII). Der Kernkonflikt zwischen Globalisten und Regionalisten bleibt jedoch bis heute ungelöst und spiegelt sich in der aktuellen Debatte um Globalisierung und Regionalisierung in den internationalen Beziehungen wider.

Der vorliegende Band versteht Globalismus und Regionalismus als sich ergänzende Phänomene, die ineinandergreifen und miteinander interagieren (Farrell et al. 2005). Regionen und Regionalismus bilden somit wesentliche Bausteine einer globalen Ordnung, deren Relevanz und Wirkungsweise in diesem Band dargestellt werden sollen. Der vorliegende Beitrag verfolgt dabei eine theoretisch-konzeptionelle Herangehensweise, die sich an der klassischen Unterteilung des Verstehens und Erklärens sozialwissenschaftlicher Phänomene orientiert: 1) was wird unter Regionalismus in den IB *verstanden* und 2) wie lässt sich dieses Phänomen *erklären?* Gemäß dieser Herangehensweise wird im ersten Teil der Regionen- beziehungsweise Regionalismusbegriff zunächst definiert und konzeptionelle Komponenten zu dessen Verständnis vorgeschlagen. Im zweiten Teil werden dann theoretische Zugänge aus den IB vorgestellt, die unterschiedliche Erklärungsansätze für das Phänomen Regionalismus beinhalten. Dabei wird häufig zwischen systemischen und subsystemischen Theorieansätzen unterschieden (vgl. hierzu Neumann 1994 sowie Jetschke und Lenz 2011). Abschließend wird das didaktische Konzept des Lehrbuchs vorgestellt und der strukturelle Aufbau des Bandes erläutert.

2 Konzeptionelle Ansätze von Regionen und Regionalismus

Regionen sind keine statischen geografischen Entitäten, sondern dynamische Räume sozialer Interaktion. Regionalismus wird daher hier verstanden als „zielgerichtete formelle oder informelle Interaktion zwischen Staaten und nichtstaatlichen Akteuren zur Erreichung geteilter externer, interner und transnationaler Vorhaben" innerhalb eines geografisch definierten Raums (Acharya 2012, S. 3). Damit kann das Konzept des Regionalismus als Oberbegriff gelten für 1) informelle Regionalisierung (mitunter auch als *soft regionalism* bezeichnet) im Sinne „häufig nichtstaatlich gelenkter Prozesse sozialer und ökonomischer Interaktion" (Hurrell 1995, S. 39), einerseits, und 2) formelle regionale Integration *(hard regionalism)* als eher staatlich gelenktem Abbau von Interaktionshürden und der Schaffung regionaler Institutionen und Regelwerke (Best und Christiansen 2011, S. 431), andererseits. Mit anderen Worten: Regionalismus kann durch (zwischen-) staatliches Handeln *(top-down)* oder auch durch nichtstaatliche Akteure *(bottom-up)* entstehen und gelenkt werden – oder durch beides.

Die Literatur zum Forschungsfeld Regionalismus ist enorm und lässt sich grob in drei Wellen einteilen. Trotz vereinzelter Studien nach dem Ende des Zweiten Weltkrieges (Mitrany 1943; Panikkar 1948) begann sich erst zu Beginn der 1960er Jahre ein Forschungsstrang herauszubilden, der sich ernsthaft mit der Frage regionaler Entwicklung in den IB auseinandersetzte. Diese erste Welle wurde vor allem durch drei theoretische Ansätze geprägt: erstens durch den neofunktionalistischen Ansatz von Ernst B. Haas, zweitens den intergouvernementalistischen Ansatz von Stanley Hoffmann und drittens durch den transaktionalistischen Ansatz von Karl W. Deutsch. Haas (1961) argumentierte, aufbauend auf der funktionalistischen Theorie von David Mitrany (1943), dass sich regionale Integration aus der notwendigen zwischenstaatlichen Kooperation in einem politischen Teilbereich (z. B. Wohlfahrt) heraus entwickelt und mithilfe funktionaler Interdependenz auf andere Bereiche (z. B. Sicherheit) ausgeweitet wird. Deutsch et al. (1957) argumentierte dagegen, dass regionale Integration von einem politisch gewollten Gemeinschaftsprojekt ausgeht und durch die Erhöhung und Verdichtung zwischenstaatlicher und zwischengesellschaftlicher Transaktionen getragen wird. Hoffmann (1966) wiederum ging davon aus, dass regionale Integration immer eine politisch begrenzte Vereinbarung zwischen souveränen Nationalstaaten und ihren Interessen bleibt. Diese Ansätze konzentrierten sich dabei in erster Linie auf regionale Integrationsprozesse in Europa und Nordamerika während andere Regionen nur am Rande Beachtung fanden. In seiner wegweisenden komparativen

Studie der Westlichen Hemisphäre, der arabischen Region und des Warschauer Pakts resümiert Haas (1961, S. 378): „Whatever assurance may be warranted in our discussion of European integration is not readily transferable to other regional contexts". Die klassische Regionalismusforschung der ersten Welle war also in erster Linie eine *europäische* Regionalismusforschung.

Die zweite Welle der Regionalismusforschung erfolgte in den 1970er Jahren mit der Interdependenztheorie von Robert Keohane und Joseph Nye. Diese argumentierten aus einer systemischen Perspektive heraus, dass regionale Integration in erster Linie durch globale Faktoren beeinflusst würde und setzten den Fokus dabei auf internationale Interdependenz und die Gründung internationaler Organisationen und Regime (Keohane und Nye 1975). Dabei nahm die Interdependenzforschung zwar bewusst auch Ansätze von Deutsch, Hoffmann und Haas auf (Nye 1968; Cantori und Spiegel 1970; Pentland 1974). Der vormals spezifisch regionale Fokus ging dabei jedoch weitgehend verloren, weshalb Haas (1975) sogar so weit ging, die Regionalismusforschung für obsolet zu erklären.

Eine Wiederbelebung erfuhr die Regionalismusforschung nach dem Ende des Ost-West-Konflikts mit dem Aufkommen des sogenannten Neuen Regionalismus (Mansfield und Milner 1999; Pugh 2003; Väyrynen 2003; Söderbaum und Shaw 2003). Die unter diesem Begriff vereinten Ansätze verbindet in erster Linie das intellektuelle Bedürfnis, den analytischen Fokus der „alten" Regionalismusforschung auf nichtwestliche Regionen und nichtstaatliche Akteure auszuweiten (vgl. hierzu Panke in diesem Band). Kernbestandteil dieser dritten Welle ist in jüngster Zeit zudem ein komparativer Ansatz, der sich neben intraregionalen Prozessen und Strukturen insbesondere auf interregionale Dynamiken fokussiert (vgl. hierzu Lenz/Striebinger in diesem Band).

2.1 Identität

Ein wesentliches Merkmal dieser jüngeren Regionalismusforschung ist, dass Regionen nicht als starre geografische Räume betrachtet werden. Physische Nähe und geteilte Grenzen gelten vor allem angesichts von Globalisierungs- und Entgrenzungsprozessen nicht als hinreichendes Merkmal einer Region. Die Zugehörigkeit eines Akteurs zu einer Region lässt sich demgemäß nicht allein geografisch beantworten. Entscheidender ist, dass sich die Akteure in politischer, soziokultureller und historischer Hinsicht als Teil einer Region wahrnehmen, ohne dabei zwangsläufig denselben geografischen Raum bewohnen zu müssen (Mansfield und Milner 1999). Aufbauend auf dem Konzept der imaginären

Einleitung 5

Gemeinschaft von Anderson (1983) sind regionale Akteure auch über geografische Räume hinweg in der Lage, regionale Interessen, Normen, Institutionen und Identitäten aufzubauen. Beispiele sind hier religiös-kulturelle Regionen wie „die Islamische Welt" oder „der Westen". Auch wenn in diesem Band Regionen anhand geografischer Zonen kategorisiert werden, so stellt dies keineswegs die Annahme infrage, dass es keine „natürlichen" Regionen gibt, sondern, dass sich Regionen in der Regel als sozial konstruierte und politisch umstrittene Interaktionsräume verstehen lassen (Murphy 1991; Ayoob 1999).[1] Somit kommt regionaler Kohäsion und Interdependenz eine tendenziell wichtigere Funktion als territoriale Einheit zu. Historische, kulturelle, ethnische, religiöse und sprachliche Bindungen können zur Entstehung einer regionalen Identität beitragen und damit ein regionales Bewusstsein *(regional awareness)* als Grundlage für kollektives politisches, ökonomisches und soziales Handeln schaffen. So gesehen stellen Regionen in erster Linie „kognitive Regionen" dar, die sich erst mithilfe mentaler Landkarten und Grenzen als materielle Regionen manifestieren (Thompson 1973; Adler 1997).

2.2 Territorialität

Dennoch sollte die territorial-geografische Beschaffenheit von Regionen nicht vollends über Bord geworfen werden. Obwohl uns geografische und territoriale Kontiguität für sich genommen relativ wenig über die innere Beschaffenheit und Struktur von Regionen verraten, so bildet erstere nichtsdestotrotz ein wichtiges Referenzkriterium bei der analytischen Erfassung und Kategorisierung von Regionen. Ohne diese territoriale Komponente bleibt das Regionenkonzept diffus und analytisch unbeherrschbar (De Lombaerde 2006). Trotz der prinzipiellen territorialen Entgrenztheit von Regionen spielen geografische und räumliche Bezugspunkte häufig eine wichtige Rolle bei der Konzeptionalisierung von Regionalismus in den IB, da sich physische Nähe und geteilte Interessen, Institutionen, Normen und Werte in der empirischen Praxis eben doch häufig überschneiden (Buzan und Waever 2003; Katzenstein 2005).

---

[1] Einen hervorragenden Überblick der Debatte über den Zusammenhang zwischen Geografie und regionaler Interaktion bietet Katzenstein (2005, S. 6–13).

2.3 Institutionen

Ähnlich verhält es sich mit der Bildung regionaler Institutionen. Zwar ist es grundsätzlich vorstellbar, dass eine Region gemeinsame Normen und Werte herausbildet, ohne dafür feste institutionelle Strukturen zu schaffen (z. B. die indigenen Bewohner der Arktis oder Teile der pazifischen Inseln). Allerdings erscheint die Schaffung komplexer regionaler Zusammenschlüsse und Interaktionen ohne institutionalisierte Kommunikations- und Transaktionswege eher unwahrscheinlich. Deutsch (1954, S. 39) hat hierfür einmal die Analogie einer Straßenkreuzung gewählt. Eine Straßenkreuzung muss so angelegt und in einer Weise konstruiert sein, die es ermöglicht, eine bestimmte Menge an Verkehr verarbeiten zu können. Dies setzt sowohl eine angemessene physische Infrastruktur (wie eine bestimmte Anzahl von Fahrspuren) als auch geeignete Kommunikationsmittel und Regeln (wie Ampeln und Straßenschilder) voraus. Wenn sich das Verkehrsaufkommen (sprich: die Integration) deutlich erhöht, muss die Kreuzung durch den Aufbau zusätzlicher Spuren und Verkehrszeichen entsprechend angepasst werden. Mit anderen Worten, die Institutionen und Normen einer Region müssen der Anzahl der materiellen und sozialen Transaktionslasten entsprechen, um stabile regionale Integration zu ermöglichen. Institutionen kommt daher eine wesentliche Rolle bei der konkreten Ausformung und Ermöglichung regionaler Prozesse und Strukturen zu.

Zusammenfassend stellt sich Regionalismus als ein multidimensionales Phänomen dar. Es wurde hier argumentiert, dass sich Regionalismus anhand von drei Komponenten analytisch konzeptualisieren lässt: Territorialität, Institutionen und Identität. Dabei kann es auch zu Überschneidungen institutioneller und ideeller Strukturen *(overlapping regionalism)* sowie unterschiedlichen Integrationsgraden kommen. So beinhaltet etwa die Europäische Union (EU) sowohl intergouvernementale als auch supranationale Elemente. Differenzierte Formen von Regionalismus kooperieren und konkurrieren zudem zwischen einzelstaatlicher und globaler Ebene miteinander. Die Frage ist weniger, welcher Form oder Ebene dabei der Vorzug gegeben werden sollte, sondern es stellt sich vielmehr die Frage, wie diese unterschiedlichen Ausformungen und Analyseebenen miteinander interagieren.

Konzeptionelle Komponenten von Regionalismus in den IB
- *Identität:* Eine Region erzeugt meist nur dann politische Relevanz, wenn sie sowohl von innen als auch von außen als solche wahrgenommen wird. Dies beinhaltet die Existenz von Gemeinsamkeiten und

soziaIer Kohäsion in Form von geteilten politischen Werten, ökonomischen Prinzipien sowie kultureller, ethnischer, religiöser oder historischer Verbundenheit.
- *Territorialität:* Regionen stellen nicht nur imaginäre Gemeinschaften dar, sondern haben in der Regel einen geografischen Bezugspunkt. Regionen beinhalten daher neben ihrer ideellen meist auch eine materielle Dimension in Form von physischer Präsenz und geografischer Kontiguität.
- *Institutionen:* Regionen bilden häufig intraregionale Verbindungen, welche die Kooperationen und Transaktionen unter den einzelnen Einheiten ermöglichen und/oder vereinfachen sollen. Dies muss nicht zwangsläufig die Bildung regionaler Organisationen (RO) beinhalten, sondern kann ebenso auf loseren Zusammenschlüssen wie internationalen Regimen und informellen Netzwerken basieren.

3 Regionen und Regionalismus in der IB-Theorie

In der Theoriebildung zur Regionalismusforschung lässt sich in den vergangenen Jahrzehnten ein Wandel beobachten. Während regionale Integration in den IB früher häufig vertikal am Entwicklungsstand der EU als Referenzpunkt ausgerichtet wurde, hat sich seit dem Ende des Ost-West-Konflikts ein horizontaler Ansatz herausgebildet, der die Diversität regionaler Entwicklung anerkennt und regionale Strukturen miteinander vergleicht (Acharya und Johnston 2007; Börzel 2013; Börzel und Risse 2016). Daher wird in diesem Beitrag der Fokus bewusst auf Theorien der IB gelegt (ohne dabei den Anspruch auf Vollständigkeit zu erheben) und nicht auf europäische Integrationstheorien (vgl. hierzu Wiener und Diez 2004). Dadurch soll zum einen eine EU-zentristische Herangehensweise vermieden (wobei natürlich hier mitunter Überschneidungen auftreten) und zum anderen die theoretische Verankerung der Regionalismusforschung in den IB verdeutlicht werden (Koschut 2014b). Mit dieser Vorgehensweise wird die Relevanz und Legitimation europäischer Integrationsforschung nicht infrage gestellt, zumal beide Literaturstränge theoretisch und methodisch enorm voneinander profitieren können. Vielmehr soll die europäische Integration als *ein* möglicher Entwicklungspfad regionaler Integration verstanden werden, der in anderen Weltregionen vorkommen kann aber nicht muss.

3.1 Von außen nach innen: systemische Theorien

Regionen existieren nicht in einem Vakuum, sondern sind eingebettet in die globalen Strukturen und Prozesse des internationalen Systems. Systemische Theorien führen Regionalismus daher auf den Einfluss äußerer Faktoren zurück *(regions from without)*. Der Neorealismus etwa betrachtet regionale Zusammenschlüsse in erster Linie aus der Perspektive der Allianz- und Gegenmachtbildung. Danach entstehen regionale Allianzen als Reaktion auf die Präsenz einer äußeren Bedrohung (Walt 1987). Aus dieser Perspektive wird beispielsweise die Entstehung regionaler Sicherheitsorganisationen wie die NATO als Antwort auf die Bedrohung durch die Sowjetunion zurückgeführt. Weitere Beispiele sind die Gründung von Mercosur in Lateinamerika als Antwort auf die hegemoniale Rolle der USA oder die Entstehung regionaler Zusammenschlüsse in Afrika und Asien zum Schutz vor westlicher Einmischung. Umgekehrt kann die Existenz eines als legitim angesehenen, regionalen Hegemons gemäß der Theorie hegemonialer Stabilität Regionalismus befördern, wie zum Beispiel Südafrika in der Southern African Development Community (SADC) oder Indonesien in der Association of Southeast Asian Nations (ASEAN) (Kindleberger 1973; Godehardt und Nabers 2011). Beide Theorien betonen dabei die Bedeutung materieller Macht und strategischer Interaktion und stellen damit einen durchaus plausiblen Erklärungsansatz für frühe Stadien regionaler Kooperation dar. Die Erklärungskraft des Neorealismus lässt jedoch stark nach, sobald regionale Kooperation über das Stadium von Gegenmachtbildung und Allianzen hinausgeht. Ein weiterer problematischer Aspekt ist die Vernachlässigung innerstaatlicher und nichtmaterieller Faktoren bei der Entstehung regionaler Kooperation.

Einen anderen systemischen Ansatz wählt der strukturelle Neoliberalismus. Regionenbildung wird hier zwar auch auf das Resultat strategischer Interaktion zurückgeführt. Allerdings betont der Neoliberalismus im Gegensatz zum Neorealismus nicht (Gegen-)Machtbildung als Triebfeder regionaler Kooperation, sondern stellt das Konzept der Interdependenz in den Mittelpunkt. Dabei wird argumentiert, dass Globalisierungsprozesse und internationaler Handel Anreize zu regionaler Integration geben. Mit der Zunahme ökonomischer Interaktion bieten regionale Zusammenschlüsse die Möglichkeit, den Verlust politischer Gestaltungskraft einzelner Staaten zu kompensieren und transnationale Probleme wie Umweltverschmutzung, Migration oder organisierte Kriminalität gemeinsam zu lösen (Keohane und Nye 1977). Beispiele hierfür sind die Nordamerikanische Freihandelszone (NAFTA), das Umweltregime der Nordsee oder der Antarktisvertrag. Allerdings beinhaltet der Neoliberalismus keine spezifischen Erklärungsansätze für die Institutionenbildung auf regionaler Ebene, sondern setzt deren

Entstehungsmechanismen weitgehend mit der Bildung von Institutionen auf globaler Ebene gleich. Zudem kann Interdependenz regionale Integration nicht nur begünstigen, sondern dieser auch im Wege stehen: Zum einen verlagert internationale Interdependenz die Institutionenbildung vornehmlich auf die globale Ebene; zum anderen kann die Dominanz westlicher Institutionen auf globaler Ebene mitunter die Entstehung regionaler Zusammenschlüsse in der nichtwestlichen Welt erschweren (Acharya 2007). Als Beispiel kann hier die Gründung der Asian Infrastructure Investment Bank (AIIB) herangezogen werden, die von den USA und anderen Staaten als Rivale zum Internationalen Währungsfonds (IWF) gesehen wird.

Insgesamt liefern systemische Theorien wichtige Erklärungsansätze für die frühe Entstehungsphase regionaler Integration. Insofern bilden diese Ansätze als *first cut* eine nicht zu unterschätzende Komponente bei der Untersuchung von Regionen und Regionalismus in den IB. Was diesen Ansätzen jedoch meist fehlt, sind über die frühe Entstehungsphase hinausgehende Erklärungsansätze für die Weiterentwicklung regionaler Integration bis hin zur Entstehung supranationaler Strukturen.

3.2 Von innen nach außen: subsystemische Theorien

Im Gegensatz zu systemischen Ansätzen erklären subsystemische Theorien die Entstehung von Regionalismus mithilfe intraregionaler und innerstaatlicher Faktoren *(regions from within)*. Ähnlich wie der Neoliberalismus stellt hier der Neofunktionalismus das Konzept der Interdependenz in den Vordergrund, betrachtet dies jedoch aus einem regionalspezifischen Blickwinkel. So argumentiert der Neofunktionalismus, dass zunehmende regionale Interdependenz in einem bestimmten Bereich im Zuge sachbezogener Verbundenheit zu „spillover"-Effekten führt und dadurch Regionenbildung sowohl in funktionaler Hinsicht (Ausdehnung regionaler Kooperation auf verschiedene Politikbereiche) als auch auf politischem Wege (Aufbau supranationaler Institutionen) voranbringen kann (Haas 1961). Die teils nicht intendierten Konsequenzen solch wegweisender politischer Entscheidungen können mithilfe von Lernprozessen und institutionellen Beharrungskräften auf diese Weise den Aufbau regionaler Systeme komplexer Interdependenz begünstigen. Ein Problem des neofunktionalistischen Ansatzes ist, dass er empirisch in weiten Teilen auf der Entstehungsgeschichte der europäischen Integration basiert und daher nicht ohne weiteres auf andere Regionen übertragen werden kann. Zudem wird seine Erklärungskraft selbst im regionalen Kontext Europas zunehmend infrage gestellt. So berücksichtigt der

Neofunktionalismus nur bedingt die differenzierte Herausbildung europäischer Integration in bestimmten Bereichen wie der Eurozone oder dem Schengen-Abkommen (vgl. Koschut in diesem Band). Zudem wird dem Neofunktionalismus häufig vorgehalten, er vernachlässige die Rolle externer Einflussfaktoren und betone mitunter zu stark den technokratischen beziehungsweise unpolitischen Charakter regionaler Integration (Hoffmann 1966, S. 863).

Der neoliberale Institutionalismus ähnelt in seiner Argumentationsweise dem strukturellen Neoliberalismus, nimmt jedoch eine intraregionale Perspektive ein. Die Bildung regionaler Institutionen dient hier dem vornehmlichen Zweck, effektive und effiziente Lösungen für kollektives Handeln zu generieren, indem die Anzahl der Spieler und die Reichweite der Problemfelder funktional und geografisch eingegrenzt werden (Keohane 1984; Rittberger 1993). Konkret wird dieses Ziel durch Informationsweitergabe, Transparenz, Monitoring, die Reduzierung von Transaktionskosten und die Entwicklung konvergierender Erwartungen erreicht. Die an der Regionenbildung beteiligten Staaten entscheiden dabei im Unterschied zum Neofunktionalismus zudem autonom (auf der Basis eines rationalen Kosten-Nutzen-Kalküls), wie viel Integration sie in welchen Bereichen zulassen wollen. Aus dieser Perspektive lassen sich beispielsweise regionale Freihandelszonen wie das North American Free Trade Agreement (NAFTA) sowie regionale Sicherheitsregime wie der Vertrag über Konventionelle Streitkräfte in Europa (KSE) als „Spielfelder" begreifen, die regional begrenzte strategische Kooperation in einem bestimmten Politikbereich ermöglichen sollen. Problematisch am neoliberalen Institutionalismus ist, dass er regionale Akteure mitunter zu sehr als kühl kalkulierende „Spieler" darstellt und dabei die soziologischen und ideellen Grundlagen regionaler Integration vernachlässigt.

Diese Problematik greift der Sozialkonstruktivismus auf, indem dieser die Bedeutung regionaler Sozialisation aufgrund von geteilten Normen und Identitäten hervorhebt. Sozialkonstruktivistische Ansätze sehen Regionalismus primär als das Resultat intersubjektiv geteilter Normen und Ideen, die es den beteiligten Akteuren ermöglichen, gegenseitiges Vertrauen und eine kollektive Identität aufzubauen. Nach dieser Lesart nehmen sich regionale Akteure nicht gegenseitig als „Spieler" wahr, sondern begreifen sich als Teil einer imaginären Gemeinschaft. Der damit verbundene Gemeinschaftssinn und das „Wir-Gefühl" basieren somit weniger auf materieller als vielmehr auf kognitiver Interdependenz. Damit knüpfen einige sozialkonstruktivistische Ansätze bewusst an den Soziologischen Institutionalismus (Hall und Taylor 1996) sowie den Transaktionalismus von Deutsch an und entwickeln diese Ansätze weiter (Adler und Barnett 1998; Acharya 2007). Sprache und Kommunikation spielen hierbei eine wichtige Rolle, denn über geteilte Diskurse, Symbole und Narrative wird ein geografischer Raum erst zu einer sinnstiftenden Region (Diez 1999). Ferner können hier auch geteilte Praktiken (Pouliot 2010) und Emotionen (Koschut 2014c) entscheidend sein. Konstruktivistische Ansätze ermöglichen den Blick auf die soziale Konstruktion beziehungsweise Kontestation einer Region mithilfe von Identitäten, Normen und Sprache. Dieses Spannungsverhältnis wird insbesondere am Beispiel der Debatte über einen möglichen EU-Beitritt der Türkei deutlich. Problematisch an konstruktivistischen Ansätzen ist, dass sie mitunter die Bedeutung ideeller Faktoren beim Regionalismus überbetonen. Zudem lässt sich zumindest die frühe Entstehungsgeschichte regionaler Integration ohne Zuhilfenahme strategischer Motive und materieller Interessen meist nur sehr schwer nachvollziehen.

Schließlich existieren subsystemische Theorieansätze, die maßgeblich innerstaatliche Faktoren für Regionenbildung verantwortlich machen. Ähnlich wie die vorherigen Theoriestränge teilen diese Ansätze zwar die Argumentation, dass eine Region primär aus sich heraus entsteht und weniger durch äußere Faktoren determiniert wird (Koschut 2014a). Der Hauptfokus wird hierbei jedoch im Unterschied zum Neofunktionalismus, neoliberalen Institutionalismus und Sozialkonstruktivismus auf die subnationale Ebene gerichtet. So betont etwa die Theorie des Demokratischen Friedens die Bedeutung demokratischer Regierungssysteme für die Herausbildung regionaler Friedenszonen (Russett und Oneal 2001; Gibler und Braithwaite 2013). Kohärenztheorien sehen wiederum einen engen Zusammenhang zwischen regionaler Integration und innenpolitischer Stabilität (Nathan 2006). Konvergenztheorien wie der liberale Intergouvernementalismus zielen schließlich auf die Vereinbarkeit innenpolitischer Politikpräferenzen (z. B. Liberalisierung im Bereich Handel) ab, die regionale Integration begünstigen können (Moravcsik 1993). Mithilfe solcher Ansätze lässt sich zum Beispiel erklären, warum Regionalismus in politisch größtenteils instabilen und nichtdemokratischen Regionen wie Afrika oder dem Nahen und Mittleren Osten wesentlich schwächer ausgeprägt ist als in Europa, Nord- und Südamerika. Problematisch ist dabei, dass etwa die Theorie des Demokratischen Friedens kaum die Herausbildung regionaler Integration zwischen Staaten mit unterschiedlichen Regierungssystemen (z. B. ASEAN) oder auch zwischen autokratischen Staaten (z. B. CSTO) erklären kann (Koschut 2012). Auch das Argument innenpolitischer Stabilität ist zwar plausibel, erklärt für sich genommen jedoch noch relativ wenig, da es zwar einen möglichen Hinderungsgrund für Regionalismus aufzeigt (z. B. Bürgerkriege), jedoch nicht erklären kann, wie regionale Integration überhaupt erst entsteht. Konvergenztheorien stellen schließlich eine wichtige Ergänzung zum neoliberalen Institutionalismus dar, da diese die Bedeutung innenpolitischer Akteure bei der Verbreitung und Vertiefung regionaler Prinzipien und Institutionen gesondert herausstellen. Allerdings enthält dieser Ansatz eine mitunter zu stark deterministisch geprägte Logik des Regionalismus, die wenig Raum für alternative Entwicklungspfade lässt (Moravcik 1993; Hurrell 1995; Miller 2000). Zusammenfassend lässt sich festhalten, dass sich Regionalismus in den IB kaum plausibel nachvollziehen lässt, wenn bei der Analyse nur jeweils eine Ebene (systemisch, subsystemisch) berücksichtigt wird. Es ist dessen ungeachtet durchaus möglich, sich zur Erklärung eines funktionalen Teilaspekts oder einer zeitlichen Phase regionaler Integration auf eine Ebene zu beschränken, sofern dabei nicht der Anspruch erhoben wird, Regionalismus in Gänze erklären zu können. Eine zweite Möglichkeit bestünde darin, sich auf die Interaktion verschiedener Ebenen zu konzentrieren und zum Beispiel zu analysieren wie globale und regionale Faktoren ineinandergreifen. Als dritter Ansatz käme auch eine historische Herangehensweise infrage, die unterschiedliche Entwicklungsstadien regionaler Integration analysiert und dabei jeweils unterschiedliche Theorieansätze integriert. Unabhängig davon für welche Vorgehensweise die Wissenschaftlerin oder der Wissenschaftler sich entscheidet, bieten die hier dargestellten Konzeptionen und Theorieansätze eine Fülle von Möglichkeiten, um unter Zuhilfenahme empirischer Daten das Phänomen des Regionalismus in den IB besser verstehen und erklären zu können.

4 Aufbau des Bandes und didaktisches Konzept

Der vorliegende Band ist nicht allein als wissenschaftliches Fachbuch konzipiert, sondern soll auch in der universitären Lehre eingesetzt werden können. Daher soll in diesem Abschnitt neben dem konzeptionellen Aufbau des Bandes auch die didaktische Vorgehensweise erläutert werden. Es soll in dem vorliegenden Band in erster Linie um Wissensvermittlung gehen und weniger um die Verbreitung von Forschungsergebnissen (wobei ersteres letzteres natürlich nicht ausschließt). Die Autorinnen und Autoren wurden daher aufgefordert, möglichst einfache und präzise Formulierungen sowie durchgehend eine eingängige und verständliche Sprache zu verwenden. Dieser didaktischen Logik folgend wurde möglichst sparsam mit Fußnoten und Literaturverweisen umgegangen. In kurzen und prägnanten Worten geben die folgenden Beiträge neben einer theoretisch-konzeptionellen Orientierung (Teil I) zunächst einen groben Überblick über unterschiedliche intraregionale Ordnungsmodelle, Akteure, Normen und Institutionen (Teil II). Abschließend werden exemplarisch anhand ausgewählter Fallbeispiele und Politikfelder interregionale Beziehungsgeflechte verglichen und analysiert (Teil III). Mithilfe dieser Schritte werden zwei maßgebliche Ziele verfolgt:

1. Herausarbeitung der Einzigartigkeit und der Alleinstellungsmerkmale einzelner Regionen
2. Darstellung von inter- und transregionalen Gemeinsamkeiten und Verbindungen im globalen Kontext

Zur Sicherstellung der Einheitlichkeit und Stringenz der einzelnen Beiträge verwendet das vorliegende Hand- und Lehrbuch (mit Ausnahme des theoretisch-konzeptionellen Teils) eine didaktische Schablone, welche die jeweiligen Inhalte für die Leserin und den Leser übersichtlich und vergleichbar gestalten soll. Diese Schablone gliedert sich in fünf Teile. Zunächst wird jedem Text eine kurze Zusammenfassung in Form eines *Abstracts* vorangestellt, welche die Leseauswahl der Beiträge und den Einstieg in die jeweilige inhaltliche Thematik erleichtern soll. Darauf folgt zweitens neben der Einleitung eine kurze historische Einordnung: wie und warum lässt sich der jeweilige geografische Raum als „Region" verstehen? Drittens werden die zentralen Entwicklungen, Handlungsakteure und -normen sowie Institutionen im jeweiligen Politikfeld beziehungsweise den einzelnen Regionen vorgestellt. Die Beiträge enden viertens mit einer kurzen Bestandsaufnahme aktueller politischer Trends und möglicher künftiger Entwicklungen. Im Anhang bieten die Beiträge zusätzlich fünftens (gemäß dem Hand- und Lehrbuchcharakter des vorliegenden Bandes) eine Auswahl an Basisliteratur zur jeweiligen Region beziehungsweise des jeweiligen Forschungsfeldes, eine Übersicht relevanter Webseiten sowie weiterführende Literatur. Dies soll es Studierenden sowie Kolleginnen und Kollegen erleichtern, sich in das jeweilige regionale Forschungsfeld einzuarbeiten und dabei zu eigenen Rückschlüssen und Erkenntnissen zu gelangen.

Zu guter Letzt möchte ich den Autorinnen und Autoren dieses Bandes für die professionale und angenehme Zusammenarbeit danken. Ein herzlicher Dank geht in diesem Zusammenhang auch an Susan Bergner, Melissa Steiger und Stefan Wiechmann für die stilistische Durchsicht des Manuskripts. Jan Treibel und Shyamala Chinnamani vom Springer Verlag danke ich für die großzügige Unterstützung und hervorragende Zusammenarbeit bei diesem Projekt. Der größte Dank aber gebührt natürlich meiner Familie.

Basisliteratur

Acharya, Amitav, und Alastair Iain Johnston, Hrsg. 2007. *Crafting cooperation. Regional international institutions in comparative perspective.* Cambridge: Cambridge University Press. *Eine breit angelegte, vergleichende Fallstudienanalyse regionaler Integration.*

Börzel, Tanja, und Thomas Risse, Hrsg. 2016. *Oxford handbook of comparative regionalism*. Oxford University Press: Oxford. *Dieser Band bietet einen hervorragenden theoretisch-empirischen Überblick der Vergleichenden Regionalismusforschung sowie intraregionaler Integrationsprozesse.*

Buzan, Barry, und Ole Wæver. 2003. *Regions and powers*. Cambridge: Cambridge University Press. *Dieser Band entwickelt die Regional Security Complex Theory (RSCT) zur Erklärung regionaler Sicherheitsintegration.*

Farrell, Mary, Björn Hettne, und Luk Van Langenhove, Hrsg. 2005. *Global politics of regionalism. Theory and practice*. Ann Arbor: Pluto Press. *Eine gute Einführung, die Regionalismus vor allem als regional-differenzierte Reaktion auf Gobalisierungsprozesse versteht.*

Fawcett, Louise, und Andrew Hurrell, Hrsg. 1995. *Regionalism and world politics. Regional organization and international order*. Oxford: Oxford University Press. *Ein älteres aber keineswegs veraltetes Überblickswerk, das den historischen Kontext von Regionalismus betont.*

Katzenstein, Peter J. 2005. *A world of regions: Asia and Europe in the American imperium*. Ithaca: Cornell University Press. *Katzenstein vergleicht Europa und Asien im globalen Kontext US-amerikanischer Ordnungsmacht und hebt dabei die besondere Rolle Deutschlands und Japans als regionalen Ordnungsmächten hervor.*

Söderbaum, Fredrik. 2015. *Rethinking regionalism*. New York: Palgrave. *Ein hervorragender und aktueller Überblick der Regionalismusforschung.*

Verwendete Literatur

Acharya, Amitav. 2007. The emerging regional architecture of world politics. A review essay. *World Politics* 59 (4): 629–652.

Acharya, Amitav. 2012. Comparative regionalism. A field whose time has come. *International Spectator* 47 (1): 3–15.

Acharya, Amitav, und Alastair Iain Johnston, Hrsg. 2007. *Crafting cooperation. Regional international institutions in comparative perspective*. Cambridge: Cambridge University Press.

Adler, Emanuel. 1997. Imagined (security) communities: Cognitive regions in international relations. *Millennium* 26 (2): 249–277.

Adler, Emanuel, und Michael Barnett. 1998. *Security communities*. Cambridge: Cambridge University Press.

Anderson, Benedict. 1983. *Imagined communities. Reflections on the origins and spread of nationalism*. London: Verso.

Ayoob, Mohammed. 1999. From regional system to regional society: Exploring key variables in the construction of regional order. *Australian Journal of International Affairs* 53 (3): 247–260.

Best, Edward, und Thomas Christiansen. 2011. Regionalism in international affairs. In *The globalization of world politics*, Hrsg. John Baylis, Steve Smith, und Patricia Owens, 428–443. Oxford: Oxford University Press.

Börzel, Tanja. 2013. Comparative regionalism. European integration and beyond. In *The globalization of world politics*, Hrsg. Walter Carlsnaes, Thomas Risse, und Beth Simmons, 428–443. London: Sage.

Börzel, Tanja, und Thomas Risse, Hrsg. 2016. *Oxford handbook of comparative regionalism*. Oxford: Oxford University Press.

Buzan, Barry, und Ole Waever. 2003. *Regions and powers. The structure of international security*. Cambridge: Cambridge University Press.

Cantori, Louis J., und Steven L. Spiegel. 1970. *The international politics of regions. A comparative approach*. Englewood Cliffs: Prentice Hall.

De Lombaerde, Philippe, Hrsg. 2006. *Assessment and measurement of regional integration*. New York: Routledge.

Deutsch, Karl W. 1954. *Political community at the international level. Problems of definition and measurement*. Garden City: Doubleday.

Deutsch, Karl W., Sidney A. Burrell, Robert A. Kann, Maurice Lee Jr., Martin Lichterman, Raymond E. Lindgren, Francis L. Loewenheim, und Richard W. Van Wagenen. 1957. *Political community and the North Atlantic area. International organization in the light of historical experience*. Princeton: Princeton University Press.

Diez, Thomas. 1999. Speaking 'Europe': The politics of integration discourse. *Journal of European Public Policy* 6 (4): 598–613.

Farrell, Mary, Bjorn Hettne, und Luk Van Langenhove, Hrsg. 2005. *Global politics of regionalism. Theory and practice*. Ann Arbor: Pluto Press.

Gibler, Douglas M., und Alex Braithwaite. 2013. Dangerous neighbours. Regional territorial conflict and the democratic peace. *British Journal of Political Science* 43 (4): 877–887.

Godehardt, Nadine, und Dirk Nabers. 2011. *Regional powers and regional orders*. New York: Routledge.

Haas, Ernst B. 1961. International integration. The European and the universal process. *International Organization* 15 (3): 366–392.

Haas, Ernst B. 1975. *The obsolescence of regional integration theory*. Berkeley: University of California Press.

Hall, Peter A., und Rosemary C. R. Taylor. 1996. Political science and the three new institutionalisms. *Political Studies* 44 (5): 936–957.

Hoffmann, Stanley. 1966. Obstinate or obsolete? The fate of the nation-state and the case of Western Europe. *Daedalus* 95 (3): 862–915.

Hurrell, Andrew. 1995. Regionalism in theoretical perspective. In *Regionalism in world politics. Regional organization and international order*, Hrsg. Andrew Hurrell und Louise Fawcett, 37–73. Oxford: Oxford University Press.

Jetschke, Anja, und Tobias Lenz. 2011. Vergleichende Regionalismusforschung und Diffusion: Eine neue Forschungsagenda. *Politische Vierteljahresschrift* 52 (3): 448–474.

Katzenstein, Peter. 2005. *A world of regions. Asia and Europe in the American imperium*. Ithaca: Cornell University Press.

Keohane, Robert O. 1984. *After hegemony cooperation and discord in the world political economy*. Princeton: Princeton University Press.

Keohane, Robert O., und Joseph S. Nye. 1975. International interdependence and integration. In *International politics. Handbook of political science*, Hrsg. Fred I. Greenstein und Nelson W. Polsby, 363–414. Reading: Addison-Wesley.

Keohane, Robert O., und Joseph S. Nye. 1977. *Power and interdependence*. Boston: Little and Brown.

Kindleberger, Charles P. 1973. *The world in depression, 1929–1939*. Berkeley: University of California Press.
Koschut, Simon. 2012. Friedlicher Wandel ohne Demokratie? Theoretische und empirische Überlegungen zur Bildung einer autokratischen Sicherheitsgemeinschaft. *Zeitschrift für Internationale Beziehungen* 19 (2): 41–69.
Koschut, Simon. 2014a. Transatlantic conflict management inside-out: The impact of domestic norms on regional security practices. *Cambridge Review of International Affairs* 27 (2): 339–361.
Koschut, Simon. 2014b. Regional order and peaceful change. Security communities as a via media in international relations theory. *Cooperation and Conflict* 49 (4): 519–535.
Koschut, Simon. 2014c. Emotional (security) communities. The significance of emotion norms in inter-allied conflict management. *Review of International Studies* 40 (3): 533–558.
Mansfield, Edward D., und Helen V. Milner. 1999. The new wave of regionalism. *International Organization* 53 (3): 589–627.
Miller, Benjamin. 2000. The international, regional and domestic sources of regional peace. In *Stable peace among nations*, Hrsg. Arie Kacowicz, Yaakov Bar-Siman-Tov, Ole Elgström, und Magnus Jerneck, 55–73. Rowman and Littlefield: Lanham.
Mitrany, David. 1943. *A working peace system*. Chicago: Quadrangle Books.
Moravcsik, Andrew. 1993. Preferences and power in the European community. A liberal intergovernmental approach. *Journal of Common Market Studies* 31 (4): 474–480.
Murphy, Alexander. 1991. Regions as social constructs. The gap between theory and practice. *Progress in Human Geography* 15 (1): 22–35.
Nathan, Laurie. 2006. Domestic instability and security communities. *European Journal of International Relations* 12 (2): 275–299.
Neumann, Iver B. 1994. A regional-building approach to Northern Europe. *Review of International Studies* 20 (1): 53–74.
Nye, Joseph S. 1968. Comparative regional integration: Concepts and measurement. *International Organization* 22 (4): 855–880.
Panikkar, Kavalam M. 1948. Regionalism and world security. In *Regionalism and security*, Hrsg. Kavalam M. Panikkar. New Delhi: Indian Council of World Affairs.
Pentland, Charles. 1974. The regionalization of world politics. Concepts and evidence. *International Journal* 30 (4): 589–627.
Pouliot, Vincent. 2010. *International security in practice. The politics of NATO-Russia diplomacy*. Cambridge: Cambridge University Press.
Pugh, Michael. 2003. The world order politics of regionalisation. In *The UN and regional security: Europe and beyond*, Hrsg. Michael Pugh und Waheguru P. Singh Sidhu, 31–46. Boulder: Lynne Rienner.
Rittberger, Volker, Hrsg. 1993. *Regime theory and international relations*. Oxford: Oxford University Press.
Russett, Bruce, und John Oneal. 2001. *Triangulating peace. Democracy, interdependence, and international organizations*. New York: Norton.
Söderbaum, Fredrik, und Timothy M. Shaw, Hrsg. 2003. *Theories of new regionalism*. New York: Palgrave Macmillan.
Thompson, William R. 1973. The regional subsystem. A conceptual explication and a propositional inventory. *International Studies Quarterly* 17 (1): 89–117.

Väyrynen, Raimo. 2003. Regionalism. Old and new. *International Studies Review* 5 (1): 25–51.
Walt, Stephen M. 1987. *The origins of alliances*. Ithaca: Cornell University Press.
Waltz, Kenneth N. 1954. *Man, the state and war*. New York: Columbia University Press.
Wiener, Antje, und Thomas Diez. 2004. *European integration theory*. Oxford: Oxford University Press.
Wilcox, Francis W. 1965. Regionalism and the United Nations. *International Organization* 19 (3): 789–811.

Über den Autor

Prof. Dr. Simon Koschut ist Gastprofessor am Otto-Suhr-Institut an der Freien Universität Berlin.

Teil I
Theoretisch-konzeptionelle Perspektiven

Der Neue Regionalismus

Diana Panke

Zusammenfassung

Der Beitrag klärt zunächst die zentralen Begrifflichkeiten ‚Region' und damit verbunden ‚Regionalismus'. Darauf aufbauend werden verschiedene Konzeptualisierungen der Wellen der Regionalisierung betrachtet, um sich dem „Neuen Regionalismus" zu nähern. Dies zeigt, dass der Neue Regionalismus kein zeithistorisches Phänomen beschreibt, sondern eine Forschungsagenda darstellt, die Prozesse von Regionalisierung außerhalb Europas beziehungsweise jenseits der Europäischen Union untersucht und dabei oftmals das Zusammenspiel von Globalisierung und Regionalisierung betrachtet. Dabei gibt es zwei Forschungsstränge mit jeweils unterschiedlichem Zugang und unterschiedlicher Schwerpunktsetzung: den rationalistischen Neuen Regionalismus und den kritischen Neuen Regionalismus.

D. Panke (✉)
Albert-Ludwigs-Universität Freiburg, Freiburg, Deutschland
E-Mail: Diana.Panke@politik.uni-freiburg.de

1 Einleitung: Regionen und Regionalismus

Seit dem Ende des Zweiten Weltkriegs hat sich nicht nur die Anzahl an internationalen Organisationen, in denen Staaten miteinander kooperieren[1], beträchtlich erhöht. Auch die Anzahl an zwischenstaatlichen Institutionen zur Kooperation auf regionaler Ebene stieg stetig. So arbeiten Staaten heute nicht nur in regionalen Institutionen in Europa zusammen (Europäische Union, Europarat, Europäische Freihandelszone), sondern auch in anderen geografischen Gebieten der Welt. In Asien gibt es beispielsweise den Verband Südostasiatischer Nationen (ASEAN) und die Shanghai Cooperation Organization (SCO), im pazifischen Raum das Pacific Island Forum, in der Karibik die Karibische Gemeinschaft (CARICOM), in Afrika die Afrikanische Union (AU), die westafrikanische Wirtschaftsgemeinschaft (ECOWAS) oder die Entwicklungsgemeinschaft des südlichen Afrika (SADC), in Lateinamerika die Andengemeinschaft (ANDEAN), den Gemeinsamen Markt Südamerikas (Mercosur) oder die Union Südamerikanischer Nationen (UNASUR) und in Nordamerika das Nordamerikanische Freihandelsabkommen (NAFTA) oder die Organisation Amerikanischer Staaten (OAS).

Aufgrund dieser Entwicklung überrascht es kaum, dass sich die Forschung nicht nur mit der europäischen Integration und der EU, sondern der empirischen Vielfalt genüge tuend, auch mit anderen Regionen und anderen Formen von Regionalismus beschäftigt hat. Hierbei ist allerdings nicht unstrittig, was genau eine Region ist und – damit zusammenhängend – was unter Regionalismus verstanden werden soll. Die gängigste Definition ist räumlicher Natur und bezeichnet eine Region als eine „Gruppe von Staaten die gemeinsam in einem geografisch spezifizierten Gebiet liegen" (Mansfield und Milner 1999, S. 590). Diese Begriffsbestimmung ist allerdings nicht unproblematisch, denn sie gibt oftmals keinen Anhaltspunkt darüber, wo eine Region endet und eine neue beginnt.[2] Nicht zuletzt deshalb werden neben der räumlichen Nähe teilweise zusätzliche, teilweise gänzlich andere Kriterien angewandt, die auf sprachliche, religiöse, wirtschaftliche, sozio-kulturelle sowie politische Ähnlichkeiten oder historische Verbindungen der Staaten einer Region abstellen (Mansfield und Milner 1999, S. 591; Hettne und

---

[1]Heute arbeiten Staaten in mehr als tausend intergouvernementalen, internationalen Organisationen und Regimen zusammen (Union of International Associations 2005/2006, S. 2966; Panke 2013).

[2]Zum Beispiel gibt es Dissens über die Fragen: ‚Wo genau endet Europa?' oder ‚Welche Länder gehören dazu?' beziehungsweise ‚Welche liegen schon in Asien?' und ‚Ist die Türkei noch in Europa?' und ‚Wozu gehören die Ukraine oder Georgien?'

Söderbaum 1998, 2000). Ein Beispiel für eine sprachlich-definierte Region ist die Gemeinschaft der portugiesisch-sprachigen Staaten (CPLP), ein Beispiel für eine religiöse Region ist die Zugehörigkeit zur Organisation der Islamischen Konferenz (OIC), ein Beispiel für eine auf historischen Verbindungen beruhende Region ist das Commonwealth of Nations.

Im Allgemeinen wird unter Regionalismus der Prozess der Regionenbildung und -entwicklung einschließlich der Schaffung und Änderung formeller und informeller Institutionen zur Zusammenarbeit sowie deren Funktionsweise und Kooperationsergebnisse gefasst. Entsprechend der Regionendefinition unterscheiden sich auch die in der Literatur verwendeten Bedeutungen von Regionalismus je nachdem, ob es sich um eine räumliche, sprachliche, kulturelle, wirtschaftliche, historische oder politische Kooperation handelt (Keating und Loughlin 1997; Keating 1998; Mansfield und Milner 1999; Telò 2001; Väyrynen 2003; Söderbaum und Sbragia 2010; Warleigh und Rosamond 2010; Acharya 2011). Darüber hinaus gibt es Unterschiede in der Rolle, die Staaten im Prozess der Regionalisierung beigemessen wird. Einige Autoren verstehen Regionalismus als einen staatszentrierten Prozess der Zusammenarbeit (Nye 1968; Schirm 1997; Mansfield und Milner 1999), während andere die Rolle und Handlungsfähigkeit des Staates kritisch hinterfragen und den Blick vor allem auf nicht staatliche Akteure richten (Mittelmann 1996; Väyrynen 2003).

2 Empirie: Wellen der Regionalisierung

Wie hat sich die Regionalisierung des internationalen Systems entwickelt? Was ist unter ‚altem' Regionalismus zu verstehen und wodurch zeichnen sich gegenwärtige, neuere Formen des Regionalismus aus? So vielfältig wie die Begriffsbestimmungen von Region und Regionalismus sind auch die empirischen Beobachtungen zu historischen Entwicklungen der Regionalisierung. Zum einen unterscheiden sich die Autorinnen und Autoren hinsichtlich des Startpunktes des Beobachtungszeitraums. Zum anderen in der Frage, wie viele Wellen von Regionalisierung zu beobachten sind und wodurch diese jeweils gekennzeichnet sind.

Mansfield und Milner beginnen etwa in der zweiten Hälfte des 19. Jahrhunderts und konstatieren vier Wellen der Regionalisierung (Mansfield und Milner 1999): Mit der industriellen Revolution und Innovationen in Technologien des Transports und der Kommunikation hat sich der zwischenstaatliche Handel ausgeweitet, was in Europa zur Schaffung von bilateralen Kooperationen wirtschaftlicher Natur geführt hat, um Märkte zu eröffnen und Handel zu erleichtern (einschließlich der *Most-Favoured*-Nation-Regel)[3]. Diese umfassten unter anderem den Deutschen Zollverein, zahlreiche bilaterale Zollabkommen wie das zwischen Schweden und Norwegen und viele bilaterale Handelsabkommen wie den Englisch-Französischen Vertrag (Mansfield und Milner 1999, S. 596). Die zweite Welle der wirtschaftlichen Regionalisierung begann nach dem Ende des Ersten Weltkriegs und führte zur Konsolidierung der Kolonialmächte sowie zu zahlreichen Handelsabkommen bilateraler Natur *(Preferential Trade Agreements).* Auch mit Ende des Zweiten Weltkriegs fuhren Staaten fort, den grenzüberschreitenden Handel auf regionaler Ebene zu regeln (Mansfield und Milner 1999, S. 598). In dieser Phase unterscheiden Mansfield und Milner zwischen zwei Wellen der Regionalisierung. Von 1950 bis in die 1970er Jahre wurden multilaterale regionale Formen wirtschaftlicher Zusammenarbeit *en vogue* wie etwa die Europäische Wirtschaftsgemeinschaft (EWG), die Vorreiterin der heutigen EU sowie die EFTA. Auch gingen vor allem ehemalige Kolonien Handelsabkommen mit Drittstaaten und regionale Abkommen ein, um die wirtschaftliche Abhängigkeit zu den ehemaligen Kolonialstaaten zu verringern (Mansfield und Milner 1999, S. 600). Regionalismus hatte zum Ziel, den ökonomischen Wohlstand der Mitgliedstaaten zu erhöhen und – vor allem in Europa – die politische Zusammenarbeit zu intensivieren. Mit dem Ende des Kalten Krieges und der internationalen Neukonfiguration militärischer und politischer Macht geht die vierte Welle der Regionalisierung einher (Mansfield und Milner 1999, S. 601). Sie zeichnet sich nicht nur durch eine hohe Zahl an bilateralen Handelsabkommen und hohe Interdependenz aus, sondern auch durch die stärkere Verrechtlichung multilateraler Handelsorganisationen.[4]

Eine andere Einordnung nimmt Väyrynen (2003) vor, der zwischen zwei Phasen des Regionalismus unterscheidet: eine erste Phase des „physical regionalism", bei dem geografische Nähe sehr wichtig ist und eine zweite Phase des „functional regionalism", in der Kooperationsmuster aufgrund von Kommunikations- und Transporttechnologien nicht notweniger Weise räumlich ausgerichtet sind. Während des Kalten Krieges bildeten sich vor allem politische und wirtschaftliche Regionen aus Kooperationen von Nachbarstaaten, aber auch militärische und politische „superregions" wie die Nordatlantikvertragsorganisation (NATO) oder die Organisation Afrikanischer Einheit (OAU) (Väyrynen 2003, S. 26). Nach Ende des Kalten Krieges kam es nicht zuletzt als lokale Reaktion auf

---
[3]Laut dieser Regel (zu deutsch: ‚Meistbegünstigtenprinzip') müssen Handelsvorteile, die einem Staat eingeräumt werden, auch allen anderen Staaten offen stehen.
[4]Zum Streitschlichtungsverfahren der Welthandelsorganisation (WTO), vgl. Petersmann 1997; Kelemen 2001; Zangl 2001; Garrett und Smith 2002; Busch und Reinhardt 2003.

die Globalisierung und in Reaktion des Übergangs von einer bipolaren zu einer multipolaren Weltordnung nicht nur zur Zunahme an Regionalorganisationen in allen Teilen der nichteuropäischen Welt[5], sondern auch vermehrt zur Bildung von sub- und mikroregionalen Organisationen wie beispielsweise die Visegrád-Gruppe oder der Mercosur (Väyrynen 2003, S. 26).

Eine weitere Einteilung bieten Söderbaum und Sbragia, die zwischen dem „alten Regionalismus" der 1950er und 1960er Jahre einerseits und dem seit den 1980er Jahren vorherrschenden „gegenwärtigen Regionalismus" andererseits unterscheiden (Söderbaum und Sbragia 2010). Ersterer war maßgeblich durch den Kalten Krieg und die Bipolarität des internationalen Systems und die Supermächte geprägt (Hettne und Söderbaum 1998), der „gegenwärtige Regionalismus" oder auch „neue Regionalismus"[6] hingegen vor allem durch die Globalisierung wie auch die damit einhergehende Transformation des Nationalstaats (Hettne und Söderbaum 1998). Während die Regionen und die zugehörigen Regionalorganisationen während des Kalten Kriegs nach innen ausgerichtet waren und einen exklusiven Kreis an Mitgliedern hatten, zeichnen sich nach dem Ende des Kalten Kriegs offenere, flexiblere Formen des Regionalismus ab, die stärker nach außen gerichtet sind (Hettne und Söderbaum 1998). So hat beispielsweise die Anzahl an interregionalen Kooperationen zwischen Regionalorganisationen verschiedener geografischer Räume stark zugenommen, wie etwa der EU-ASEAN Dialog (Asien-Europa-Treffen, ASEM) zeigt. Auch überlappen regionale Kooperationsformen im Hinblick auf Mitgliedstaaten (beispielsweise sind viele der Mitglieder der SADC auch Mitglieder der AU und des ECOWAS)[7] oder auf Politikbereiche (in Asien beschäftigen sich sowohl die ASEAN als auch die SCO mit dem Politikfeld Wirtschaft). Zudem schließen sich regionale Organisationen zu größeren Institutionen zusammen (so sind in der UNASUR die Mitglieder des Mercosur, der Andengemeinschaft und zwei Mitglieder der CARICOM).

Diese drei kursorischen Beispiele zeigen vor allem eines: regionale Zusammenarbeit stellte im 20. Jahrhundert und auch gegenwärtig keine Ausnahme dar, sondern erfolgt in vielfältiger Weise (Varianz im institutionellen Design und dem formalen Institutionalisierungsgrad), mit verschiedener Ausrichtung (wirtschaftliche, politische, militärische, soziokulturelle Ziele) und in verschiedenen Teilen

---

[5]Beispielsweise wurden in den 1990er Jahren der Mercosur oder auch die die Shanghai Five-Gruppe (der Vorläufer der Shanghaier Organisation für Zusammenarbeit) gegründet.
[6]Der neue Regionalismus (mit kleinem ‚n') ist Gegenstand der Betrachtung des Ansatzes des Neuen Regionalismus (mit großem ‚N').
[7]Für weitere Beispiele vgl. Bowles 1997, S. 226.

der Welt.[8] Angesichts der in der letzten Welle der Regionalisierung erfolgten Ausdifferenzierung, die von Vertretern des Ansatzes des Neuen Regionalismus als Phänomen „neuer Regionalismus" bezeichnet wird, steht die Forschung vor der Herausforderung ein komplexes Phänomen zu erfassen und zu erklären. Der folgende Abschnitt zeigt auf, wie der Ansatz des Neuen Regionalismus mit dieser Herausforderung umgeht.

3 Der Neue Regionalismus – eine Forschungsagenda

Der Neue Regionalismus ist keine substanzielle Theorie der Internationalen Beziehungen (IB) und auch kein kohärenter Analyserahmen. So geht es beim Neuen Regionalismus nicht darum auf Basis bestimmter ontologischer Annahmen und deren logischer Verknüpfungen über die wesentlichen Akteure, Akteursinteressen, Handlungsrationalitäten, Institutionen und das Verhältnis von Akteur und Institution des internationalen Systems Hypothesen etwa über Krieg und Frieden oder über Kooperation und Zerwürfnis auf der regionalen Ebene zu formulieren. Auch bietet der Neue Regionalismus kein einheitliches Analyse- und Deutungsmuster zu regionaler Zusammenarbeit, denn auch dies würde einheitliche Annahmen über wichtige Elemente der sozialen Welt sowie eine Kategorisierung oder Typologisierung der entsprechenden Ausprägungen erfordern.

Was aber ist dann der Neue Regionalismus? Diese Frage ist trotz oder auch wegen der Fülle an Literatur zum Neuen Regionalismus nicht einfach zu beantworten. Ein Blick in die Werke zum Neuen Regionalismus lässt zunächst den Schluss zu, dass der Neue Regionalismus ein Sammelbegriff all jener Forschungsarbeiten ist, die sich mit dem Phänomen Regionalismus beschäftigen ohne dabei die europäische Integration oder die EU zu betrachten (vgl. auch Warleigh und Rosamond 2010; Acharya 2011).[9] Diese Begriffsbestimmung greift

---

[8]So stellt ein Autor fest: „(T)he most important characteristics of the new regionalism are its truly worldwide reach, extending to more regions, with greater external linkages" (Mittelmann 1996, S. 192).

[9]Aufgrund dieser Ausrichtung gab es Anfang der 2000er Jahre mehrere wissenschaftliche Fachdebatten, die den Dialog zwischen EU-Studien und dem Neuen Regionalismus herbeiführten und die Frage nach der wechselseitigen Fruchtbarmachung der Ansätze nachgingen (Warleigh und Rosamond 2010; Söderbaum und Sbragia 2010; Keating und Loughlin 1997; Telò 2001). Dies hat nicht zuletzt dazu geführt, dass sich nunmehr die Vergleichende Regionalismusforschung als Feld der Politikwissenschaft etabliert hat. Näheres hierzu in Abschn. 4 dieses Beitrags sowie im Beitrag von Lenz und Striebinger in diesem Band.

allerdings etwas zu kurz. Im Allgemeinen kann der Neue Regionalismus als Forschungsagenda bezeichnet werden, die Prozesse von Regionalisierung außerhalb Europas bzw. jenseits der EU untersucht und dabei oftmals das Zusammenspiel von Globalisierung[10] und Regionalisierung betrachtet (vgl. Mittelmann 1996; Väyrynen 2003; Söderbaum und Shaw 2003; Breslin et al. 2013). Zusätzlich steht beim Neuen Regionalismus die Beobachtung im Vordergrund, dass mit Ende des Kalten Krieges die Weltordnung multipolar wurde, die US-amerikanische Hegemonie im Abnehmen begriffen ist und die internationalen Beziehungen von einer neuen weltweiten Arbeitsteilung geprägt sind, was mit dem Wandel des Nationalstaats westfälischer Prägung[11] einhergeht (Hettne und Söderbaum 1998; Gómez-Mera 2008). Auf dieser Basis wird konstatiert, dass die nach Ende des Kalten Krieges zu beobachtende „neue Regionalisierung" nicht durch die Supermächte indiziert wurde (Hettne und Söderbaum 1998), sondern sich aus den Regionen selbst heraus entwickelt hat (Gómez-Mera 2008, S. 286).[12]

Grundsätzlich muss zwischen einem rationalistischen und einem kritischen Neuen Regionalismus unterschiedenen werden. Die rationalistische Variante des Neuen Regionalismus betrachtet die Staaten als die im Wesentlichen handelnden Akteure (wenn auch nicht als die einzigen Akteure), die ein Interesse daran haben, möglichst wirtschaftlichen Wohlstand zu maximieren beziehungsweise die Globalisierung zu ihren Gunsten zu nutzen oder zu gestalten. Um dieses Ziel zu erreichen, handeln Staaten beziehungsweise die Regierungen entsprechend dem *rational-choice*-Ansatzes zweckrational (vgl. etwa Mansfield und Milner 1999; Breslin et al. 2013). Die Ontologie des kritischen Neuen Regionalismus hingegen nimmt den Staat nicht als gegebene Einheit an, sondern kann diesen hinterfragen und seine Rolle beziehungsweise Handlungsfähigkeit problematisieren

---

[10]Es handelt sich bei der Globalisierung keineswegs um ein neues Phänomen. Vielmehr haben sich über die Jahrhunderte hinweg aus grenzüberschreitenden Interaktionen vielfältige und komplexe wirtschaftliche, soziale und politische Interdependenzen entwickelt (Keohane 1984, 1989; Baylis et al. 2011). Allerdings hat Globalisierung im 21. Jahrhundert eine deutliche höhere Intensität erlangt, da sich während er letzten hundert Jahre aufgrund von Erfindungen und des einhergehenden Wandels von Transport- und Kommunikationstechnologien die grenzüberschreitenden Interaktionen stark erhöht haben und so zu einer stärkeren Interdependenz geführt haben (Krasner 1995, 1999; Keohane 2001).
[11]Das Westfälische Modell zeichnet sich durch die Idee aus, dass Staaten intern und extern souveräne Gebilde sind und deshalb idealtypisch Kontrolle über ihre Grenzen haben (Krasner 1993; Krasner 1999).
[12]Eine abweichende Meinung vertreten Gamble und Payne 1996, die argumentieren, dass die NAFTA und die FTAA-Bestrebungen der USA zum Ausdruck bringen, den wirtschaftlichen Neoliberalismus in Lateinamerika zu stärken.

(Söderbaum und Sbragia 2010, S. 576). Dies führt im Vergleich zum rationalistischen Neuen Regionalismus dazu, dass die kritische Variante oftmals nichtstaatliche Akteure ins Zentrum der Analyse stellt und den Begriff der Region von der rein staatlich-geografischen Verortung löst (Väyrynen 2003). Nicht zuletzt ist es diesen unterschiedlichen Kernannahmen geschuldet, dass der Neue Regionalismus eine Forschungsagenda, nicht aber eine Theorie oder einen Analyserahmen darstellt. Um den rationalistischen und den kritischen Neuen Regionalismus besser zu verstehen, werden im Folgenden beide Varianten getrennt voneinander vorgestellt.

3.1 Der rationalistische Neue Regionalismus und „Mainstream IR"

Die Disziplin der IB hat sich traditionell nicht nur mit Fragen nach Krieg und Frieden (Morgenthau 1948; Waltz 1959, 1979), sondern auch mit der Entstehung von Kooperation jenseits des Nationalstaats (Axelrod 1984; Keohane 1984) und den Dynamiken und Ergebnissen zwischenstaatlicher Zusammenarbeit beschäftigt (Keohane und Nye 1989; Zartman und Rubin 2009; Fearon 1998). Zwei theoretische Schulen haben sich dabei besonders stark etabliert: der Realismus und der Liberalismus. Ersterer thematisiert staatliche Macht, das Streben nach Sicherheit und Krieg, letzterer staatliches Streben nach wirtschaftlichem Wohlstand (für ausführliche Darstellungen, vgl. Doyle 1986; Keohane 1990; Schieder 2003; Vasquez 1998; Jacobs 2003).

Der rationalistische Zweig des Neuen Regionalismus greift auf realistische und liberale Theorieströmungen der IB zurück (Söderbaum und Shaw 2003; Söderbaum und Sbragia 2010, S. 567; Mittelmann 1996, S. 200–205; Baccini und Dür 2011). Etwa wird davon ausgegangen, dass Akteure (in der realistischen Theorietradition handelt es sich zumeist um Staaten) jenseits Europas durch regionale Zusammenarbeit auf Globalisierung reagieren beziehungsweise Globalisierung gestalten (Breslin und Higgott 2003; Dieter und Higgott 2003). Ging es dabei anfangs vor allem um die Eindämmung ökonomischer Abhängigkeiten von ehemaligen Kolonialstaaten oder zu anderen entwickelten westlichen Staaten, gefolgt von defensiven Bestrebungen sich vom Weltmarkt unabhängiger zu machen, so steht gegenwärtig im Vordergrund, Marktzugang zu schaffen und die eigene Wirtschaftsentwicklung angesichts fortschreitender Globalisierung zu fördern (Breslin und Higgott 2003, S. 172–173; Makinda und Okumu 2007).

Ferner betrachtet der rationalistische Zweig des Neuen Regionalismus auch die Prozesse der Schaffung von regionalen Institutionen in nichteuropäischen Teilen der Welt. Dabei wird beleuchtet, dass Staaten ihre exogen gegebenen Interessen wahren, indem sie den Legalisierungsgrad, den Grad an Supranationalisierung und die Politikbereiche der Kooperation entsprechend wählen. So ist beispielsweise nicht verwunderlich, dass die ASEAN und auch die AU, deren Mitgliedsstaaten meist keine konsolidierten Demokratien sind (Acharya 2011; Murray 2004), keine offenen und stark frequentierten Foren für Bürgerpartizipation haben (Chandra 2004) oder den Menschenrechten faktisch nur begrenzte Bedeutung einräumen (Udombana 2001, S. 1259).

Andere Vertreter des rationalistischen Neuen Regionalismus untersuchen das Handeln von regionalen Organisationen in ihrer Region und darüber hinaus (Cilliers und Sturman 2002; Tieku 2007). Beispielsweise gibt es Arbeiten, die analysieren wie regionale Organisationen in Asien mit der Finanzkrise der 1990er Jahre umgingen und wie Staaten etwa die Asian Development Bank nutzten, um den regionalen Finanzmarkt wieder zu stabilisieren (Dieter und Higgott 2003).

3.2 Der kritische Neue Regionalismus

Der kritische Neue Regionalismus ist weiterverbreitet als die rationalistische Variante des Neuen Regionalismus. Entsprechend vielfältig ist auch das Forschungsprogramm des kritischen Neuen Regionalismus, das sich dadurch auszeichnet, dass es versucht die Mehrdimensionalität des Gegenstands zu erfassen (Hettne und Söderbaum 1998).

Dabei ist für die kritische Variante des Neuen Regionalismus zentral zu verstehen, wie Regionen konstruiert und dekonstruiert werden, welche Zwecke damit verfolgt werden und welche Akteure im Prozess der Regionalisierung eine Rolle spielen (Söderbaum und Sbragia 2010, S. 575).[13] Der kritische Neue Regionalismus betrachtet eine Vielfalt an Akteuren (Staaten, nationale und transnationale gesellschaftliche Akteure, Märkte), die in komplexem Zusammenspiel an der Konstruktion (oder Dekonstruktion) von Regionen mitwirken (Hettne und Söderbaum 1998; Söderbaum und Shaw 2003). Die Akteursvielfalt geht mit einer Mannigfaltigkeit an Triebfedern für und Zielen von Regionalisierung einher (Sicherheit, Herrschaft,

---

[13]Auf Basis dieser Einsichten kann die Verteilung von Macht beziehungsweise die der Konstruktion und Aufrechterhaltung einer Region zugrunde liegenden Machtstrukturen problematisiert werden (Mittelmann 1996; Beeson 2006).

Kultur, Wohlfahrt), die internen oder externen Ursprung haben können. Interne Triebfedern können kultureller, gesellschaftlicher, wirtschaftlicher oder politischer Natur sein, die Regierungen, nichtstaatliche Akteure und Märkte bewegen und Regionalisierung voranzutreiben. Externe Faktoren wie die Globalisierung und eine verstärkte wirtschaftliche Interdependenz stellen weitere Anreize zur Bildung von Regionen beziehungsweise stehen in einem dialektischen Verhältnis (Väyrynen 2003; MacLeod 2001; Higgott 1999). In diesen Prozessen spielen die Verteilung von Marktmacht und auch politischer Macht sowie die Diskurse auf nationaler, regionaler und internationaler Ebene eine wichtige Rolle (Perkmann und Sum 2002; Breslin und Higgott 2000; Paasi 2003; Poon 2001). Endogene und exogene Triebfedern können ineinandergreifen, interagieren und Regionalisierungsprozesse entsprechend inhaltlich und in ihrer Dynamik und Geschwindigkeit beeinflussen. Regionen werden zum Mittler zwischen nationalen und globalen Entwicklungen und Problemen und können als Versuch gewertet werden, in einer durch hohe Komplexität und vielfältigen Interdependenzen gekennzeichneten Welt nach innen und nach außen gestaltend mitzuwirken (Hettne und Söderbaum 1998; Söderbaum und Shaw 2003).

Obwohl der Schwerpunkt des kritischen Regionalismus auf dem Wer, dem Warum und dem Wodurch der Regionenbildung liegt, gibt es auch Arbeiten, die die Strukturen der geschaffenen Regionen näher untersuchen. Dabei nimmt der kritische Neue Regionalismus nicht nur formelle sondern auch informelle Institutionen in Augenschein, wobei alles von formellen regionalen Organisationen bis hin zu informellen Netzwerkpraktiken erfasst werden kann (Gómez-Mera 2008; Acharya 2011). Des Weiteren führte der kritische Neue Regionalismus den Begriff der „regionness" ein (die geeignetste deutsche Übersetzung ist vom ‚Regionen-sein' oder dem ‚regionalen Charakter' zu sprechen), der in der Lage ist, mit variablen Grenzen umzugehen und auch unterschiedlich stark entwickelte Regionen zu erfassen (Hettne und Söderbaum 1998; Väyrynen 2003; Wunderlich 2012). Von „regionness" spricht man dann, wenn der Prozess der Konstruktion einer Region nicht abgeschlossen ist, aber hinsichtlich der internen Integration und der Identitätsbildung schon hinreichend weit gediehen ist, um dem Konstrukt regionale Attribute zuzuschreiben (Väyrynen 2003, S. 39; vgl. auch Beeson 2006; Wunderlich 2012). So wird zwischen drei Stufen von „regionness" unterschieden: Einer „pre-regional stage", die sich durch eine Institutionalisierung und ein anarchisches Verhältnis der Staaten untereinander auszeichnet; einer „organized, formal region", die entweder formalisierte Entscheidungsstrukturen gebildet hat oder in der sich Marktkräfte oder soziale Akteure spontan selbstorganisieren; und einer „region as acting subject with a distinct identity, institutionalised actor capability, legitimacy, and structure of decision-making" (Hettne und Söderbaum 1998).

4 Das Verhältnis von Neuem Regionalismus und EU-Studien

Die Forschungsgegenstände von EU-Studien und Neuem Regionalismus unterscheiden sich. Während letzterer alle Phänomene von Regionalisierung – mit Ausnahme der EU – untersucht, beschäftigen sich EU-Studien nahezu ausschließlich mit Prozessen der europäischen Integration und dem politischen System der EU. So ist es zunächst nicht verwunderlich, dass beide Forschungsfelder unverbunden nebeneinanderstanden.

Anfangs waren der Intergouvernementalismus und auch der (Neo)funktionalismus als prominente Theorien regionaler Integration breit angelegt und nicht auf den Prozess europäischer regionaler Integration zugeschnitten (Mitrany 1943; Nye 1968; Schmitter 1970; Haas 1961, 1964; Hoffmann 1956). Allerdings wurden diese Theorien im Zeitverlauf weiterentwickelt, um EU-interne Dynamiken und Varianzen besser zu erklären, wobei EU-spezifische Institutionen und Prozesse in den Vordergrund von Erklärungen rückten.[14] Dies hat letztlich dazu geführt, dass sie und die jeweiligen gewonnenen Erkenntnisse an Übertragbarkeit auf andere Regionalorganisationen eingebüßt haben. Dies zeigt sich nicht zuletzt an der Debatte, ob die EU ein politisches System *sui generis* ist, das aufgrund der Besonderheiten supranationaler Mehrebenensysteme weder mit einer internationalen Organisation, noch mit einem Föderalstaat, noch mit anderen, intergouvernemental ausgerichteten Regionalorganisationen verglichen werden kann (vgl. hierzu auch Koschut in diesem Band).

Demgegenüber hatten Arbeiten zum Neuen Regionalismus immer schon eine breitere Anlage als den N = 1 Fall, was nicht zuletzt der Komplexität und Mehrdimensionalität des Forschungsgegenstands des neuen Regionalismus (zum neuen Regionalismus mit ‚kleinem n', vgl. Abschn. 2) geschuldet ist (Breslin et al. 2013; Bowles 1997). Darüber hinaus schätzt der Neue Regionalismus die Übertragbarkeit von Theorien europäischer Integration auf Entwicklungen regionaler Integration außerhalb Europas als gering ein, nicht zuletzt, weil es kaum andere Regionen

---

[14]Beispiele sind etwa der supranationale Institutionalismus (Stone Sweet und Sandholtz 1998; Stone Sweet et al. 2001), der liberale Intergouvernementalismus (Moravcsik 1993, 1998), theoretische Ansätze die sich mit Wechselwirkungen zwischen der staatlichen und der europäischen Ebene des Mehrebenensystems (‚Europäisierung', vgl. Börzel und Panke 2010) oder mit der Arbeitsweise europäischer Institutionen wie dem der Europäischen Kommission (Nugent 2001; Hooghe 2002), dem Parlament (Westlake 1994; Shackleton 2002) oder dem Gerichtshof (Panke 2010; Panke 2007) auseinandersetzen.

gibt, in denen die Nachbarstaaten relativ homogen sind, stabile Demokratien darstellen und ein ähnlich hohes Maß an wirtschaftlichem Wohlstand aufweisen.[15]

In jüngerer Zeit wurde allerdings vermehrt der Versuch unternommen in einen Dialog einzutreten, um die beiden Felder wechselseitig zu befruchten (Söderbaum und Sbragia 2010; Warleigh und Rosamond 2010). Dabei wird argumentiert, dass EU-Studien von einer ontologischen Öffnung (bessere Erfassung informeller Regionalisierung in Europa, Ausweitung des Forschungsfelds auf interregionale Kooperationen) und einer methodologischen Verbreiterung profitieren könnten (Stärkung konstruktivistischer und kritischer EU-Forschung). Zur gleichen Zeit kann der Neue Regionalismus von einem stärkeren Einbezug substanzieller IB- und Integrationstheorien wie auch von in der EU-Forschung vorherrschenden positivistischen Methoden quantitativer und qualitativer Natur profitieren und das Generalisierungspotenzial der Befunde stärken ohne dabei notgedrungen die EU als Vergleichsmaßstab nutzen zu müssen.

Der Dialog zwischen Neuem Regionalismus und EU-Studien hat ohne Frage die Vergleichende Regionalismusforschung gestärkt (vgl. hierzu den Beitrag von Lenz/Striebinger in diesem Band).[16] Diese betrachtet die verschiedenen regionalen Organisationen und andere Formen regionaler Zusammenarbeit (z. B. Interregionalismus) in komparativer Perspektive. Sie versucht die gefundenen Unterschiede und Gemeinsamkeiten hinsichtlich der Entstehung und Entwicklungsdynamik wie auch der Funktionsweise verschiedener regionaler Organisationen zu erklären, ohne dabei die EU als Maßstab aller Dinge zu erachten.

5   Fazit

Der Neue Regionalismus stellt eine breite Forschungsagenda dar, die eine große Anzahl an Phänomenen der Regionalisierung der heutigen Welt erfasst. Dies ist zugleich der Mehrwert des Neuen Regionalismus für die politikwissenschaftliche Forschung zum Regionalismus, die ihr Augenmerk lange stark auf westliche (um nicht zu sagen europäische) Integrationsbestrebungen gelegt hat. Dabei wurde nicht

---

[15]Dieses Argument mag noch für die EU-16 gegolten haben (obwohl auch damals bereits wirtschaftliche Unterschiede zwischen den nordischen beziehungsweise zentraleuropäischen und den südlichen Mitgliedsländern bestanden), muss aber in der heutigen EU-28 kritisch hinterfragt werden. Einige der neuen Mitgliedsstaaten sind wirtschaftlich deutlich schwächer als der Durchschnitt der ‚alten' EU-Mitglieder und haben teils weniger stark konsolidierte Demokratien.

[16]Im Englischen wird dieses Forschungsfeld als *comparative regionalism* bezeichnet.

nur oftmals ignoriert, dass regionale Integration in allen Teilen der Welt stattfindet (die EU in dieser Hinsicht also kein Einzelfall ist), sondern auch, dass Regionalismus unterschiedliche Formen annehmen kann (geografischer und funktionaler Regionalismus, überlappender Regionalismus, informeller und formeller Regionalismus). Diese Vielfalt wird als Phänomen neuer Regionalismus bezeichnet und hat sich nach dem Ansatz des Neuen Regionalismus vor allem nach Ende des Kalten Kriegs entwickelt. Allerdings ist der Neue Regionalismus keine kohärente substanzielle Theorie und auch kein einheitlicher Analyserahmen, sondern vor allem ein Sammelbegriff für Arbeiten, die sich aus unterschiedlichster Perspektive (rationalistische und kritische Variante des Neuen Regionalismus) mit als neuer Regionalismus bezeichneter Regionalisierung auseinandersetzen. Dies führt dazu, dass die Forschungsagenden eine Reihe interessanter und wichtiger Befunde hervorgebracht haben, diese aber teils unverbunden nebeneinanderstehen und sich nur bedingt zu einem größeren Bild der neueren Regionalisierung zusammenfügen lassen.

Basisliteratur

Baylis, John, Steve Smith, und Patricia Owens. 2011. *The globalization of world politics*. Oxford: Oxford University Press. *Dieses Lehrbuch bietet eine gute Einführung in Prozesse der Globalisierung und klärt grundlegende Begrifflichkeiten und Konzepte.*
Breslin, Shaun, Christopher W. Hughes, Nicola Phillips, und Ben Rosamond. 2013. *New regionalism in the global political economy: Theories and cases*. London: Routledge. *Dieses Buch betrachtet aus Perspektive der IPÖ (Internationale Politische Ökonomie) das Phänomen des „Neuen Regionalismus" und verbindet dabei Theorie und Empirie auf vielfältige Weise.*
Perkmann, Markus, und Ngai-Ling Sum. 2002. *Globalization, regionalization and cross-border regions: Scales, discourses and governance*. Basingstoke: Palgrave. *Dieser Band verdeutlicht, wie Globalisierung und Regionalisierung zusammenhängen.*
Söderbaum, Fredrik, und T. M. Shaw. 2003. *Theories of new regionalism*. Basingstoke: Palgrave Macmillan. *Dieses Buch theoretisiert den Neuen Regionalismus und stellt in dieser Hinsicht ein wichtiges Referenzwerk dar.*
Telò, Mario. 2001. *European Union and new regionalism: Regional actors and global governance in a post-hegemonic era*. Aldershot: Ashgate. *Dieses Buch betrachtet das externe Handeln der Europäischen Union aus Perspektive des Neuen Regionalismus.*

Verwendete Literatur

Acharya, Amitav. 2011. Engagement or entrapment? Scholarship and policymaking on Asian regionalism. *Review of International Studies* 13 (1): 12–17.
Axelrod, Robert A. 1984. *The evolution of cooperation*. New York: Basic Books.

Baccini, Leonardo, und Andreas Dür. 2011. The new regionalism and policy interdependence. *British Journal of Political Science* 42 (1): 57–79.
Beeson, Mark. 2006. American hegemony and regionalism: The rise of East Asia and the end of the Asia-Pacific. *Geopolitics* 11 (4): 541–560.
Börzel, Tanja A., und Diana Panke. 2010. Europeanization. In *European Union politics*, 3. Aufl., Hrsg. Michelle Cini und Nieves Perez-Solorzano Borragan, 405–417. Oxford: Oxford University Press.
Bowles, Paul. 1997. Asean, Afta and the "New Regionalism". *Pacific Affairs* 70:219–233.
Breslin, Shaun, und Richard Higgott. 2000. Studying regions: Learning from the old, constructing the new. *New Political Economy* 5 (3): 333–352.
Breslin, Shaun, und Richard Higgott. 2003. New regionalism(s) in the global political economy. Conceptual understanding in historical perspective. *Asia Europe Journal* 1 (2): 167–182.
Breslin, Shaun, Christopher W. Hughes, Nicola Phillips, und Ben Rosamond, Hrsg. 2013. *New regionalism in the global political economy: Theories and cases*. London: Routledge.
Busch, Marc L., und Eric Reinhardt. 2003. The evolution of GATT/WTO dispute settlement. In *Trade policy research*, Hrsg. M. John und Dan Ciuriak Curtis, 143–183. Ottawa: Department of Foreign Affairs and International Trade.
Chandra, Alexander C. 2004. Indonesia's non-state actors in Asean: A new regionalism agenda for Southeast Asia? *Contemporary Southeast Asia* 26 (1): 155–174.
Cilliers, Jakkie, und Kathryn Sturman. 2002. The right intervention: Enforcement challenges for the African Union. *African Security Studies* 11 (3): 28–39.
Dieter, Heribert, und Richard Higgott. 2003. Exploring alternative theories of economic regionalism: From trade to finance in Asian co-operation? *Review of International Political Economy* 10 (3): 430–454.
Doyle, Michael. 1986. Liberalism and world politics. *American Political Science Review* 80 (4): 1151–1159.
Fearon, James D. 1998. Bargaining, enforcement and international cooperation. *International Organization* 52 (2): 269–305.
Gamble, Andrew, und Anthony Payne. 1996. *Regionalism and world order*. London: Macmillan.
Garrett, Geoffrey, und James M. Smith. 2002. *The politics of WTO dispute settlement*. UCLA International Institute Occasional Paper Series. Los Angeles: UCLA International Institute.
Gómez-Mera, Laura. 2008. How 'new' is the 'New Regionalism' in the Americas? The case of Mercosur. *Journal of International Relations and Development* 11 (3): 279–308.
Haas, Ernst B. 1961. International integration. The European and the universal process. *International Organization* 15 (3): 366–392.
Haas, Ernst B. 1964. *Beyond the nation-state. functionalism and international organization*. Stanford: Stanford University Press.
Hettne, Björn, und Fredrik Söderbaum. 1998. The new regionalism approach. *Politeia* 17 (3): 6–21.
Hettne, Björn, und Fredrik Söderbaum. 2000. Theorising the rise of regionness. *New Political Economy* 5 (3): 457–472.
Higgott, Richard. 1999. The political economy of globalisation in East Asia. In *Globalisation and the Asia Pacific: Contested territories*, Hrsg. Kris Olds, Philip F. Kelly, und Peter Dicken, 87–101. London: Routledge.

Hoffmann, Stanley. 1956. The role of international organization: Limits and possibilities. *International Organization* 10 (3): 357–372.
Hooghe, Liesbet. 2002. *The European Commission and the integration of Europe. Images of governance.* Cambridge: Cambridge University Press.
Jacobs, Andreas. 2003. Realismus. In *Theorien der Internationalen Beziehungen*, Hrsg. Spindler Schieder und Manuela Spindler, 35–60. Opladen: UTB.
Keating, Michael. 1998. *The new regionalism in Western Europe. Territorial restructuring and political change.* Cheltenham: Elgar.
Keating, Michael, und John Loughlin, Hrsg. 1997. *The political economy of regionalism.* London: Cass.
Kelemen, R. Daniel. 2001. The limits of judicial power. Trade-environment disputes in the GATT/WTO and the EU. *Comparative Political Studies* 34 (6): 622–650.
Keohane, Robert O. 1984. *After hegemony. Cooperation and discord in the world political economy.* Princeton: University Press Princeton.
Keohane, Robert O. 1989. *International institutions and state power.* Boulder: Westview.
Keohane, Robert O. 1990. International liberalism reconsidered. In *The economic limits to modern politics*, Hrsg. John Dunn, 165–194. Cambridge: Cambridge University Press.
Keohane, Robert O. 2001. Governance in a partially globalized world. *American Political Science Review* 95 (1): 1–13.
Keohane, Robert O., und Joseph S. Nye. 1989. *Power and interdependence.* Glenview: Scott & Foresman.
Krasner, Stephen. 1993. Westphalia and all that. In *Ideas and foreign policy: Beliefs, institutions, and political change*, Hrsg. Judith Goldstein und Robert O. Keohane, 235–264. Ithaca: Cornell University Press.
Krasner, Stephen D. 1995. Compromising Westphalia. *International Security* 20 (1): 115–151.
Krasner, Stephen D. 1999. *Sovereignty: Organized hypocrisy.* Princeton: Princeton University Press.
MacLeod, Gordon. 2001. New regionalism reconsidered: Globalization and the remaking of political economic space. *International Journal of Urban and Regional Research* 25 (4): 804–829.
Makinda, Samuel M., und F. Wafula Okumu. 2007. *The African Union: Challenges of globalization, security, and governance.* London: Routledge.
Mansfield, Edward, und Helen Milner. 1999. The new wave of regionalism. *International Organization* 53 (3): 589–627.
Mitrany, David. 1943. *A working peace system. An argument for the functional development of international organization.* London: Royal Institute of International Affairs.
Mittelmann, James H. 1996. Rethinking the "New Regionalism" in the context of globalization. *Global Governance* 2 (2): 189–213.
Moravcsik, Andrew. 1993. Preferences and power in the European Community: A liberal intergovernmentalist approach. *Journal of Common Market Studies* 31 (4): 473–524.
Moravcsik, Andrew. 1998. *The choice for Europe. Social purpose & state power from Messina to Maastricht.* Ithaca: Cornell University Press.
Morgenthau, Hans J. 1948. *Politics among nations.* New York: McGraw Hill.
Murray, Rachel. 2004. *Human rights in Africa: From the OAU to the African Union.* Cambridge: Cambridge University Press.

Nugent, Neill. 2001. *The European Commission.* Basingstoke: Palgrave.
Nye, Joseph S. 1968. Patterns and catalysts in regional integration. *International Organization* 19 (4): 870–884.
Paasi, Anssi. 2003. Region and place: Regional identity in question. *Progress in human geography* 27 (4): 475–485.
Panke, Diana. 2007. The European court of justice as an agent of Europeanization? Restoring compliance with EU law. *Journal of European public policy* 14 (6): 847–866.
Panke, Diana. 2010. *The effectiveness of the European court of justice. Why reluctant states comply.* Manchester: Manchester University Press.
Panke, Diana. 2013. Getting ready to negotiate in international organizations? On the importance of the domestic construction of national positions. *Journal of International Organizations Studies* 4 (2): 25–38.
Perkmann, Markus, und Ngai-Ling Sum, Hrsg. 2002. *Globalization, regionalization and cross-border regions: Scales, discourses and governance.* Basingstoke: Palgrave Macmillan.
Petersmann, Ernst-Ulrich. 1997. *The GATT/WTO dispute settlement system. International law, international organizations and dispute settlement.* The Hague: Kluwer International.
Poon, Jessie. 2001. Regionalism in the Asia Pacific: Is geography destiny? *Area* 33 (3): 252–260.
Schieder, Siegfried. 2003. Neuer Liberalismus. In *Theorien der Internationalen Beziehungen,* Hrsg. Siegfried Schieder und Manuela Spindler, 169–198. UTB: Opladen.
Schirm, Stefan A. 1997. Transnationale Globalisierung und Regionale Kooperation. *Zeitschrift für Internationale Beziehungen* 4 (1): 69–106.
Schmitter, Philippe C. 1970. A revised theory of regional integration. *International Organization* 24 (4): 836–868.
Shackleton, Michael. 2002. The European Parliament. In *The institutions of the European Union,* Hrsg. John Peterson und Michael Shackleton, 95–117. Oxford: Oxford University Press.
Söderbaum, Frederik, und Alberta Sbragia. 2010. EU studies and the 'New Regionalism': What can be gained from dialogue? *European Integration* 32 (6): 563–582.
Söderbaum, Fredrik, und T. M. Shaw, Hrsg. 2003. *Theories of new regionalism.* Basingstoke: Palgrave Macmillan.
Stone Sweet, Alec, und Wayne Sandholtz, Hrsg. 1998. *European integration and supranational governance.* Oxford: Oxford University Press.
Stone Sweet, Alec, Wayne Sandholtz, und Neil Fliegstein, Hrsg. 2001. *The institutionalization of Europe.* Oxford: Oxford University Press.
Telò, Mario, Hrsg. 2001. *European Union and new regionalism: Regional actors and global governance in a post-hegemonic Era.* Aldershot: Ashgate.
Tieku, Thomas Kwasi. 2007. African Union promotion of human security in Africa. *African Security Studies* 16 (2): 26–37.
Udombana, Nsongurua J. 2001. Can the leopard change its spots – The African Union treaty and human rights. *American University International Law Review* 17 (6): 1178–1261.
Union of International Associations, Hrsg. 2005/2006. Yearbook of international organizations. http://www.Brill.Nl/Publications/Yearbook-International-Organizations.
Vasquez, John A. 1998. *The power of power politics. From classical realism to neotraditionalism.* Cambridge: Cambridge University Press.

Väyrynen, Raimo. 2003. Regionalism: Old and new. *International Studies Review* 5 (1): 25–51.
Waltz, Kenneth. 1959. *Man, the state, and war*. New York: Columbia University Press.
Waltz, Kenneth. 1979. *Theory of international politics*. New York: McGraw-Hill.
Warleigh, Alex, und Ben Rosamond. 2010. Across the EU-studies-new regionalism frontier: Invitation to dialogue. *Journal of Common Market Studies* 48 (4): 993–1013.
Westlake, Martin. 1994. *The commission and the parliament. Partners and rivals in the European policy-making process*. London: Butterworth.
Wunderlich, Jens-Uwe. 2012. The EU an actor sui generis? A comparison of EU and Asean actorness. *Journal of Common Market Studies* 50 (4): 653–669.
Zangl, Bernhard. 2001. Bringing courts back. In: Normdurchsetzung im GATT, in der WTO und der EG. *Schweizerische Zeitschrift für Politikwissenschaft* 7 (2): 49–79.
Zartman, I. William, und Jeffrey Z. Rubin, Hrsg. 2009. *Power and negotiation*. Michigan: University of Michigan Press.

Über die Autorin

Prof. Dr. Diana Panke ist Inhaberin der Professur für Governance in Mehrebenensystemen an der Albert-Ludwigs-Universität Freiburg.

Vergleichende Regionalismusforschung

Tobias Lenz und Kai Striebinger

Zusammenfassung

Dieses Kapitel bietet einen knappen Überblick über das Forschungsfeld der Vergleichenden Regionalismusforschung (VRF). Eingangs bestimmen wir das Forschungsfeld durch seinen empirischen Gegenstandsbereich – den Regionalismus – sowie die Methode des Vergleichs und verorten es zwischen der Disziplin der Internationalen Beziehungen und den Regionalstudien *(area studies)*. Anschließend stellen wir anhand ausgewählter Studien die wichtigsten Forschungsergebnisse zu zwei zentralen Fragestellungen vor. Erstens, welche Faktoren beeinflussen die Entstehung und Entwicklung von Regionalismus? Zweitens, welche Auswirkungen hat Regionalismus auf Wohlfahrt, Frieden und Sicherheit sowie nationale politische Systeme? Insgesamt argumentieren wir, dass sich die VRF in einem Spannungsfeld bewegt zwischen der Erklärung von Unterschieden und von Gemeinsamkeiten verschiedener Formen des Regionalismus.

Wir danken Tanja Börzel, Jorge Garzon und Simon Koschut für wertvolle Kommentare zu einer früheren Version dieses Textes.

T. Lenz (✉)
Georg-August Universität Göttingen, Göttingen, Deutschland
E-Mail: tobias.lenz@sowi.uni-goettingen.de

K. Striebinger
Deutsches Institut für Entwicklungspolitik, Berlin, Deutschland
E-Mail: KaiStriebinger@gmail.com

1 Einleitung: Regionalismus und Vergleichende Regionalismusforschung

Die Entwicklung des weltweiten Regionalismus als empirisches Phänomen wird gemeinhin mit einer Wellen-Metapher beschrieben, die von der Forschung nachempfunden worden ist (für einen guten Überblick, vgl. Söderbaum 2016). Eine erste Welle begann nach Ende des Zweiten Weltkriegs und umfasste neben der Europäischen Gemeinschaft für Kohle und Stahl (EGKS) und der Europäischen Wirtschaftsgemeinschaft (EWG) ähnliche Integrationsprojekte in anderen Teilen der Welt wie den Andenpakt (AP) oder die Ostafrikanische Gemeinschaft (EAC). Häufig als „alter Regionalismus" bezeichnet, hatten diese Projekte neben politischen Ambitionen vielfach die Schaffung gemeinsamer Märkte und Zollunionen zum Ziel. Theoretisch war die erste Welle vom neofunktionalistischen Ansatz geprägt, den Ernst Haas maßgeblich anhand des europäischen Integrationsprozesses entwickelt hatte. Als die erste Welle in den 1970er Jahren abebbte, da viele Integrationsprojekte nach erfolgreichen Anfangsjahren in die Krise gerieten, wandte sich das wissenschaftliche Interesse anderen Gegenständen zu.

Nach Ende des Kalten Krieges entstanden neue Integrationsprojekte in Afrika, Lateinamerika und Asien wie der Mercosur oder die Nordamerikanische Freihandelszone (NAFTA), während bestehende Projekte erneuert und vielfach gestärkt wurden. Dabei differenzierte sich das Panorama aus, der sogenannte „neue Regionalismus" nahm vielfältige Formen an (vgl. hierzu Panke in diesem Band). Diese zweite Welle belebte das wissenschaftliche Interesse erneut, und mündete schließlich in die Entstehung eines neuen Forschungsfeldes, das weniger EUropa-zentrisch und systematisch(er) vergleichend angelegt ist: die Vergleichende Regionalismusforschung (VRF). Heutzutage ist dieses Forschungsfeld fest etabliert – viele Handbücher der Internationalen Beziehungen (IB) enthalten eigenständige Kapitel zum Thema und die Anzahl an Lehrbüchern und Überblickswerke, die nur diesem Forschungszweig gewidmet sind, wächst.

Dieser Beitrag bietet einen knappen Überblick über das Feld der VRF. Dies geschieht in drei Schritten. Zuerst beschreiben wir den Vergleichenden Regionalismus als eigenständiges Forschungsfeld, indem wir ihn zwischen den Regionalstudien und den IB lokalisieren und durch seine Methode – den Vergleich – charakterisieren. Anschließend stellen wir anhand ausgewählter Studien zwei theoretische Perspektiven zur Erklärung der Entstehung und Entwicklung von Regionalismus vor, bevor wir im dritten Teil die Auswirkungen von Regionalismus exemplarisch darlegen.

2 Vergleichender Regionalismus als Forschungsfeld

Ähnlich der Vergleichenden Politikwissenschaft definiert sich die VRF über einen empirischen Gegenstandsbereich – den Regionalismus – sowie eine Methode – den Vergleich. Der Begriff Regionalismus ist dabei in der Literatur heftig umstritten und kann geografisch, wirtschaftlich, politisch, institutionell oder sozio-kulturell gefasst werden. Generell lässt sich jedoch konstatieren, dass die VRF all jene grenzüberschreitenden, kooperativen Strukturen, Institutionen und Dynamiken untersucht, die oberhalb des Nationalstaats und unterhalb der globalen Ebene angesiedelt sind und sowohl staatliche als auch nichtstaatliche Akteure umfassen (vgl. hierzu auch die Ausführungen von Koschut und Panke in diesem Band).

Diese Definition charakterisiert die VRF als ein Forschungsfeld, das zwischen den Regionalstudien *(area studies)* und den IB lokalisiert werden kann und Herangehensweisen beider Fachrichtungen aufgreift (vgl. auch Börzel und Risse 2015). Die Regionalstudien gehen davon aus, dass eine Region eine Reihe spezifischer Merkmale aufweist – etwa eine gemeinsame (Kolonial-) Geschichte, eine ähnliche politische Kultur und verwandte Sprachen –, die sie als Einheit identifizierbar macht und gegenüber anderen Regionen abgrenzt. Durch ein tiefes Verständnis dieser geschichtlichen, kulturellen, wirtschaftlichen und sprachlichen Merkmale versuchen RegionalforscherInnen Erkenntnisse über eine *bestimmte* Region zu gewinnen. Methodisch arbeiten RegionalforscherInnen primär sowohl mit Einzelfallstudien, die häufig Entwicklungen im Zeitverlauf untersuchen und deswegen auch als *within case comparison* bezeichnet werden, als auch mit „intra-regionalen Vergleichen" (Basedau und Köllner 2007, S. 111). Der Verallgemeinerung über eine bestimmte Region hinaus stehen sie oft skeptisch gegenüber, da sie ‚ihre' Region als einzigartig begreifen. Nur der Vergleich über verschiedene Regionen hinweg ermöglicht jedoch eine empirische Analyse der Frage, wie einzigartig einzelne Regionen *tatsächlich* sind.

Andererseits widmet sich die Disziplin der IB gemeinhin der Interaktion zwischen Staaten und anderen Akteuren im internationalen System, wobei die regionale Ebene häufig „schmerzlich vernachlässigt" wird (Hurrell 2005, S. 38, unsere Übersetzung). Die IB lässt sich weder über eine spezifische Analyseeinheit definieren[1] noch gibt es ein einheitliches methodisches Vorgehen. Dennoch ist der Vergleich weit verbreitet, weil er eine potente Methode ist, allgemein gültige

---

[1]Traditionell ist jedoch der Nationalstaat zentral für die IB gewesen.

Zusammenhänge zu identifizieren, indem er die Besonderheiten des Einzelfalls von den darüber hinaus reichenden, also verallgemeinerbaren, Zusammenhängen scheidet – ein als positivistisch bezeichnetes Anliegen, das einen Großteil der IB-Forschung antreibt.

Die VRF vereint Elemente der Regionalstudien und der IB. Von den Regionalstudien übernimmt sie die Region als zentrale Analyseeinheit. Analog zur IB-Forschung ist sie an Aussagen interessiert, die über einzelne Regionen hinausreichen. Das wichtigste methodische Instrument ist dabei der Vergleich, der je nach Anzahl an berücksichtigten Fällen drei Formen annimmt (vgl. auch Berg-Schlosser 2012).[2] Erstens gibt es Arbeiten, die eine große Anzahl an Fällen mithilfe statistischer Instrumente vergleichen, um den durchschnittlichen Effekt einer Ursache zu ermitteln. Eine zweite Kategorie vergleicht eine geringe oder mittlere Zahl von Fällen mithilfe qualitativ-vergleichender Methoden mit dem Ziel, den Einfluss einzelner Faktoren zu isolieren und zugrunde liegende Kausalmechanismen aufzudecken. Drittens ordnen wir auch theoriegeleitete Einzelfallstudien der VRF zu, da sie implizit vergleichend vorgehen. Indem sie sich explizit der theoretischen Erkenntnisse anderer empirischer Studien oder deduktiv allgemeiner Theorien bedienen, beschäftigen sie sich implizit mit den ihnen zugrunde liegenden empirischen Beobachtungen und reichen damit über den Einzelfall hinaus. Sie dienen etwa dazu, verallgemeinerbare Kausalmechanismen zu identifizieren oder die Reichweite bestehender Theorien zu bestimmen.

Inhaltlich hat die VRF hauptsächlich zwei übergeordnete Fragekomplexe adressiert. Der erste befasst sich mit der Entstehung und Entwicklung von Regionalismus (Regionalismus als abhängige Variable). Der zweite beschäftigt sich mit den Auswirkungen von Regionalismus (Regionalismus als unabhängige Variable). Im Folgenden werden die wichtigsten Arbeiten in beiden Bereichen kurz vorgestellt.

3 Erklärungsansätze zu Regionalismus

Erklärungsansätze zur Entstehung und Entwicklung von Regionalismus lassen sich in eine *Inside-out* und eine *Outside-in* Perspektive unterteilen. Erstere berücksichtigt primär Erklärungsfaktoren, die innerhalb einer Region angesiedelt sind und gewissermaßen nach außen, d. h. zur regionalen Ebene hin wirken. Im Gegensatz dazu stellt die *Outside-in* Perspektive auf Faktoren ab, die außerhalb einer Region angesiedelt sind und von außen auf diese einwirken.

---

[2]Es gibt jedoch auch andere wissenschaftstheoretische Zugänge in der VRF (vgl. hierzu Jackson 2011).

3.1 Inside-Out Perspektive

Die prominentesten Ansätze der VRF stellen auf intraregionale wirtschaftliche Interdependenz und die Rolle privater Interessengruppen als zentrale Erklärungsfaktoren für die Entstehung und Entwicklung von Regionalismus ab. Ursprünglich zur Erklärung des europäischen Integrationsprozesses entstanden, gibt es inzwischen eine Reihe genuin vergleichender Ansätze, die weniger EU-zentrisch sind. Sowohl der von Ernst Haas und seinen Schülern in den 1950er und 1960er Jahren entwickelte Neofunktionalismus (Haas 1958) als auch der primär mit Andrew Moravcsik (1998) verbundene liberale Intergouvernementalismus nehmen Veränderungen in Wirtschaftsstrukturen als Ausgangspunkt der Analyse. Technologische Innovation schafft Anreize für die Koordination von Wirtschaftspolitiken, um die Wachstumsmöglichkeiten grenzüberschreitender Wirtschaftsaktivitäten besser zu nutzen. Private Interessengruppen wie Lobbyverbände fungieren dabei als wichtige ‚Transmissionsriemen', die Druck auf Regierungen ausüben, diese durch die Schaffung gemeinsamer Regeln zu erleichtern.[3] Dieser Logik folgend argumentiert Mattli (1999) anhand vergleichender Fallstudien, dass in Weltregionen, in denen wirtschaftliche Interdependenzen weniger ausgeprägt sind und dadurch Wirtschaftsverbände weniger Druck auf Regierungen ausüben, sich regionale Wirtschaftsintegration weniger erfolgreich entwickelt. In ähnlicher Weise zeigt Solingen (1998) in einem qualitativen Vergleich von regionalen Ordnungen in Südamerika, dem Nahen Osten und der koreanischen Halbinsel, dass wirtschaftliche Interdependenz ein wichtiger Faktor ist um zu verstehen, wie politische Auseinandersetzungen zwischen verschiedenen nationalen Koalitionen zu kooperativen beziehungsweise konfliktiven Außenpolitikstrategien führen, die regionale Konflikte einhegen oder anfachen. Mehrere quantitative Studien zeigen, dass das Maß an wirtschaftlicher Verflechtung innerhalb einer Region auch mit der Stärke regionaler Institutionen wie Bürokratien und Konfliktlösungsmechanismen assoziiert ist (Haftel 2012; Smith 2000). Insofern haben wichtige Studien der VRF zentrale Mechanismen der europäischen Integrationsforschung und politökonomischer Ansätze (Mansfield und Milner 1999) sowie Interdependenz-Argumente des neoliberalen Institutionalismus (Keohane 1984) bestätigt.

Aus Sicht des (Neo-)Realismus mit seinem Fokus auf zwischenstaatlicher Machtverteilung ist Regionalismus weniger der Versuch, (wirtschaftliche) Effizienzgewinne

---

[3]Obwohl Neofunktionalismus und liberaler Intergouvernementalismus viele Annahmen und Erklärungsfaktoren teilen, unterscheiden sie sich in der Rolle und dem Einfluss supranationaler Institutionen sowie in der Frage, inwiefern Regierungen den Integrationsprozess kontrollieren.

zu erzielen, sondern ein Instrument mächtiger Staaten, eigene Interessen durchzusetzen. Gruber (2000) etwa argumentiert anhand eines Vergleichs der NAFTA und der Europäischen Union (EU), dass Regionalorganisationen häufig die *go-it-alone*-Macht regionaler Hegemone widerspiegeln, die im Vergleich zu ihren kleineren Nachbarn weniger auf Kooperation angewiesen sind und deswegen regionale Institutionen weitgehend nach eigenen Interessen gestalten (vgl. auch Hancock 2009). Wenn Machtungleichgewichte in einer Region weniger ausgeprägt sind, werden *quid-pro-quo*-Strategien auch für Regionalmächte wahrscheinlicher. Danach akzeptieren etwa Brasilien und Südafrika ihre institutionelle Einbettung in eine Region, um im Gegenzug die Unterstützung ihrer schwächeren Nachbarn für andere Ziele zu sichern, etwa um größeren Einfluss auf internationaler Bühne zu erlangen (Schirm 2009). Vergleichende Fallstudien zeigen gemischte Ergebnisse, inwiefern die Existenz regional mächtiger Staaten die Entwicklung von Regionalismus befördert. Während Regionalmächte unter manchen Bedingungen als „Rambos" auftreten (Krapohl et al. 2014), stellen sie unter anderen Bedingungen öffentliche Güter bereit (Mattli 1999). Lemke (2010) etwa zeigt mithilfe statistischer Methoden, dass die Anzahl an Regionalorganisationen mit größeren relativen Kapazitäten der Regionalmacht zunimmt. Während diese Bedingungen weitere vergleichende Forschung benötigen, zeigen (neo-) realistische Analysen insgesamt, dass auch kooperative Arrangements wie Regionalismus von der zugrunde liegenden Machtverteilung beeinflusst werden.

Konstruktivistische Analysen stellen auf die Rolle regionaler Identitäten, Ideen und Normen ab. Sie verstehen Regionalismus als Resultat kulturell bedingter Normen angemessener *Governance*-Modalitäten. So erklären Acharya (2001) und Katzenstein (2005) die unterschiedlichen Arten des Regionalismus in Asien und Europa mit Verweis auf historisch gewachsene Normen. Im Gegensatz zu den formalistisch-legalistischen Spielarten in Europa ist der Regionalismus im asiatischen Raum geprägt durch informelle und prozessorientierte Formen der Kooperation, die Ausdruck jahrhundertealter Traditionen sind (Acharya 2001). Diese Studien sind unter anderem deswegen von Bedeutung, weil sie auf unterschiedliche Ausprägungen von Regionalismus aufmerksam gemacht haben. Buzan und Wæver (2003) theoretisieren mit ähnlichem Ziel die unterschiedlichen Sicherheitsdynamiken in regionalen Sicherheitskomplexen. Gemeinsame Identitäten spielen ebenfalls eine wichtige Rolle bei der Gründung und Entwicklung von Regionalismus, da Regionalorganisationen diese Identitäten – seien sie autoritär oder eher demokratisch geprägt – verfestigen können und mit diesem Ziel gegründet werden (Barnett und Solingen 2007; Mansfield und Pevehouse 2006). Insbesondere die Literatur zu regionalen Sicherheitsgemeinschaften hat die Bedeutung von regelmäßiger Interaktion herausgearbeitet. So können transnationale Kontakte und gemeinsame historische Erfahrungen die Entwicklung von Regionalismus begünstigen (Adler und Barnett 1998; Marks et al. 2014). Francesco Duina (2015) hat in einer Reihe von qualitativ vergleichenden Studien auf die Rolle nationaler Rechtskulturen bei der Entstehung und Entwicklung von regionalen Handelsverträgen hingewiesen. Diese Art von Untersuchungen zeigen, wie tief verankerte nationale Normen langfristigen Einfluss auf Regionalismus ausüben können und sie weisen darauf hin, dass der Prozess der Interaktion selbst wichtige Auswirkungen für die Entwicklung von Regionalismus haben kann.

3.2 Outside-in Perspektive

Analog zu den genannten Interdependenz-Argumenten stellt das vielleicht prominenteste Argument aus der *Outside-in* Perspektive die systemischen Auswirkungen der Globalisierung ins Zentrum der Analyse. Verstanden als wachsende wirtschaftliche Verflechtung zwischen Staaten führt Globalisierung zu erhöhtem Wettbewerbsdruck, da Produktionsverlagerungen einfacher werden und insbesondere transnational operierende Konzerne an Einflussmacht gegenüber politischen Entscheidungsträgern gewinnen. Regionale Wirtschaftskooperation ist aus dieser Sicht sowohl Ausdruck von als auch eine Stütze der Globalisierung – ein Zusammenhang, den insbesondere die Literatur zum neuen Regionalismus betont (vgl. hierzu Panke in diesem Band). Viele Studien versuchen, den durch Globalisierung induzierten Wettbewerbsdruck zu spezifizieren. Mattli (1999) etwa erklärt die Erneuerung wirtschaftlicher Integrationsprojekte seit Ende des Kalten Krieges als Reaktion auf die Vollendung des europäischen Binnenmarktes und die Schaffung der NAFTA aus Angst vor dem Verlust von Marktanteilen, Direktinvestitionen und Entwicklungshilfe. Die rapide Zunahme von Handelsabkommen seit den 1990er Jahren lässt sich in ähnlicher Weise durch die „ansteckende Wirkung" von Handels- und Investitionsnetzwerken erklären – ein Argument, das häufig mithilfe statistischer Analysen untermauert wird (Baccini und Dür 2012; Mansfield 1998). Diese Forschungsarbeiten haben die wichtige Erkenntnis gebracht, dass politische Entscheidungen bezüglich Regionalismus nicht unabhängig voneinander getroffen werden – die implizite Annahme, die der *Inside-out* Perspektive zugrunde liegt –, sondern vom Verhalten anderer Staaten außerhalb einer Region beeinflusst werden.

Ein prominentes, realistisch inspiriertes Argument, das der *Outside-in* Perspektive zuzuordnen ist, interpretiert Regionalismus als den Versuch, einer äußeren Gefahr zu begegnen. Dieser Sichtweise nach sind dauerhaft institutionalisierte Beziehungen zwischen Staaten, ob global oder regional, temporärer Natur und dienen dem Zweck der Verteidigung gegen äußere Bedrohungen.

Auch in wirtschaftlichen Integrationsprojekten sehen Realisten deswegen primär Militärallianzen, die einer *balance-of-power*-Logik folgen. Eine Reihe theoriegeleiteter Einzelfallstudien zeigt, dass diese Logik etwa bei der Entstehung der Europäischen Gemeinschaft (EG), der Südafrikanischen Entwicklungskoordinierungskonferenz (SADCC) oder des Golfkooperationsrates (GCC) ein wichtiger Erklärungsfaktor ist (Ispahani 1984; Rosato 2011). Darüber hinaus wird die hegemoniale Stabilitätstheorie herangezogen, um die systemischen Voraussetzungen für die Entstehung und Entwicklung von Regionalismus zu beleuchten. Während die USA im Kalten Krieg eine stabile liberale *internationale* Wirtschaftsordnung aufrecht erhielten, schaffte ihr relativer Machtverlust in den 1980er Jahren strukturelle Bedingungen für die Ausbreitung regionaler Handelsabkommen (Mansfield 1998). Globale Hegemone beeinflussen die Entstehung und Entwicklung von Regionalismus jedoch auch aktiv. So zeigt Beeson (2005) in einer vergleichenden Fallstudie der EG und Ostasien den wichtigen Einfluss der USA auf deren Gründung und Entwicklung. Diese Studien erinnern uns an den fortlaufenden Einfluss *globaler*, d. h. systemischer Machtunterschiede für die Entstehung und Entwicklung regionaler Kooperation.

Ein konstruktivistisch angehauchter Forschungszweig aus der *Outside-in* Perspektive beschäftigt sich mit der Diffusion von Ideen, Normen, Institutionen und Politiken zwischen Regionen, die bisher insbesondere zur Erklärung des institutionellen Designs von Regionalorganisationen bemüht worden ist. So zeigen eine Reihe von Studien, dass die Verbreitung und das Design regionaler Handelsabkommen nicht nur die Folge strategischer Interdependenz, sondern auch Ausdruck bestehender Standards und Praktiken beziehungsweise eines neuen ‚Skriptes' angemessenen Verhaltens für Staaten ist (Börzel und Hüllen 2015; Jupille et al. 2013; Jetschke und Lenz 2011). Darüber hinaus dokumentieren vergleichende Fallstudien die Kanäle und Mechanismen, durch die insbesondere europäische Institutionenmodelle von anderen Regionalorganisationen übernommen werden (Börzel und Risse 2015; Duina und Lenz 2016; Lenz 2013; Rüland und Bechle 2014). So zeigt etwa Lenz (2012) anhand eines qualitativen Vergleichs von Mercosur und der Entwicklungsgemeinschaft des südlichen Afrika (SADC), wie direkte Kontakte mit und Finanzierung durch die EU zur (teilweisen) Übernahme von Modellen zur Wirtschaftsintegration und Konfliktlösungsmechanismen geführt haben. In einem *within case*-Vergleich der Gemeinschaft Südostasiatischer Staaten (ASEAN) zeigt Jetschke (2009) mithilfe des soziologischen Institutionalismus, wie Akteure in der Region regelmäßig europäische Institutionen in ihrer äußeren Form übernehmen, um die Legitimität der Organisation zu verbessern, diese jedoch so anpassen, dass sie mit vorherrschenden Souveränitätsvorstellungen kompatibel sind. Auch wenn diese Studien bisher wenig über die Bedingungen aussagen, unter denen Diffusion auftritt, so zeigen sie doch, dass Regionalismus selten als ‚Neuerfindung' bestimmter Regionen, sondern regelmäßig als Adaptation bestehender (Erfolgs-) Modelle von Regionalismus zu verstehen ist (Pente 2014).

4 Auswirkungen von Regionalismus

Neben der Erklärung der Entstehung und Entwicklung von Regionalismus hat sich die VRF mit der Frage nach den Auswirkungen dieses Phänomens beschäftigt. Im Folgenden stellen wir exemplarisch Arbeiten vor, die sich mit den drei wichtigsten Auswirkungen von Regionalismus befassen: Wohlfahrt, Frieden und Sicherheit sowie nationale politische Systeme.

4.1 Wohlfahrt

Überraschenderweise sind die ökonomischen Auswirkungen von Regionalismus nicht sehr umfassend untersucht. Wirtschaftswissenschaftliche Analysen, die sich allgemein mit Freihandel, den *terms of trade* oder Skaleneffekten beschäftigen, dominieren das Feld (Mansfield und Milner 1999). Nur wenige Studien behandeln direkt die Frage, inwiefern bestimmte regionale Charakteristika zu mehr oder weniger Wohlfahrt führen.

WirtschaftswissenschaftlerInnen sind hauptsächlich an den Auswirkungen von Freihandelsabkommen auf das Handelsvolumen der beteiligten Staaten interessiert, die nicht notwendigerweise in derselben Region angesiedelt sind. Der theoretisch plausible Befund, dass der Abbau von Handelsbeschränkungen zu mehr Handel zwischen den beteiligten Staaten führt, ist jedoch empirisch umstritten. Während Baier und Bergstrand (2007) argumentieren, dass sich der Handel zwischen zwei Ländern nach Abschluss eines solchen Abkommens nach zehn Jahren verdoppelt, differenziert Frankel (1996), dass dieser Effekt nicht für alle Weltregionen generalisierbar ist, sondern nach Regionen unterschieden werden muss. Gleichzeitig können solche Abkommen zu einer Verlagerung des Handels führen und somit negative Auswirkungen auf Nichtmitglieder haben (Viner 1950). Zudem bleibt weitgehend unklar, welche Verteilungseffekte Handelsabkommen zwischen und innerhalb von Mitgliedsstaaten zeitigen (Hur und Park 2012).

Diese unklaren Wohlfahrtsgewinne von ‚regionalen' Handels- und Investitionsabkommen werden unter anderem mangelnder Implementierung (Gray 2014) oder der ähnlichen Faktorausstattung der beteiligten Wirtschaften (Blomstrom und Kokko 1997) zugeschrieben. Diese Erklärungen sind insofern für die VRF interessant, da sie die Unterschiede von Regionen betonen. Um die Auswirkungen von Regionalismus auf Wohlstand zu beurteilen, ist es demnach wichtig zu berücksichtigen in welcher Weltregion sich die beteiligten Staaten befinden. Sind sie konsolidierte Nationalstaaten mit hoch-industrialisierten Wirtschaftssystemen, in denen Abkommen durchgesetzt werden, oder sind sie vor allem ressourcenexportierende Wirtschaften in Räumen begrenzter Staatlichkeit? Einen anderen Grund für den unklaren Wohlfahrtsbefund liefert Fredrik Söderbaum. Er betont, dass der informelle Handel – also nicht in offiziellen Handelsstatistiken registrierter und somit in den vorangegangenen Studien nicht erfasster Handel – auf dem afrikanischen Kontinent einen Großteil des gesamten Handelsvolumens ausmacht (Söderbaum 2004b, S. 108–110). Nach seriösen Schätzungen kann der informelle Handel in Bezug zum offiziellen Handel innerhalb eines Landes bis zu 75 % betragen (United Nations Economic Commission for Africa 2010, S. 160). Dies würde bedeuten, dass intraregionaler Handel sehr wohl Wohlstandsgewinne erzeugen könnte, diese jedoch mit einem Fokus auf offizielle Handelsstatistiken und formale Regionalorganisationen nicht hinreichend erfasst werden.

Die Auswirkungen der Freihandelsabkommen auf den formalen Handel mögen generell umstritten sein, jedoch trägt die VRF erheblich dazu bei, regionenspezifische Faktoren für unterschiedliche Wohlfahrtsgewinne durch regionale Integration zu identifizieren.

4.2 Frieden und Sicherheit

Die Literatur zu den Auswirkungen von Regionalismus auf Frieden und Sicherheit ist eng mit mindestens drei verschiedenen Traditionen verknüpft. Aufbauend auf liberalen, funktionalen und konstruktivistischen Annahmen untersucht Haftel inwiefern regionale Organisationen weniger zwischenstaatliche Konflikte ermöglichen (Haftel 2012; vgl. auch Deutsch et al. 1957). Nach der liberalen Logik erreichen sie dies, indem sie langfristigen Handel zwischen den Mitgliedern erleichtern und damit die Kosten eines potenziellen Konflikts, der diesen Handel stört, erhöhen. Einer funktionalen Logik folgt die Idee, dass Regionalorganisationen für kontinuierlichen Informationsaustausch zwischen Entscheidungsträgern sorgen, der eine realistische Einschätzung der (militärischen) Kapazitäten möglicher Kontrahenten ermöglicht, und geschaffene Institutionen im Konfliktfall eine gewaltfreie, von allen Parteien akzeptierte Lösung anbieten. Einer konstruktivistischen Idee folgend befördert regelmäßige Interaktion gegenseitiges Vertrauen und wirkt damit friedensfördernd (Haftel 2012, S. 5). Diese drei Ansätze folgen im Wesentlichen (bis auf den konstruktivistischen Zusatz) der Arbeit von Fearon (1995), der unzulängliche Informationen und *Commitment*-Probleme als Ursachen von Krieg ausgemacht hat, und geht somit über den eindimensionalen liberalen Zusammenhang zwischen Handel und Frieden hinaus. In der statistischen Analyse von 25 Regionalorganisationen kommt Haftel (2012, S. 197) zu dem Schluss, dass ein höherer Institutionalisierungsgrad auf der regionalen Ebene zu weniger zwischenstaatlichen Konflikten führt. Haftels Studie zeigt eindrucksvoll, dass die regionale Ebene einen Beitrag zum tieferen Verständnis nationalstaatlicher Entwicklungen leisten kann. Im Gegensatz zu globalen Institutionen und über die Auswirkungen des zusätzlichen Handels hinaus sind Regionalorganisationen Foren, die einen höheren Grad an Institutionalisierung aufweisen und somit positive Auswirkungen auf Frieden aufweisen können.

Aufgrund der gewählten statistischen Methode ist die Existenz der drei beschriebenen Pfade zu tendenziell friedlicheren zwischenstaatlichen Beziehungen jedoch nicht zweifelsfrei belegt. Eine steigende Anzahl an Arbeiten, die sich vornehmlich innerstaatlichen Konflikten zuwenden, beschäftigt sich daher mit den zugrunde liegenden Mechanismen, durch die regionale Institutionen Frieden schaffen (Aris und Wenger 2014; Kirchner und Domínguez 2011; Lake 2001). In einer konstruktivistischen Lesart wird betont, dass regionale Sicherheitsordnungen durch Praktiken der Akteure konstruiert werden und so dazu beitragen, Sicherheit herzustellen (Adler und Greve 2010). In einer an formalen Regionalorganisationen orientierten Forschung werden Regionen untersucht, in denen sowohl Konflikte als auch Regionalorganisationen präsent sind. Der empirische Fokus dieser letztgenannten Arbeiten liegt auf Konflikten auf dem afrikanischen Kontinent, wo es sowohl eine ausgefeilte Sicherheitsarchitektur – die *African Peace and Security Architecture* – gibt (Porto und Engel 2010) als auch eine hohe Anzahl an Konflikten. Asiatische Konflikte hingegen sind in der Forschung unterrepräsentiert, obwohl hier weltweit die meisten Opfer von Gewalt zu beklagen sind (Kirchner und Domínguez 2014). Bei diesen Analysen rücken zum Beispiel die innerstaatlichen Konflikte mit regionalen Auswirkungen in den Vordergrund (Salomon 2008), oder es werden die diskursiven Praktiken der Konfliktlösung untersucht (Williams 2014). In der Beurteilung der Bedeutung einzelner Faktoren bei der Konfliktlösung sind diese regional-spezifischen Arbeiten jedoch skeptischer als es das Ergebnis von Haftel vermuten lässt. Eine ganze Reihe an Akteuren – unter anderem auch einzelne Länder oder extra-regionale Institutionen – beteiligen sich an der Konfliktbeilegung, sodass die Zuordnung von Wirkung zu einzelnen Akteuren (auch zu Regionalorganisationen) schwer fällt (Brosig 2010). Nicht zuletzt wegen der kontinuierlichen finanziellen Abhängigkeit afrikanisch mandatierter Friedensmissionen von westlichen Nationen muss der Zusammenhang Regionalorganisation-Frieden differenziert betrachtet werden (Söderbaum 2004a). Traditionelle IB-Theorien, die die Rolle von regionalen Mächten betonen – zum Beispiel von Nigeria in Westafrika oder von Südafrika im südlichen Afrika (Adebajo und Landsberg 2003) – können dazu beitragen, den allgemein zutreffenden statistischen Zusammenhang zu nuancieren.

4.3 Nationale politische Systeme

Die Literatur zu den Auswirkungen von Regionalismen auf nationale politische Systeme unterscheidet sich stark je nach Region. Während die Auswirkungen der EU auf nationalstaatliche Institutionen, Prozesse und Politiken umfassend untersucht sind (Axt et al. 2007), geht es in der Literatur zu anderen Weltregionen hauptsächlich um die Schaffung von prozedural-demokratischen Institutionen.

Mithilfe von statistischen Verfahren und Einzelfallanalysen untersucht Pevehouse (2005), welche Auswirkungen die Mitgliedschaft in Regionalorganisationen auf demokratische Regierungsformen hat. Vergleichbar mit der genannten Studie von Haftel vermutet er, dass Regionalorganisationen einige Besonderheiten aufweisen, die Transitionen zu und Konsolidierung von Demokratie wahrscheinlicher machen. In Transitionsprozessen sieht er die Rolle von Regionalorganisationen darin, 1) Druck auszuüben, sollte ein Mitgliedsstaat weniger demokratisch werden und damit 2) lokalen Eliten eine glaubwürdige Versicherung geben, dass demokratische Fortschritte auf regionaler Ebene gesichert werden können („lock-in"). In Konsolidierungsprozessen erhalten 1) nationale Eliten positive und negative Anreize, um den Demokratisierungspfad fortzuführen; 2) gleichzeitig werden Sozialisierungsprozesse in Gang gesetzt, die auch skeptische Akteure wie Wirtschaftseliten und das Militär davon überzeugen, die Demokratie zu konsolidieren; und 3) wird die demokratische Übergangsregierung durch Mitgliedschaft in der Regionalorganisation legitimiert und somit gefestigt (Pevehouse 2005, S. 3). Das Ausmaß dieses Effekts hängt davon ab, wie viele andere Mitgliedsstaaten bereits demokratische Regierungsformen aufweisen. Hier ist also die politische Verfasstheit anderer Mitgliedsstaaten kausal vorgelagert und die Regionalorganisation ein Katalysator, damit dieser Faktor wirken kann.

Es gibt bisher nur wenige Arbeiten, die sich explizit mit den aktiven Bemühungen von Regionalorganisationen um mitgliedstaatliche Demokratie auseinandersetzen. Daniela Donno (2008) argumentiert, dass die Mitgliedschaft in einer demokratisch konstituierten Regionalorganisation nicht ausreicht, um einen positiven Einfluss auf Demokratie zu haben. Stattdessen müsse es aktive Handlungen der supranationalen Organe einer Regionalorganisation geben, um diesen Effekt zu entfalten. Aus der Europäisierungsliteratur und der Forschung zur Demokratieförderung kann vermutet werden, dass Regionalorganisationen umfangreiche Instrumente nutzen müssten, um diese Art von Einfluss zu entwickeln. Bezüglich der EU-Osterweiterung war nationaler Wandel vor allem deswegen erfolgreich, weil umfangreiche positive und negative materielle Anreize zur Verfügung standen (Schimmelfennig und Sedelmeier 2007). Außerhalb dieser Staaten ist Demokratieförderung selten effektiv (van Hüllen 2015). Diese Arbeiten bilden eine gute Basis für (implizite) Vergleiche mit anderen Regionen. Materielle Anreize scheinen zum Beispiel keine hinreichende Bedingung zu sein, damit Militärregierungen in Westafrika die Macht abgeben. Darüber hinaus müssen auch nationale und regimespezifische Faktoren berücksichtigt werden (Striebinger 2015). Der systematische Vergleich von Regionalorganisationen mit ähnlichen Mandaten kann hier noch fruchtbare Ergebnisse bringen, um die Unterschiede bezüglich der politischen Systeme in den Weltregionen zu erklären.

5 Fazit

Die Vergleichende Regionalismusforschung ist ein noch relativ junges Forschungsfeld, dessen Entstehung eng an die Entwicklung des empirischen Phänomens gebunden ist. Mit der zunehmenden Blockade internationaler Organisationen, die sich angesichts globaler Machtverschiebungen als weitgehend reformresistent erweisen, erfährt der Regionalismus in den letzten Jahren erneut einen Aufschwung. Auch das aufstrebende China schafft zunehmend kooperative regionale Strukturen wie etwa die Shanghai Kooperationsorganisation (SCO). Angesichts dieser Entwicklungen wird Regionalismus als empirisches Phänomen in Zukunft voraussichtlich an Relevanz gewinnen.

Die existierende Literatur bietet für die Analyse von neuen und sich weiter entwickelnden Regionalismen eine gute Basis. Vor allem bezüglich der Entstehung von Regionalorganisationen ist die VRF gut aufgestellt. Vergleichende Studien zur Entwicklung und Funktionsweise von Regionalorganisationen und anderen Formen regionaler Kooperation sind seltener und bieten einen aussichtsreichen Gegenstand für künftige Forschung. Die Diffusionsforschung bietet hier einen vielversprechenden Ansatz. Die Forschung zu seinen Auswirkungen hat sich bisher insbesondere auf präferenzielle Handelsabkommen beschränkt, über die Auswirkungen anderer Formen des Regionalismus wissen wir überraschend wenig. In Zukunft relevant ist neben dieser Forschungslücke auch die Frage, welche Bedeutung Regionalismus für die globale Ordnung hat.

Basisliteratur

Acharya, Amitav, und Alastair I. Johnston, Hrsg. 2007. *Crafting cooperation: Regional international institutions in comparative perspective.* Cambridge: Cambridge University Press. *In diesem Band analysieren führende Autoren theoriegeleitet die Ursprünge und Auswirkungen des institutionellen Designs von Regionalorganisationen in Afrika, Asien, Europa, Lateinamerika und dem Nahen Osten. Die empirischen Kapitel evaluieren anhand (vergleichender) Fallstudien eine Reihe von Hypothesen, die den wichtigsten Theorieschulen entnommen sind.*

Börzel, Tanja, und Thomas Risse, Hrsg. 2016. *Oxford handbook of comparative regionalism.* Oxford: Oxford University Press. *Dieses Handbuch bietet einen umfassenden und autoritativen Überblick über das Forschungsfeld der VRF. Die Autoren analysieren die wichtigsten theoretischen Ansätze des Forschungsfeldes, stellen regionale Ordnungsmodelle in verschiedenen Weltgegenden und regionale Governance-Regime in unterschiedlichen funktionalen Bereichen dar und vergleichen regionale Institutionen anhand aktueller Forschungskonzepte.*

Buzan, Barry, und Ole Wæver. 2003. *Regions and powers.* Cambridge: Cambridge University Press. *In diesem Buch verankern Barry Buzan und Ole Waever die regionale Perspektive in der Analyse der internationalen Sicherheitsarchitektur. Basierend auf historischen Vergleichen Asiens, Afrikas und Amerikas erklären sie die Entstehung und Entwicklung unterschiedlicher Typen von regionalen Sicherheitskomplexen (regional security complexes) mithilfe eines neorealistisch-inspirierten Macht-Gleichgewichtsarguments sowie eines konstruktivistisch-inspirierten securitization-Ansatzes.*

Katzenstein, Peter J. 2005. *A world of regions: Asia and Europe in the American imperium.* Ithaca: Cornell University Press. *In Abgrenzung zu Globalisierungs-„Fanatikern" und Nationalstaats-„Romantikern" argumentiert Peter Katzenstein in diesem Buch, dass Regionen seit 1945 ein zentraler Bestandteil globaler Politik geworden sind. Eingebettet in ein US-amerikanisches „Imperium" lassen sich regionale Dynamiken in Europe und Ostasien als das Ergebnis der Interaktion zwischen den Vereinigten Staaten und ihrer strategischen regionalen Partner – Deutschland und Japan – verstehen.*

Mattli, Walter. 1999. *The logic of regional integration.* Cambridge: Cambridge University Press. *In diesem Buch entwickelt Walter Mattli einen politökonomischen Ansatz zur Erklärung des Erfolges regionaler Wirtschaftsintegration und spezifiziert seine externen Auswirkungen. Anschließend wird der Ansatz genutzt, um Unterschiede im Erfolg historischer und moderner Beispiele von Regionalintegration in Europa, Asien und Lateinamerika zu erklären.*

Verwendete Literatur

Acharya, Amitav. 2001. *Constructing a security community in Southeast Asia: ASEAN and the problem of regional order.* New York: Routledge.

Adebajo, Adekeye, und Christopher Landsberg. 2003. South Africa and Nigeria as regional hegemons. In *From Cape to Congo,* Hrsg. Mwesiga Baregu und Christopher Landsberg, 171–203. London: Rienner.

Adler, Emanuel, und Michael N. Barnett. 1998. *Security communities*. Cambridge: Cambridge University Press.

Adler, Emanuel, und Patricia Greve. 2010. When security community meets balance of power. *Review of International Studies* 35 (1): 59–84.

Aris, Stephen, und Andreas Wenger (Hrsg.). 2014. *Regional organisations and security: Conceptions and practices*. New York: Routledge.

Axt, Heinz-Jürgen, Antonio Milososki, und Oliver Schwarz. 2007. Europäisierung. *Politische Vierteljahresschrift* 48 (1): 136–149.

Baccini, Leonardo, und Andreas Dür. 2012. The new regionalism and policy interdependence. *British Journal of Political Science* 42 (1): 57–79.

Baier, Scott L., und Jeffrey H. Bergstrand. 2007. Do free trade agreements actually increase members' international trade? *Journal of International Economics* 71 (1): 72–95.

Barnett, Michael, und Etel Solingen. 2007. Designed to fail or failure of design? The origins and legacy of the Arab league. In *Crafting cooperation: Regional international institutions in comparative perspective*, Hrsg. Amitav Acharya und Alastair Johnston, 180–220. Cambridge: Cambridge University Press.

Basedau, Matthias, und Patrick Köllner. 2007. Area studies, comparative area studies, and the study of politics. *Zeitschrift für Vergleichende Politikwissenschaft* 1 (1): 105–124.

Beeson, Mark. 2005. Rethinking regionalism: Europe and East Asia in comparative historical perspective. *Journal of European Public Policy* 12 (6): 969–985.

Berg-Schlosser, Dirk. 2012. Comparative area studies. *Zeitschrift für Vergleichende Politikwissenschaft* 6 (1): 1–16.

Blomstrom, Magnus, und Ari Kokko. 1997. Regional integration and foreign direct investment. NBER Working Paper 6019. National Bureau of Economic Research, Inc.

Börzel, Tanja, und Thomas Risse. 2015. Zwischen Regionalstudien und Internationalen Beziehungen. *Politische Vierteljahresschrift* 56 (2): 334–363.

Börzel, Tanja, und Vera Van Hüllen, Hrsg. 2015. *Governance transfer by regional organizations: Patching together a global script*. Basingstoke: Palgrave Macmillan.

Brosig, Malte. 2010. The multi-actor game of peacekeeping in Africa. *International Peacekeeping* 17 (3): 327–342.

Deutsch, Karl W., Sidney A. Burell, Robert A. Kann, Lee Maurice Jr., Martin Lichterman, Raymond E. Lindgren, Francis L. Loewenheim, und Richard W. Van Wagenen. 1957. *Political community and the North Atlantic area*. Princeton: Princeton University Press.

Donno, Daniela. 2008. *Defending democratic norms regional intergovernmental organizations, domestic opposition and democratization*. Ann Arbor: Proquest LLC.

Duina, Francesco. 2015. Making sense of the legal and judicial architectures of regional trade agreements worldwide. *Regulation and Governance* 9 (4): 309–376.

Duina, Francesco, und Tobias Lenz. 2016. Regionalism and diffusion revisited: From final design towards stages of decision-making. *Review of International Studies* 42 (4): 773–797.

Fearon, James D. 1995. Rationalist explanations for war. *International Organization* 49 (3): 379–414.

Frankel, Jeffrey A. 1996. *Regional trading blocs in the world economic system*. Washington: Institute for International Economics.

Gray, Julia. 2014. Domestic capacity and the implementation gap in regional trade agreements. *Comparative Political Studies* 47 (1): 55–84.

Gruber, Lloyd. 2000. *Ruling the world: Power politics and the rise of supranational institutions*. Princeton: Princeton University Press.

Haas, Ernst B. 1958. *The uniting of Europe: Political, social, and economical forces, 1950–1957*. Stanford: Stanford University Press.

Haftel, Yoram Z. 2012. *Regional economic institutions and conflict mitigation*. Ann Arbor: University of Michigan Press.

Hancock, Kathleen. 2009. *Regional integration: Choosing plutocracy*. New York: Palgrave Macmillan.

Hur, Jung, und Cheolbeom Park. 2012. Do free trade agreements increase economic growth of the member countries? *World Development* 40 (7): 1283–1294.

Hurrell, Andrew. 2005. The regional dimension in international relations theory. In *Global politics of regionalism: Theory and practice*, Hrsg. Mary Farrell, B. Hettne, und Luke Van Langenhove, 38–53. London: Pluto Press.

Ispahani, Mahnaz Zehra. 1984. Alone together: Regional security arrangements in Southern Africa and the Arabian Gulf. *International Security* 8 (4): 152–175.

Jackson, Patrick Thaddeus. 2011. *The conduct of inquiry in international relations*. New York: Routledge.

Jetschke, Anja. 2009. Institutionalizing ASEAN: Celebrating Europe through network governance. *Cambridge Review of International Affairs* 22 (3): 407–426.

Jetschke, Anja, und Tobias Lenz. 2011. Vergleichende Regionalismusforschung und Diffusion: Eine neue Forschungsagenda. *Politische Vierteljahresschrift* 52 (3): 448–474.

Jupille, Joseph, Brandy Jolliff, und Stefan Wojcik. 2013. Regionalism in the world polity. Papier präsentiert bei der International Studies Association Annual Conference, San Francisco.

Katzenstein, Peter J. 2005. *A world of regions: Asia and Europe in the American imperium*. Ithaca: Cornell University Press.

Keohane, Robert. 1984. *After hegemony: Cooperation and discord in the world political economy*. Princeton: Princeton University Press.

Kirchner, Emil, und Roberto Domínguez, Hrsg. 2011. *The security governance of regional organizations*. New York: Routledge.

Kirchner, Emil, und Roberto Domínguez. 2014. Regional organisations in security and governance. In *Regional organisations and security: Conceptions and practices*, Hrsg. Stephen Aris und Andreas Wenger, 225–243. New York: Routledge.

Krapohl, Sebastian, Katharina Meissner, und Johannes Muntschick. 2014. Regional powers as leaders or rambos? *Journal of Common Market Studies* 52 (4): 879–895.

Lake, David A. 2001. Beyond anarchy: The importance of security institutions. *International Security* 26 (1): 129–160.

Lemke, Douglas. 2010. Dimensions of hard power: Regional leadership and material capabilities. In *Regional leadership in the global system: Ideas, interests and strategies of regional powers*, Hrsg. Daniel Flemes, 31–50. Aldershot: Ashgate.

Lenz, Tobias. 2012. Spurred emulation: The EU and regional integration in Mercosur and SADC. *West European Politics* 35 (1): 155–174.

Lenz, Tobias. 2013. EU normative power and regionalism: Ideational diffusion and its limits. *Cooperation and Conflict* 48 (2): 211–228.

Mansfield, Edward. 1998. The proliferation of preferential trading agreements. *Journal of Conflict Resolution* 42 (5): 523–543.

Mansfield, Edward, und Helen Milner. 1999. The new wave of regionalism. *International Organization* 53 (3): 589–627.
Mansfield, Edward D., und Jon C. Pevehouse. 2006. Democratization and international organizations. *International Organization* 60 (1): 137–167.
Marks, Gary, Tobias Lenz, Besir Ceka, und Brian Burgoon. 2014. Discovering cooperation: A contractual approach to institutional change in regional international organizations. Presented at the Robert Schumann Center for Advanced Studies (RSCAS). Working Paper Series, Nr. 2014/65. Florence: European University Institute.
Moravcsik, Andrew. 1998. *The choice for Europe: Social purpose and state power from Messina to Maastricht*. Ithaca: Cornell University Press.
Pente, Imke. 2014. Lipstick, innovation, and preferences: A developmental-intergovernmental approach to ecomomic policy transfer from the EU to ASEAN. Dissertation, FU Berlin.
Pevehouse, Jon C. 2005. *Democracy from above – regional organizations and democratization*. Cambridge: Cambridge University Press.
Porto, João Gomes, und Ulf Engel. 2010. The African peace and security architecture: An evolving security regime. In *Africa's new peace and security architecture: Promoting norms, institutionalizing solutions*, Hrsg. Ulf Engel und João Gomes Porto, 143–159. Farnham: Ashgate.
Rosato, Sebastian. 2011. *Europe united: Power politics and the making of the European community*. Ithaca: Cornell University Press.
Rüland, Jürgen, und Karsten Bechle. 2014. Defending state-centric regionalism through mimicry and localization. *Journal of International Relations and Development* 17 (1): 61–88.
Salomon, Katja. 2008. *Konfliktmanagement durch ECOWAS und SADC. Die Rolle Nigerias und Südafrikas in subregionalen Interventionen: Ein Beitrag Zum Frieden?* Münster: Westfälische Wilhelms-Universität zu Münster.
Schimmelfennig, Frank, und Ulrich Sedelmeier. 2007. Candidate countries and conditionality. In *Europeanization. New research agendas*, Hrsg. Paolo Graziano und Maarten P. Vink, 88–101. Houndmills: Palgrave Macmillan.
Schirm, Stefan. 2009. Leaders in need of followers: Emerging powers in global governance. *European Journal of International Relations* 16 (2): 197–221.
Smith, James McCall. 2000. The politics of dispute settlement design: Legalism in regional trade pacts. *International Organization* 54 (1): 137–180.
Söderbaum, Fredrik. 2004a. Modes of regional governance in Africa: Neoliberalism. *Global Governance, Sovereignty Boosting, and Shadow Networks* 10 (4): 419–436.
Söderbaum, Fredrik. 2004b. *The political economy of regionalism the case of Southern Africa*. Houndmills: Palgrave Macmillan.
Söderbaum, Fredrik. 2016. Old, new and comparative regionalism: The history and scholarly development of the field. In *Oxford handbook of comparative regionalism*, Hrsg. Tanja Börzel und Thomas Risse. Oxford: Oxford University Press.
Solingen, Etel. 1998. *Regional orders at century's dawn: Global and domestic influences on grand strategy*. Princeton: Princeton University Press.
Striebinger, Kai. 2015. Should I stay or should I go? The influence of international actors on the degree of military involvement after coups d'Etat in West Africa, 1990–2014. Dissertation, FU Berlin.

United Nations Economic Commission for Africa. 2010. Assessing regional integration in Africa IV: Enhancing intra-African trade. Addis Abeba: UN Economic Commission for Africa.

Van Hüllen, Vera. 2015. *EU democracy promotion and the Arab spring*. Houndmills: Palgrave Macmillan.

Viner, Jacob. 1950. *The customs union issue*. New York: Carnegie Endowment for International Peace.

Williams, Paul D. 2014. The security culture of the African union. In *Regional organisations and security: Conceptions and practices*, Hrsg. Stephen Aris und Andreas Wenger, 21–40. New York: Routledge.

Über die Autoren

Prof. Dr. Tobias Lenz ist Juniorprofessor für Globales Regieren und Vergleichende Regionalismusforschung am Institut für Politikwissenschaften an der Universität Göttingen.

Dr. Kai Striebinger ist Wissenschaftlicher Mitarbeiter am Deutschen Institut für Entwicklungspolitik in Bonn.

Teil II
Intraregionale Perspektiven

Europa

Simon Koschut

Zusammenfassung
Der vorliegende Beitrag stellt die Region Europa vor. Neben einer historisch-konzeptionellen Einordnung bietet der Beitrag einen groben Überblick über die unterschiedlichen regionalen Akteure, Normen und Institutionen. Im Zentrum des Beitrags steht der europäische Integrationsprozess. Dabei wird der europäische Integrationsprozess als ein umfassender Prozess interagierender und vernetzter Regionalorganisationen und -institutionen verstanden, die viele Gemeinsamkeiten aufweisen, sich aber auch voneinander unterscheiden. In der Gesamtschau ergibt sich so ein komplexes Mosaik überlappender Governance-Strukturen in einer institutionell sehr hoch entwickelten und heterogenen Region.

1 Einleitung

Europa umfasst eines der dichtesten und integriertesten Netzwerke von Regionalorganisationen in der Welt. Zu den wichtigsten regionalen „Spielern" zählen neben der Europäischen Union (EU) insbesondere die Nordatlantikpaktorganisation (NATO), der Europarat und die Organisation für Sicherheit

Für überaus hilfreiche Kommentare und Anmerkungen danke ich Diana Panke und Ingo Peters.

S. Koschut (✉)
Freie Universität Berlin, Berlin, Deutschland
E-Mail: simon.koschut@fu-berlin.de

und Zusammenarbeit in Europa (OSZE). Diese Regionalorganisationen bilden gemeinsam mit weiteren, kleineren Institutionen den Kern europäischer Regional-Governance (Webber et al. 2004). Der europäische Integrationsprozess lässt sich daher auch nicht ohne weiteres nur auf die institutionellen Entwicklungen und Strukturen der EU beschränken, sondern muss vielmehr als ein umfassendes Netzwerk sich verschränkender und ineinandergreifender, interdependenter Institutionen verstanden werden (Biermann 2008). So ist etwa der wirtschaftliche Integrationsprozess innerhalb der EWG ohne die sicherheitspolitische Absicherung durch die NATO kaum denkbar. Auch wenn die Europäische Union im Zentrum des europäischen Integrationsprozesses steht, so war und ist sie stets eingebettet in und abhängig von der institutionellen Gesamtarchitektur Europas. Der vorliegende Beitrag stellt diesen Integrationsprozess in drei Schritten dar. In einem ersten Schritt werden die konzeptionellen Grundlagen und historischen Entwicklungen Europas vorgestellt. In einem zweiten Schritt folgt dann eine Vorstellung der maßgeblichen Regionalorganisationen und ihrer normativen und institutionellen Strukturen. In einem dritten Schritt wird abschließend auf aktuelle Entwicklungen im europäischen Integrationsprozess eingegangen.

2 Historisch-konzeptionelle Einordnung

Wo liegen die Grenzen Europas? Eine konzeptionelle Einordnung Europas ist in vielerlei Hinsicht problematisch. Zum einen beinhaltet sie immer auch eine künstliche Abgrenzung von anderen Teilen der Welt. „Natürliche" Grenzen wie der Atlantik oder das Mittelmeer tragen hier nur bedingt zur Klärung bei, da deren Bedeutung letztlich auf historisch-kulturellem Wissen und Interpretationen beruht. So ist die heutige Grenzziehung zwischen Europa und Nordafrika entlang des Mittelmeers eine eher moderne Vorstellung. Im Altertum etwa bildeten sämtliche Mittelmeeranrainer einen kulturellen und handelspolitischen Raum: die Mittelmeerregion. Und obwohl der Atlantik eine deutlich sichtbare geografische Grenze zwischen Großbritannien und Nordamerika zieht, fühlen sich viele Britinnen und Briten kulturell und historisch als Teil einer transatlantischen Region. Zum anderen haben kollektive Vorstellungen über die Bedeutung und Abgrenzung Europas häufig auch politische Konsequenzen. So schließt die Vorstellung eines christlichabendländischen Europas eine EU-Mitgliedschaft der Türkei aus und ist auch nur bedingt mit einer Einbeziehung osteuropäischer Länder und Russlands kompatibel (Neumann 1999). Aufgrund dieser Problematiken versteht der vorliegende Beitrag Europa nicht als starren geografisch-kulturellen Raum, sondern betrachtet diesen als eine dynamische Region, deren territoriale und politisch-kulturelle Grenzen permanentem Wandel unterliegen. Damit soll keineswegs behauptet werden, dass die Region Europa nicht auf gefestigten institutionellen Strukturen beruht. Diese sind aber nicht automatisch deckungsgleich mit dem, was häufig unter „Europa" verstanden wird. So beinhalten etwa die NATO und die OSZE – entsprechend der geografischen Konzeption von „Europa" – auch nichteuropäische Staaten.

In Europa hat sich der Regionalismus erst nach 1945 in Form eines graduellen Integrationsprozesses entwickelt. Zwar gab es zuvor bereits erste Ansätze von Regionalismen wie etwa das Vertragswerk des Wiener Kongresses von 1815 oder im Mittelalter die Hanse. Dennoch lässt sich die heutige Entwicklung und die damit verbundene konzeptionelle Einordnung Europas nur im Kontext der traumatischen Erfahrungen des Zweiten Weltkrieges sowie der darauffolgenden globalen strukturellen Veränderungen im Zuge des Ost-West-Konflikts erklären. Diese Entwicklung begann 1947 mit der Einrichtung des *European Recovery Program* (dem sogenannten Marshall-Plan) und dem Brüsseler Pakt von 1948 (der Vorläufer der 2011 aufgelösten Westeuropäischen Union, WEU). Damit waren die wirtschafts- und sicherheitspolitischen Weichen für den europäischen Integrationsprozess gestellt und wurden durch die Gründung der Organisation für europäische wirtschaftliche Zusammenarbeit (dem Vorläufer der Organisation für wirtschaftliche Zusammenarbeit und Entwicklung, OECD) 1948 und dem Europarat 1949 um weitere institutionelle Elemente ergänzt.

Die Gründungsmotive für diesen Integrationsprozess lagen in erster Linie in der Schaffung einer neuen Friedensordnung, die den europäischen Nationalstaat in seiner Machtausübung einhegen und begrenzen sollte (Spaak 1950). In dieser Begrenzung nationaler Souveränität liegt auch einer der zentralen Unterschiede zu anderen regionalen Integrationsprozessen, etwa in Lateinamerika und Asien (vgl. Mattli 1994, sowie die Beiträge von Nolte und Wagner in diesem Band). Ein zweites Gründungsmotiv resultierte aus der zunehmenden Entfremdung zwischen den USA und der UdSSR, die eine ideologische Teilung Europas bereits früh erkennbar werden ließ. Auf diese Weise entwickelten sich in Europa nach dem Ende des Zweiten Weltkriegs Parallelregionen in Ost und West, deren institutionelles Design und Normen sich fundamental voneinander unterschieden. Im Jahr 1949 kam es aufgrund westeuropäischer Initiative zur Gründung der NATO, die den US-amerikanischen Platz am europäischen Tisch – und damit gleichzeitig auch die Einbindung Westeuropas in das liberale Ordnungsmodell der USA – institutionell verankern sollte. Insofern spricht der Historiker Geir Lundestad (2003) hier auch von einem „empire by invitation". Insbesondere im US-amerikanischen Kongress gab es dabei große Vorbehalte, Sicherheitsgarantien gegenüber den Europäern auszusprechen, was sich in der eher weichen Formulierung des Beistandsartikels fünf des NATO-Vertrags noch heute widerspiegelt. In Osteuropa gründeten sich dazu spiegelbildlich der Warschauer Pakt als Verteidigungsallianz und der Rat für gegenseitige Wirtschaftshilfe (COMECON).

In den 1950er Jahren erfolgte mit den Römischen Verträgen die Gründung der drei Europäischen Gemeinschaften und damit die Konstruktion einer institutionellen Architektur, die der heutigen Europäischen Union zugrunde liegt. 1951 begann dieser Prozess auf Initiative des französischen Außenministers Robert Schuman (Schuman-Plan) mit dem Vertrag über die Europäische Gemeinschaft für Kohle und Stahl (EGKS) zwischen Frankreich, Deutschland, Italien und den Beneluxstaaten. Ziel war die Sicherung des (west-)europäischen Friedens durch die Vergemeinschaftung kriegsrelevanter Güter in der sogenannten EGKS oder Montanunion (Clemens et al. 2008). Die EGKS wurde 1957 durch die Gründung der Europäischen Wirtschaftsgemeinschaft (EWG) und die Europäische Atomgemeinschaft (EAG/Euratom) um wesentliche Eckpfeiler ergänzt. Während die wirtschaftliche Integration Europas so erfolgreich voranschritt, erlebte der sicherheitspolitische Integrationsprozess mit dem Scheitern der Europäischen Verteidigungsgemeinschaft (EVG) in der französischen Nationalversammlung 1954 einen nachhaltigen Misserfolg.

Auf die progressive Dynamik der Gründungsphase folgten in den frühen 1960er Jahren eine Phase der Stagnation und der Krise europäischer Integration. Diese resultierte in erster Linie aus dem Versuch des französischen Präsidenten Charles de Gaulle, den supranational ausgerichteten Europäischen Gemeinschaften ein intergouvernementales Gegenmodell entgegenzusetzen. Dies äußerte sich konkret 1960 durch den französischen Vorschlag (Fouchet-Pläne) einer Europäischen Politischen Union (EPU), die ein stärker konföderales europäisches Integrationsmodell beinhaltete, sowie 1965 durch die „Politik des leeren Stuhls", als de Gaulle sich weigerte, europäische Mehrheitsentscheidungen und damit den Verlust eines nationalen Vetorechts zu akzeptieren (Moravcsik 1998). Diese Krise der europäischen Integration konnte erst 1966 durch den Luxemburger Kompromiss beigelegt werden, indem sich die Mitgliedstaaten der EWG darauf verständigten, wenn nötig auch bei Mehrheitsentscheidungen auf nationale Belange Rücksicht zu nehmen.

Die 1970er Jahre waren daraufhin von einer Phase der Reform und Konsolidierung geprägt. Neben institutionellen Neuerungen wie der Einführung von eigenen Finanzmitteln der EWG, der Zusammenlegung der Organe von EGKS, EWG und EAG und der Einrichtung des Europäischen Rats der Staats- und Regierungschefs der Europäischen Gemeinschaft (EG) mündete dies 1979 in die erste Direktwahl zum Europäischen Parlament sowie in die Einrichtung eines europäischen Währungssystems. Darüber hinaus kam es zur ersten Erweiterungsrunde durch den Beitritt Großbritanniens, Irlands und Dänemarks im Jahr 1973. Darauf folgten die südeuropäischen Staaten Griechenland (1981) sowie Spanien und Portugal (1986) als Beitrittsländer. 1975 kam mit der Schlussakte von Helsinki ein neues institutionelles Forum in Europa hinzu. Die aus der Helsinki-Schlussakte hervorgegangene Konferenz für Sicherheit und Zusammenarbeit in Europa

(KSZE) etablierte ein Gesprächsforum, das die USA, Kanada, die Sowjetunion sowie die west- und osteuropäischen Staaten erstmals in einem institutionalisierten Prozess integrierte. Die Kooperationsfelder der KSZE gliederten sich in drei Arbeitsbereiche („Körbe"): 1) Vertrauensbildende Maßnahmen und Aspekte der Sicherheit und Abrüstung, 2) Zusammenarbeit in den Bereichen Wirtschaft, Wissenschaft und Technologie sowie Umwelt und 3) die Zusammenarbeit bei Kultur, Bildung, Menschenrechten sowie Medien- und Informationsfreiheit. In der Folge formte der sogenannte KSZE-Prozess einen gesamteuropäischen Dialog, der die europäischen Parallelregionen aufbrach und zum Ende des Ost-West-Konflikts mit beitrug (Thomas 1999).

Die Reform- und Erneuerungsphase des europäischen Integrationsprozesses dauerte jedoch nur kurz an. Zu Beginn der 1980er Jahre kam es zu einer erneuten Krise, ausgelöst durch eine zunehmend protektionistische und isolationistische Haltung vieler Mitgliedstaaten, deren Volkswirtschaften unter erheblichen Druck geraten waren. Die Reduzierung des britischen Beitrags zum Haushalt der EG („Briten-Rabatt") stand hier symbolisch für die stärkere Betonung nationaler Interessen, was eine Verhärtung und Handlungsunfähigkeit europäischer Institutionen („Eurosklerose") begünstigte. Der dadurch entstandene Reformstau konnte erst Mitte der 1980er Jahre durch neue Integrationsimpulse wie die Stuttgarter Erklärung und den Vertrag über die Gründung einer Europäischen Union 1984 aufgelöst werden, welche 1986 in die Unterzeichnung der Einheitlichen Europäischen Akte (EEA) und 1992 in den Maastrichter Vertrag mündeten. Letzterer fasste die drei Säulen europäischer Integration – die Fortführung der EG in der ersten Säule, die Gemeinsame Außen- und Sicherheitspolitik innerhalb der zweiten Säule und die Zusammenarbeit in den Bereichen Justiz und Inneres in der dritten Säule – unter dem Dach der Europäischen Union zusammen und beschloss zudem die Einführung einer europäischen Wirtschafts- und Währungsunion (WWU), welche 2002 mit der Einführung des Euros vollendet wurde.

Das Ende des Ost-West-Konflikts ermöglichte schließlich auch das Ende institutioneller Parallelwelten auf dem europäischen Kontinent, was sich insbesondere in der Auflösung des Warschauer Pakts und dem Beitritt der blockfreien Länder Schweden, Finnland und Österreich zur EU sowie dem Beitritt zahlreicher mittel- und osteuropäischen Staaten zu EU und NATO manifestierte (Schimmelfennig 2003). Zudem verband sich mit der Gründung des NATO-Russland-Rats und der Einrichtung des *Partnership for Peace*-Programms (PfP) die Hoffnung auf eine Überwindung ehemaliger Feindbilder zwischen Ost und West (Checkel 2007). Die KSZE wiederum erklärte sich 1990 mit der Charta von Paris zur eigenständigen Regionalorganisation. Die Verdoppelung der Anzahl der Mitglieder der EU durch den Beitritt von 16 neuen Mitgliedstaaten seit dem Ende des

Ost-West-Konflikts führte jedoch zu erheblichen internen Problemen, welche eine zunehmend europaskeptische Haltung in einzelnen Mitgliedstaaten begünstigte. Ebenso verschlechterte sich im Zuge der NATO-Osterweiterung sowie des Kosovokonflikts 1999 und des Georgienkriegs 2008 das Verhältnis zu Russland. Das Scheitern des Vertrags über eine europäische Verfassung nach den Referenden in Frankreich und den Niederlanden 2005 läutete schließlich eine weitere Krise des europäischen Integrationsprozesses ein. Dennoch konnten mit dem Vertrag von Lissabon 2009 in vielen wichtigen Bereichen wie der Einführung einer europäischen Grundrechtecharta, der Ausweitung von Mehrheitsentscheidungen innerhalb der EU, größerer Bürgerbeteiligung und der Einrichtung eines Europäischen Auswärtigen Dienstes (EAD) zentrale Reformerrungenschaften des Verfassungsvertrags implementiert werden.

> **Methode Monnet**
> Die Methode Monnet (auch: Gemeinschaftsmethode) bezeichnet den schrittweisen Ausbau supranationaler Entscheidungsfindung innerhalb der Europäischen Union, ohne dabei ein klares Integrationsziel zu definieren. Sie wird mit dem französischen Unternehmer Jean Monnet, einem der Gründungsväter der Europäischen Gemeinschaften, in Verbindung gebracht. Sie basiert auf der politikfeldspezifischen Übertragung nationalstaatlicher Souveränität, der Konsensentscheidung und der deutsch-französischen Freundschaft als Kern und Motor europäischer Einigung. Im Zuge der Eurokrise schlug die deutsche Bundeskanzlerin Angela Merkel 2010 die Unionsmethode als Variante und Ergänzung zur Gemeinschaftsmethode vor. Die Unionsmethode betont dabei stärker die intergouvernementale Zusammenarbeit zwischen nationalen Regierungen in der EU, um in Krisenzeiten handlungsfähig zu bleiben.

3 Akteure, regionale Normen und Institutionen

Die maßgeblichen regionalen Institutionen Europas lassen sich anhand ihrer geografischen Reichweite, ihren Normen sowie anhand ihres institutionellen Designs unterscheiden. Letzteres umfasst in erster Linie zwei Dimensionen. Die meisten Regionalorganisationen in Europa basieren auf dem Prinzip des Intergouvernementalismus: politische Entscheidungen werden zwischen Staaten mithilfe klar definierter und meist institutionalisierter Kooperation vereinbart, ohne dass die

Staaten dabei formale Souveränitätsrechte an eine höhere Ebene abtreten. Daneben existieren jedoch auch supranationale Elemente, die den europäischen Integrationsprozess im Vergleich zu anderen Regionen einzigartig machen. Beim Supranationalismus werden politische Entscheidungen durch Prozesse und Institutionen getroffen, die weitgehend unabhängig von Staaten agieren. Die Staaten müssen dann diese Entscheidungen akzeptieren und umsetzen. Im Folgenden werden die wichtigsten regionalen Handlungsakteure in Europa, ihre Normen und institutionelle Struktur kurz vorgestellt.

3.1 Die Europäische Union

Die Europäische Union stellt den mit Abstand bedeutendsten regionalen Akteur Europas dar. Als institutionelles Gebilde *sui generis* lässt sich die EU als ein Mehrebenensystem aus horizontalen und vertikalen Entscheidungsstrukturen verstehen, das neben intergouvernementalen auch supranationale Elemente beinhaltet (Börzel 2005). Die Organe der EU sind laut Vertrag von Lissabon (in Kraft seit 2009) das Europäische Parlament, der Europäische Rat, der Rat der Europäischen Union („Ministerrat"), die Europäische Kommission, der Gerichtshof der Europäischen Union, die Europäische Zentralbank und der Europäische Rechnungshof. Während einige dieser Organe wie die Kommission, der Gerichtshof und das Parlament supranationale Kompetenzen beinhalten, stellen der Ministerrat und der Europäische Rat Formen intergouvernementaler Zusammenarbeit dar (Hix 2005). Politisch gliedern sich die Zuständigkeiten der Europäischen Union in primäre Zuständigkeitsbereiche der EU wie zum Beispiel die Außenhandelspolitik oder die Währungspolitik, die primären Zuständigkeiten der Mitgliedstaaten wie Kultur, Bildung oder innere Sicherheit sowie die gemischten Zuständigkeiten wie etwa Umwelt- und Verkehrspolitik oder Energiepolitik.

Die Europäische Union wird häufig als reine Wirtschaftsunion missverstanden. Zwar stellt der freie Verkehr von Personen, Waren und Dienstleistungen eine der zentralen europäischen Errungenschaften regionaler Integration dar. Letztlich ist die EU aber ein politischer Akteur, der Werte und Normen wie Demokratie, Rechtsstaatlichkeit, Menschenrechte und Minderheitenschutz auf regionaler Ebene zu verankern sucht. Zudem verfolgt die EU mit der Gemeinsamen Außen- und Sicherheitspolitik (GASP) ein politisches Projekt mit globalem Anspruch (Panke 2014). Die EU vertritt ihre Mitgliedstaaten in der Welthandelsorganisation (WTO) und ist Mitglied der G-20. In der Gemeinsamen Sicherheits- und Verteidigungspolitik (GSVP) übernimmt die EU im Rahmen der sogenannten Petersberg-Aufgaben friedenssichernde Einsätze wie zum Beispiel in Bosnien-Herzegowina (EUFOR).

In diesem Zusammenhang wird daher oft (wenn auch nicht unumstritten, vgl. etwa Sjursen 2006) von der EU als „normative power" gesprochen, die ihre Normen und Werte wie Demokratie, Rechtsstaatlichkeit und Menschenrechte *(acquis communautaire)* externalisiert und ihr Integrationsmodell weltweit zu exportieren sucht (Manners 2002).

Zusammenfassend ist die Europäische Union kein homogenes Gebilde, sondern ein kompliziertes Konstrukt aus überlappenden Institutionen. So bilden beispielsweise 19 der 28 EU-Mitgliedstaaten die Europäische Wirtschafts- und Währungsunion mit dem Euro als gemeinsamer Währung. Das Schengener Abkommen zur Abschaffung stationärer Grenzkontrollen haben auch Nicht-EU-Staaten wie Island, Norwegen und die Schweiz unterzeichnet, während Irland und – bis zu seinem Austritt aus der EU – Großbritannien als EU-Länder das Schengen-Abkommen nicht ratifiziert haben. Die Nicht-EU-Länder Island, Liechtenstein und Norwegen bilden gemeinsam mit den Mitgliedstaaten der EU den Europäischen Wirtschaftsraum (EWR). Mit der Türkei, Andorra, San Marino und Monaco bilden sämtliche EU-Staaten wiederum eine Zollunion. Gerade aufgrund dieser Komplexität und institutionellen Überschneidungen lässt sich der europäische Integrationsprozess nur schwerlich auf die Europäische Union reduzieren, wenngleich letztere das Herzstück dieses Prozesses darstellt.

3.2 Die Nordatlantikpaktorganisation

Die NATO wurde 1949 als kollektives Verteidigungsbündnis gegründet. Sie hat ihren Sitz in Brüssel. Ursprünglich diente das Bündnis einem dreifachen Zweck, wie es der erste Generalsekretär der NATO, Lord Ismay, etwas undiplomatisch formulierte: „To keep the Americans in, the Russians out, and the Germans down". Zumindest die letzten beiden Ziele haben sich spätestens mit dem Beitritt der Bundesrepublik Deutschland 1955 und dem Ende des Ost-West-Konflikts erledigt. Die NATO ist heute in erster Linie dem Schutz seiner Mitglieder vor äußeren Bedrohungen verpflichtet, wobei der Bedrohungsbegriff heute nicht nur Staaten, sondern auch transnationale Bedrohungen wie Terrorismus, Migration, Pandemien bis hin zum Klimawandel umfasst und die NATO seit den Balkankriegen der 1990er Jahre auch außerhalb ihres Bündnisgebiets interveniert *(out-of-area)*.

Die NATO beinhaltet eine duale Organisationsstruktur, die aus einer zivilpolitischen Struktur und einer militärischen Struktur besteht. Der politische Teil besteht aus dem Nordatlantikrat der Mitgliedstaaten, dem Generalsekretariat, der Nuklearen Planungsgruppe und einem Internationalen Stab, der das Generalsekretariat unterstützt. Hinzu kommen die politischen Ausschüsse wie der

Euro-atlantische Partnerschaftsrat (EAPC) und der NATO-Russland-Rat. Die militärische Struktur der NATO umfasst neben dem Militärausschuss und dem Internationalen Militärstab den Oberbefehlshaber für Militäroperationen der NATO (SACEUR) sowie den Oberbefehlshaber für die Integration nationaler Streitkräfte (SACT). Der Posten des SACEUR wird traditionell von einem US-Amerikaner besetzt. Entscheidungen werden immer im Konsens getroffen, sodass die NATO eine rein intergouvernementale Organisation darstellt.

Die regionalen Normen der Allianz lassen sich in drei Säulen unterteilen (Koschut 2014). Die Grundwerte der NATO als erste tragende Säule sind im NATO Vertrag von 1949 festgelegt. Darin verpflichten sich die Verbündeten in der Präambel zu Demokratie, individueller Freiheit, marktwirtschaftlicher Zusammenarbeit und Rechtsstaatlichkeit. Das Bekenntnis zu den Grundprinzipien der Charta der Vereinten Nationen (VN) wird in Artikel eins des NATO Vertrags konkretisiert. Neben dem klaren Bekenntnis zum Primat der Vereinten Nationen und seiner Ziele gemäß Artikel eins der VN Charta – kollektive Sicherheit, friedliche Konfliktlösung, Selbstbestimmungsrecht der Völker, Achtung der Menschenrechte und Einhaltung des Völkerrechts – stellen das Demokratieprinzip, das Prinzip individueller Freiheit, das Rechtsstaatsprinzip und marktwirtschaftliche Zusammenarbeit somit die Grundwerte der NATO dar. Die zweite Säule umfasst die Handlungsnormen des Bündnisses. Für die NATO beruht multilaterales Vorgehen auf den Prinzipien friedlicher Konfliktlösung nach innen und kollektiver Verteidigung nach außen (Koschut 2011). Während Konflikte innerhalb der NATO grundsätzlich auf friedlichem Wege zu lösen sind, enthält der sogenannte Bündnisfall in Artikel fünf die Möglichkeit zur kollektiven Ausübung von Gewalt gegen äußere Angriffe. Diese sind jedoch auf individuelle oder kollektive Selbstverteidigung beschränkt und dem Primat der Vereinten Nationen unterworfen. Sie dienen ausschließlich dem Ziel der Wiedererlangung von Sicherheit im nordatlantischen Raum. Dabei beinhaltet Artikel fünf (wie häufig fälschlicherweise angenommen) keine rechtliche Verpflichtung zum militärischen Beistand. Er wurde bislang nur einmal angewandt (nach den Anschlägen auf die USA vom 11. September 2001). Aufgrund der globalen Ausweitung und Neudefinition des Artikels fünf im Zuge des Afghanistaneinsatzes der NATO sprechen manche Autorinnen und Autoren in diesem Zusammenhang bereits von einer *out-of area*-Norm, die sich seit dem Ende des Ost-West-Konflikts innerhalb der NATO etabliert hat (Kitchen 2010). Entscheidend bei der dritten Säule der NATO ist das Konsultationsgebot. Dieses beinhaltet nicht die bloße Information aller Mitglieder über bevorstehende Handlungen durch einen der Mitgliedstaaten, sondern umfasst vielmehr den permanenten Austausch von Wertevorstellungen, Interessen, Bedrohungsanalysen und Handlungsempfehlungen. Diese Konsultationsnorm findet sich in Artikel vier des

NATO-Vertrags, in dem sich die Mitgliedstaaten als Kommunikationsgemeinschaft zur gemeinsamen Beratung verpflichten, wenn die territoriale Unversehrtheit, die politische Unabhängigkeit oder die Sicherheit eines Mitglieds bedroht ist (Risse-Kappen 1996).

Das institutionelle Fortbestehen der NATO sowie deren Transformationsprozess nach dem Ende des Ost-West-Konflikts haben zu einer lebhaften Theoriedebatte innerhalb der Disziplin der Internationalen Beziehungen (IB) geführt. Während einige Realisten die NATO weiterhin als System kollektiver Verteidigung klassifizieren und ihre baldige Auflösung vorhersagen (Walt 2010), sehen liberale Ansätze in der NATO bereits ein regionales System kollektiver Sicherheit (Wallander 2000). Konstruktivistische Ansätze wiederum konzeptionalisieren die NATO als pluralistische Sicherheitsgemeinschaft, deren Mitglieder das Sicherheitsdilemma überwunden haben (Adler und Barnett 1998).

3.3 Die Organisation für Sicherheit und Zusammenarbeit in Europa

Mit ihren 57 Mitgliedstaaten in Nordamerika, Europa und Asien ist die OSZE die weltweit größte regionale Sicherheitsorganisation. Die OSZE ging 1995 aus der Konferenz für Sicherheit und Zusammenarbeit hervor, welche zur Entspannung zwischen den Blöcken während des Ost-West-Konflikts beitragen sollte. Sie hat ihren Sitz in Wien.

Das institutionelle Design der OSZE ist intergouvernemental ausgerichtet. Es umfasst neben dem Generalsekretariat einen wechselnden Vorsitz, einen Ständigen Rat und eine parlamentarische Versammlung. Hinzu kommen jährlich stattfindende Treffen des Ministerrats sowie in unregelmäßigen Abständen Gipfel der Staats- und Regierungschefs. Hinzu treten das Büro für demokratische Institutionen und Menschenrechte, der Hohe Kommissar für nationale Minderheiten und der Beauftragte für die Freiheit der Medien. Die OSZE sieht sich in erster Linie als Integrator und Mediator in regionalen Konflikten, indem sie ein Forum für hochrangige politische Dialoge und eine Plattform für praktische Zusammenarbeit bietet. Die OSZE legt Wert auf einen umfassenden Ansatz regionaler Sicherheit, der politische, militärische, wirtschaftliche, ökologische und menschliche Risiken beinhaltet. Ihr regionaler Fokus liegt in erster Linie auf Südosteuropa, Osteuropa, dem Südkaukasus und Zentralasien. Regionale Sicherheit wird als Vertrauensbildung definiert und dient der Überwindung von Differenzen zwischen ihren vielfältigen und facettenreichen Mitgliedern: „(W)e help bridge differences between states and build trust through co-operation (…) and working toward a free, democratic, common and indivisible Euro-Atlantic and Eurasian security community" (OSZE 2013, S. 3).

Aus normativer Sicht ist die OSZE damit auf Vertrauen und Vertrauensbildung im erweiterten europäischen Raum ausgerichtet, mit dem Ziel des Aufbaus einer paneuropäischen Sicherheitsarchitektur von Vancouver bis Wladiwostok – der umfassendsten Definition „Europas". Zu diesem Zweck hat die OSZE enge Beziehungen zu anderen europäischen Regionalorganisationen geknüpft. So wurde beispielsweise 1999 die Plattform für kooperative Sicherheit etabliert. Diese Plattform umfasst regionale Organisationen wie die NATO und die EU und strebt die Förderung und Entwicklung politischer und operativer Kohärenz beim Krisenmanagement auf der Grundlage geteilter Werte an (Koschut i. E.). Als größte regionale Sicherheitsorganisation der Welt nimmt die OSZE eine institutionelle Vorreiterrolle in Bezug auf (trans-)regionale Governance in Europa ein. Sie hat jedoch unter den jüngsten Spannungen zwischen Russland und einigen NATO- und EU-Staaten gelitten, die nicht nur ihre Glaubwürdigkeit untergraben, sondern möglicherweise sogar ihr institutionelles Überleben bedrohen (Zellner 2005; Peters 2013).

3.4 Der Europarat

Der Europarat wurde 1949 gegründet mit dem Ziel, die politische Zusammenarbeit und den wirtschaftlich-sozialen Fortschritt europäischer Staaten zu fördern. Der Europarat ist kein Organ der EU, sondern eine unabhängige Regionalorganisation, der mittlerweile 47 Staaten beigetreten sind. Die institutionelle Struktur des Europarats verdeutlicht, dass die beteiligten Staaten intergouvernementale Formen der Kooperation anstreben, ohne dabei Souveränitätsrechte aufzugeben (Brummer 2008). Er gliedert sich in das Generalsekretariat, das Ministerkomitee mit den Außenministern der Mitgliedstaaten, die Parlamentarische Versammlung bestehend aus Abgeordneten der nationalen Parlamente und den Kongress der Gemeinden und Regionen. Ein wichtiges Organ des Europarats ist der Europäische Gerichtshof für Menschenrechte (EGMR) mit Sitz in Straßburg. Als Kontrollorgan wacht dieser über die Einhaltung der Europäischen Menschenrechtskonvention (EMRK), der sämtliche 47 Mitglieder des Europarats angehören. Die Unterzeichnerstaaten der EMRK sowie deren Bürgerinnen und Bürger können, sofern der Rechtsweg im eigenen Land erschöpft ist, Klage am EGMR einreichen, der wiederum völkerrechtlich verbindliche Urteile fällt. Der EGMR stellt somit einen wichtigen Versuch dar, Menschrechte im regionalen Kontext zur Geltung zu bringen. Auch wenn sich der Europarat grundsätzlich mit allen europäischen Themen (mit Ausnahme der Verteidigung) befassen kann, so liegt sein Schwerpunkt auf dem Schutz der Menschrechte, Demokratie und Rechtsstaatlichkeit. Hier übernimmt der Europarat zum Teil eine normbildende Funktion. Letztere steht in jüngster Zeit zunehmend in einem Spannungsverhältnis zur EU (Nawparwar 2014). So steht der Europäische Gerichtshof (EuGH) in Luxemburg einem Beitritt der EU zur Europäischen Menschenrechtskonvention (und damit einer Bindung an die Rechtsprechung des EGMR) äußerst kritisch gegenüber.

3.5 Sonstige regionale Institutionen

Neben die vier genannten Regionalorganisationen treten noch weitere kleinere Organisationen und Institutionen. Hierzu zählt zum einen die Europäische Freihandelszone (EFTA), die 1960 zum Schutz von Handelsinteressen derjenigen Staaten gegründet wurde, die nicht Mitglieder der EU sind. Nach dem EU-Beitritt zahlreicher Unterzeichnerstaaten wie Großbritannien, Schweden, Finnland, Österreich und Dänemark hat die EFTA an Bedeutung verloren, was sich allerdings mit dem angekündigten EU-Austritt Großbritanniens möglicherweise wieder relativieren könnte. Der EFTA gehören heute Norwegen, die Schweiz, Liechtenstein und Island an. Mit Ausnahme der Schweiz bilden die EFTA-Staaten und die EU-Staaten den Europäischen Wirtschaftsraum (EWR). Ein weiterer europäischer Regionalakteur ist der 1992 gegründete Ostseerat mit Sitz in Stockholm. Ihm gehören die Ostseeanrainerstaaten, Island, Norwegen und die EU an. Der Ostseerat dient dabei als subregionales Informations- und Konsultationsforum an der früheren Grenze zwischen Ost und West. Neben der wirtschaftlichen und kulturellen Zusammenarbeit geht es hier vornehmlich um umweltpolitische Belange und Fragen der Verkehrsinfrastruktur sowie des Tourismus. Zu den weiteren subregionalen Akteuren in Europa zählen schließlich die Benelux-Union zwischen Belgien, Luxemburg und den Niederlanden, der Nordische Rat der skandinavischen Länder Island, Norwegen, Schweden, Dänemark und Finnland sowie der lose Zusammenschluss der Visegrád-Gruppe (V4) bestehend aus den mittel- und osteuropäischen Staaten Polen, Tschechien, Slowakei und Ungarn.

4 Aktuelle politische Trends

Der europäische Integrationsprozess stellt sich insgesamt trotz vergangener und aktueller Krisen und Dysfunktionalitäten als eine einzigartige Erfolgsgeschichte dar. Der europäische Regionalismus wird daher häufig als „Goldstandard regionaler Integration" und Referenzmodell für andere Weltregionen herangezogen (Börzel und Risse 2009). Die europäischen Institutionen haben zweifellos entscheidend zu Frieden und Wohlstand in der Region beigetragen, wenngleich es gleichzeitig erhebliche Konflikte um die Aufrechterhaltung des Friedens und die Verteilung von Wohlstand in Europa gibt. Gerade in jüngster Zeit zeigt sich mit dem Erfolg europaskeptischer und rechtspopulistischer Parteien sowie sozialer Protestbewegungen, dass Rückschritte oder gar ein Scheitern des europäischen Integrationsprozesses keineswegs undenkbar sind (Koschut 2016; Chalmers et al. 2016). Dies wurde durch das *Brexit*-Referendum und den Austritt Großbritanniens aus der Europäischen Union noch einmal unterstrichen. Zudem deuten sich weitere Spaltungen innerhalb der EU an, etwa im Zuge des Streits um die Verteilung von Flüchtlingen und Geflüchteten oder in der Wirtschafts- und Währungspolitik. Darüber hinaus hat sich die aktuelle Ukrainekrise auch zu einer Krise der OSZE entwickelt, während sich Teile der NATO und EU von Russland entfremdet haben. Schließlich kommt es aufgrund wachsender politischer Kompetenzausweitung und geografischer Erweiterung immer häufiger zu interinstitutionellen Konflikten, die den europäischen Integrationsprozess zusätzlich belasten. So vertreten die Mitgliedstaaten der EU und der NATO in der Sicherheits- und Verteidigungspolitik trotz geteilter Normen zum Teil unterschiedliche Interessen (Hofmann 2013). Außerdem sieht sich der Europäische Gerichtshof durch den geplanten Beitritt der EU zur Europäischen Menschenrechtskonvention in seinen Kompetenzen bedroht. Aktuell stehen die europäischen Institutionen vor einer inneren und äußeren Belastungsprobe, deren Ausgang offenbleibt.

Basisliteratur

Checkel, Jeffrey T., und Peter J. Katzenstein. 2009. *European identity*. Cambridge: Cambridge University Press. *Der Sammelband vereint interdisziplinäre Perspektiven zur theoretischen Konzeptionalisierung und empirischen Analyse europäischer Identität.*
Schimmelfennig, Frank. 2016. Europe. In *Oxford handbook of comparative regionalism*, Hrsg. Tanja Börzel und Thomas Risse, 178–201. Oxford: Oxford University Press. *Der Beitrag bietet eine hervorragende englischsprachige Einführung zu regionalen Integrationsprozessen und Institutionen in Europa.*
Wiener, Antje, und Thomas Diez, Hrsg. 2004. *European integration theory*. Oxford: Oxford University Press. *Das Standardwerk zur Theoretisierung europäischer Integration.*

Webseiten

Benelux Union: www.benelux.int.
Europäische Union: www.europa.eu.
Europarat: www.coe.int.
Nordatlantikpaktorganisation: www.nato.int.

Nordischer Rat: www.norden.org.
Organisation für Sicherheit und Zusammenarbeit in Europa: www.osce.org.
Ostseerat: www.cbss.org.
Visegrad-Gruppe: www.visegradgroup.eu.

Verwendete Literatur

Adler, Emanuel, und Michael Barnett, Hrsg. 1998. *Security communities*. Cambridge: Cambridge University Press.
Biermann, Rafael. 2008. Towards a theory of inter-organizational networking: The Euro-Atlantic security institutions interacting. *Review of International Organizations* 3 (2): 151–177.
Börzel, Tanja. 2005. Mind the gap! European integration between level and scope. *Journal of European Public Policy* 12 (2): 217–236.
Börzel, Tanja, und Thomas Risse. 2009. Diffusing (inter-)regionalism: The EU as a model of regional integration. KFG Working Paper 7, Berlin.
Brummer, Klaus. 2008. *Der Europarat. Eine Einführung*. Wiesbaden: Springer VS.
Chalmers, Damian, Markus Jachtenfuchs, und Christian Joerges. 2016. *The end of the eurocrats' dream. Adjusting to European diversity*. Cambridge: Cambridge University Press.
Checkel, Jeffrey T. 2007. *International institutions and socialization in Europe*. Cambridge: Cambridge University Press.
Clemens, Gabriele, Alexander Reinfeldt, und Gerhard Wille. 2008. *Geschichte der europäischen Integration*. Paderborn: Schöningh.
Hix, Simon. 2005. *The political system of the European union*. New York: Palgrave Macmillan.
Hofmann, Stephanie. 2013. *European security in NATO's shadow. Party ideologies and institution building*. Cambridge: Cambridge University Press.
Kitchen, Veronica M. 2010. NATO's out-of-area norm from Suez to Afghanistan. *Journal of Transatlantic Studies* 8 (2): 105–117.
Koschut, Simon. 2011. Eine Gemeinschaft der Gemeinschaften. Konzeptionelle Überlegungen zur transatlantischen Sicherheitsgemeinschaft als differenziertes normatives System. *Sicherheit + Frieden* 29 (4): 260–265.
Koschut, Simon. 2014. Transatlantic conflict management inside-out: The impact of domestic norms on regional security practices. *Cambridge Review of International Affairs* 20 (2): 339–361.
Koschut, Simon. 2016. *Normative change and security community disintegration: Undoing peace*. New York: Palgrave Macmillan.
Koschut, Simon. i. E. From interlocking to interblocking regionalism: NATO, the EU, and the OSCE. In *Networked World? Multilateral Institutions in International Security Governance*, Hrsg. Andreas Wenger und Stephen Aris. New York: Routledge.
Lundestad, Geir. 2003. *The United States and Western Europe since 1945*. Oxford: Oxford University Press.
Manners, Ian. 2002. Normative power Europe: A contradiction in terms? *Journal of Common Market Studies* 40 (2): 235–258.
Mattli, Walter. 1994. *The logic of regional integration. Europe and beyond*. Cambridge: Cambridge University Press.

Moravcsik, Andrew. 1998. *The choice for Europe. Social purpose and state power from Messina to Maastricht*. Ithaca: Cornell University Press.

Nawparwar, Manazha. 2014. *Europäische Union und Europarat: Komplementarität und Rivalität*. Bern: Lang.

Neumann, Iver B. 1999. *Uses of the other. The East in European identity formation*. Minneapolis: University of Minnesota Press.

OSZE. 2013. Factsheet: What is the OSCE? http://www.osce.org/secretariat/35775?download=true.

Panke, Diana. 2014. The European union in the United Nations. An effective external actor? *Journal of European Public Policy* 21 (7): 1050–1066.

Peters, Ingo. 2013. Legitimacy and international organizations: The case of the OSCE. In *Legitimacy and international organizations*, Hrsg. Dominik Zaum, 196–220. Oxford: Oxford University Press.

Risse-Kappen, Thomas. 1996. Collective identity in a democratic community: The case of NATO. In *The culture of national security. Norms and identity in world politics*, Hrsg. Peter Katzenstein, 357–399. New York: Columbia University Press.

Schimmelfennig, Frank. 2003. *The EU, NATO, and the integration of Europe. Rules and Rhetoric*. Cambridge: Cambridge University Press.

Sjursen, Helene. 2006. The EU as a 'normative power': How can this be? *Journal of European Public Policy* 13 (2): 235–251.

Spaak, Paul-Henri. 1950. The integration of Europe. Dreams and realities. *Foreign Affairs* 29 (1): 94–100.

Thomas, Daniel C. 1999. The Helsinki accords and political change in Eastern Europe. In *The power of human rights. International norms and domestic change*, Hrsg. Thomas Risse, Stephen C. Ropp, und Kathryn Sikkink, 205–233. Cambridge: Cambridge University Press.

Wallander, Celeste A. 2000. Institutional assets and adaptability: NATO after the cold war. *International Organization* 54 (4): 705–736.

Walt, Stephen. 2010. If NATO disappeared, would anyone notice?, 24. September. http://walt.foreignpolicy.com/posts/2010/09/24/is_nato_irrelevant. Zugegriffen: 2. Nov. 2013.

Webber, Mark, Croft Stuart, Jolyon Howorth, Terry Terriff, und Elke Krahmann. 2004. The governance of European security. *Review of International Studies* 30 (1): 3–26.

Zellner, Wolfgang. 2005. Russia and the OSCE: From high hopes to disillusionment. *Cambridge Review of International Affairs* 18 (3): 389–402.

Über den Autor

Prof. Dr. Simon Koschut ist Gastprofessor am Otto-Suhr-Institut an der Freien Universität Berlin.

Eurasien

Katharina Hoffmann

Zusammenfassung

Dieser Beitrag diskutiert zunächst, ob Eurasien als Region verstanden werden kann. Wohl verbinden zahlreiche transnationale Ströme die Gesellschaften. Jedoch unterstützen nur wenige Akteure Eurasien als Integrationsprojekt. Dies spiegelt ein zentrales Charakteristikum der Region wider, nämlich die Gleichzeitigkeit der Verstetigung von Interdependenzen und des Dranges der Staaten zu Unabhängigkeit. Ein Überblick über die Regionalpolitik dreier Staatengruppen gibt Einblick in diese Dynamiken. Russland wird als Akteur beschrieben, der Integration zu seinen Konditionen fordert. Russlands Integrationsstrategien wirken jedoch eher spaltend denn integrativ. Die zentralasiatischen Staaten sowie Armenien und Belarus gehen auf Russlands Integrationsprojekte ein, ohne dabei jedoch ihre Souveränität aufzugeben. Den übrigen Ländern der Region ist eine Orientierung an Europa gemein. Dieser Akteurskonstellation entsprechend führten die regionalen Organisationen bislang nicht zu Integration. Ein Blick auf die Nutzung der regionalen Organisationen zeigt, dass sie dennoch verbindend wirken. Unter Berücksichtigung der russischen Politik im Zuge der Ukrainekrise 2014 sieht der Beitrag die Region mittelfristig von Konflikten und divergierenden Außenpolitiken geprägt.

K. Hoffmann (✉)
Universität St. Gallen, Zürich, Schweiz
E-Mail: katharina.hoffmann@unisg.ch

1 Historisch-konzeptionelle Einordnung

Dieser Beitrag analysiert den geografischen Raum, der Armenien, Aserbaidschan, Belarus, Georgien, Kasachstan, Kirgisien, die Republik Moldau, Russland, die Ukraine, Usbekistan, Tadschikistan und Turkmenistan umfasst. 70 Jahre verband die Sowjetunion diese Staaten. Formal war die Sowjetunion ein föderatives Gebilde. *De facto* steuerte jedoch das zentralistische Machtzentrum Moskau alle gesellschaftspolitischen Bereiche. Auch ihre wirtschaftlichen und militärischen Kapazitäten entwickelte die Sowjetunion in einer Weise, die vor allem dieses Zentrum stärkte (Hanson 2003; Odom 1998). Die Teilrepubliken wurden abhängig von Russland gemacht. Entsprechend war der Zusammenbruch der Sowjetunion 1991 von dem Unabhängigkeitsstreben der Teilrepubliken geleitet. Nach 1991 wird die Zusammengehörigkeit dieses Raumes unterschiedlich bemessen, wie die Vielzahl der gängigen Bezeichnungen zeigt. Der Begriff *Eurasien* verdrängt nur langsam die bisher in Literatur und Politik üblichen Bezeichnungen *postsowjetischer Raum, Neue Unabhängige Staaten* oder *GUS*. Die letztgenannten Begriffe verorten die Gemeinsamkeit der Gesellschaften in der Sowjetvergangenheit oder der Zugehörigkeit zur in dem Raum größten regionalen Organisation, der Gemeinschaft Unabhängiger Staaten (GUS). *Eurasien* dagegen impliziert eine Verbundenheit, die bereits vor der Sowjetunion ihren Ursprung hatte. Russland nutzt diesen Begriff, um regionale Integration zu propagieren. Die Idee einer eurasischen Region wird damit zum Instrument für Russlands Streben, seine Stellung als regionale Großmacht zu konsolidieren. Die Ukraine, die Republik Moldau oder Georgien, die Russlands Integrationspolitik ablehnen, sehen ihre Zuordnung zu Eurasien dagegen kritisch. Ist dieser Raum also noch eine Region oder war er es nur? Ein Blick auf verschiedene Konzepte von *Region* soll diese Frage beantworten.

Sowjetunion (1922–1991)
Sozialistische Sowjetrepubliken (SSR): Armenische SSR, Aserbaidschanische SSR, Belarussische SSR, Estnische SSR, Georgische SSR, Kasachische SSR, Kirgisische SSR, Litauische SSR, Lettische SSR, Moldauische SSR, Russische Föderative SSR, Turkmenische SSR, Ukrainische SSR, Usbekische SSR

Politisches System:
Trotz des formalen Aufbaus als Föderation wurde die Sowjetunion zentralistisch regiert in einer Art Doppelstruktur von staatlichen Institutionen und

Institutionen der Kommunistischen Partei der Sowjetunion (KPdSU). *De facto* überwog die Macht der KPdSU in allen Bereichen. Das oberste Amt der Sowjetunion war das des Generalsekretärs der KPdSU.

Herrschaftsformen:

1. Totalitarismus unter Stalin als Generalsekretär der KPdSU (1927–1953)
2. Autoritarismus unter Chruschtschow, Breshnew, Andropow, Tschernenko als Generalsekretäre der KPdSU (1953–1985)
3. Liberalisierung unter Gorbatschow als Generalsekretär der KPdSU (1985–1991)

Drei verschiedene Definitionen von Region können die Spannung in dem hier behandelten Raum aufzeigen. Aufschlussreich sind Perspektiven auf Region als gesellschaftliche Interdependenzen, als Sicherheitsgemeinschaft und als politisches Projekt. Insbesondere für Autoren des *new regionalism* machen kulturelle Affinität, eine gemeinsame Identität und grenzüberschreitende gesellschaftliche Interaktionen eine Region aus (Marchand et al. 1999). Aus diesem Blickwinkel stellt sich Eurasien als relativ integrierte Region dar. Elemente der Sowjetvergangenheit nähren noch immer transnationale Ströme in Eurasien. Russisch fungiert nach wie vor als *Lingua franca* in der Region. Viele Alltagspraktiken und bürokratische Prozesse in den Gesellschaften gehen auf die Sowjetzeit zurück. Dies fördert eine hohe Mobilität zwischen den Gesellschaften. 2013 ging durchschnittlich 80 % der Migration – zum Großteil temporäre Arbeitsmigration – aus den ehemaligen Sowjetstaaten in die Region.[1] Den Impuls dazu gibt die in vielen Ländern kritische Wirtschaftssituation. Viele Staaten sind abhängig von den Rückzahlungen der Migranten. 2012 machten die monetären Rückzahlungen aus dem postsowjetischen Raum 57 % bis 85 % der gesamten Rückzahlungen der ehemaligen Sowjetrepubliken aus.[2] Diese Ströme verteilen sich jedoch nicht gleichmäßig über die Region. Russland sticht als Zentrum der Migrationsbewegung und der Handelsbeziehungen hervor. Das heutige Gewicht Russlands in der Region entspringt seiner wirtschaftlichen und politischen Macht in der Sowjetunion. Heute ist diese Dominanz ein Faktor, der die Region sowohl spaltet als

---

[1] Daten von www.eas.un.org.
[2] Daten von www.worldbank.org.

auch zusammenhält, wie die Betrachtung Eurasiens als Sicherheitsgemeinschaft und politisches Projekt zeigt.

Eine Sicherheitsgemeinschaft zeichnet sich durch die Abwesenheit von systematischen Kriegsvorbereitungen sowie gegenseitiges Vertrauen und Kooperation aus (Deutsch et al. 1957; Adler und Barnett 1998). Zwar gibt es Kooperation in Eurasien, die Beziehungen einiger Staaten sind jedoch durch Konflikte getrübt. Der Zerfall der Sowjetunion wurde begleitet von Sezessionskonflikten in Aserbaidschan, Georgien, der Republik Moldau und der Ukraine. Vier dieser Konflikte bleiben ungelöst. Einer der Konflikte in Georgien (Südossetien) führte 2008 zu Kampfhandlungen zwischen Russland und Georgien. Russland griff mit der Begründung, die russische Bevölkerung im Ausland zu schützen, militärisch in den Konflikt ein. Seit 2014 gibt es neue Sezessionsbestrebungen in der Ukraine, die von russischer Seite unterstützt werden. Im März 2014 annektierte Russland gar die zur Ukraine gehörige Halbinsel Krim.

Sezessionskonflikte in Eurasien
Nagorno-Karabach (Aserbaidschan)
1991 wurde die Republik Nagorno-Karabach ausgerufen. 1991–1994 wurde ein Krieg um die Region geführt, in den Nagorno-Karabach, Armenien und Aserbaidschan involviert waren. Seit 1994 herrscht ein brüchiger Waffenstillstand. Nagorno-Karabach ist ein *de facto*-Staat, der international nicht anerkannt ist.

Südossetien und Abchasien (Georgien)
1990 wurde die Republik Südossetien und 1992 die Republik Abchasien ausgerufen. 1990–1991 kam es zu Kampfhandlungen in Südossetien und 1992 in Abchasien. Involviert waren Südossetien, Abchasien und Georgien. Seit 1994 herrscht ein brüchiger Waffenstillstand. Beide Gebiete sind *de facto*- Staaten, die nach 2008 von Russland, Nicaragua, Venezuela und Nauru anerkannt wurden.

Transnistrien (Republik Moldau)
1990 wurde die Transnistrische Moldauische Republik ausgerufen. 1992 kam es zu Kampfhandlungen zwischen Transnistrien und der Republik Moldau. Seit 1993 herrscht eine relativ stabile Waffenruhe. Der *de facto*-Staat ist international nicht anerkannt und strebt eine Integration mit Russland an.

Krim (Ukraine)
Anfang der 1990er Jahre forderte eine Sezessionsbewegung die Vereinigung der Krim mit Russland. 1996 wurde dieser Konflikt geschlichtet und die Krim als Autonome Republik in die Ukraine integriert. Im Februar 2014 sind, im Zuge von Auseinandersetzungen zwischen Russland und der Ukraine, russische Truppen in die Krim eingedrungen. Am 6. März fand ein Referendum statt, in dem für den Anschluss der Krim an Russland votiert wurde. Am 18. März annektierte Russland die Krim. Die Russländische Föderation erhielt mit der Krim ein 84. und mit der Stadt Sewastopol ein 85. Föderationssubjekt. Das Referendum und die Annektion sind international nicht anerkannt.

Donezk und Lugansk (Ukraine)
2014 wurden die Volksrepubliken Donezk und Lugansk ausgerufen. Nach Kampfhandlungen zwischen den Separatisten und der Ukraine wurde im Juni 2014 ein brüchiger Waffenstillstand geschlossen.

Dennoch unternimmt Russland Versuche, politische Projekte zur Regionenbildung voranzubringen. Russlands jüngstes Projekt trägt den Titel *Eurasische Integration*. Die russischen Eliten verstehen Eurasien vor allem als Wertegemeinschaft, die alle ehemaligen Sowjetrepubliken vereint. Zentrales Element der eurasischen Wertegemeinschaft ist ihre Abgrenzung zu den europäischen Werten. Ähnlich der Logik des Funktionalismus (Mitrany 1975) gibt Russland an, auch durch formale transnationale Institutionen eine zunächst wirtschaftlich und später politisch integrierte Region schaffen zu wollen. Der formale Integrationsrahmen für dieses Projekt ist die 2015 gegründete Eurasische Wirtschaftsunion (EAWU). Ihr Integrationseffekt ist bisher allerdings begrenzt. Von den zwölf Staaten, die Russland zu Eurasien zählt, gehören bisher nur Russland, Belarus, Kasachstan und Armenien der EAWU an. Kirgisien und Tadschikistan haben Interesse an der EAWU angekündigt. Die anderen Staaten distanzieren sich von dem Projekt. Eine Integration, im Sinne der Verlagerung von Loyalitäten an ein regionales Zentrum mit Entscheidungshoheit über die Staaten (Haas 1961), steht bisher auf wackeligen Beinen. Noch haben die Interessen der Mitglieder eine stärkere Macht als die EAWU. Eurasien ist also weder in eine regionale Organisation integriert noch unterstützt die Mehrheit der Staaten eine eurasische Integration. Wenn dieser Beitrag also von der Region Eurasien spricht, dann mit Verweis auf die geografische Nähe und die transgesellschaftlichen Verbindungen.

2 Entwicklung, Handlungsakteure und Institutionen

Charakteristisch für Eurasien ist also die Parallelität von Konvergenz und Divergenz. Auch in der dritten Dekade nach dem Zusammenbruch der Sowjetunion haben sich die Beziehungen zwischen den ehemaligen Sowjetrepubliken noch nicht stabilisiert. Ursächlich dafür sind fortbestehende Abhängigkeiten und abweichende Vorstellungen von regionaler Zusammenarbeit. Es ist noch immer zentrales Interesse der Staaten, ihre Unabhängigkeit zu konsolidieren. Dazu entwickelten die Staaten Eurasiens divergierende Außenpolitiken, anhand derer sich neben Russland zwei Staatengruppen unterscheiden lassen. Die erste Gruppe mit Armenien, Belarus, Kasachstan, Kirgisien und Tadschikistan orientiert sich an Russland. Die zweite Gruppe mit Aserbaidschan, Georgien, der Republik Moldau, Ukraine, Usbekistan und Turkmenistan strebt eine russlandferne Politik an. Die folgenden Abschnitte sollen die Strategien der Regionalpolitik von Russland und den beiden Staatengruppen verdeutlichen sowie ihre Auswirkung auf die Bildung regionaler Institutionen diskutieren.

Russlands Handeln basiert auf dem Selbstbild von Russland als regionaler Großmacht. Teil dieser Idee ist, dass Russland ehemalige Sowjetrepubliken reintegriert. Wie in der Sowjetunion soll Moskau das Zentrum eines integrierten Eurasiens bilden. Dies beinhaltet, dass Russland die Hoheit über die Art und Tiefe der Integration behält (Torjesen 2008). Dieses Verständnis begleitete bereits die Gründung der GUS. Es prägt aber vor allem die Politik von Vladimir Putin, der seit 1999 als Präsident (2000–2008, seit 2012) beziehungsweise Premier (1999, 2008–2012) das Land regiert. Die wirtschaftlich prekäre Situation der 1990er Jahre, die bis dato für weite Teile der Bevölkerung zu spüren ist, macht die russische Gesellschaft zugänglich für revisionistische Gedanken. Auch mithilfe der staatlich gelenkten Medien verankerte das Regime Putin die Auffassung, es gebühre Russland nach der Demütigung durch den Zerfall der Sowjetunion wieder eine Großmacht zu werden. Dank dieser nun verbreiteten Annahme dient die Außenpolitik Putin als innenpolitisches Machtinstrument. Schritte in Richtung eines wiedererstarkenden Russlands vermögen innenpolitische Konflikte zu dämpfen und die Unterstützung Putins in der Gesellschaft zu stabilisieren. Der wirtschaftliche Mehrwert der Integrationsprojekte ist zunächst zweitrangig. Durch den weltweiten Export fossiler Brennstoffe ist Russland der stärkste Wirtschaftsakteur der Region. Entsprechend wenig attraktiv ist eine gleichberechtigte wirtschaftliche Integration mit den eurasischen Staaten für Russland. Bislang war Russlands Integrationspolitik geprägt von der Idee, die eurasischen Staaten unter russischer Führung zu integrieren. Vor dem Hintergrund der Sowjeterfahrung findet der Ansatz wenig Zuspruch unter den Staaten der Region. Russland nutzt daher seine wirtschaftliche Stärke, um seine Integrationsprojekte durchzusetzen. Zum einen bietet Russland für loyale bilaterale Beziehungen und Unterstützung der von Russland entwickelten regionalen Organisationen Vergünstigungen, zum Beispiel bei Energiehandel und in Rüstungsfragen oder bei staatlichen Kredite. Zum anderen übt Russland wirtschaftlichen Druck aus. Beispielsweise ist der Handel mit der Ukraine, der Republik Moldau und Georgien seit 2006 immer wieder von Blockaden für Lebensmittel unterbrochen.

Die russische Politik hat zur Folge, dass keiner der Staaten Eurasiens die russische Integrationsidee vorbehaltlos unterstützt. Insbesondere Belarus und Kasachstan, aber auch Kirgisien, Armenien und Tadschikistan sind eher loyal (wenn auch nicht unkritisch) gegenüber Russlands bilateraler und multilateraler Politik in der Region. Diese Haltung lässt sich wie folgt erklären. Belarus ist wirtschaftlich von Russland abhängig. Russland ist der einzige Energielieferant und ein wichtiger Exportmarkt. Um die Versorgung der belarussischen Gesellschaft zu gewährleisten, muss Belarus diesen Absatzmarkt erhalten und Vergünstigungen bei den Energielieferungen erreichen. Gleichzeitig gilt es zugunsten der eigenen Elite den Einfluss der russischen Eliten in der belarussischen Wirtschaft und Politik zu begrenzen (Frear 2013). Ähnlich verhält es sich mit Armenien, Kirgisien und Tadschikistan. Diese Länder sind jedoch zudem sicherheitspolitisch abhängig von Russland. Dies betrifft in Armenien die Unterstützung Russlands im Konflikt um Nagorno-Karabach. In Kirgisien und Tadschikistan liegt der Fokus auf der Sicherung der Landesgrenzen und dem Schutz vor Konflikten im Landesinneren. Kasachstan ist ein Außenseiter in der Gruppe, da das Land wirtschaftlich unabhängig ist von Russland. Jedoch macht Kasachstans große russische Minderheit (23 % der Bevölkerung) das Land verwundbar gegenüber Russland. Verwies doch Präsident Putin 2008 auf den Schutz der russischen Bevölkerung, um militärisches Vorgehen in der Region zu rechtfertigen. Ausschlaggebend für Kasachstan, die Idee der eurasischen Integration zu unterstützen, war jedoch vorrangig das eigene Streben nach regionaler Führung in der Region (Abzhaparova 2014). Durch den wirtschaftlichen Aufschwung, der Kasachstan zum Ziel für Arbeitsmigration und zur Quelle von Investitionen in Eurasien werden lässt, ist die regionale Bedeutung des Landes gestiegen (Vinokurov und Libman 2012a). Eine politische Führungsrolle in Eurasien muss Kasachstan sich erst noch schaffen.

Die Maxime dieser fünf Staaten, ihre Unabhängigkeit von Russland nicht zu verlieren oder wie im Falle Kasachstans in Konkurrenz zu Russland zu treten, setzt Russlands Ambitionen der Reintegration Grenzen. Dies zeigt die Entwicklung der

Eurasischen Wirtschaftsunion. 2010 gründeten Russland, Kasachstan und Belarus als Vorläufer der EAWU eine Zollunion. Allerdings blockierte Belarus zunächst deren Gründung für mehrere Monate. Hinter der Blockade stand das Ziel, als Gegenleistung zum Beitritt zur Zollunion von Russland weitgehende Konzessionen im Energiehandel zu erwirken. Auch mit Blick auf den Energiehandel stimmte Belarus nur im letzten Moment der Weiterentwicklung der Zollunion zur EAWU zu. Der belarussische Präsident Alexander Lukaschenko reagierte damit auf Russlands Unwillen, die Energiebeziehungen im Rahmen der EAWU zu regeln. Die Gründung der EAWU zum 1. Januar 2015 wurde dennoch 2014 vertraglich vereinbart. Kasachstan unterstützte die Gründung der Zollunion zwar, stand aber auch einem schnellen Übergang zur EAWU kritisch gegenüber. Anstoß erregt in Kasachstan vor allem Russlands Dominanz bei der Entwicklung der multilateralen Regulierungen und der von Russland angestrebten Erweiterung der EAWU. Armenien unterstützte die EAWU nur auf Druck Russlands. Im Sommer 2013 kam es zu einem plötzlichen Wechsel von einer Orientierung auf das fertig verhandelte Assoziierungsabkommen mit der EU hin zu EAWU Beitrittsverhandlungen. Auch diese Staatengruppe akzeptiert Russlands jüngstes Integrationsvorhaben also nur bedingt.

Der zweiten Staatengruppe, welche die Dynamiken in Eurasien prägt, gehören Aserbaidschan, Georgien, die Republik Moldau, die Ukraine, Usbekistan und Turkmenistan an. Diese Staaten entwickelten zwar verschiedene Außenpolitikstrategien. Ein gemeinsamer Nenner ist aber ihre relative Distanz zur russischen Eurasienpolitik. In allen sechs Staaten gab es Phasen der Annäherung an Russland. Diese waren in Georgien, der Republik Moldau und der Ukraine zumeist durch Regierungswechsel bedingt. In Aserbaidschan, Usbekistan und Turkmenistan waren dagegen eher zeitweilige wirtschaftliche und sicherheitspolitische Instabilitäten ausschlaggebend. Im Unterschied zu der vorher betrachteten Staatengruppe unterstützten diese Staaten auch in Phasen der russlandnahen Politik die russischen Integrationsideen kaum. Aserbaidschan baut dabei auf seine relative wirtschaftliche Unabhängigkeit von Russland. Dank der eigenen Energieressourcen ist für Aserbaidschan wirtschaftlich hauptsächlich der russische Arbeitsmarkt als Ziel temporärer Migration relevant. Allerdings ist Russland ein zentraler Akteur im Nagorno-Karabach-Konflikt, der den Kontrahenten Armenien unterstützt. Dies veranlasst Aserbaidschan seit 1994 zu einer außenpolitischen Linie, die zwar grundsätzlich um positive Beziehungen zu Russland bemüht ist, jedoch auch dezidiert Akzente gegen Russlands Politik in der Region setzt (Cornell 2011). Ein solcher Akzent ist die Gründung der Organisation für Demokratie und Wirtschaftliche Entwicklung (GUAM), die Aserbaidschan anstieß. Ein gemeinsames Auftreten mit Georgien, der Republik Moldau und der Ukraine in der GUAM sollte die Aufmerksamkeit der internationalen Öffentlichkeit auf regionale Instabilitäten lenken, in denen Russland eine provokative Rolle spielt. Dazu zählen die Sezessionskonflikte in Eurasien. Aserbaidschans Engagement in der GUAM kann jedoch nicht als Interesse an regionaler Integration gedeutet werden. Im Vordergrund steht die Unabhängigkeit des Landes. 2014 unternahm Russland eine diplomatische Offensive, um Aserbaidschan zur Mitgliedschaft in der EAWU zu bewegen. Diese Offensive blieb bisher erfolglos. Im Gegensatz zu Aserbaidschan orientieren sich Georgien, die Republik Moldau und Ukraine außenpolitisch an der EU. Im Rahmen der Östlichen Partnerschaftspolitik unterzeichneten sie im Jahr 2014 Assoziierungsabkommen mit der EU. Russland interpretierte diesen Schritt als Provokation und sah darin nicht nur eine Missachtung der russischen Hegemonie in der Region, sondern auch eine Absage an gute nachbarschaftliche Beziehungen. In der Folge hatten die drei Staaten seit Mitte der 2000er Jahre mit Handelsembargos aber auch offenen und verdeckten militärischen Interventionen Russlands zu kämpfen. Da Russland es vermag, deren wirtschaftliche und sicherheitspolitische Stabilität zu gefährden, sind diese Staaten zu einem Taktieren mit Russland gezwungen. Usbekistan und Turkmenistan verfolgen eine weniger provokative Politik in der Region. Zwar trat Usbekistan vorübergehend der GUAM bei, übt sich aber seit 2006 in unauffälliger Distanz zu Russland. In Turkmenistans Politik spielen die regionalen Organisationen in Eurasien keine Rolle.

Die Region prägen also Spannungen, ausgelöst durch Russlands Herrschaftsanspruch, sowie das Taktieren der anderen Staaten zwischen Opportunismus gegenüber Russland und der Suche nach Anbindung an Akteure außerhalb Eurasiens. Diese Spannungen beeinflussen die Herausbildung und Funktion regionaler Organisationen. Die Charakteristika dieser regionalen Organisationen wurden kürzlich als *Holding-Together*-Integration konzipiert (Vinokurov und Libman 2012b). Dieser Begriff beschreibt Integrationsprozesse deren Ziel es ist, bestehende Integration zu erhalten und im Sinne einer gleichberechtigten zwischenstaatlichen Integration umzugestalten. Dieses Konzept hilft, die zahlreichen Neugründungen regionaler Organisation in Eurasien einzuordnen. Seit 1991 wurden elf zwischenstaatliche Organisationen gegründet. Zu den 2015 aktiven Organisationen zählen die bereits erwähnte GUS und die Organisation für Demokratie und Wirtschaftliche Entwicklung mit wirtschaftlichem aber auch sicherheitspolitischem Profil. Rein sicherheitspolitisch agiert die Organisation des Vertrags für Kollektive Sicherheit (OVKS). Ausschließlich wirtschaftspolitisch aktiv sind die

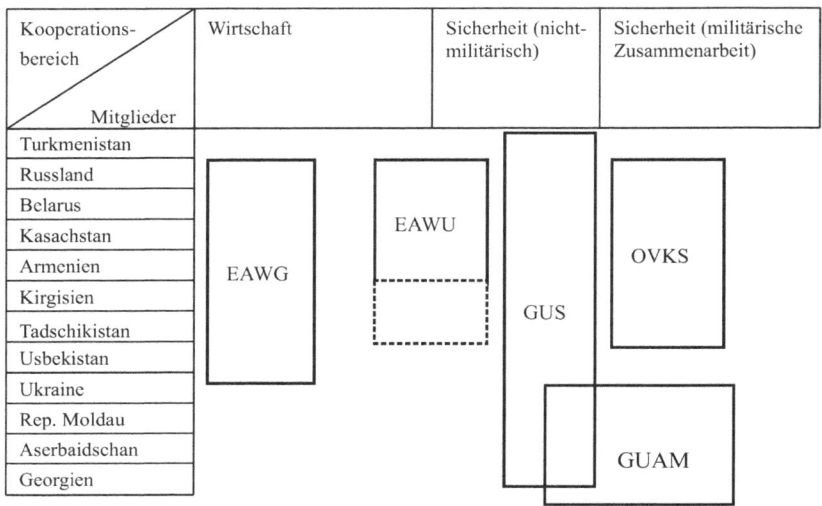

Abb. 1 Regionale Organisationen in Eurasien. (Quelle: Eigene Darstellung)

Eurasische Wirtschaftsgemeinschaft (EAWG) und die Eurasische Wirtschaftsunion (EAWU) (Abb. 1).[3] Die Ursachen für die Proliferation regionaler Organisationen lassen sich aus den zuvor analysierten Strategien der Regionalpolitik der Staaten ableiten. Russland bringt regionale Organisationen voran mit dem Ziel, die eigene Position in der Region zu stärken. Aufgrund der bestehenden Interdependenzen und vor allem Abhängigkeiten zu Russland liegt es zwar im Interesse aller Staaten regionale Kooperation fortzuführen. Keiner der Staaten ist jedoch bereit Russlands Integrationsansatz, der auf der Verstetigung von Abhängigkeiten und russischer Dominanz beruht, zu akzeptieren. Diese Haltung ist unabhängig davon, wie russlandnah ihre Außenpolitik ist. Bislang konnte Russland nur durch die Neugründung von Organisationen, die einen kleineren Kreis an Mitgliedern zusammenbrachten, der gewünschten Integration näher kommen. Die bestehenden

---

[3]Zu den 2015 nicht mehr aktiven Organisationen gehören: Die Zollunion (1997) zwischen Russland, Belarus, Kasachstan, Kirgisien und Tadschikistan; der Gemeinsame Wirtschaftsraum (2000) zwischen Russland, Belarus, Ukraine; die Kaukasus Vier (2000); die Gemeinschaft für Demokratische Wahlen (2005), die Zentralasiatische Kooperationsorganisation (1996–2006), die Zollunion (2010) und der Gemeinsame Wirtschaftsraum der EAWG (2012) gingen 2015 in der EAWU auf.

Organisationen sind aber nicht ohne Funktion für ihre Mitglieder. Das soll anhand der GUS, der OVKS und der EAWU aufgezeigt werden.

Die GUS wurde 1991 im Zuge der Auflösung der Sowjetunion gegründet. Bis 2008 umfasste sie alle hier behandelten Staaten Eurasiens als volle oder assoziierte Mitglieder. 2008 verließ Georgien die GUS. Die Ukraine äußerte 2014 die Absicht, aus der GUS auszutreten. Die Struktur der GUS umfasst drei zentrale Entscheidungsräte, in denen die Präsidenten, Premiers und Außenminister zusammenkommen, und 68 Gremien zur sektorspezifischen Zusammenarbeit. Einer tief gehenden Integration beugten die Mitglieder schon durch die Ablehnung supranationaler Entscheidungsstrukturen vor. Entscheidungen werden in der GUS per Konsens getroffen. Durch die Heterogenität der Interessen der GUS-Mitglieder werden selten bedeutsame Einigungen erzielt. Allerdings bemisst sich die Bedeutung der GUS für ihre Mitglieder nicht an den verabschiedeten Verträgen. Attraktiv sind in erster Linie die sektoralen Gremien. Sie ermöglichen es, die Entwicklungen in den Nachbarstaaten genau zu beobachten. Einige Staaten beabsichtigen, durch die Verbreitung von *best practice*-Strategien die Politiken der Nachbarstaaten zu beeinflussen. Gelingt dies nicht, so können die Staaten frühzeitig eigene Strategien in Reaktion auf relevante Entwicklungen in der Region entwickeln. Im Rahmen der Gremien können sich zudem Netzwerke zwischen den Beamten der verschiedenen Staaten entwickeln, welche die bürokratischen Barrieren der zwischenstaatlichen Kooperation überwinden und damit die Effizienz der Zusammenarbeit steigern können. Die relevanten Abkommen werden bilateral und nicht im Rahmen der GUS geschlossen. Bei bilateralen Verhandlungen mit Russland sehen sich fast alle Staaten dem Übergewicht Russlands ausgesetzt.[4] Verhandlungen im Rahmen der GUS erlauben es den Mitgliedern strategische Koalitionen zu bilden, die ihr Verhandlungsgewicht gegenüber Russland erhöhen. Werden dadurch Konzessionen von Russland erreicht, bemühen sich die Mitglieder mit Verweis auf die GUS-Verhandlungen diese Konzessionen in bilaterale Abkommen zu übertragen. Die GUS hat also keine integrative Wirkung, trägt aber zur Zusammenarbeit in der Region bei. Vereinzelt vermag sie es, die Position einzelner Staaten gegenüber Russland zu verbessern.

Die OVKS (auch: CSTO) wurde 2002 von Russland, Armenien, Belarus, Kasachstan, Kirgisien und Tadschikistan gegründet. Sie basiert auf dem 1992 geschlossenen Vertrag über Kollektive Sicherheit. Oberstes Entscheidungsgremium der OVKS ist der Rat für Kollektive Sicherheit, in dem die Präsidenten

---

[4]Interview der Autorin mit Mitarbeitern der Außen- und Wirtschaftsministerien in Aserbaidschan und der Ukraine in den Jahren 2010–2012.

zusammenkommen. Zudem gibt es konsultative Gremien auf Ministerebene. Der Fokus lag zunächst auf der Verteidigung gegen externe Aggressionen. Entsprechend sieht der Vertrag über Kollektive Sicherheit auch ein Verteidigungsbündnis im Falle des Angriffs eines Mitgliedes vor. Heute konzentriert sich die OVKS dagegen auf Probleme wie internationaler Terrorismus oder Drogenhandel. In der Praxis bestimmen drei Ziele die Prozesse in der OVKS. Vor allem Russland möchte die Organisation als Gegengewicht zur North Atlantic Treaty Organization (NATO) aufbauen. Die Hoffnung auf Anerkennung als regionaler Sicherheitsakteur von internationalen Akteuren wie den Vereinten Nationen (VN) und der NATO leitete die Hinwendung zu den genannten Themen globaler Sicherheit. Die Mitglieder erhoffen sich im Rahmen der OVKS auch militärischen Schutz von Russland in Situationen innenpolitischer Instabilitäten. Derartige Risiken werden von den Mitgliedern oft unter dem Thema terroristische Aktivitäten behandelt. Die OVKS verfügt über gemeinsame Eingreiftruppen, die allerdings vorrangig von Russland gestellt werden. Eine innenpolitische Krise in Kirgisien 2010 zeigte den Mitgliedern jedoch, dass die OVKS in solchen Fällen keinen verlässlichen Schutz bietet. Die Bitte Kirgisiens um Unterstützung wurde von der OVKS negativ beantwortet. Die OVKS hat sich damit bisher nicht als multilateraler Sicherheitsakteur in Eurasien etabliert (Hoffmann 2013).

Seit 2010 nimmt das Vehikel der eurasischen Integration – die Zollunion und der Gemeinsame Wirtschaftsraum, aus denen 2015 die EAWU entstand – Form an. Mit dieser rasanten Entwicklung zeigt dieses Format, zunächst bestehend aus Russland, Kasachstan und Belarus, eine zuvor in Eurasien nicht beobachtete Tiefe von Integration. Dabei sollte jedoch beachtet werden, dass der Übergang zur EAWU nicht die logische Konsequenz aus der umgesetzten Integration war, sondern ein vorrangig politischer Entschluss. Die EAWU zeichnet sich durch ihr supranationales Organ aus, die Eurasische Wirtschaftskommission, deren Entscheidungen bindend sind. Zudem haben die Abkommen der EAWU stärkeren praktischen Effekt als die Abkommen anderer Organisationen der Region. Sie führten beispielsweise zu einer Aufhebung der Grenz- und Zollkontrollen zwischen Russland, Belarus und Kasachstan.[5] Die Staaten nutzen die Wirtschaftskommission aktiv für Klärungen in den Handelsregulierungen (Dragneva und Wolczuk 2013). Dies ist jedoch nicht unbedingt ein Zeichen für die Bereitschaft der Staaten sich dem supranationalen Regime unterzuordnen. Belarus versucht durch die EAWU in erster Linie politisches Gewicht gegenüber Russland zu gewinnen. Es nutzt die Institutionen der

---

[5]Belarus hat allerdings die Kontrollen an der Grenze zu Russland im Dezember 2014 wieder aufgenommen.

EAWU, um (zum Teil erfolgreich) gegen Verletzungen der Handelsbestimmungen von russischer Seite vorzugehen. Gleichzeitig versucht Belarus ungünstige Regulierungen zu umgehen, indem es Ratifizierungen verschleppt oder Gesetzestexte uminterpretiert (Frear 2013). Wie bereits angedeutet waren für Kasachstan die regionalpolitischen Ambitionen ausschlaggebend für das Engagement in der EAWU. Wirtschaftlich verzeichnet das Land nach dem EAWU-Beitritt viele negative Effekte, wie die Anhebung der Konsumgüterpreise. Dies schürt Unzufriedenheit in der Gesellschaft, welche wiederum die Unterordnung unter das Regime der EAWU erschwert (Kassenova 2013). Wie Armenien in der EAWU agieren wird, bleibt abzuwarten. Die Tatsache, dass das wichtigste Entscheidungsgremium der EAWU per Konsens entscheidet, birgt das Risiko, dass kaum eine Einigung erzielt werden kann (Popescu 2014). Auch im Rahmen der EAWU ist die Integration bisher eher Versprechen als Realität. Ob es dieses Versprechen einlöst, wird nicht zuletzt dadurch bestimmt werden, ob sich die Mitgliedstaaten (inklusive Russland) dem supranationalen Regime beugen.

3 Aktuelle politische Trends

Die beschriebenen Spannungen um die Gestaltung der bilateralen und multilateralen Beziehungen in Eurasien haben sich seit 2010 massiv verschärft. Die neuen Instabilitäten gehen zurück auf Russlands Interpretation von und Reaktion auf die bereits erörterte Hinwendung einiger Staaten zu EU und NATO. Daher wird sich die Diskussion der aktuellen politischen Trends auf Russland konzentrieren. Russlands regionale Aktivitäten in den letzten fünf Jahren lassen sich als erneuten Kraftakt zur Gestaltung Eurasiens nach russischem Duktus beschreiben. Die Mittel sind dabei ungleich repressiver als in den Jahren zuvor. Parallel und in Abgrenzung zu der intensivierten Assoziierungspolitik der EU gegenüber Armenien, Georgien, der Republik Moldau und der Ukraine entwickelte Moskau seinen neuen Ansatz eurasischer Integration. Zu diesem gehört zum einen die Eurasische Wirtschaftsunion, die als attraktive Alternative zur Integration mit der EU wirken sollte. Mehr als bei den vorherigen Integrationsprojekten bemühte sich Russland, einen tatsächlich handlungsfähigen multilateralen Akteur aufzubauen. Dies geschah, wie vorab ausgeführt, durch ein Zusammenspiel von wirtschaftlichen Anreizen und politischem Druck von russischer Seite. Förderlich war auch, dass Russland erstmalig bereit war, sich dem supranationalen Regime einer Organisation wenigstens teilweise unterzuordnen. Analysten begegnen den auf dem Weg zur EAWU gegründeten Organisationen mit der eher erstaunten Feststellung, dass sich nun neben den Assoziierungsregimen der EU auch andere „Spielregeln" der Integration entwickelt haben (Dragneva und Wolczuk 2012). Dennoch weckte die EAWU nicht das von Russland gewünschte Interesse. Besonderer Stein des Anstoßes war die Ukraine, die trotz ihres russlandnahen Präsidenten Viktor Janukowitsch (2010–2014) eine EU-Assoziierung nicht gegen den eurasischen Weg eintauschen wollte. Russland setzte daraufhin die ukrainische Regierung ebenso wie die Regierung Armeniens mit wirtschaftlichen und sicherheitspolitischen Mitteln unter Druck. In Armenien führte dies zwar zu einer Umorientierung hin zur EAWU, die auch in der Bevölkerung akzeptiert wurde. Die ukrainische Bevölkerung reagierte dagegen mit scharfen Protesten auf den Versuch des ukrainischen Staatspräsidenten Wiktor Janukowitsch die EU-Assoziierung aufzugeben. Es kam im Herbst 2013 zu teilweise gewalttätigen Auseinandersetzungen zwischen der Bevölkerung und der Regierung, die Anfang 2014 zur Absetzung Janukowitschs führten. Mit dem Ziel, die weitere EU-Annäherung der Ukraine zu verhindern, verschärfte Russland seinen Tonfall gegenüber der Ukraine, aber auch gegenüber der internationalen Gemeinschaft. Im März 2014 annektierte Russland die ukrainische Halbinsel Krim, womit es die territoriale Integrität eines Staats in der Region infrage stellte. Seither unterstützt Russland separatistische Gruppierungen in der Ostukraine, die die Ukraine weiter destabilisieren. Russlands Handeln richtet sich dabei an die Staaten Eurasiens. Ihnen wird gezeigt, was sie mit einer Politik gegen russische Interessen riskieren. Präsident Putin wies sogar seinen kasachischen Amtskollegen und Partner in der EAWU darauf hin, dass eine stabile Staatlichkeit in Kasachstan keine Selbstverständlichkeit sei. Die Botschaft an die Akteure der EU und NATO ist, Russlands Vorstellungen über das russische Einflussgebiet zu akzeptieren, wenn sie Krieg in Europa vermeiden wollen.

Der Beitrag fragte nach dem regionalen Zusammenhalt Eurasiens. Er stellte die folgenden Aspekte als charakteristisch für die Beziehungen zwischen den Staaten dieser Region heraus. Sowohl kulturelle Gemeinsamkeiten als auch wirtschaftliche Interdependenzen und Abhängigkeiten verbinden die Gesellschaften. Dies führt zu einer hohen transgesellschaftlichen Mobilität. Vor diesem Hintergrund entwickelte sich auch ein gewisser Grad an zwischenstaatlicher Zusammenarbeit. Der ist allerdings stark geprägt von der bilateralen und multilateralen Dimension der Eurasienpolitik Russlands. Vor diesem Hintergrund ist es ohne Zweifel notwendig, Eurasien als Region zu fassen und die regionalen Dynamiken bei der Analyse der Staaten dieses Raumes zu berücksichtigen.

Die genannten Elemente wirken jedoch nicht nur förderlich für den regionalen Zusammenhalt sondern schüren auch Konflikte, die vermehrt militärische Auswirkungen haben. Seit dem Frühjahr 2014 dominieren die sich zuspitzenden Konflikte zwischen den Staaten Eurasiens und Russland das Bild der Region.

Russlands Eingreifen in die innerstaatlichen Angelegenheiten der Ukraine löst selbst bei den Staaten, die Russland bisher nahestanden, Skepsis hinsichtlich der künftigen Zusammenarbeit mit Russland aus. Auf zwischenstaatlicher Ebene gibt es daher derzeit wenig Anzeichen für Konvergenzen. Einziges Zeichen integrativer Prozesse ist die Bildung der Eurasischen Wirtschaftsunion. Die EAWU und ihre Vorgänger (Zollunion und Gemeinsamer Wirtschaftsraum) wirkten seit 2010 in der Tat in einigen Bereichen integrierend auf die wirtschaftlichen Beziehungen zwischen den Mitgliedern. Dennoch bleibt die Organisation in erster Linie ein politisches Projekt und damit abhängig von dem politischen Willen der Mitglieder. Zwei Faktoren könnten sich in Zukunft negativ auf die Unterstützung der EAWU auswirken. Erstens war es Russlands zentrales Ziel, die Ukraine zu einem EAWU-Beitritt zu bewegen. Wird dies nicht geschehen, könnte die EAWU für Russland an Attraktivität verlieren. Zweitens könnte Russlands aggressives Agieren in der Ukrainekrise die Bereitschaft der EAWU-Mitglieder zu Kooperation mit Russland verringern. Die EAWU würde damit zu einer Fassade ohne politische Macht. Die Zukunft der EAWU sowie die generelle Stabilität Eurasiens hängen daher von der Weiterentwicklung des Ukrainekonfliktes ab. Wird der Konflikt gelöst, kann dies zu einer Veränderung der Abhängigkeitsbeziehungen in der Region führen. Dies würde die Karten in der Region neu mischen und zu einer neuen Ausgangslage für die Beziehungen in der Region führen. Entsteht aus der Krise ein weiterer „gefrorener" Konflikt, wird vor allem Instabilität die Region prägen.

Basisliteratur

Dragneva, Rilka, und Kataryna Wolczuk. Hrsg. 2013. *Eurasian economic integration. Law, policy and politics*. Cheltenham: Elgar. *Der Sammelband von Dragneva und Wolczuk analysiert die Dynamiken der Eurasischen Wirtschaftsunion aus der wirtschaftlichen und politischen Perspektive der Mitgliedsstaaten.*
Vinokurov, Evgeny, und Alexander Libman. 2012. *Holding-together regionalism: Twenty years of post-Soviet integration*. New York: Palgrave Macmillan.
Vinokurov, Evgeny, und Alexander Libman. 2012. *Eurasian integration. Challenges of transcontinental integration*. New York: Palgrave Macmillan. *Die Bücher von Vinokurov und Libman beschäftigen sich zum einen mit formalen Integrationsprozessen in Eurasien in Form der regionalen Organisationen. Zum anderen diskutieren sie Integrationsprozesse, die ohne einen formalen Rahmen durch transgesellschaftliche Beziehungen stattfinden. Sie bieten für die Integration in Eurasien einen analytischen Rahmen jenseits der klassischen Integrationstheorien.*

Webseiten

Eurasische Wirtschaftsgemeinschaft: www.evrazes.com.
Eurasische Wirtschaftskommission: www.eurasiancommission.org.
Gemeinschaft Unabhängiger Staaten: www.cis.minsk.by.
Organisation des Vertrags über Kollektive Sicherheit: www.odkb-csto.org.
Organisation für Demokratie und Wirtschaftliche Entwicklung: www.guam-organization.org.
Zollunion und Gemeinsamer Wirtschaftsraum der Eurasischen Wirtschaftsgemeinschaft: www.evrazes.com/customunion.

Verwendete Literatur

Abzhaparova, Aida. 2014. Kazakhstan and its practices of integration: (Re)considering the case of the Eurasian Economic Union. *Russian Analytical Digest* 146:15–17.
Adler, Emanuel, und Michael Barnett, Hrsg. 1998. *Security communities*. Cambridge: Cambridge University Press.
Cornell, Savante E. 2011. *Azerbaijan since independence*. London: Sharpe.
Deutsch, Karl W., Sidney A. Burrell, Robert A. Kann, Maurice Lee Jr., Martin Lichterman, Raymond E. Lindgren, Francis L. Loewenheim, und Richard W. Van Wagenen. 1957. *Political community and the North Atlantic area. International organization in the light of historical experience*. Princeton: Princeton University Press.
Dragneva, Rilka, und Kataryna Wolczuk. 2012. *Russia, the Eurasian Customs Union and the EU: Cooperation, stagnation or rivalry?* Russia and Eurasia Programme Briefing Paper 1, 1–16. London: Chatam House.
Dragneva, Rilka, und Kataryna Wolczuk. 2013. The Eurasian Customs Union: Framing the analysis. In *Eurasian economic integration* Hrsg. Rilka Dragneva und Kataryna Wolczuk, 1–12. Cheltenham: Elgar.
Frear, Maththew. 2013. Belarus: Player and pawn in the integration game. In *Eurasian economic integration,* Hrsg. Rilka Dragneva und Kataryna Wolczuk, 119–138. Cheltenham: Elgar.
Haas, Ernst B. 1961. International integration: The European and the universal process. *International Organisation* 15 (3): 366–392.
Hanson, Philip. 2003. *The rise and fall of the Soviet economy. An economic history of the USSR from 1945*. London: Pearson.
Hoffmann, Katharina. 2013. The collective security treaty organization: A multilateral response to new security challenges? In *Regional organisations and security: Conceptions and practice,* Hrsg. Stephen Aris und Andreas Wenger, 161–179. London: Routledge.
Kassenova, Nargis. 2013. Kazakhstan and Eurasian integration: Quick start, mixed results and uncertain future. In *Eurasian economic integration,* Hrsg. Rilka Dragneva und Kataryna Wolczuk, 139–160. Cheltenham: Elgar.
Marchand, Marianne H., Morten Boas, und Timothy M. Shaw. 1999. The political economy of new regionalism. *Third World Quarterly* 20 (5): 897–910.
Mitrany, David. 1975. *The functional theory of politics*. New York: St. Martin's Press.
Odom, William E. 1998. *The collapse of the Soviet military*. New Haven: Yale University Press.

Popescu, N. 2014. *Eurasian Union: The real, the imaginary and the likely*. Chaillot Paper 132. Paris: EU Institute for Security Studies.
Torjesen, Stina. 2008. Russia, the CIS and EEC. Finally getting it right. *The multilateral dimension in Russian foreign policy*, Hrsg. Elena Wilson Rowe und Stina Torjesen, 153–162. London: Routledge.
Vinokurov, E., und A. Libman. 2012a. Regional integration trends in the post-Soviet space. *Problems of Economic Transition* 53 (12): 43–58.
Vinokurov, Evgeny, und Alexander Libman. 2012b. *Holding-together regionalism: Twenty years of post-Soviet integration*. New York: Palgrave Macmillan.

Über die Autorin

Dr. Katharina Hoffmann ist Forschungsassistentin am Center für Governance und Kultur in Europa an der Universität St. Gallen (Schweiz).

Naher und Mittlerer Osten

Stephan Stetter

Zusammenfassung

Der vorliegende Beitrag führt in zentrale Themen der Analyse von Macht, Konflikt und Herrschaft in Bezug auf die Region des Nahen und Mittleren Ostens ein. Er stellt insbesondere Bezüge zu Debatten über nahöstliche Politik in den Internationalen Beziehungen, den *area studies,* sowie der Historischen und Politischen Soziologie her. Der Beitrag diskutiert in einem ersten Schritt zentrale regionale politische Entwicklungen. Aufbauend auf der Betonung von Pfadabhängigkeiten, die sich durch die Einbettung des Nahen und Mittleren Ostens in globale politische, kulturelle und ökonomische Strukturen im 19. Jahrhundert, der Hochzeit des europäischen Kolonialismus, ergeben, werden vier grundlegende Dynamiken hervorgehoben: die strukturell *globale* Einbettung des Nahen und Mittleren Ostens, eine Tendenz zur Antagonisierung politischer Identitäten, die identitätsstiftende Bedeutung der Dekolonialisierung und staatlicher Selbstbestimmung (postkolonialer Gesellschaftsvertrag) sowie die nicht zuletzt im Kontext der Arabischen Umbrüche sichtbar werdende zunehmende Fragilität dieses postkolonialen Gesellschaftsvertrages. Hieran schließt eine Analyse wichtiger Akteure und Normen im Nahen und Mittleren Osten an. Mit Blick auf Akteure werden Staaten, Internationale Organisationen und gesellschaftliche/nichtstaatliche Akteure beschrieben, wobei sowohl regionale als auch extraregionale Akteure konstitutiv für das politische

---

S. Stetter (✉)
Universität der Bundeswehr München, Neubiberg, Deutschland
E-Mail: stephan.stetter@unibw.de

System des Nahen und Mittleren Ostens sind. Mit Blick auf Normen wird in Anlehnung an das Konzept der Primärinstitutionen in der Englischen Schule auf vier Spannungsverhältnisse zwischen Normen verwiesen: Souveränität vs. Großmächtepolitik; (Post-)Kolonialismus und Nationalismus vs. Souveränität; globale vs. lokale ökonomische Dynamiken mit Blick auf deren Bezug zu Herrschaftssicherung sowie individuelle vs. kollektive Wertvorstellungen.

1 Einleitung

Der Nahe und Mittlere Osten (NMO) genießt im Vergleich der Weltregionen bei vielen Beobachtern den wenig schmeichelhaften Ruf, eine ewige Konfliktregion zu sein. Ein Raum der Unsicherheit, in dem seit jeher unvereinbare ethno-nationale, religiös-konfessionelle und kulturelle Identitäten und Interessen aufeinanderprallen. In globalen Konfliktrankings sind die vielfältigen trans- und internationalen Gewaltkonflikte im NMO – wie unter anderem in Irak und Jemen, in Israel/Palästina, den kurdischen Gebiete, in Libanon, Libyen, dem Sinai, Syrien oder Marokko/Westsahara – zuverlässig auf den vorderen Plätzen zu finden. Ähnlich stark ausgeprägt sind Berichte von Nichtregierungsorganisationen (NGOs) zur Persistenz autoritärer Herrschaft und schwerer Menschenrechtsverletzungen, etwa in Ägypten, Iran oder Saudi-Arabien. So verwundert es wenig, dass es in den Internationalen Beziehungen (IB) einen breiten Konsens zwischen sich ansonsten diametral gegenüberstehende Theorieschulen wie dem Sozialkonstruktivismus und dem Realismus darüber gibt, dass der NMO eine Region „buffeted by conflict and war" (Fawcett 2013, S. 1) sei. Der Sozialkonstruktivismus sieht den Grund hierfür in scharfen identitären Abgrenzungen zwischen Selbst und Anderen innerhalb und zwischen Staaten, während der Realismus und andere positivistische Theorien auf fehlende regionale Sicherheitsarrangements und hiermit zusammenhängende Sicherheitsdilemmata verweisen, die eine Spirale von Aufrüstung, Abschreckung und (Selbst-) Verteidigung in Gang setzen.

Insbesondere vonseiten der Regionalwissenschaften *(area studies)* sowie von historisch-soziologischen und postkolonialen Ansätzen erfolgt Widerspruch zu dieser Wahrnehmung des NMO als ewiger Konfliktregion. Immerhin einer Region, die seit mehr als 5000 Jahren Staatlichkeit, Diplomatie sowie intensive politische und ökonomische Interdependenzen kennt und somit nicht nur durch die in dieser Region zu verortenden „Erfindung" des Alphabets oder des

Monotheismus – sowie des Biers, der Stadt, der Gitarre oder des Rades – eines der wichtigsten Zentren der menschlichen Zivilisationsgeschichte ist. Die historische und politische Soziologie verweist neben regionalen Konfliktdynamiken auch auf die vielfältigen regionsspezifischen Formen der Kooperation, Koexistenz und Konflikteinhegung, wie den aus dem osmanischen Millet-Prinzip hervorgegangen rechtlichen Formen des Zusammenlebens zwischen gesellschaftlichen Gruppen in vielen Staaten des NMO. Auch die zwischenstaatlichen und globalen Bezüge des NMO sind mitnichten nur von Konflikten geprägt, global kulminierend im „War on Terror". Es gibt zahlreiche informelle Formen der Kooperation, etwa schon Jahrzehnte vor dem Friedensvertrag von 1994 zwischen Israel und Jordanien. Auch der globale Rohstoffhandel und die Institutionalisierung von Kooperation, etwa im Rahmen der Organisation Erdöl exportierender Länder (OPEC), wäre ohne eine zumindest partiell erfolgreiche Immunisierung gegen solche Konfliktlagen kaum denkbar.

Postkoloniale Theorien verweisen unter Rückgriff auf die bahnbrechenden Arbeiten Edward Saids (1979) auf viele Formen der „Orientalisierung" des NMO. So werden einflussreiche theoretische Ansätze in den IB und den Regionalwissenschaften über den NMO in der Regel nicht nur von westlichen Autorinnen und Autoren und/oder an westlichen Universitäten verfasst. Sie reifizieren häufig auch stereotype Bilder eines angeblich despotischen und gefährlichen Nahen Ostens (AlMaghlouth et al. 2015). Traditionellen Ansätzen in den IB und den Regionalwissenschaften wird in diesem Zusammenhang oft zu Recht ein „Eurozentrismus" vorgeworfen (Hobson 2012), etwa mit Blick auf eine zu starke Betonung westlich imprägnierter Leitkonzepte wie Liberalität, Staat, Governance, Demokratie, Marktwirtschaft oder Entwicklung und eine zu geringe Beachtung „lokaler" Perspektiven, vor allem nichtstaatlicher und subalterner Akteure. Ein weiterer Kritikpunkt ist, dass die Bedeutung globaler Herrschaftsverhältnisse und externer, westlicher Interventionen als Erklärungsfaktor der hohen Konfliktintensität im NMO tendenziell unter- und regionale Pathologien überbetont werden. Es ist zentrales Verdienst postkolonialer Theorien in der Nahostforschung – etwa im Rahmen der kritischen Sicherheitsforschung oder feministischer Theorien – für diese Problematiken sensibilisiert zu haben und alternative Analysekonzepte bereit zu stellen, die solche Blindstellen der Forschung zu überwinden helfen.

Es ist aber nicht das Ziel des vorliegenden Beitrags eine Diskussion zu unterschiedlichen theoretischen Herangehensweisen zum NMO zu führen (Fawcett 2013). Dies habe ich an anderer Stelle insbesondere unter Rekurs auf Theorien der Weltgesellschaft in der historischen und politischen Soziologie vorgenommen (Stetter 2008).

Der vorliegende Beitrag will im Sinne einer grundlegenden Einführung – und aufbauend auf der hier angestoßenen Sensibilisierung für konzeptionelle Fallstricke – vielmehr in einem ersten Schritt zentrale regionale politische Entwicklungen (Abschn. 2) vorstellen und anschließend auf wichtige Akteure und Normen (Abschn. 3) eingehen.

2 Zentrale Entwicklungen

Der Begriff „Naher Osten" ist heute integraler Bestandteil nicht nur europäischer, sondern auch nahöstlicher Sprachen wie Arabisch *(sharq al-awsat)*, Hebräisch *(mizrach ha-tichon)*, Kurdisch *(rojhilata navin)* Persisch *(jawar milna)* sowie Türkisch *(orta doğu)*. Dies ist insoweit bemerkenswert, als die zuerst in der englischen Sprache aufgetretene Wortschöpfung *middle east* eine externe „semantische Intervention" aus dem Zeitalter des Kolonialismus darstellt. Valbjörn (2015) verweist auf die wohl erstmalige Verwendung des Begriffs *middle east* durch einen britischen Offiziellen im Jahre 1900, der so auf die geografische Region zwischen dem britischen Empire und dessen „Kronjuwel" Indien Bezug nahm. Der Eigenname *Middle East* popularisierte sich schnell. Er war bereits um 1902 in der Region und weltweit verbreitet und ist heute, auch nach Ende des britischen Weltreiches und der erfolgreichen indischen Unabhängigkeit, die geläufige Bezeichnung für den Raum zwischen östlichem und südlichem Mittelmeer, dem Arabischen Meer, dem Hindukusch und dem Kaukasus.

Die Pointe des Begriffs des „Nahen Ostens" ist, dass er so implizit auf die doppelte Einbettung der Region in globale Strukturen einerseits und (ungleiche) Herrschaftszusammenhänge andererseits verweist, unabhängig von den genauen Grenzen, die in unterschiedlichen Analysen territorial gezogen werden. Die Rede vom „Nahen Osten" ist einerseits Beleg dafür, dass Regionen in der modernen Weltgesellschaft räumlich begrenzt sind, denn die Rede von Region setzt immer schon voraus, dass es auch andere Räume gibt, die sinnvoll als Region bezeichnet werden können. Aus dieser begrenzten Perspektive umfasst der Nahe Osten diejenigen Territorien, die im 19. Jahrhundert Teil des Osmanischen sowie des Persischen Reiches waren oder zumindest zu den Ausläufern deren Einflussgebiete gehörten (wie etwa Marokko) und aufgrund der relativen Schwäche beider Reiche im Verhältnis zu den europäischen Großmächten zunehmend unter Einfluss dieser externen Akteure kamen. Der gegenwärtige NMO kann hieran anschließend als zugleich postosmanischer/postpersischer und postkolonialer Raum begriffen werden, der heute im Wesentlichen die in der Arabischen Liga (AL) organisierten arabischen Staaten, Iran, Israel und die Türkei umfasst. Die Theorie regionaler

Sicherheitskomplexe (RSCT) von Buzan und Wæver (2004) ergänzt diese historische Betrachtungsweise durch die Fokussierung auf politische Interdependenzen im Kontext von Versicherheitlichungsprozessen. Nach der RSCT konstituiert sich eine Region dann, wenn sich separate Versicherheitlichungsprozesse räumlich verdichten, also wenn sicherheitspolitische Sprechakte eines Akteurs in einem engen rekursiven Verhältnis zu ähnlichen Sprechakten anderer Akteure stehen. Solche Sicherheitsinterdependenzen haben zwar immer extra-regionale Bezüge, aber es ist eine empirisch belastbare Beobachtung, dass sich Versicherheitlichungsprozesse regional verdichten und es aus politikwissenschaftlicher Perspektive gerechtfertigt ist, vom NMO als einer Region zu sprechen. Mit der partiellen Ausnahme der Türkei, die bei Buzan und Wæver als Pufferstaat zwischen dem Nahen Osten und Europa konzipiert wird, deckt sich die territoriale Definition des NMO in der RSCT mit der postosmanisch/postpersischen beziehungsweise postkolonialen Perspektive.

Andererseits sind Regionen durch ihre globalen Bezüge immer auch entgrenzt. Der NMO ist eng in globale wirtschaftliche, politische und kulturelle Bezüge eingebunden. Abu Dhabi als Urlaubsdestination und zentrales Drehkreuz des weltweiten Flugverkehrs sowie als Standort von Universitäten, Museen und Sportereignissen – die Fußballweltmeisterschaft 2020 findet im benachbarten Katar statt – sind Belege für diese Einbettung in globale Strukturen. Diese zeigt sich auch mit Blick auf die oben angesprochenen Versicherheitlichungsprozesse. So etwa im Kontext der Relevanz externer Akteure für regionale (Un-)Sicherheit, beispielsweise der VN, der USA, Russlands, Chinas, der EU oder vieler Nichtregierungsorganisationen (NGO) und multinationaler Konzerne (MNC), die politische und wirtschaftliche Entwicklungen in der Region zu beeinflussen versuchen. Die globale Einbettung des NMO zeigt sich spiegelbildlich auch im Versuch regionaler Akteure auf globaler Ebene politisch Einfluss auszuüben, beispielsweise im Rahmen der intensiven Versuche Israels und Palästinas außerhalb der Region politische und zivilgesellschaftliche Netzwerke zu mobilisieren, sei es in der Generalversammlung der VN oder dem Internationalen Strafgerichtshof (ICC), dem US-amerikanischen Kongress oder bei kirchlichen und politischen Verbänden sowie Diasporagemeinschaften.

Das „Middle Eastern regional system" (Noble 2010) umfasst aus politikwissenschaftlicher Perspektive somit die Gesamtheit der regionalen und extra-regionalen Versicherheitlichungsprozesse – und bisweilen Entsicherheitlichungsprozesse – die Interdependenzen zwischen Akteuren herstellen, den NMO als geopolitischen Raum konstruieren und bestimmte politische Handlungen mit Blick auf diesen Raum legitimieren oder delegitimieren. Die Bezeichnung des „Nahen Ostens" – sowie von Ereignissen, Personen, Akteuren oder Orten in der Region – ist somit immer eine sprachliche Konstruktion sozialer Wirklichkeit, mit der bestimmte Bilder des Nahen Ostens evoziert und Handlungen (de-) legitimiert werden und die sich in grundsätzlich globalen – und oft umstrittenen – Interaktionen und Diskursen vollzieht. Der Nahe Osten ist mit anderen Worten „whenever and wherever it is communicated" (Stetter 2008, S. 21).

Hierauf aufbauend lassen sich vier zentrale Dimensionen identifizieren, auf denen die gegenwärtige politische Ordnung der Region basiert (vgl. Beck et al. 2009; Jünemann und Zorob 2013). Dies ist 1) die Einbettung des NMO in globale politische Strukturen, die sich insbesondere seit dem 19. Jahrhundert beobachten lässt, also der Zeit in der das Osmanische und Persische Reich einem langsamen „imperial collapse" (Lawson 2006) unterlagen und unter zunehmenden Einfluss der nicht minder imperialen europäischen Kolonialmächte, insbesondere von Frankreich, Großbritannien und Russland – und in geringerem Ausmaße von Deutschland, Italien, Österreich-Ungarn und Spanien – kamen. Bedingt durch tatsächliche oder vermeintliche westliche Einflussnahmen, etwa der Privilegierung spezifischer Bevölkerungsgruppen im NMO oder der aufgezwungenen Einschränkung der Souveränität des Osmanischen und Persischen Reiches im Rahmen sogenannter „Kapitulationen", mit denen sich europäische Diplomaten, Unternehmer und andere Personengruppen Immunität und autonome Rechte garantieren ließen, wurden in diesem Zeitalter antiwestliche Ressentiments in der Region einerseits sowie negative Stereotypen gegenüber dem „Orient" im Westen andererseits geformt, die bis heute ein wesentliches Substrat der Beziehungen zwischen dem NMO und dem „Westen" bilden.

Hierdurch begründete sich 2) die bis heute zu beobachtende Antagonisierung politischer Identitäten im Kontext nahöstlicher Politik und zwar sowohl innerhalb der Region als auch in ihren globalen Bezügen. Auf soziostruktureller Ebene geht diese Antagonisierung von Identitäten mit hochgradig ungleich verteilten, gruppenbezogenen Teilhabemöglichkeiten in verschiedenen gesellschaftlichen Sektoren einher, zum Beispiel mit Blick auf Teilhabechancen in Politik, Militär, Wirtschaft, Recht, Bildung oder Gesundheit, sprich: ausgeprägter Formen der Exklusion und Inklusion auf Grundlage von Gruppenzugehörigkeit. Im Rahmen politischer Auseinandersetzungen ist die zentrale Konsequenz hieraus ein weit verbreiteter Glaube daran, dass Macht wie in einem Nullsummenspiel verteilt werden muss, die Auseinandersetzungen zwischen Sunniten und Schiiten in Irak vor und nach dem Sturz Saddam Husseins sind ein illustratives Beispiel. Wer über Macht verfügt, muss die jeweilige Machtposition und die anderen gesellschaftlichen Privilegien, die mit Machtbesitz einhergehen, auch entsprechend vehement gegen Kontrahenten verteidigen, denn bei einem Verlust ist nicht mit dem Wohlwollen der neuen Machthaber zu rechnen. Wer hingegen nicht über Macht verfügt, muss diese und die hiermit zusammenhängenden Inklusionschancen notfalls auch gewaltvoll erringen, sei es im kolonialen Befreiungskampf, durch Sezessionsbestrebungen, Revolutionen gegen autoritäre Herrscher oder durch islamistische oder säkular-liberalen Protest (hierzu ausführlicher: Stetter 2008).

Vor der Hintergrundmatrix dieser sich bereits im 19. Jahrhundert herausbildenden starken Antagonisierung politischer Identitäten etablierten sich 3) im NMO im Laufe des 20. Jahrhundert nach Ende des Osmanischen Reiches und im Kontext der Dekolonialisierung nationalstaatliche Strukturen und sich am Prinzip staatlicher Souveränität orientierende internationale Beziehungen. Die hier entstandenen Formen der politischen Interaktion auf nationaler, regionaler und globaler Ebene seit Mitte des 20. Jahrhunderts können als postkolonialer Gesellschaftsvertrag bezeichnet werden. Dieser postkoloniale Gesellschaftsvertrag zeichnet sich auf nationalstaatlicher Ebene durch zumeist autoritär geprägte Staat-Gesellschaftsbeziehungen aus (Tessler et al. 1999) bzw. im Rahmen demokratischer Staaten in der Region wie Israel, Libanon oder der Türkei durch unterschiedliche Formen der Einschränkungen demokratischer Formen der Einschränkungen vor allem durch die Privilegierung bestimmter Bevölkerungsgruppen, also unterschiedlich stark ausgeprägten Defekten des jeweiligen demokratischen Systems (vgl. Merkel et al. 2003). Der nationale Legitimationsnarrativ in vielen Staaten der Region bedient sich wesentlich aus dem Fundus des erfolgreichen Unabhängigkeitskampfes und eines sich hieraus begründeten Nationalismus. Staatsgründer oder Befreiungshelden wie Atatürk in der Türkei, Ben Gurion in Israel, Bourgouiba in Tunesien oder Nasr in Ägypten konnten sich als charismatische nationale Führungspersönlichkeiten der Aura der erfolgreichen Abschüttelung des Kolonialismus bedienen. Es gibt ebenfalls einen nationalistischen Rückgriff auf historische politische Traditionen wie die antike iranische Zivilisation in Persien oder die lange Tradition autochthoner Herrschaft in Marokko, beziehungsweise auf religiös imprägnierte Legitimierungsnarrative wie die jüdische Bibel in Israel oder die genealogische Verbindung des Herrscherhauses mit dem Propheten Muhammad in Jordanien und Marokko. War der postkoloniale Gesellschaftsvertrag in den Jahren unmittelbar nach Erringung der Unabhängigkeit durch charismatische Führerpersönlichkeiten im Stile des ägyptischen Präsidenten Nasr geprägt, so entwickelten sich die autoritär regierten arabischen Staaten in der Region von diesem „popular authoritarianism" mit der Zeit hin zu einem „bureaucratic authoritarianism" (Hinnebusch 2006), d. h. einer Aufrechterhaltung von Herrschaft durch die vor allem mithilfe mächtiger Geheimdienste und Sicherheitsorgane sicher gestellte Kontrolle von Verwaltung, Justiz und Gesellschaft. Auf regionaler und globaler Ebene ist der postkoloniale Gesellschaftsvertrag im NMO vor allem durch das Fehlen belastbarer sicherheitspolitischer (oder andersartiger) Institutionen der Kooperation, mithin einem geringen Grad an regionaler Integration und der Persistenz nullsummenorientierter Allianzbildungen gekennzeichnet.

Spätestens die Umbrüche in arabischen Staaten seit dem Jahre 2011 und die Eskalation regionaler Gewaltkonflikte in den vergangenen Jahren verweisen 4) auf die Fragilität dieses postkolonialen Gesellschaftsvertrages (Macqueen 2013; Kamrava 2013). Dessen Schwäche ist, dass er immer nur bei einem Teil der nationalen oder regionalen Beteiligten Legitimation erfolgreich einfordern kann und sich allzu oft nur durch Drohung und Anwendung von Gewalt durchzusetzen vermag, was allerdings vielfältige Formen der Gegengewalt provoziert. Die Erwartungshaltung mit Blick auf eine gerechtere und vor allem inklusivere gesellschaftliche Ordnung beziehungsweise ein regionales System, das Sicherheit garantiert und den NMO besser in die moderne globale Ordnung integriert, ist in der gesamten Region hoch. Andererseits bleibt in der Praxis das Wie dieser Stabilisierung hochgradig umstritten. Die alte Ordnung zerfällt wie in Libyen oder Syrien oder ist fragil wie in Ägypten. Der Friedensprozess zwischen Israel und Palästina besteht nur noch auf dem – stark vergilbtem – Papier. Transnationale Gewaltakteure wie der Islamische Staat (IS), die Nusra-Front oder die diversen Al-Qaeda Gruppen der Region sind ernst zu nehmende Kräfte geworden. Die Konturen einer neuen Ordnung sind jenseits von *ad-hoc* Koalitionen zwischen Israel und Saudi-Arabien gegen einen stärker werdenden Iran oder den USA und Iran gegen den IS oder im Rahmen des fragilen Verfassungsexperiments in Tunesien nicht zu erkennen. Die derzeitige Entwicklung deutet eher auf eine Auflösung tradierter Strukturen und mehr Fragilität hin, ohne dass die Umrisse einer neuen (und von einer Vielzahl von Akteuren als legitim erachteten) institutionellen Ordnung nahöstlicher Politik auf nationaler, regionaler oder globaler Ebene erkennbar wären.

3 Akteure, Normen und Institutionen der Nahostpolitik

3.1 Zentrale Akteure

Mit Blick auf zentrale Handlungsakteure sollen an dieser Stelle Staaten, internationale Organisationen (IOs) und nichtstaatliche Akteure betrachtet werden. Jede dieser Gruppe kann in regionale und externe Akteure unterschieden werden.

1) Das Streben nach bzw. Verteidigen von staatlicher Souveränität ist einer der zentralen Antriebsfaktoren nahöstlicher Politik und ist auf das Engste mit der Entkolonialisierungsgeschichte im NMO verbunden. Dies zeigt sich schon

am Beispiel des Osmanischen Reiches dessen zentrales außenpolitisches Ziel seit Mitte des 19. Jahrhunderts die Anerkennung als gleichberechtigtes Mitglied im zum damaligen Zeitpunkt exklusiv westlich-christlichen Klub selbsternannter „zivilisierter" Staaten, also das Verhindern von Kolonialisierung, war. Innerhalb des multinationalen Osmanischen Reiches ist die partielle Unabhängigkeit Ägyptens, formal ein Suzerän der Hohen Pforte in Istanbul, unter Muhammad Ali Pascha seit den 1820er Jahren eine wichtige Wegmarke, wie dann 1923 die durch, zu diesem Zeitpunkt dann britischen Souveränitätseinschränkungen, unterliegende Unabhängigkeit Ägyptens, aber auch anderer Staaten der Region wie dem Nachfolgestaat des Osmanischen Reiches, der Türkei oder, um ein weiteres Beispiel zu nennen, Saudi-Arabien, das in den 1930er Jahren seine staatliche Souveränität behaupten konnte. Die großen und oft hart erkämpften Entkolonialisierungsprozesse insbesondere nach dem Zweiten Weltkrieg in Algerien, Irak, Jordanien, Marokko, Syrien und Tunesien sowie die gegen die britische Mandatsmacht und arabische Staaten durchgesetzte staatliche Unabhängigkeit Israels 1948 sind ebenso Teil dieses Prozesses wie die Erlangung staatlicher Souveränität mehrerer Monarchien in den Golfstaaten in den frühen 1970er Jahren. Bahrain, Katar, Oman und die Vereinigten Arabischen Emirate waren bis dahin britische Protektorate. Die mittlerweile von mehr als zwei Dritteln der Mitgliedstaaten der Vereinten Nationen anerkannte Souveränität Palästinas sowie die quasi-staatliche Autonomie der freilich vom IS bedrohten Autonomen Region Kurdistan in Nordirak – aber auch die postkoloniale Angst in vielen Staaten in der Region, etwa in Iran, Israel oder der Türkei, ihre staatliche Souveränität werde existenziell von außen bedroht (Bilgin 2004) – zeigen, dass das Erringen und Verteidigen staatlicher Unabhängigkeit weiter zentraler Referenzpunkt regionaler Politik bleibt.

Innerhalb der in diesem Prozess entstandenen Nationalstaaten dominieren autokratische Regierungssysteme. Israel und die Türkei sind als demokratisch verfasste Staaten Ausnahmen, freilich unterliegt die Demokratie in beiden Staaten gewissen Defekten. In Israel ergeben sich diese vor allem durch die seit gut 50 Jahren andauernde Form der Besatzung und Beherrschung des Westjordanlandes und Gazas, aber auch einer faktischen Ungleichheit zwischen jüdischen und arabischen Staatsbürgern in Israel. In der Türkei war lange die hervorgehobene politische Rolle des Militärs sowie die Benachteiligung kurdischer Türken ein signifikanter Defekt, heute sind es die autoritären Tendenzen der seit 2002 herrschenden AKP. Die arabischen Staaten und Iran können, mit der partiellen Ausnahme des konkordanzdemokratischen Systems Libanons und den Demokratisierungsschritten in Tunesien nach der Revolution 2011, als Autokratien eingestuft werden. Es würde die Komplexität der Herrschaftsausübung in modernen politischen Systemen unterschätzen, würden diese Autokratien in orientalistischer

Manier als von einem sultanesken Diktator kontrollierte, vormoderne Despotien verstanden werden. Aufbauend auf den Arbeiten Elsenhans zeigt Ouaissa (2009), dass sich die autoritären Staaten im NMO als komplexe moderne Herrschaftssysteme einer in Teilsegmente (vor allem Clans, politische Fraktionen, ethno-nationale Gruppen) gegliederten „Staatsklasse" verstehen lassen. Die Staatsklasse legitimierte sich ursprünglich durch ihre tragende Rolle im Entkolonialisierungsprozess. Politische Entscheidungen basieren weniger auf Parlamentsbeschlüssen oder offener gesellschaftlicher Debatte und auch nicht auf solitären Entscheidungen eines allmächtigen Diktators, sondern vielmehr auf politischen Kompromissen, die innerhalb der Staatsklasse zwischen den einzelnen Segmenten – Clans wie etwa die Tiqrit oder die Dulaimi-Fraktion im Irak Saddam Husseins, konfessionelle Gruppen wie die Maroniten oder Druzen in Libanon, politische Strömungen wie die Fatah oder die PFLP innerhalb der Palästinensischen Befreiungsorganisation PLO – geschlossen werden. Zentrales Charakteristikum dieser Herrschaftssysteme ist die im Wesentlichen auf die Staatsklasse beschränkte Verteilung von wichtigen Ämtern in Politik, Militär, Geheimdiensten und Polizei, Wirtschaft und Justiz sowie eine starke Abhängigkeit von Renteneinnahmen, vor allem aus Öl- und Gasgewinnen, internationaler Hilfe oder Tourismus.

In den internationalen Beziehungen des NMO sind Staaten ebenfalls zentrale Handlungsakteure. Selbst hochgradig einflussreiche transnationale politische Strömungen, wie der Panarabismus oder der Islamismus mit ihren Leitbildern der einen arabischen Nation beziehungsweise der (sunnitischen) *Umma,* konnten der Grundausrichtung eines an der Souveränität einer Vielzahl von aus der Dekolonialisierung hervorgegangen arabischen Staaten keinen Abbruch tun. Die gescheiterte ägyptisch-syrische Union (1958–1961) sowie die irakisch-jordanische Föderation (1958) bestätigen diese Regel. Es sind nicht nur die unterschiedlichen Ausprägungen der arabischen Nationalstaaten als Monarchien und Republiken sowie die teilweise großen ethno-nationalen und konfessionellen Unterschiede zwischen und in arabischen Staaten, die als Gegenkraft zum Panarabismus und Islamismus wirken. Auch unterschiedliche geopolitische und strategische Interessen, etwa im Verhältnis zu den USA, sowie lange historische Traditionen von Staatlichkeit beziehungsweise ein stark ausgeprägtes Nationalgefühl wie in Ägypten, Marokko oder Palästina sind gewichtige Erklärungsfaktoren für die Vielzahl arabischer Staaten – die AL zählt 22 Mitgliedstaaten.

Die regionalen Beziehungen zwischen den Staaten des NMO können als an einem „realpolitischen" Leitbild orientiert betrachtet werden. Das Denken in geostrategischen Interessen und Nullsummenkategorien prägt regionale Politik und begünstigt das Entstehen von informellen Koalitionen und auf Opportunitätserwägungen basierenden *ad hoc*-Bündnissen. Dieses Muster ließ sich bereits während des Kalten Krieges beobachten, als nahöstlichen Staaten Geschick attestiert wurde, nicht nur Spielball der Supermächte gewesen zu sein, sondern den Ost-West-Konflikt und die jeweiligen Bündnisse mit den USA oder der UdSSR zum eigenen Vorteil zu nutzen. Diese grundlegende Ausrichtung der regionalen internationalen Beziehungen erschwert jedenfalls das Entstehen vertiefter Formen regionaler Integration und begünstigt andauernde Gegenmachtbildung, die es auch den militärisch stärksten Staaten der Region – Iran, Israel und der Türkei – unmöglich macht, sich als regionale Führungsmacht zu positionieren (Fürtig 2014). Auch die Bereitstellung kollektiver Gemeinschaftsgüter wird so erschwert, etwa mit Blick auf kollektive regionale Sicherheit oder bezüglich der Nutzung der jüngst im östlichen Mittelmeer vor allen in ägyptischen, israelischen und zypriotischen Gewässern gefundenen Gasvorkommen.

Schließlich kann eine Reihe von nicht-nahöstlichen Staaten als konstitutiver Bestandteil internationaler Beziehungen im NMO betrachtet werden. Dies galt schon für die europäischen Kolonialmächte des 19. Jahrhunderts und gilt heute für die Vetomächte im Weltsicherheitsrat, vor allem die USA, die schon *de jure* bei substanziellen, die Region betreffenden Entscheidungen von Krieg und Frieden maßgeblich involviert sind, etwa bei Entscheidungen zur Etablierung von VN-Missionen oder militärischen Interventionen, wie in Libyen – sowie Nicht-Entscheidungen wie, zumindest bis Ende 2015, bei Syrien. Externe Staaten wie die USA, aber auch europäische Staaten beziehungsweise die EU sowie Russland und China sind darüber hinaus durch politische Unterstützung, Militär- und Entwicklungshilfe sowie Handelsbeziehungen systematisch in die regionalen Macht- und Herrschaftsbeziehungen involviert, bis hin zur verdeckten oder offenen Unterstützung von Regimewechseln, etwa durch die USA mit Blick auf den Sturz Mossadeqs in Iran 1953 oder Saddam Husseins in Irak 2003.

2) Internationale Organisationen haben es in diesem Handlungsumfeld schwer sich als durchschlagkräftige Akteure zu etablieren. Die hier beschriebene Ausrichtung an einem auf Souveränität fokussierten Sicherheitsdenken erschwert jedenfalls die Etablierung tiefer gehender regionaler Integration und Kooperation. Es gibt im NMO keine supranationalen Integrationsprozesse, die auch nur annähernd mit vertiefter regionaler Kooperation in anderen Weltregionen vergleichbar wäre. Die AL aber auch der Golfkooperationsrat (GCC) sind nichtsdestotrotz wichtige Regionalorganisationen. Die AL diente, wie dies Barnett (1998) aufgezeigt hat, bis in die 1970er Jahre als Instrument der internen Disziplinierung arabischer Herrscherhäuser mit Blick auf eine Aufrechterhaltung eines grundlegenden außenpolitischen Konsens zwischen arabischen Staaten, vor allem der Abgrenzung zum Westen und der Nichtanerkennung Israels. Dies hat sich heute gewandelt, die Friedensinitiative der AL aus dem Jahre 2002 ist ein umfassendes Angebot aller

arabischen Staaten für einen dauerhaften Friedensschluss mit Israel im Falle einer friedlichen Beendigung des israelisch-palästinensischen Konflikts und auch die Beziehungen zum Westen haben sich stark ausdifferenziert. Und der GCC hat im Bereich der Integration in Handelsbeziehungen und Standardisierung ebenso wie andere regionale Handelsbündnisse – etwa die Arab Maghreb Union oder die Greater Arab Free Trade Area – zaghafte Schritte in Richtung regionaler Integration unternommen. Überlegungen im GCC zu einer gemeinsamen Währung und einer gemeinsamen Verteidigungsgemeinschaft – die allerdings auch zur Niederschlagung von Aufständen in den Golfstaaten wie 2012 in Bahrain (aus-) genützt werden können – zeugen von einem immerhin vorsichtigen Experimentieren mit Integrationsschritten, die über rein intergouvernementale Kooperation hinausgehen.

Auch globale IOs sind – ähnlich wie externe Staaten – integraler Bestandteil der Akteursordnung im NMO. Dies gilt für die VN mit ihren zahlreichen Unterorganisationen, wie dem Hochkommissariat für Flüchtlinge (UNHCR), das im Rahmen des syrischen Bürgerkrieges Hilfe für Millionen Flüchtlinge organisiert sowie für die 1948 speziell für palästinensische Flüchtlinge gegründete VN-Hilfsorganisation UNRWA. Die VN ist derzeit in zwei friedenssichernde Operationen (UNDOF und UNIFIL) und durch zahlreiche humanitäre Tätigkeiten (etwa durch UN-OCHA) als Beobachter und Vermittler in der Region präsent. Die VN-Entwicklungsbehörde UNDP hat eine eigene Abteilung für die arabischen Staaten, die in den 2000er Jahren, insbesondere durch die Arab Human Development Reports, die regionale und globale Debatte zu Entwicklungsdefiziten in der Region mit Blick auf wirtschaftliche Entwicklung, Gleichstellung, Bildung und politische Freiheiten mitgeprägt hat (Hatem 2012). Schließlich ernennen die VN Sondergesandte für die diversen Kriege und Gewaltkonflikte in der Region (z. B. Israel/Palästina, Libyen, Syrien), was ebenso wie die 2003 erfolgte Gründung des von den VN, der EU, Russland und den USA getragenen Nahostquartetts auf die Einbettung des Nahen Ostens in die institutionellen Strukturen globaler Konfliktgovernance verweist (Stetter 2012b) – was freilich wenig über die Effektivität der Konfliktlösung aussagt. Auch im Bereich wirtschaftlicher Kooperation nehmen globale IOs eine wichtige Rolle ein. Auf die Bedeutung der OPEC wurde bereits hingewiesen. Gleiches gilt für die – recht einseitige – wirtschaftliche Verflechtung zwischen der EU und den Staaten des NMO im Rahmen der Europäischen Nachbarschaftspolitik (ENP). Schließlich ist auch auf die Bedeutung von Weltbank und IWF als Kreditgebern für zahlreiche Staaten im NMO im Kontext von Strukturanpassungsprogrammen hinzuweisen, die allerdings für zahlreiche arabische Staaten insoweit ein Problem darstellen, da sie den ungeschriebenen postkolonialen innenpolitischen Grundkonsens der autokratischen Regime in der Region – namentlich die Subventionen von Grundnahrungsmitteln oder Treibstoff beziehungsweise die Alimentierung bestimmter Bevölkerungsschichten als Tauschgeschäft für fehlende politische Rechte – unterwandert.

3) Neben Staaten und IOs spielt schließlich eine Vielzahl gesellschaftlicher politischer Akteure eine zentrale Rolle im NMO. Hier sind vor allem zwei Gruppen zu unterscheiden. Erstens diejenigen Akteure, die staatliche Unabhängigkeit oder zumindest weitgehende Autonomie einfordern und hierfür bisweilen auch militärische Mittel in Anspruch nehmen, etwa die Autonome Region Kurdistan, die von der PLO getragene Palästinensische Autonomiebehörde, die für sich in Anspruch nehmen kann, dass Palästina von einer Mehrzahl der Staaten der Welt bereits als Nationalstaat anerkannt wurde, oder die in dieser Hinsicht weit weniger erfolgreiche Polisario-Front in der Westsahara. Zweitens diejenigen politischen Akteure, die über eigene Milizen verfügen und entweder ein Staat im Staate sind, wie die Hizballah in Libanon oder die Hamas in Palästina, oder das staatliche Gewaltmonopol nachhaltig herausfordern, wie die PKK in der Türkei oder die Huthis in Jemen. Ebenso sind hier schließlich transnationale bewaffnete Gruppen wie mit Al-Quaeda affiliierte Milizen auf der arabischen Halbinsel, auf dem Sinai und im Maghreb sowie der IS zu nennen, dieser sogar mit dem Anspruch, durch sein Kalifat eigene staatliche Strukturen zu etablieren.

Auch nichtstaatliche Akteure in Form von nationalen und transnationalen NGOs sind von Bedeutung für ein Verständnis politischer Entwicklungen im NMO. Das Spektrum nationaler NGOs in der Region ist schillernd und vielfältig. Es reicht von liberalen NGOs, die die Einhaltung der Menschenrechte einfordern oder sich für Umweltfragen, Gleichstellungsbelange oder Rechtsstaatlichkeit einsetzen, über religiöse NGOs, die in vielen Ländern der Region neben ihrer politischen Agenda auch wohlfahrtsstaatliche Programme für arme Bevölkerungsgruppen anbieten, hin zu nationalistischen NGOs, die sich gegen den Einfluss ausländischer und vor allem als westlich empfundener Werte einsetzen und sich als Verteidiger „nationaler Interessen" verstehen. Eine ähnliche Vielfalt lässt sich mit Blick auf transnationale NGOs feststellen. Um ein Beispiel zu wählen: im Kontext des israelisch-palästinensischen Konflikts sind solche transnationalen NGOs zentraler Bestandteil der dem Konflikt zugrunde liegenden Akteurskonstellation. Sei es, um nur Beispiele zu nennen, Amnesty International, das im Rahmen der Untersuchung des Gaza-Krieges im Jahre 2014 vor dem Internationalen Strafgerichtshof Beweismaterial vorgelegt hat, seien es proisraelische (etwa AIPAC in den USA) oder propalästinensische (z. B. die globale BDS-Bewegung) Gruppen.

Schließlich darf die Rolle von „einfachen" Individuen nicht ignoriert werden, nicht zuletzt, weil die herrschende Sicherheitsarchitektur im NMO sich für „normale" Individuen aber auch für viele kollektive Gruppen, insbesondere ethno-nationale oder religiöse Minderheiten, als regelrechte Unsicherheitsordnung herausstellt. Widerstand gegen als repressiv empfundene Herrschaftsordnungen formiert sich im NMO oftmals in vermeintlich unpolitischen Subjektivierungsprozessen, die aber, wie die Revolutionen in Tunesien und Ägypten aufgezeigt haben, in hochgradig politische Protestbewegungen und regelrechte *street politics* (Bayat 2013) münden können. Bayat (2013) versteht Wandel im NMO daher vor allem als Resultat des kollektiven aber nur in seltenen Fällen koordinierten Protestes der „ordinary people". Auch andere Autoren verweisen auf die Bedeutung solcher Subjektivierungsprozesse, die sich in der globalen Moderne eben nicht nur im Westen, sondern auch in autokratischen Kontexten des NMO beobachten lassen. Reus-Smit (2011) hat das individuelle Streben nach nationaler Selbstbestimmung als zentralen Faktor für die erfolgreiche Dekonialisierung in Ländern des Globalen Südens (auch im NMO) ausgemacht, während Jung (2011) auf die Bedeutung solcher Subjektivierungsprozesse für das Entstehen des politischen Islam Mitte des 19. Jahrhunderts verweist.

3.2 Normen

Die obige Darstellung zentraler Handlungsakteure hat bereits auf zahlreiche Normen nationaler und internationaler Politik im NMO verwiesen wie Souveränität, Großmächtepolitik, Mächtegleichgewicht, Nationalismus, Religion, Demokratie und Menschenrechte. Für eine konzise Darstellung des, nationaler und internationaler Politik im NMO zugrunde liegenden Normgerüsts, das auch als konstitutionelle Struktur der internationalen Politik verstanden werden kann, bietet sich eine Anleihe beim Konzept der Primärinstitutionen (PI) in der Englischen Schule an, das mittlerweile auch auf den NMO angewandt wurde (Gonzalez-Pelaez 2009). PIs können als die einer politischen Ordnung zugrunde liegenden Wertvorstellungen, Normen, Regeln und Prinzipien verstanden werden, die es ermöglichen, bestimmte Handlungen in der (internationalen) Politik als legitim, andere als illegitim zu verstehen. Diese Handlungsimperative („Derivate" in der Diktion Buzans) sind zum Beispiel Nichtintervention mit Blick auf die PI „Souveränität", Grenzziehung hinsichtlich der PI „Territorialität" oder Selbstbestimmung im Kontext der PI „Nationalismus". Wichtig ist der Hinweis darauf, dass in der Regel von einem Nebeneinander verschiedener PIs auszugehen ist, mithin Spannungsverhältnisse, zum Beispiel zwischen Souveränität und Großmächtepolitik, nicht auszuschließen, sondern vielmehr konstitutiver Bestandteil internationaler Politik sind. Im NMO können vier zentrale Normencluster identifiziert werden, die sich durch ein ihnen zugrunde liegendes Spannungsverhältnis zwischen zwei PIs auszeichnen.

1. Es lässt sich im NMO ein stark ausgeprägtes Spannungsverhältnis zwischen „Souveränität" und „Großmächtepolitik" (*great power management* in der Diktion der Englischen Schule) beobachten. Auf die sich insbesondere durch die nationale Selbstbehauptung im Rahmen der Dekolonialisierung oder dem Kampf gegen Kolonialisierung erfolgte besondere Bedeutung der Norm der Souveränität wurde bereits hingewiesen. Dies zeigt sich auch im hohen Stellenwert, die die Idee der „Nichtintervention" in der regionalen Ordnung hat, in der externer Einfluss, insbesondere aus dem Westen, im politischen Diskurs leicht als illegitim dargestellt werden kann. Die gleichzeitige Legitimität von Großmächtepolitik mag hier überraschen, speist sich aber aus der historischen Erfahrung, dass solche Interventionen – sei es durch externe Akteure, sei es durch mächtigere regionale Akteure – zur politisch zu erwartenden Realität gehören. Externe Interventionen durch Iran, Saudi-Arabien und insbesondere Syrien prägen zum Beispiel die libanesische Politik seit Jahrzehnten (Nabo 2014), regionale Interventionen in Jemen oder im syrischen oder irakischen Bürgerkrieg ergänzen das Bild, weswegen Halliday (2011) von einer regionsspezifischen Legitimität externer Interventionen – im Sinne ihrer faktischen Erwartbarkeit – gesprochen hat. Dies wird dadurch bestärkt als Krieg im NMO eine nach wie vor als weithin legitim erachtete Handlung darstellt und, wie Gonzalez-Pelaez (2009) argumentiert, mit dem israelisch-palästinensischen Konflikt ein weiterer konfliktbehafteter normativer Referenzpunkt existiert, der für diese Region spezifisch ist.
2. Ein weiteres Spannungsverhältnis besteht zwischen den PI des „(Post-) Kolonialismus" (Buzan 2014) und des „Nationalismus". Es lässt sich im Anschluss an Bilgin (2004) auch von einer „doppeltem postkolonialen Angst" sprechen, die die globalen Beziehungen des NMO prägen. Auf der einen Seite die Angst vor Einkreisung beziehungsweise westlichen Verschwörungen, die in der gesamten Region das Verteidigen von Selbstbestimmung und nationaler Würde zu einem zentralen normativen Referenzpunkt machen – so mit Blick auf das „Sèvres-Syndrom" der Türkei, die nicht zuletzt seit dem durch die USA durchgeführten Sturzes von Mossadeq und der Unterstützung des Shas bestehenden Einkreisungsängste in Iran, dem weit verbreiteten Gefühl in Israel, dass die Welt gegen den jüdischen Staat sei, oder dem Vorwurf in arabischen Staaten, der Westen handele heuchlerisch, wenn er von Menschenrechten redet, aber in Wirklichkeit nur seinen wirtschaftlichen und geostrategischen Einfluss auf die Region im Blick hat. Außerhalb der Region ist das

Spiegelbild dieser postkolonialen Angst die Wahrnehmung der Region und ihrer Menschen (etwa des Islam) als Sicherheitsproblem und Bedrohung.
3. Ein Spannungsverhältnis lässt sich auch zwischen der Einbettung des NMO in globale Strukturen (vgl. generell Stetter 2012a) einerseits und der in Abschn. 2 dargestellten ökonomischen Herrschaftssicherung der „ruling elites" (Gonzalez-Pelaez 2009, S. 115) durch protektionistische Subventionierungsmaßnahmen andererseits identifizieren. Dies betrifft insbesondere die autokratischen Staaten der Region, also die arabischen Staaten sowie Iran, in denen ein innenpolitischer „Tauschhandel" besteht, der sich dadurch auszeichnet, dass fehlende politische Teilhaberechte dadurch „aufgewogen" werden, dass entweder, wie vor allem in den ressourcenschwachen Staaten der Region Grundbedürfnisse (Brot, Treibstoff) für die große Masse armer Bevölkerungsschichten subventioniert werden oder andererseits ein erwerbsarbeitsfreies Leben von Teilen der Bevölkerung durch Renteneinnahmen aus dem globalen Ressourcenhandel subventioniert wird, wie dies in den Golfstaaten der Fall ist. Diese Norm der ökonomischen Herrschaftssicherung steht aber insoweit in einem Spannungsverhältnis mit globalen (ökonomischen) Strukturen, als im Falle der „Brotpolitik" Strukturanpassungsprogramme der Weltbank und anderer (westlicher) Geber oft schmerzhafte Einschnitte in Subventionsmaßnahmen und hierdurch politischen Massenprotest nach sich zogen, in den reichen Ländern des Golfs sich andererseits neben der Diskriminierung ausländischer Arbeitskräfte Probleme mit Blick auf die Nachhaltigkeit des die eigene Bevölkerung nicht ausreichend qualifizierenden Gesellschaftsmodells stellen.
4. Schließlich sei noch auf ein Spannungsverhältnis zwischen „individuellen" und „kollektiven" Normen verwiesen, vor allem zwischen stark ausgeprägten Ansprüchen nach mehr persönlichen Freiheiten und Rechten (auch religiösen Rechten, vgl. Jung et al. 2014) einerseits und kollektiven Deutungen oft hochgradig konservativ und restriktiv verstandener religiöser oder nationaler Normkonformität andererseits. Gerade die arabischen Umbrüche seit 2011, aber auch die versandete „Grüne Revolution" in Iran 2009, haben den starken Wunsch vieler Bevölkerungsschichten, vor allem der gebildeten aber sich um ihre Zukunftsperspektiven betrogen gefühlten Mittelschicht, nach mehr politischen Rechten und einer inklusiveren und gerechten ökonomischen Ordnung deutlich gemacht – aber auch das Spannungsverhältnis dieses Wunsches nach mehr individuellen Freiheiten mit den kollektiven Vorstellungen von Normkonformität, etwa der Muslimbrüder in Ägypten oder der dann wieder säkularen nationalistischen Regierung unter Präsident As-Sissi. Auch die oben

genannten AHDR haben das Fehlen individueller Freiheitsrechte als zentrales Spannungsmoment regionaler Politik ausgemacht, denn dieser regionsimmanente Ruf nach mehr Freiheit und (Menschen-) Rechten wird sowohl von traditionellen Herrschaftseliten als auch religiösen Akteuren oft als „Verwestlichung" diskreditiert, mit Verweis auf eine übergeordnete Bedeutung kollektiver Identität, sei es die Nation, die Tradition oder der Glaube.

4 Aktuelle Trends

Wohin steuert die Region des NMO? Die hier einführend vorgestellten Entwicklungen, Akteure und Normen lassen es plausibel erscheinen, dass zwei zentrale politische Herausforderungen die Region auf absehbare Zeit prägen werden. Dies ist erstens die Erosion des postkolonialen Gesellschaftsvertrages auf regionaler und nationaler Ebene bei gleichzeitig ausbleibendem Verständnis über die Konturen einer legitimen neuen Ordnung. Die arabischen Aufstände beziehungsweise die grüne Revolution in Iran – und die, obgleich unter anderen politischen Kontexten stattfindenden politischen und sozialen Proteste in Israel und der Türkei – sind Anzeichen dafür, dass die bestehenden Formen der (ungleichen und statischen) Verteilung von Macht und Wohlstand auf nationaler und regionaler Ebene von vielen Teilen der Bevölkerung als illegitim erachtet werden. Die Region zeichnet sich durch weit verbreitete Formen der faktischen „unruliness" (Sadiki 2015) aus. Gleichzeitig verweisen die Bürgerkriege von Libyen über Syrien bis Jemen, die Persistenz beziehungsweise Renaissance autoritärer Herrschaft etwa in den Golfstaaten, Ägypten oder der Türkei, der moribunde „Friedensprozess" zwischen Israelis und Palästinensern oder zwischen Kurden und Türken sowie die immer noch stark ausgeprägte Tendenz zur Allianzbildung anstelle inklusiver regionaler Sicherheitsarrangements darauf, dass bestehende Herrschaftsverhältnisse nur um den Preis massiver sicherheitspolitischer Aufrüstung temporär zu stabilisieren sind, zum Beispiel durch überbordenden Nationalismus, Geheimdienstkontrolle, ausufernde Kriege gegen den Terrorismus, Besatzung oder Rüstungswettläufe. Den Problemen der ungleichen und statischen Macht- und Herrschaftsverhältnisse im NMO wird so aber nicht überzeugend begegnet. Diese Problematik wird, zweitens, dadurch verstärkt, dass die einseitige Fokussierung auf restriktive Sicherheitspolitik auf nationaler, regionaler und internationaler Ebene ein Hindernis für die gesellschaftliche Entwicklung in der Region aus einer globalen Perspektive darstellt. Dies gilt nicht nur für die arabischen Staaten, die in Bereichen wie

Bildung, Gleichberechtigung, persönliche Freiheiten – aller Staatsbürger, Frauen, Kinder, ethno-nationale Minderheiten, etc. – und wohlfahrtsstaatliche Standards in globalen Vergleichsrankings konsequent hintere Plätze einnehmen. Wichtige globale Fragen wie unter anderem Umweltschutz und Klimawandel, soziale und ökologische Nachhaltigkeit im Handel oder Migration, Integration und Teilhabe drohen so auf jeden Fall auf der Tagesordnung „drängender" Probleme immer wieder aufgrund aktueller Sicherheitsprobleme nach hinten gedrängt zu werden. Der langfristigen Entwicklung des NMO ist dies aber sicherlich nicht förderlich.

Basisliteratur

Halliday, Fred. 2011. *The Middle East in international relations: Power, politics and ideology*. Cambridge: Cambridge University Press. *Das von einem der zentralen Forscher zum NMO in den IB und den Regionalwissenschaften verfasste einführende Werk zur Politik im NMO, mit starken Bezügen zur historischen und politischen Soziologie.*
Lockman, Zachary. 2010. *Contending visions of the Middle East: The history and politics of orientalism*. Cambridge: Cambridge University Press. *Bietet eine grundlegende Einführung in den Analysen zum NMO so stark bestimmenden Orientalismus.*
Valbjørn, Morten, und Fred H. Lawson, Hrsg. 2015. *International relations of the Middle East*. Thousand Oaks: Sage. *Eine vierbändige Kompilation ausgewählter zentraler wissenschaftlicher Texte (vor allem Fachartikel) der zurückliegenden Jahrzehnte zu Politik im NMO.*

Webseiten

Das Portal AL-Monitor (www.al-monitor.com) bietet tagesaktuelle Analysen zur Politik im Nahen Osten.
Die Seite Jadaliyya (www.jadaliyya.com/) enthält reflektierte Artikel, Kommentare und Analysen zu aktuellen politischen, gesellschaftlichen und kulturellen Entwicklungen in der arabischen Welt.
Die von der Deutschen Welle betriebene Seite Qantara (http://de.qantara.de/) widmet sich dem Dialog mit der arabischen Welt und umfasst ein breites Themenspektrum.
MEMRI – Middle East Media Research Institute (http://www.memri.org/middle-east-media-research-institute.html) bietet insbesondere Übersetzungen von Nachrichtenquellen aus dem Nahen Osten ebenso http://www.mideastwire.com.
Sada (http://carnegieendowment.org/sada/) ist ein vom Carnegie Endowment for International Peace initiiertes Online-Journal mit sehr guten Analysen zu politischem Wandel und Reform in der arabischen Welt.
Vielfältige Perspektiven finden sich zum Beispiel auch bei Muftah (http://muftah.org/).

Verwendete Literatur

Almaghlouth, Nada, Rigas Arvanitas, Jean-Philippe Cointet, und Sari Hanafi. 2015. Who frames the debate on the Arab uprisings? Analysis of Arabic, English, and French academic scholarship. *International Sociology* 30 (4): 418–441.

Barnett, Michael. 1998. *Dialogues in Arab politics: Negotiations in regional order*. New York: Columbia University Press.

Bayat, Asef. 2013. *Life as politics: How ordinary people change the Middle East*. Stanford: Stanford University Press.

Beck, Martin, Cilja Harders, Annette Jünemann, und Stephan Stetter, Hrsg. 2009. *Der Nahe Osten Im Umbruch: Zwischen Transformation und Autoritarismus*. Wiesbaden: VS Verlag.

Bilgin, Pinar. 2004. *Regional security in the Middle East: A critical perspective*. New York: Routledge.

Buzan, Barry. 2014. The "standard of civilization" as an English school concept. *Millennium* 42 (3): 576–594.

Buzan, Barry, und Ole Wæver. 2004. *Regions and powers: The structure of international security*. Cambridge: Cambridge University Press.

Fawcett, Louise, Hrsg. 2013. *International relations of the Middle East*. Oxford: Oxford University Press.

Fürtig, Henner. 2014. *Regional powers in the Middle East: New constellations after the Arab revolts*. London: Routledge.

Gonzalez-Pelaez, Ana. 2009. The primary institutions of the Middle Eastern regional interstate system. In *International society and the Middle East: English school theory at the regional level*, Hrsg. Barry Buzan und Ana Gonzalez-Pelaez, 92–116. Basingstoke: Palgrave Macmillan.

Halliday, Fred. 2011b. *The Middle East in international relations: Power, politics and ideology*. Cambridge: Cambridge University Press.

Hatem, Mervat. 2012. Globalization in a Middle Eastern regional perspective: A postcolonial reading of the Arab human development reports. In *The Middle East and globalization: Encounters and horizons*, Hrsg. Stephan Stetter, 97–114. New York: Palgrave Macmillan.

Hinnebusch, Raymond. 2006. Authoritarian persistence, democratization theory and the Middle East: An overview and critique. *democratization* 13 (3): 373–395.

Hobson, John M. 2012. *The eurocentric conception of world politics: Western international theory, 1760–2010*. Cambridge: Cambridge University Press.

Jünemann, Annette, und Anja Zorob. 2013. *Arabellions: Zur Vielfalt von Protest und Revolte im Nahen Osten und Nordafrika*. Wiesbaden: Springer VS.

Jung, Dietrich. 2011. *Orientalists, islamists and the global public sphere: A genealogy of the modern essentialist image of Islam*. Sheffield: Equinox.

Jung, Dietrich, Marie Juul Petersen, und Sara Lei Sparre. 2014. *Politics of modern Muslim subjectivities: Islam, youth, and social activism in the Middle East*. New York: Palgrave Macmillan.

Kamrava, Mehran. 2013. *The modern Middle East: A political history since world war I*. Berkeley: University of California Press.

Lawson, Fred H. 2006. *Constructing international relations in the Arab world*. Stanford: Stanford University Press.

Macqueen, Benjamin. 2013. *An introduction to Middle East politics.* Thousand Oaks: Sage.
Merkel, Wolfgang, Hans-Jürgen Puhle, Aurel Croissant, Claudia Eicher, und Peter Thiery. 2003. *Defekte Demokratie: Bd. 1. Theorie.* Opladen: Leske + Budrich.
Nabo, Mitra Moussa. 2014. *Diskursive Interaktionsmuster des Libanonkonflikts: Legitime Interventionen und unrechtmässige Einmischungen.* Wiesbaden: Springer VS.
Noble, Paul. 2010. From Arab system to Middle Eastern system? Regional pressures and constraints. In *The foreign policies of Arab states: The challenge of globalization,* Hrsg. Baghat Korany und Ali E. Hillal Dessouki, 67–165. Cairo: American University of Cairo Press.
Ouaissa, Rashid. 2009. Dynamik der Staatsklasse zwischen Konsolidierung und Segmentierung am Beispiel Algeriens. In *Der Nahe Osten Im Umbruch: Zwischen Transformation und Autoritarismus,* Hrsg. Martin Beck, Cilja Harders, Annette Jünemann, und Stephan Stetter, 78–99. Wiesbaden: VS Verlag.
Reus-Smit, Christian. 2011. Struggles for individual rights and the expansion of the international system. *International Organization* 65 (2): 207–242.
Sadiki, Larbi. 2015. Unruliness through space and time: Reconstructing "peoplehood" in the Arab spring. In *Routdlege handbook of the Arab spring: Rethinking democratization,* Hrsg. Larbi Sadiki. London: Routledge.
Said, Edward W. 1979. *Orientalism.* New York: Vintage.
Stetter, Stephan. 2008. *World society and the Middle East: Reconstructions in regional politics.* New York: Palgrave Macmillan.
Stetter, Stephan, Hrsg. 2012a. *The Middle East and globalization: Encounters and horizons.* New York: Palgrave Macmillan.
Stetter, Stephan. 2012b. Legitimitätspolitik in Trans- und internationalen Konflikten: Dynamiken internationaler Conflict Governance am Beispiel des Israelisch-Palästinensischen Konfliktes. In *Der Aufstieg der Legitimitätspolitik: Rechtfertigung und Kritik politischökonomischer Ordnungen,* Hrsg. Christopher Daase, Anna Geis, und Frank Nullmeier, 151–170. Baden-Baden: Nomos (Leviathan 40, Sonderband 27).
Tessler, Mark, Jodi Nachtwey, und Anne Dressel, Hrsg. 1999. *Area studies and social science: Strategies for understanding Middle East politics.* Bloomington: Indiana University Press.
Valbjörn, Morten. 2015. Introduction: Studying international relations of the Middle East. In *International relations of the Middle East,* Hrsg. Morten Valbjörn und Fred H. Lawson, 1–20. Thousand Oaks: Sage.

Über den Autor

Prof. Dr. Stephan Stetter ist Inhaber der Professor für Internationalse Politik und Konfliktforschung an der Universität der Bundeswehr in München.

Nordamerika

Christian Lammert und Boris Vormann

Zusammenfassung

Dieser Beitrag befasst sich mit Nordamerika als politischer, wirtschaftsgeografischer und kultureller Weltregion. Er stellt die politisch-historische Besonderheit dieser Region heraus und leistet einen Überblick über die entscheidenden politischen Akteure, Normen und Institutionen. Eine regionale Integration ist vor allem in den Bereichen Wirtschaft, Sicherheit und Umwelt zu erkennen. Politisch, institutionell und kulturell haben sich in dieser Region hingegen miteinander teils konkurrierende Strukturen herausgebildet, die nach wie vor Bestand haben und das politische Leben nicht auf makroregionaler, sondern auf nationalstaatlicher Ebene prägen. Dieses Spannungsverhältnis zwischen regionaler Kooperation und inter- beziehungsweise subnationaler Unterschiede und Eigendynamiken wird sich, mit allen Vor- und Nachteilen, in absehbarer Zukunft nicht auflösen.

C. Lammert (✉) · B. Vormann
Freie Universität Berlin, Berlin, Deutschland
E-Mail: christian.lammert@fu-berlin.de

B. Vormann
E-Mail: boris.vormann@fu-berlin.de

© Springer Fachmedien Wiesbaden GmbH 2017
S. Koschut (Hrsg.), *Regionen und Regionalismus in den Internationalen Beziehungen*, DOI 10.1007/978-3-658-05434-2_7

1 Einleitung: Region, Regionalismus, Regionalisierung

Nordamerika setzt sich politisch-territorial im Wesentlichen aus den beiden Nationalstaaten USA und Kanada zusammen. Das ist im Vergleich zu anderen Weltregionen, in denen viel mehr Staaten in regionalen Kooperationen miteinander verbunden sind, eine Besonderheit Nordamerikas. Gleichzeitig sticht in diesem Kontext der macht- und wirtschaftspolitische Sonderstatus der Vereinigten Staaten, sowohl innerhalb der Region als auch auf globaler Ebene, hervor. Was Nordamerika vom Kontinent zur Region macht, ist in der komparativen Regionalismusforschung in erster Linie die makroregionale Kooperation in ökonomischen und sicherheitspolitischen Belangen zwischen diesen beiden Ländern. Die Frage ist hierbei, inwieweit eine solche Kooperation zwischen Kanada und den USA lediglich Ausdruck einer geografischen Nähe, einer funktionalen Notwendigkeit oder abhängig von gemeinsamen historischen Entwicklungen, kulturellen Werten und politischen Institutionen ist.

Regionalismus bezieht sich in den Internationalen Beziehungen (IB) auf die Prozesse und Strukturen der Regionenbildung im Sinne engerer ökonomischer, politischer, sicherheitspolitischer, und soziokultureller Bindungen zwischen Staaten und Gesellschaften mit geografischer Nähe (vgl. Börzel 2013, S. 503 sowie Koschut in diesem Band). Im Kontext der IB-Literatur hat sich ein Verständnis von Regionalismus etabliert, das in erster Linie eine spezifische Form internationaler Kooperation meint (z. B. Puchala 1972), wohingegen der Begriff in der Internationalen Politischen Ökonomie (IPÖ) ausschließlich auf den ökonomischen Regionalismus, beispielsweise in Form von Freihandelsabkommen, verweist. Vorläufer der komparativen Regionalismusforschung analysierten in erster Linie supranationale Integrationsprozesse im europäischen Raum. Diese Diskussion weitete man mit dem Neuen Regionalismus auf andere Makroregionen der Welt aus und löste sie von ihrer eurozentristischen Fokussierung zugunsten pluralistischer Erklärungsmodelle (Sbragia 2008, S. 29; vgl. hierzu auch Panke in diesem Band).

Indem es auf geografische Nähe, gegenseitige ökonomische und politische Abhängigkeiten und einen gewissen Grad an kultureller Identifikation verweist, suggeriert das Konzept der Region auch eine Homogenität, die so jedoch nicht existiert (und nicht existieren kann) – weder im europäischen noch im nordamerikanischen Kontext. Denn auch innerhalb der Regionen bestehen Unterschiede, die das Konzept einer gemeinsamen Region fraglich erscheinen lassen. Diesen Ambivalenzen bei der Entwicklung globaler Makroregionalismen begegnet auch, wer versucht, diese Regionen klar zu definieren – ein Unterfangen, das sich auf den zweiten Blick als keineswegs einfaches erweist.

Die gängige Einteilung von Regionen in der Forschung orientiert sich sehr stark an bestimmten Kriterien, allem voran der Geografie und der Geschichte, den Handelsflüssen und der politischen Kultur der jeweiligen Region. Eine Definition ist demnach immer stark abhängig von den jeweiligen Kriterien, die man anlegt und akzentuiert. So wird Mexiko geografisch in der Mehrheit der Fälle eindeutig zu Nordamerika gerechnet. Und auch bei politischen Themen wie Migration und Drogenhandel ist der südliche Nachbar der USA sicherlich mit einzubegreifen; ganz unabhängig davon, dass er Teil des Nordamerikanischen Freihandelsabkommens (NAFTA) ist. Mit Blick auf die politische Kultur, die Institutionenlandschaft und die Sprache, wird Mexiko jedoch oftmals (auch in diesem Band), dem lateinamerikanischen Kontext zugeordnet.

Politische, ökonomische und soziokulturelle Dimensionen einer Region sind also keineswegs deckungsgleich (vgl. hierzu auch Lammert und Vormann 2014). Weiter verkompliziert wird die politikwissenschaftliche Diskussion über Regionen und Regionalismen dadurch, dass mit dem Begriff Region auch auf die sich seit Mitte des 20. Jahrhunderts herausbildenden Stadtregionen – wie die Metropolregionen New York City, Los Angeles und Chicago (Abu-Lughod 1999; Scott 2008) – sowie auf wirtschaftsgeografische Regionalcluster – wie Silicon Valley oder der Mittleren Westen (Vormann 2014; Welz 2007) – und auf politisch-kulturelle subnationale Gesellschaften – wie den Süden der USA oder Québec (Gastil 1975; Lammert 2004; Grabb und Curtis 2005) – rekurriert wird.

Grundsätzlich lässt sich die Region Nordamerika, im hier verwendeten kontinentalen Sinne, durchaus als Ergebnis gemeinsamer historischer, ökonomischer, politischer und gesellschaftlicher Entwicklungen interpretieren. Allerdings existieren – nicht nur entlang der nationalstaatlichen, sondern auch auf subnationaler Ebene – institutionelle Unterschiede, voneinander abweichende kulturelle Identitäten und ökonomische Wirtschaftsräume, die immer auch zur Nuancierung einer solchen Verallgemeinerung führen müssen. Wenn es also möglich ist, die Region Nordamerika historisch als eine Einheit zu begreifen, haben sich in der gesellschaftlichen Entwicklung auf dem nordamerikanischen Kontinent, insbesondere seit der Zeit der Kolonialisierung und Landnahme politische Institutionen und Identitäten herausgebildet, die nach wie vor Bestand haben und das politische Leben prägen. Das Spannungsverhältnis zwischen regionaler Integration auf der einen und (sub)nationalen Differenzen auf der anderen Seite wird sich in absehbarer Zukunft deshalb nicht auflösen.

2 Region Nordamerika: Eine historisch-konzeptionelle Orientierung

In der Forschung werden zumeist ökonomische, sicherheits- und umweltpolitische Kooperationsfelder der Region Nordamerika thematisiert. Es kann allerdings zweifelsohne auch in anderen Kontexten von einer Region Nordamerika die Rede sein. An erster Stelle muss hier natürlich die geografische Situation genannt werden. Nordamerika kennzeichnen als eigenständigen Kontinent – von der europäischen Expansion bis ins 15. Jahrhundert durch den atlantischen Ozean geschützt und über (später entstehende) nationalstaatliche Grenzen hinweg – topografische Merkmale, die auch die gesellschaftlichen Entwicklungen Kanadas und der USA maßgeblich mitgeprägt haben. Dies gilt für die frühen Kolonien entlang der Ostküste ebenso wie für die Westexpansion – obgleich sie in den beiden Ländern nach anderen Mustern verlief – und den Ressourcenreichtum des enormen Kontinents. Grob vereinfacht lässt sich durchaus mit Recht behaupten, dass diese vergleichbaren historischen Entwicklungsmuster unter ähnlichen geografischen Voraussetzungen zu gemeinsamen Strukturmerkmalen gesellschaftlicher und politischer Organisation geführt haben. Sowohl Kanada als auch die Vereinigten Staaten sind Einwanderungsländer, haben liberale Marktwirtschaften und demokratisch-föderale politische Ordnungen und Identitäten.

> **Nordamerika als geografische Region**
> Nordamerika ist mit einer Erdoberfläche von 24.230.000 Quadratkilometern der drittgrößte Kontinent der Erde. Der Kontinent wurde nach dem Seefahrer Amerigo Vespucci benannt, der im frühen 16. Jahrhundert als erster Europäer die Auffassung vertrat, es handele sich bei der Landmasse um einen Doppelkontinent. Zur geografischen Region Nordamerika werden üblicherweise auch Grönland und Mexiko, teils auch mehrere Inselgruppen und mittelamerikanische Länder, gezählt. Politisch-kulturell beschränkt sich der Begriff zumeist auf die Vereinigten Staaten und Kanada. Addiert man die Bevölkerungszahlen von Kanada, den USA, Grönland und Mexiko, kommt man auf eine Gesamtbevölkerungszahl von 474 Mio. Einwohnern (hiervon leben etwa 319 Mio. in den USA, CIA Factbook 2014).

Immigration ist sowohl in den USA als auch in Kanada seit der Kolonialzeit eine die Gesellschaft maßgeblich beeinflussende Dynamik. Hierzu ist im Fall der Vereinigten Staaten auch der Sklavenhandel zu zählen, der als *Great Compromise* auch einen

Schatten auf die Verfassung der USA und deren Gründerväter geworfen hat. Dieser Makel hat bis zum heutigen Tag Konsequenzen für die US-amerikanische Bevölkerung. Doch auch in Kanada gibt es mit den frankofonen Bevölkerungsteilen – und den amerindianischen *First Nations* – ethnokulturelle Gruppen, die im Konflikt mit dem Föderalstaat und monolithischen Konzeptionen der Nation stehen. Diese mononationalistischen Tendenzen in beiden Ländern stehen in verschiedenen historischen Kontexten außerdem in einem Spannungsverhältnis mit den Einwanderungswellen aus verschiedenen Erdteilen. Es sind immer neue Arbeitskräfte in die Gesellschaften aufgenommen worden, welche sich wiederum im Prozess verändert haben. Diese ständige Bewegung und Infragestellung der nordamerikanischen Gesellschaften hat zum einen multikulturalistische Tendenzen, zum anderen Utopien über unbegrenzte Möglichkeiten in den Einwanderungsländern befeuert. Trotz dieses tendenziellen Pluralismus in der Zivilgesellschaft der USA und Kanadas verbindet beide Länder auch eine nichtsdestotrotz anhaltende ethnische Dominanz anglofoner Bevölkerungsgruppen – sowie eine restriktive oder zumindest selektive Einwanderungspolitik.

Im nordamerikanischen Raum haben sich außerdem ähnliche Wirtschaftssysteme etabliert, die in der vergleichenden wohlfahrtsstaatlichen Literatur als liberale Marktwirtschaften bezeichnet werden (Esping-Andersen 1990; Lammert und Grell 2013). Die liberale Tradition fußt sowohl in den USA als auch in Kanada auf einer breiten Mittelschicht, einer freien marktwirtschaftlichen Einstellung – seit der Zeit der Nationenbildung immer im Vergleich und in Abgrenzung zu den Klassen und gesellschaftlichen Unruhen des europäischen Kontinents, der sogenannten „Alten Welt" (Mayer 1979; Vormann 2012). Außerdem schlägt sich in den politischen Diskursen und Institutionen beider Länder, wenn auch in unterschiedlichem Ausmaß, eine grundsätzliche Skepsis gegenüber dem Staat und seiner gesellschaftspolitischen Rolle nieder.

Diese marktwirtschaftliche Orientierung ist Teil des liberalen Ideengebäudes, das die USA und Kanada eint. Louis Hartz (1955) zufolge bildeten die Gesellschaften der „Neuen Welt" Fragmente ihrer Ursprungsgesellschaft und entwickelten sich auf neuem Boden unabhängig und unberührt weiter – daher die Ähnlichkeit der beiden Gesellschaften. Im nordamerikanischen Kontext verkörperte der Liberalismus auf der Basis des Freiheitsbegriffs John Lockes laut Hartz also das entscheidende, von der „Alten Welt" übertragene, ideologische Konzept, das sich sowohl in Kanada als auch den USA ausprägte. Diese Form des Liberalismus umfasste Werte, die sich vor allem auf die Idee des rechtlich, wirtschaftlich und geistig unabhängigen Individuums stützten. Dementsprechend sind für Hartz auch die englischsprachigen Kanadier im Grunde genommen Individualisten mit egalitären Ansichten und demokratischem Geist. Unterschiede zu US-Amerikanern sind in seinen Augen lediglich eine Frage der Intensität.

> **Liberalismus**
> „Liberalismus ist eine politische Weltanschauung, die die Freiheiten des einzelnen Menschen in den Vordergrund stellt und jede Form des geistigen, sozialen, politischen oder staatlichen Zwangs ablehnt. Die vier wichtigsten Prinzipien des Liberalismus sind: a) das Recht auf Selbstbestimmung auf der Basis von Vernunft und Einsicht, b) die Beschränkung politischer Macht und c) die Freiheit gegenüber dem Staat, d) die Selbstregulierung der Wirtschaft auf der Basis persönlichen Eigentums" (Schubert und Klein 2011; vgl. auch Calhoun 2002, S. 273 f.).

Aus diesen gemeinsamen historischen Entwicklungslinien und Werteorientierungen des Liberalismus geht auch ein ähnliches Verständnis von Demokratie hervor. Angesichts vergleichbarer demografischer und territorialer Bedingungen haben sich in beiden Ländern föderale politische Systeme etabliert. Zudem unterscheiden sich beide Länder, insbesondere mit Blick auf die europäische Tradition, durch ein Misstrauen der Gliedstaaten gegenüber dem föderalen Zentralstaat. Elemente des zivilen Nationalismus sind aufgrund der bereits angesprochenen Einwanderungswellen und ethnisch diversen Bevölkerungszusammensetzung stark ausgeprägt. Das spiegelt sich auch wider im Gesellschaftsverständnis des *Melting Pot*[1] in den USA beziehungsweise des Multikulturalismus und Interkulturalismus in Kanada – Gesellschafts- und Identitätsmodelle, die teils auch Eingang in die föderale Ordnung gefunden haben (Karmis 2011).

Wenn Kanada und die USA sich also voneinander unterscheiden mögen, dann sind sie sich gegenseitig doch in vielen Fragen ähnlicher als europäischen und anderen Nationalstaaten (Grabb und Curtis 2005). Bereits Kenneth McRae hielt, wie Hartz, die Unterschiede zwischen Amerikanern und anglofonen Kanadiern in Bezug auf den Liberalismus für gering, sie lägen nur in der Kompromissbereitschaft und der Mäßigung und nicht in den liberalen Grundeinstellungen (McRae 1964). Ob die kontinentalen Strukturgemeinsamkeiten zwischen USA und Kanada – Einwanderungsdynamiken, wirtschaftliche und politische Organisation, und identitäres Selbstverständnis – die Basis eines kontinentalen Regionalismus

---

[1]Das Konzept des *Melting Pot* (Schmelztiegel) ist eine Metapher zur Beschreibung gesellschaftlicher Integration, in der die Einzelteile zu einem neuen Ganzen verschmelzen, wohingegen der im kanadischen Kontext verwendete Begriff des Mosaiks die bestehenden Differenzen und den gesellschaftlichen Pluralismus stärker betont.

bieten, der über ökonomische, sicherheits- und umweltpolitische Kooperation hinausgeht, ist jedoch bei näherer Betrachtung keineswegs offensichtlich.

3 Region Nordamerika versus geteilter Kontinent

Am weitesten regional integriert ist die wirtschaftliche Kooperation zwischen den USA und Kanada. Die beiden Länder sind füreinander und weltweit die größten Handelspartner. Mit dem U.S.-Canada Auto Pact von 1965, dem Freihandelsabkommen zwischen USA und Kanada von 1989 (FTA) und NAFTA von 1994, wurden tarifäre Handelshemmnisse zwischen den beiden Ländern (und Mexiko) schrittweise abgebaut mit der Folge eines kontinental integrierten Wirtschaftsraums. Der Güterhandel zwischen den USA und Kanada ist seit den 1980er Jahren – abgesehen von einem temporären Einbruch nach der Finanz- und Wirtschaftskrise von 2008 – kontinuierlich gestiegen. Seit der Implementierung haben sich Export- und Importvolumen nahezu verdreifacht (US Census 2014). Wenn es auch im Gegensatz zu Europa bislang keine Währungsunion gibt, hat sich ein weitgehend freier Handels- und Güterverkehr etabliert. Verstärkt wurde der ökonomische Regionalismus zu Beginn des 21. Jahrhunderts durch eine engere Kooperation zwischen den Handelskammern, Regulations- und Wettbewerbsbehörden und dem grenzüberschreitenden Ausbau von Transportinfrastrukturen.

Nordamerikanisches Freihandelsabkommen (NAFTA)
„Das Abkommen sah die Abschaffung aller Zölle und Handelsbeschränkungen vor. Hinzu kam die Liberalisierung aller Investitionen mit Ausnahme des Energiesektors in Mexiko und des Luftverkehrs und der Medien in Kanada und den USA. Mit der Einbeziehung von Dienstleistungen, dem Schutz geistigen Eigentums und Bestimmungen zum Arbeits- und Umweltrecht war NAFTA das erste Abkommen, das neue Formen der Integration vorsah und über den Güterhandel hinausging. Ausgeschlossen war nur die Freizügigkeit von Arbeitskräften; außerdem unterlagen Transportdienstleistungen erheblichen Beschränkungen. Bis auf einige sensitive Agrarprodukte läuft der Güterhandel im NAFTA-Raum zollfrei. Die komplizierten Ursprungsregeln – die Ware muss ein Ursprungserzeugnis eines der Vertragspartnerstaaten sein – schufen Hemmnisse, konnten aber den Aufschwung des Handels im NAFTA-Raum nicht wesentlich behindern. Die Liberalisierungsziele wurden innerhalb der Fristen erreicht" (Falke 2013, S. 819).

Begleitet wurde der ökonomische Regionalismus durch eine verstärkte sicherheitspolitische Zusammenarbeit in Nordamerika. So zum Beispiel im Falle des Nordamerikanischen Luft- und Weltraum-Verteidigungskommandos (NORAD), einem regionenspezifischen Militärprogramm zwischen den USA und Kanada; ferner im größeren Kontext der NATO, aber auch in bilateralen Abkommen über Grenzsicherheit, gemeinsame Kriminalitätsbekämpfung und Terrorabwehr. Zwischen Kanada und den Vereinigten Staaten verläuft die längste demilitarisierte Staatsgrenze der Welt. Seit den Anschlägen des 11. September 2001 ist eine enge Verzahnung zwischen sicherheits- und handelspolitischen Maßnahmen zu erkennen. Beispielsweise vereint der vom kanadischen Premierminister und US-amerikanischen Präsidenten 2011 vereinbarte Aktionsplan *Beyond the Border* die Früherkennung und -bekämpfung terroristischer und krimineller Aktivitäten mit Effizienzsteigerungen im zwischenstaatlichen Handel (White House 2012). Hier wird vor allem auf die Zusammenarbeit staatlicher und privater Akteure gesetzt (hierzu Vormann 2015a, b).

Auch wenn die USA und Kanada sicherlich nicht die globale umwelt- und klimapolitische Debatte anführen, sind zumindest auf bilateraler Ebene auch hier Ansätze regionaler Kooperation erkennbar – und dies auch schon mindestens seit dem Boundary Waters Treaty von 1909. Parallel mit dem nordamerikanischen Freihandelsabkommen trat am 1. Januar 1994 auch das North American Agreement on Environmental Cooperation zwischen den Regierungen Kanadas, den USA und Mexiko in Kraft. Auf nationalstaatlicher Ebene kooperieren die beiden Länder außerdem im Rahmen der Vereinten Nationen (VN), wo sie Gründungsmitglieder der Clean Air Coalition sind, ebenso wie im Rahmen der Commission for Environmental Cooperation oder der Migratory Birds Convention. Auf subnationaler Ebene scheint diese regionale Kooperation insbesondere entlang der gemeinsamen Grenze sogar noch stärker ausgeprägt zu sein. Zwischen US-amerikanischen Einzelstaaten und kanadischen Provinzen existieren bilaterale Abkommen und Vereinbarungen. Zudem organisieren sich Städte wie Vancouver, Houston, Los Angeles und Toronto seit 2005 im Rahmen der C40 Cities Climate Leadership Group um die Emission von Treibhausgasen zu bekämpfen.

Wir sehen in den Bereichen der Handels-, Sicherheits- und Umweltpolitik demnach eindeutig Formen regionaler Integration. Ob das aber ein Vorzeichen einer nordamerikanischen Integration nach dem Vorbild Europas sein könnte, ist, betrachtet man die kontinentalregionalen Unterschiedlichkeiten in Politik und Kultur genauer, durchaus zu bezweifeln.

Zum einen sehen wir mit den indigenen Völkern Nordamerikas und der Frankofonie ergänzende beziehungsweise alternative Formen supranationaler regionaler Kooperation. In diesen teils konkurrierenden Regionalmodellen steht vor allem die politisch-identitäre Dimension im Vordergrund. Diese Zusammenschlüsse gehen zwar über die jeweiligen nationalstaatlichen Territorien Kanadas und der USA hinaus, können aber nicht im Sinne eines kontinentalen Regionalismus verstanden werden. Sowohl die Frankofonie – allem voran in der Internationalen Organisation der Frankofonie (OIF) – als auch die Autochthonen – beispielsweise im Rahmen des Wirtschafts- und Sozialrats der VN in einem ständigen Forum für indigene Angelegenheiten – sind global vernetzt und orientieren sich nicht am kontinental-regionalen Horizont.

Nimmt man die diasporischen Netzwerke (Cohen 2008) mit in den Blick ergibt sich ein noch viel komplexeres Bild des nordamerikanischen Kontinents, das mit einer homogenen regionalen Integration kaum vereinbar ist. Dies gilt umso mehr für subnationale Regionalidentitäten wie Québec, den US-amerikanischen Süden oder Akadien, die sich teils sogar explizit gegen nationalstaatliche und supranationale Integration aussprechen (Kolboom 2005). Insbesondere am Beispiel Québecs wird deutlich, wie die Legitimation eigener staatlicher Institutionen innerhalb des föderalen Systems eben genau aus dieser Abgrenzung zum übergeordneten Nationalstaat, zur anglofonen Gesellschaft und zur nordamerikanischen Integration resultiert (Vormann und Lammert 2014) – und nicht in Bezug auf die kontinentale Makroregion.

Auch für die beiden Nationalstaaten USA und Kanada lassen sich ähnlich unversöhnliche Dynamiken aufzeigen, die eine umfassendere regionale Integration grundlegend erschweren. Nicht nur waren mehrere Kolonialmächte an der Besiedlung des Kontinents beteiligt, die miteinander im Wettstreit lagen. Auch nach der Staatenbildung der USA im 18. Jahrhundert und Kanadas im 19. Jahrhundert geschah die Herausbildung politischer Identitäten und Institutionen in Abgrenzung zu einander und zum kolonialen Ursprungsland. Es ließe sich sogar behaupten, dass vor dieser Nationenbildung, mit der kontinentalen Ausdehnung Neufrankreichs bis zum Golf von Mexiko ein höherer Grad an regionaler Integration existierte als in der Gegenwart.

Auch wenn Kanada und die USA also eine gemeinsame liberale politische Kultur teilen, haben sie, insbesondere nach der US-amerikanischen Revolution, historisch unterschiedliche Wege eingeschlagen, die sich in den nationalstaatlichen Institutionen eingeschrieben haben (Merelman 1991). Seymour Martin Lipset beispielsweise, ein prominenter Vertreter dieses Arguments, führt die unterschiedlichen historischen Verlaufskurven der USA und Kanadas auf die jeweilige Bedeutung der revolutionären US-amerikanischen Unabhängigkeitsbewegung zurück. Die US-amerikanische Revolution sei die bis dahin historisch beispiellose Lossagung einer Kolonie von ihrem Kolonisator und die Vereinigten Staaten damit als „erste neue Nation" der modernen Welt „qualitativ unterschiedlich von allen anderen Ländern" (Lipset 1996, S. 77 f.). Kanada hingegen musste sich als konterrevolutionäres Gegenstück zu den Vereinigten Staaten behaupten. Die Entscheidung gegen den Unabhängigkeitskrieg war daher auch ein explizites politisches Statement der kanadischen Bevölkerung, die konservativen Werte der britischen Krone denen der Revolution vorzuziehen. Somit entwickelten sich die Grundwerte der beiden Nationen gegenläufig. Während in den Vereinigten Staaten gleiche politische Rechte der freien Staatsbürgerschaft und eine ausgeprägte Neigung zur Chancengleichheit vorherrschten, blieb in Kanada ein System der Eliten bestehen, dessen Gesellschaft politisch ein Subjekt der monarchischen Regierungsform und wirtschaftlich der traditionellen Rangordnungen blieb.

Den Schlüsselelementen der US-amerikanisch-liberalen Grundüberzeugungen (des „American Creed") sind also im Sinne Lipsets die kanadischen Grundwerte entgegengerichtet. Der Idee des freien Markts und des *Laissez-faire*-Kapitalismus ziehen Kanadier in wirtschaftlichen Belangen den Etatismus vor. Der Chancengleichheit (die in den Vereinigten Staaten aber keine Gleichheit der Resultate bedingt) wird durch die Regierung nachgeholfen, die darüber hinaus versucht, auch die Kluft zwischen Arm und Reich zu überbrücken. Die möglichen unerwünschten Auswirkungen uneingeschränkter Freiheit werden in Kanada durch etablierte, gesetzlich fixierte Rechte und Pflichten im Zaum gehalten, während im Gegensatz zu US-amerikanischen Bürgern das Individuum dem Kollektiv und dem Gemeinwohl eher verpflichtet ist (Grabb und Curtis 2005).

Wenn man über eine gemeinsame regionale Integration nachdenkt, setzt das auch ein Einverständnis über grundlegende politische Organisationsprinzipien, Werteorientierungen und Gesellschaftskonzepte voraus. Hier zeigen sich jedoch in den zwei nationalen Kontexten große Unterschiede, die sich in unterschiedlichen Vorstellungen zur Umverteilung, zur Rechtfertigung politischer Autorität und der föderalen Ordnung niederschlagen (Lipset 1990). Hier ließe sich jedoch – gerade vor dem historischen Hintergrund der europäischen Integration – noch argumentieren, dass derartige Unterschiede kein unüberwindbares Hindernis sein müssen. Und in der Tat erkennen wir, beispielsweise mit der Canadian Charter of Rights and Freedoms (1982) einen gewissen Konvergenzprozess Kanadas an die individualistische Verfassungsordnung der USA.

Fast unvorstellbar hingegen ist angesichts der ungleichgewichtigen Machtverteilung in Wirtschaft, Politik und Militär zwischen USA und Kanada, dass eine verstärkte regionale Integration im gleichberechtigten Sinne stattfinden könnte. Dies wird besonders deutlich in den oben angesprochenen sicherheitspolitischen Kooperationen zwischen den beiden Ländern, die in erster Linie den Versuch der Vereinigten Staaten darstellen, die eigenen Grenzen in Folge des 11. Septembers 2001 nach außen zu verlagern (White House 2002). Diese Vormachtstellung der USA drückt sich in nationalen Mythen und Konzepten des Exzeptionalismus – also der nationalen Einzigartigkeit und Überlegenheit – aus, den man angesichts des globalen Hegemonieanspruchs wenig gewillt sein wird, in naher Zukunft infrage zu stellen (Fluck 2016). Es scheint sich die These eines „stabilen Ungleichgewichts" (Fox 1985) zu bewahrheiten, das in beiderseitigem Interesse eine Arbeitsteilung, insbesondere in der Außenpolitik, darstellt. Wenn demnach ein institutioneller Zusammenschluss auf supranationaler Ebene gegenwärtig äußerst unwahrscheinlich scheint, dann ist die deutlichste Konstante die politische Stabilität zweier ungleicher Partner.

4 Auf dem Weg zu einem nordamerikanischen Regionalismus?

Nordamerika ist gleichzeitig viel mehr und viel weniger als eine Region. Aus der Perspektive der komparativen Regionalismusforschung der IB-Literatur ist diese Weltregion spätestens seit Ende des Zweiten Weltkriegs in der Sicherheits- und Wirtschaftspolitik das globale Machtzentrum. Verbunden mit dieser Dominanz in Ökonomie, Politik und Kultur ist ein globales Sendungsbewusstsein, das über die territorialen Grenzen Nordamerikas hinausweist. Zugleich aber geht diese weltpolitische Bedeutung von der Vormachtstellung der USA aus, die zugleich das größte Hindernis bei einer kontinentalregionalen Integration darstellt. Dieses Ungleichgewicht zwischen den USA und Kanada scheint zwar der Grund für regionale Stabilität zu sein, unterminiert zugleich jedoch Ansätze eines tiefer gehenden Regionalismus.

Auch wenn also Formen regionaler Integration beobachtet werden können, muss konstatiert werden, dass die skizzierte Vormachtstellung der USA einer weiterreichenden makroregionalen Institutionalisierung im Stil der Europäischen Union (EU) klar im Wege steht. Diese Ambivalenz spiegelt sich auch in der Außenwahrnehmung der Region Nordamerika wider. Hier überwiegt nach wie vor das Denken in nationalstaatlichen Kategorien. Beispielsweise führt die EU gleichzeitig unabhängig voneinander Verhandlungen über Freihandelsabkommen mit den USA und Kanada, statt eine gemeinsame europäisch-nordamerikanische Freihandelszone anzustreben (vgl. hierzu auch Falke in diesem Band). Selbst im universitären Kontext findet diese nationalstaatliche Unterscheidung Ausdruck in den unterschiedlichen Studiengängen der Amerikanistik und Kanadistik. Selbst wo von Nordamerikastudien und *American Studies* gesprochen wird, stehen die USA bisweilen im Zentrum des Forschungsinteresses. Und selbst im täglichen Sprachgebrauch – in Zeitungen und im Fernsehen – meint man mit „Amerika" nicht die Region Nordamerika, sondern die USA.

Basisliteratur

De Tocqueville, Alexis. 1986. *Über die Demokratie in Amerika*. Stuttgart: Reclam. *‚Über die Demokratie in Amerika' des französischen Aristokraten Alexis de Toqueville gilt als Schlüsseltext der vergleichenden Politikwissenschaften und Ursprung des Konzeptes des US-amerikanischen Exzeptionalismus.*
Hartz, Louis. 1955. *The liberal tradition in America: An interpretation of American political thought since the revolution*. New York: Harcourt & Brace. *Louis Hartz ist für seine monokausale Darstellung der US-amerikanischen Geschichte in diesem Text oft kritisiert worden. Dennoch hat er die Perspektive der Amerikaforschung der Nachkriegszeit maßgeblich geprägt.*
Lammert, Christian, Markus Siewert, und Boris Vormann, Hrsg. 2015. *Handbuch Politik USA*. Wiesbaden: Springer VS. *Ein Überblickswerk über die wichtigsten Akteure, Institutionen und Prozesse der Politik in den Vereinigten Staaten.*
Lipset, Seymour Martin. 1990. *Continental divide: The values and institutions of the United States and Canada*. New York: Routledge. *Wie Hartz und Tocqueville als Primärtext zu lesen, der den Exzeptionalismus nicht als Überlegenheit sondern als Andersheit begreift.*

Webseiten

http://www.britannica.com/EBchecked/topic/418612/North-America.
https://www.cia.gov/library/publications/the-world-factbook/wfbExt/region_noa.html.
http://www.worldatlas.com/webimage/countrys/na.htm.
https://www.destatis.de/DE/ZahlenFakten/LaenderRegionen.
http://www.politische-bildung.de/international_laender.html.
http://www.statcan.gc.ca.
http://www.census.gov/.
http://www.francophonie.org/.
http://topics.bloomberg.com/north-america/.

Verwendete Literatur

Abu-Lughod, Janet L. 1999. *New York, Chicago, Los Angeles. America's global cities*. Minneapolis: University of Minnesota Press.
Börzel, Tanja A. 2013. Comparative regionalism: European integration and beyond. In *Handbook of international relations*, Hrsg. Walter Carlsnaes, Thomas Risse, und Beth Simmons, 503–531. London: Sage.
Calhoun, Craig, Hrsg. 2002. *Dictionary of the social sciences*. Oxford: Oxford University Press.
CIA Factbook. 2014. North America. https://www.cia.gov/library/publications/the-world-factbook/wfbExt/region_noa.html.

Cohen, Robin. 2008. *Global diasporas. An introduction.* London: Routledge.
Esping-Andersen, Gøsta. 1990. *The three worlds of welfare capitalism.* Cambridge: Polity Press.
Falke, Andreas. 2013. North American free trade agreement (NAFTA). In *USA-Lexikon*, Hrsg. Christof Mauch und Rüdiger B. Wersich, 819–822. Berlin: Schmidt.
Fluck, Winfried. 2016. American Exceptionalism: Ein Schlüssel zum amerikanischen Selbstverständnis. In *Handbuch Politik in den USA*, Hrsg. Christian Lammert, Markus Siewert, und Boris Vormann, 15–28. Wiesbaden: Springer VS.
Fox, William T. R. 1985. *A continent apart. The United States and Canada in world politics.* Toronto: University of Toronto Press.
Gastil, Raymond D. 1975. *Cultural regions of the United States.* Seattle: University of Washington Press.
Grabb, Edward, und James Curtis. 2005. *Regions apart. The four societies of Canada and the United States.* New York: Oxford University Press.
Karmis, Dimitrios. 2011. Pluralismus und nationale Identität(en) im gegenwärtigen Québec: Konzeptuelle Erläuterungen, Typologie und Diskursanalyse. In *Québec. Staat und Gesellschaft*, Hrsg. Alain-G. Gagnon, Ingo Kolboom, und Boris Vormann, 111–144. Heidelberg: Synchron.
Kolboom, Ingo. 2005. Die Akadier – Frankreichs vergessene Kinder. Der lange Weg zu einer Nation ohne Grenzen. In *Akadien, ein französischer Traum in Amerika. Vier Jahrhunderte Geschichte und Literatur der Akadier*, Hrsg. Ingo Kolboom und Roberto Mann, 5–322. Heidelberg: Synchron.
Lammert, Christian. 2004. *Nationale Bewegungen in Québec und Korsika 1960–2000.* Frankfurt a. M.: Campus.
Lammert, Christian, und Britta Grell. 2013. *Sozialpolitik in den USA. Eine Einführung.* Wiesbaden: Springer VS.
Lammert, Christian, und Boris Vormann. 2015. Has Quebecois separatism run its course? New chances for cooperative arrangements in Canada. *Zeitschrift für Kanada-Studien* 35 (64): 45–62.
Lipset, Seymour Martin. 1990. *Continental divide: The values and institutions of the United States and Canada.* New York: Routledge.
Lipset, Seymour Martin. 1996. *American exceptionalism: A double-edged sword.* New York: Norton.
Mayer, Margit. 1979. *Die Entstehung des Nationalstaates in Nordamerika.* Frankfurt a. M: Campus.
McRae, Kenneth. 1964. The founding of new societies. In *The structure of Canadian history*, Hrsg. Louis Hartz, Kenneth D. McRae, Richard M. Morse, Richard N. Rosecrance, und Leonard M. Thompson, 219–275. New York: Harcourt, Brace, and World.
Merelman, Richard M. 1991. *Partial visions. culture and politics in Britain, Canada, and the United States.* Madison: University of Wisconsin Press.
Puchala, Donald J. 1972. Of blind men, elephants, and international integration. *Journal of Common Market Studies* 10 (3): 267–284.
Sbragia, Alberta. 2008. Comparative regionalism: What might it be? *Journal of Common Market Studies 46 (Issue Supplement)* 46 (s1): 29–49.
Schubert, Klaus, und Martina Klein. 2011. Das Politiklexikon. http://www.bpb.de/nachschlagen/lexika/politiklexikon/17794/liberalismus.
Scott, Allen J. 2008. *Global city-regions. Trends, theory, policy.* Oxford: Oxford University Press.

US Census. 2014. Trade in goods with Canada. US census. http://www.census.gov/foreign-trade/balance/c1220.html#2012.

Vormann, Boris. 2012. *Zwischen Alter und Neuer Welt. Nationenbildung im transatlantischen Raum.* Heidelberg: Synchron.

Vormann, Boris. 2015a. Stadt- und Regionalpolitik in den USA: Globale Ströme und lokale Verankerung. In *Handbuch Politik in den USA*, Hrsg. Christian Lammert, Markus Siewert, und Boris Vormann, 403–420. Wiesbaden: Springer VS.

Vormann, Boris. 2015b. *Global port cities in North America: Urbanization processes and global production networks.* New York: Routledge.

Vormann, Boris, und Christian Lammert. 2014. A paradoxical relationship? Regionalization and Canadian national identity. *American Review of Canadian Studies* 44 (4): 385–399.

Welz, Wolfgang. 2007. Die bundesstaatliche Struktur. In *Regierungssystem der USA*, Hrsg. Wolfgang Jäger, Christoph M. Haas, und Wolfgang Welz, 69–98. Oldenbourg: München.

White House. 2002. The national security strategy of the United States of America. http://www.state.gov/documents/organization/63562.pdf.

White House. 2012. Beyond the border implementation report. http://www.whitehouse.gov/sites/default/files/docs/btb_implementation_report.pdf.

Über die Autoren

Prof. Dr. Christian Lammert ist Professor für die Politik Nordamerikas an der Freien Universität Berlin.

Prof. Dr. Boris Vormann ist Gastprofessor am John-F.-Kennedy-Institut an der Freien Universität Berlin.

Lateinamerika

Detlef Nolte

Zusammenfassung

Lateinamerika zeichnet sich seit den 1990er Jahren durch eine wachsende Zahl von Regionalorganisationen aus, welche der geografischen Region politisch Gestalt gegeben, sie aber auch in verschiedene wirtschaftliche und politische Subregionen fragmentiert haben. Als ein Ergebnis hat sich Südamerika als eigenständige politische Subregion konstituiert und konsolidiert. Lateinamerika ist ein Beispiel für einen pluralistischen Regionalismus, d. h. verschiedene Regionalorganisationen bestehen nebeneinander und konkurrieren zuweilen miteinander. Zugleich überlagern sich kontinentale und subregionale Formen der regionalen Kooperation. Lateinamerika muss immer auch als Teil der Amerikas gesehen werden, und die USA sind ein wichtiger Bezugspunkt lateinamerikanischer Integrationsbestrebungen. Im Ergebnis ergibt sich ein komplexes Bild des lateinamerikanischen Regionalismus, was zu sehr unterschiedlichen Interpretationen führt.

1 Regionalismus in den Amerikas

Historisch gesehen gab es schon immer eine Überlappung von subregionaler Kooperation in Lateinamerika und kontinentaler Kooperation in den Amerikas. Die Bestrebungen zu einer kontinentalen Kooperation (Panamerikanismus)

D. Nolte (✉)
Leibniz-Institut für Globale und Regionale Studien, Hamburg, Deutschland
E-Mail: detlef.nolte@giga-hamburg.de

reichen bis weit in das 19. Jahrhundert zurück. Auch die Monroe-Doktrin, obwohl einseitig von den USA verkündet und zunächst ohne Durchsetzungsmöglichkeit, kann mit ihrem Anspruch der Abgrenzung einer Region gegen äußere Einmischung („Amerika den Amerikanern") der kontinentalen Kooperation zugeordnet werden. Beispiele aus der jüngeren Vergangenheit sind die 1948 gegründete Organisation Amerikanischer Staaten (OAS) oder die, Anfang der 1990er Jahre gestartete Initiative zur Schaffung einer amerikanischen Freihandelszone.

Die große Zahl lateinamerikanischer Einwanderer (aber auch aus der englischsprachigen Karibik) und deren Nachkommen in den USA sind – neben den noch anhaltenden Migrationsströmen – ein weiteres Bindeglied in den Amerikas. Zur Zeit leben bereits 55 Mio. so genannter *Hispanics* in den USA. Ihr Anteil an der Bevölkerung soll nach Schätzungen der US-amerikanischen Zensus-Behörde von 17,4 % (2014) bis 2060 auf fast 30 % anwachsen. Viele der legalen und illegalen lateinamerikanischen Einwanderer unterhalten weiterhin enge Beziehungen zu ihren Heimatländern, etwa in der Form von regelmäßigen Geldüberweisungen (span. *remesas*/engl. *remittances*) an Familienangehörige.

Im politischen Sprachgebrauch wird vor allem in den USA auch der Begriff der *Western Hemisphere* verwendet. Die Beziehungen zu Kanada, Lateinamerika und der Karibik werden beispielsweise im US-amerikanischen Außenministerium im *Bureau of Western Hemisphere Affairs* gebündelt. Neuerdings wird sowohl im englischen als auch im spanischen Sprachgebrauch häufig der Begriff der Amerikas *(Americas; Américas)* benutzt – etwa im Hinblick auf die Gipfeltreffen der Amerikas *(Summits of the Americas/Cumbres de las Américas)* oder die gescheiterte Freihandelszone der Amerikas (FTAA – *Free Trade Area of the Americas*).

Der Begriff Lateinamerika, der erstmals Mitte des 19. Jahrhunderts von französischen Autoren eingeführt wurde, wird demgegenüber zur Abgrenzung der spanisch- und portugiesischsprachigen Länder von den englischsprachigen Ländern (Angloamerika) verwendet. Regionalorganisationen wie die Gemeinschaft der lateinamerikanischen und karibischen Staaten Lateinamerikas (Comunidad de Estados Latinoamericanos y Caribeños, CELAC) schließen die USA und Kanada bewusst aus, stellen aber eine Brücke zur englischsprachigen Karibik her. Je nachdem in welchem Rahmen die regionalen Treffen von Regierungschefs in den Amerikas stattfinden, definiert sich die Region anders.

Nimmt man politisch-geografische und politisch-ökonomische Kriterien zum Maßstab, dann lassen sich grob Nordamerika (unter Einschluss Mexikos; vgl. Pastor 2011), Zentralamerika, die Karibik und Südamerika unterscheiden. Dies spiegelt sich in Regionalorganisationen und regionalen Handelsabkommen wider (vgl. Tab. 1).

Lateinamerika

Tab. 1 Wichtige Regionalorganisationen und -abkommen in den Amerikas. (Quelle: Eigene Darstellung)

Name	Zahl der Mitgliedsländer/ Unterzeichner (Vollmitglieder)	Gründungsjahr
Amerikas		
Organisation Amerikanischer Staaten (OAS)	35	1948
Lateinamerika und Karibik		
Gemeinschaft der lateinamerikanischen und karibischen Staaten (CELAC)	33	2010
Bolivarianische Allianz für die Völker unseres Amerika – Handelsvertrag der Völker (ALBA-TPC)	11	2004
Pazifikallianz (AP)	4	2012
Nordamerika		
Nordamerikanisches Freihandelsabkommen (NAFTA)	3	1994
Zentralamerika		
Zentralamerikanisches Integrationssystem (SICA)	8	1991
Karibik		
Vereinigung karibischer Staaten (ACS)	25	1994
Karibische Gemeinschaft und gemeinsamer Markt (CARICOM)	15	1974
Organisation Ostkaribischer Staaten (OECS)	7	1981
Südamerika		
Union der Südamerikanischen Nationen (UNASUR)	12	2008
Gemeinsamer Markt des Südens (Mercosur)	5	1991
Andengemeinschaft (CAN) bis 1996 Andenpakt	4	1969

2 Wirtschaftliche Vernetzung in der Region

Die wirtschaftliche Vernetzung ist eine wichtige Voraussetzung für regionale Kooperations- und Integrationsprojekte. Die Handelsströme zeigen, dass der Anteil des intraregionalen Handels in Lateinamerika und in den verschiedenen Subregionen und Integrationszusammenschlüssen vergleichsweise gering ist – sehr viel niedriger als in Europa, Asien oder auch innerhalb der NAFTA. Im Jahr 2012 lag der Anteil des intraregionalen Handels im Mercosur und in der Andengemeinschaft bei gerade 11 % beziehungsweise 7 %. In der NAFTA (48 %) und in den Amerikas (54 %) war der Anteil wesentlich höher. Dies ist vor allem auf die umfangreichen Exporte der USA nach Lateinamerika (und Kanada) und die lateinamerikanischen Exporte in die USA zurückzuführen. Dabei ist die Vernetzung mit den USA in Zentralamerika und der Karibik größer als in den meisten südamerikanischen Ländern (Tab. 2).

Aus einer rein ökonomischen Perspektive wäre eine gesamtamerikanische Freihandelszone sinnvoller als die unterschiedlichen subregionalen Integrationsprojekte in Lateinamerika. Aber diese Projekte unterliegen nicht allein einer ökonomischen Zielsetzung, sie sind vielmehr das Ergebnis der auf die Region bezogenen außenpolitischen Strategien der beteiligten Regierungen.

Der lateinamerikanische Regionalismus fokussiert sich bewusst nicht auf Handel und die Schaffung gemeinsamer Märkte. Es lässt sich sogar argumentieren: Da der Anteil des intraregionalen Handels niedrig ist, besteht in Lateinamerika weniger Bedarf an einer Institutionalisierung der ökonomischen Integration und an entsprechenden Organisationen. Stattdessen treten viele lateinamerikanische Regierungen für eine explizit politische Agenda ein mit dem Ziel, der Region

Tab. 2 Anteil des intraregionalen Handels in Lateinamerika und den Amerikas (2012). (Quelle: IADB Latin American Trade Trend Estimates 2012, Washington DC: IADB 2012)

	Intra-Handel (Anteil Exporte)	Exporte nach Lateinamerika	Exporte in die NAFTA	Exporte mit Ziel Amerikas
Mercosur	11	22	18	39
Andengemeinschaft	7	28	33	61
SICA	26	39	38	74
Lateinamerika	18	18	42	59
NAFTA	48	18	48	57
Amerikas	54	19	42	54

eine politische Identität und größeren Handlungsspielraum in der internationalen Politik zu geben. Und sie streben eine zunehmende Kooperation in Feldern an, die nicht direkt den Handel betreffen (wie etwa die regionale Energieversorgung, die regionale Infrastruktur oder die regionale Sicherheit). In Lateinamerika werden deshalb häufig in Abgrenzung zu Handelsliberalisierung und wirtschaftlicher Integration Begriffe wie „post-liberaler Regionalismus" und „positive Regionalisierung" verwendet.

Unbestreitbar hat die politische Vernetzung und Kooperation in Lateinamerika (aber auch in den Amerikas) zugenommen. So gab es allein zwischen 2004 und 2012 vier Gipfel der Amerikas, sechs lateinamerikanische, 29 südamerikanische und 52 zentralamerikanische Gipfeltreffen. Hinzu kommen neun Präsidentengipfel der Andenländer, 18 karibische Gipfel, 18 Gipfel der ALBA-Staaten und acht iberoamerikanische Gipfel (unter Beteiligung Spaniens und Portugals). Das ergibt insgesamt 144 Präsidentengipfel in neun Jahren. Darüber hinaus finden regelmäßig Ministertreffen statt (zurzeit in 33 Politikbereichen), die teilweise parallel verlaufen (im Ergebnis summieren sich diese auf 126 Ministertreffen) und an denen acht sich teilweise überlagernde Regionalorganisationen beteiligt sind (Portales 2014). Man kann diese Treffen als Indikator für eine enge politische Vernetzung in unterschiedlichen Politikfeldern ansehen, die zur Herausbildung (sub-) regionaler Identität(en) beitragen. Kritisch stellt sich die Frage, ob die vielen Treffen nicht die Handlungskapazität (Zeit und Personal) der Regierungen – zumindest von kleineren Ländern – überfordern.

3 Der offene Regionalismus in den Amerikas

Der gesamte Zeitraum seit 1990 war gekennzeichnet von einer Sequenz verschiedener regionaler Kooperationsprojekte in Lateinamerika (und der Karibik), die unterschiedliche geoökonomische und geopolitische Interessenlagen widerspiegeln. Während es 1990 nur sieben übergreifende Regionalorganisationen in Lateinamerika und der Karibik gab, nahm deren Zahl bis 2012 auf 13 zu. Unter den neu gegründeten Organisationen hervorzuheben sind: die Vereinigung der Karibikstaaten (ACS – Association of Caribbean States; gegründet 1994), der sowohl englischsprachige als auch spanischsprachige Karibikstaaten (einschließlich Kolumbien und Venezuela) angehören, der Gemeinsame Markt des Südens (Mercosur – Mercado Común del Sur; gegründet 1991), die bolivarianische Allianz (ALBA-TCP – Alianza Bolivariana para los Pueblos de Nuestra América – Tratado de Comercio de los Pueblos; gegründet 2004), die Union der Südamerikanischen Nationen (UNASUR – Unión de Naciones Suramericanas; gegründet 2008), die

Gemeinschaft der lateinamerikanischen und karibischen Staaten (CELAC – Comunidad de Estados Latinoamericanos y Caribeños; gegründet 2010) und die Pazifikallianz (AP – Alianza del Pacifico; gegründet 2012). Es ist wichtig auf den dynamischen Charakter des lateinamerikanischen Regionalismus und der entsprechenden regionalen Architektur hinzuweisen. Ältere Regionalorganisationen verschwinden nicht notwendigerweise, wenn neue entstehen. Es gibt keinen Prozess der Substitution, sondern es existieren alte und neue Regionalorganisationen nebeneinander.

Die Proliferation von Regionalorganisationen in den Amerikas (und besonders in Lateinamerika) in den 1990er Jahren und nach der Jahrtausendwende war ein Prozess, der einerseits geografische (Sub-)Regionen politisch strukturierte und konsolidierte, insofern diese Regionen eine Identität (bzw. einen politischen Akteur-Status in der internationalen Politik) als soziale Konstrukte erhielten. Aber diese neuen Regionalorganisationen führten auch zu einer Aufspaltung und Fragmentierung Lateinamerikas in Subregionen. Als beispielsweise Mexiko, die USA und Kanada das NAFTA-Abkommen unterzeichneten, wurde Mexiko noch stärker mit den USA vernetzt, gleichzeitig entfernte es sich vom Rest Lateinamerikas und insbesondere von Südamerika, ein Prozess, den Brasilien sich zu Nutzen machte und unterstützte, um seine Vormachtstellung im südlichen Lateinamerika zu konsolidieren. Das Beispiel zeigt, dass Regionalmächten wie Brasilien zentrale Bedeutung bei der Abgrenzung und institutionellen Konsolidierung von Regionen zukommt. Aber auch die USA sind ein wichtiger Mitspieler.

Der Vertrag über die Schaffung einer nordamerikanischen Freihandelszone (NAFTA – North American Free Trade Agreement) trat 1994 in Kraft und konsolidierte eine nordamerikanische Wirtschaftsregion (vgl. hierzu Lammert und Vormann in diesem Band). Gleichzeitig propagierte die US-amerikanische Regierung die Idee einer Freihandelszone (FTAA), die von Alaska bis Feuerland reichen sollte. Diese Idee war auch ein zentrales Thema auf dem ersten „Gipfel der Amerikas" in Miami 1994 (weitere folgten 1998 in Santiago de Chile und 2001 in Quebec), an dem alle Regierungschefs aus Lateinamerika (mit Ausnahme Kubas), der Karibik, der USA und Kanadas teilnahmen. Ursprünglich wurde die Idee von nahezu allen lateinamerikanischen Regierungen unterstützt. Für einen kurzen Zeitabschnitt vereinte der so genannte „Washington Consensus" – benannt nach dem wirtschaftlichen Leitmodell der in Washington ansässigen Finanzorganisationen (IWF, Weltbank) und der US-amerikanischen Regierung – die Amerikas hinter dem gleichen (neo-)liberalen Wirtschaftsmodell. In der gleichen Periode wurde die Organisation Amerikanischer Staaten (OAS), die 1948 als eine der weltweit ältesten Regionalorganisationen gegründet worden war, modernisiert. Die lateinamerikanischen Staaten erhielten mehr Einfluss und der aktiven Verteidigung von Demokratie und Menschenrechten (etwa über das interamerikanische Menschenrechtssystem) wurde mehr Bedeutung zugemessen. Die Demokratisierungsprozesse in Lateinamerika erleichterten die regionale Kooperation. Regionalorganisationen wurden zunehmend auch als Instrumente zur Verteidigung der Demokratie angesehen, indem sie Klauseln zum Schutz derselben und zu Sanktionen bei Verletzungen der verfassungsmäßigen Ordnung verabschiedeten (OAS Resolution 1080 von 1991). Nachdem Kanada 1990 beigetreten war, verwandelte sich die OAS zu einer allumfassenden Regionalorganisation der Amerikas. Es gab einen Grundkonsens zwischen den USA und den meisten lateinamerikanischen Ländern im Hinblick auf demokratische Werte und Wirtschaftsliberalismus.

Darüber hinaus erleichterte die ökonomische Liberalisierung im Rahmen des „Washington Konsensus" die wirtschaftlichen Kooperations- und Integrationsprojekte innerhalb Lateinamerikas, die sich am von der CEPAL (Ökonomische Kommission der Vereinten Nationen für Lateinamerika und die Karibik) mit Sitz in Santiago de Chile propagierten Leitbild des „offenen Regionalismus" orientierten. Dieser zielte auf die Schaffung größerer und effizienterer Märkte mittels einer zunächst regional begrenzten Handelsliberalisierung. Langfristiges Ziel war jedoch eine erfolgreiche Integration in die Weltwirtschaft. Zugleich erwies sich der „offene Regionalismus" in Lateinamerika als förderlich für die Herausbildung und Konsolidierung von ökonomischen und politischen (Sub-)Regionen.

Die regionalen Kooperationsprojekte waren in den 1990er Jahren vor allem wirtschaftliche Integrationsprojekte. Exemplarisch dafür ist der Gemeinsame Markt des Südens (Mercosur), ein argentinisch-brasilianisches Projekt, das 1991 initiiert wurde, mit dem Ziel über die Zwischenschritte einer Freihandelszone und einer Zollunion einen gemeinsamen Markt zu schaffen, der außerdem Paraguay und Uruguay einbeziehen sollte. Chile wurde bald assoziiertes Mitglied des Mercosur. Andere Regionalorganisationen wie der Andenpakt veränderten ihren Namen (in Andengemeinschaft) und ihre Ziele. In einigen Fällen half die engere wirtschaftliche Zusammenarbeit dabei, historisch weit zurückreichende Grenzprobleme zu lösen – wie im Falle Argentiniens und Chiles – oder die Zusammenarbeit weitete sich auf den Verteidigungs- und Sicherheitsbereich aus, wie im Fall Argentiniens und Brasiliens beziehungsweise Argentiniens und Chiles.

Das dominierende Integrationsparadigma der 1990er Jahre – der „offene Regionalismus" – schloss eine gleichzeitige subregionale und kontinentale Integration nicht grundsätzlich aus. Im Gegenteil, beide Prozesse wurden von PolitikerInnen und WissenschaftlerInnen als sich wechselseitig verstärkend angesehen. Die Beziehungen zwischen den Regionalorganisationen waren weitgehend auf Kooperation und Arbeitsteilung angelegt. So hatten der Mercosur und die

Andengemeinschaft zwar ähnliche Ziele (einen gemeinsamen Markt), konkurrierten aber nicht um Mitglieder, sondern waren bestrebt zusammenzuarbeiten. Beide Organisationen umfassten bis auf Surinam, Guyana und Chile alle südamerikanischen Staaten. In den 1990er Jahren gab es jedoch keine umfassende südamerikanische Organisation, Südamerika war vielmehr ein in Subregionen segmentierter Wirtschaftsraum.

Zwischen engerer wirtschaftlicher Integration, Demokratie und sicherheitspolitischer Kooperation in Lateinamerika bestand eine Wechselbeziehung. Die Demokratisierungsprozesse der 1980er Jahre hatten die engere Kooperation im Wirtschaftsbereich sicherlich erleichtert. Bereits zuvor galt Lateinamerika als eine Zone des „negativen" oder „kalten" Friedens, d. h. trotz zwischenstaatlicher Konflikte war es selten zu kriegerischen Auseinandersetzungen gekommen. Stattdessen überwog eine Strategie der diplomatischen Konfliktbewältigung (häufig unter Beteiligung weiterer lateinamerikanischer Staaten). Die engere wirtschaftliche Kooperation hat das Interesse an der Beilegung noch bestehender zwischenstaatlicher Konflikte erhöht, die als Störfaktoren für gute Wirtschaftsbeziehungen galten.

Der Traum der (neo)liberalen Amerikas unter wohlwollender Führung der USA dauerte jedoch weniger als eine Dekade. Aufgrund des Widerstandes von Brasilien, das in einer kontinentalen Freihandelszone eine Bedrohung für seine wirtschaftlichen Interessen sah, aber auch aufgrund einer wenig flexiblen Position der USA bei den Verhandlungen kam das Amerikaprojekt nur langsam voran. Zeitweilig begann Brasilien, die Idee einer südamerikanischen Freihandelszone (SAFTA) zu propagieren. In der Folge überlagerte sich ein mehr und mehr stagnierender Prozess der kontinentalen wirtschaftlichen Integration mit Ansätzen zu einer regionalen wirtschaftlichen Segmentierung mittels verschiedener subregionaler Freihandelsabkommen und Integrationsbündnisse.

Nach der Wahl linker Regierungen in mehreren lateinamerikanischen Ländern (dem Wahlsieg von Hugo Chávez in Venezuela 1999 kommt dabei besondere Bedeutung zu) verlor die Idee, mittels einer Freihandelszone die Amerikas zusammenzuschmieden, seit der Jahrtausendwende mehr und mehr an Anziehungskraft, was unter anderem der Verlauf der Amerikagipfel illustriert. Dabei markierte der vierte Präsidentengipfel 2005 in Mar del Plata (Argentinien) einen Wendepunkt. Im Gegensatz zu den vorausgegangenen drei Gipfeltreffen wird in der Abschlusserklärung die Integration der Amerikas nicht mehr erwähnt. Die beiden letzten Gipfeltreffen in Port of Spain/Trinidad und Tobago (2009) und Cartagena/Kolumbien (2012) endeten ohne gemeinsame Erklärung. Dies kann als Zeichen für eine wachsende Kluft zwischen den USA und vielen lateinamerikanischen Regierungen gewertet werden. Der Amerikagipfel im April 2015 in Panama führte wieder zu einer Annäherung, nachdem Präsident Obama im Dezember 2014 einen Kurswechsel in der Kuba-Politik eingeleitet hatte. Die kubanische Regierung, die bisher von den Gipfeltreffen ausgeschlossen war, nahm dieses Mal teil, und Raúl Castro und Obama nutzten die Gelegenheit zu einem bilateralen Treffen. Im Juli 2015 nahmen beide Länder schließlich wieder diplomatische Beziehungen auf. John Kerry reiste zur Wiedereröffnung der Botschaft im August als erster US-amerikanischer Außenminister seit 1945 nach Havanna.

Zwischenzeitlich hatte sich 2010 die Gemeinschaft der lateinamerikanischen und karibischen Staaten (CELAC) konstituiert. Seitdem treffen sich die Staatschefs der Region einmal jährlich zu einem Gipfeltreffen – ohne Beteiligung der USA und Kanadas. Die CELAC tritt die Nachfolge älterer Organisationen (wie etwa der Rio Gruppe) an und vertritt die gemeinsamen Interessen Lateinamerikas und der Karibik gegenüber Dritten – wie etwa im Rahmen der EU-CELAC Gipfel (erstmals 2013). Einzelne lateinamerikanische Regierungen, jedoch nicht die Mehrheit, sehen in der CELAC ein Gegenprojekt zur OAS. Zugleich kann die neue Regionalorganisation als ein Indikator größerer Eigenständigkeit Lateinamerikas angesehen werden.

Fast zeitgleich mit dem Scheitern des Amerika-Projekts war 2004 mit ALBA *(Alternativa Bolivariana para los pueblos de nuestra América)* ein vom Anspruch her radikaler Gegenentwurf zur FTAA geschaffen worden. Diesem zunächst venezolanisch-kubanischen Projekt schlossen sich später neun weitere Staaten an, darunter Bolivien, Ekuador und Nicaragua sowie mehrere kleinere Karibikstaaten. Vom Anspruch her soll das Bündnis nicht auf traditionellem Handelsaustausch beruhen – obwohl es mittlerweile mit dem *Sucre* (Sistema Unitario de Compensación Regional) eine eigene Rechnungswährung gibt – sondern solidarische Formen der Kooperation fördern – wie etwa die Entsendung kubanischer Ärzte nach Venezuela als Gegenleistung für venezolanische Erdöllieferungen oder venezolanische Erdöllieferungen an die Partner zu Sonderkonditionen unterhalb des Weltmarktpreises. ALBA war vor allem ein Projekt Venezuelas und seines Präsidenten Hugo Chávez, welcher das Projekt zu einem großen Teil finanzierte. Nach seinem Tod und sinkenden Erdöleinnahmen stagniert ALBA, zumal außer Venezuela sich keines der größeren und einflussreichen lateinamerikanischen Länder dem Bündnis angeschlossen hat.

Nach dem Scheitern der FTAA, der Gründung von ALBA und UNASUR sowie einer stärkeren sozialen und politischen Ausrichtung des Mercosur wurde mit Blick auf Lateinamerika von einigen AutorInnen (Riggirozzi und Tussie 2012) der Begriff des „post-hegemonialen Regionalismus" eingeführt. Mit diesem Konzept wird jedoch nicht ausreichend erfasst, dass auch andere Formen regionaler Kooperation fortbestehen beziehungsweise neue Impulse erhielten, sodass mit Blick auf Lateinamerika der Begriff des „heterodoxen Regionalismus" besser zu zutreffen scheint.

Eine kritische Bilanz des lateinamerikanischen Regionalismus hebt darauf ab, dass viele Versprechungen nicht eingelöst wurden. Im Fall des Mercosur ist nach mehr als 20 Jahren das Ziel eines gemeinsamen Marktes immer noch weit entfernt, nicht einmal eine Zollunion konnte voll verwirklicht werden, die Schiedsgerichtsbarkeit bei Konflikten funktioniert nur mäßig und mittelfristig könnte sich der Mercosur zu einer Freihandelszone zurückentwickeln. Die Vielzahl nicht umgesetzter Zielvorgaben bei gleichzeitiger Proliferation regionaler Projekte und einer in der Regel nur schwachen Institutionalisierung der Regionalorganisationen führen dazu, dass mit Blick auf Lateinamerika auch von einem „Regionalismus *light*" gesprochen wird.

4 Südamerika: eine neue politische Region

Auch wenn es bereits zuvor unterschiedliche subregionale Kooperations- und Integrationsmechanismen (wie den Mercosur oder die Andengemeinschaft) gegeben hatte, die als Bausteine für eine übergreifende Regionalarchitektur angesehen werden können, ist Südamerika im Unterschied zu Lateinamerika ein relativ neues politisches Konstrukt. Seine Entstehung war stark von der Neuausrichtung der brasilianischen Außenpolitik beeinflusst, die unter anderem dem Ziel diente, eine regionale Einflusszone abzugrenzen. Die politische Gestaltwerdung Südamerikas ist ein zentrales Element der brasilianischen Strategie einer „konsensualen Hegemonie" mit Brasilien als Mittelpunkt in einem konzentrischen System regionaler Kooperation. Ein Beispiel für diese Strategie sind die vier Präsidententreffen, die im Dezember 2008 nahezu parallel in Brasilien abgehalten wurden. Die Präsidenten trafen sich zum Mercosur-Gipfel, zum UNASUR-Gipfel, im Rahmen der Rio-Gruppe und auf dem ersten Lateinamerika-Karibik Gipfel (eine Vorstufe von CELAC). Diese Treffen dokumentieren zugleich das in dieser Konstellation konfliktfreie Zusammenspiel verschiedener regionaler Ebenen und Organisationen in Lateinamerika.

Die regionale Kooperation in Südamerika wurde durch die außenpolitische Aussöhnung und Annäherung zwischen Argentinien und Brasilien erleichtert, die bereits in den 1970er Jahren begann und in den 1980er Jahren vertieft wurde, als beide Länder nach Jahren der Militärdiktatur zur Demokratie zurückkehrten. Diese Aussöhnung kann als geopolitischer Wendepunkt angesehen werden. Der Wechsel von geopolitischer Rivalität, die das 20. Jahrhundert geprägt hatte, zu geopolitischer Kooperation war eine grundlegende Voraussetzung für die Schaffung des Mercosur und die Herausbildung einer Sicherheitsgemeinschaft im südlichen Lateinamerika (die außerdem Chile, Uruguay und Paraguay einschließt), d. h. zwischen den genannten Ländern ist ein friedliches Zusammenleben über einen längeren Zeitraum sehr wahrscheinlich und kriegerische Konflikte werden in der wechselseitigen Wahrnehmung weitestgehend ausgeschlossen.

Der südamerikanische Regionalismus ruht auf einem breiten Fundament, und er entwickelte sich in mehreren Schritten. 2000 wurde in Brasilia zum ersten Mal (!) ein südamerikanischer Präsidentengipfel abgehalten. Vier Jahre später, auf dem dritten Präsidentengipfel in Cuzco (Peru) wurde die Südamerikanische Gemeinschaft der Nationen gegründet. 2007 wurde die Organisation in Union der südamerikanischen Nationen (UNASUR) umbenannt. Ein Jahr später, am 23. Mai 2008, unterzeichneten alle 12 unabhängigen südamerikanischen Staaten – einschließlich Guyana und Surinam – den Gründungsvertrag der neuen Regionalorganisation. Damit konstituierte sich Südamerika als Region. Der ehemalige brasilianische Außenminister Celso Amorim hatte danach prägnant formuliert: „UNASUR hat Südamerika ein Gesicht gegeben".

UNASUR ist eine Organisation *sui generis*. Es handelt sich um eine intergouvernementale Organisation. Die wichtigsten Entscheidungen werden auf den regelmäßigen Treffen der Präsidenten gefällt. Es gibt keine supranationalen Institutionen, die für die Mitgliedsländer bindende Entscheidungen fällen können. Die Präsidentschaft *(pro tempore)* wechselt jährlich, und es gibt nur ein relativ schwaches Sekretariat mit einem Generalsekretär (seit 2010) und Sitz in Quito (Ekuador). Das nach dem Gründungsvertrag geplante Parlament (mit Sitz in Cochabamba/Bolivien) ist noch nicht zusammengetreten. Neben den Präsidententreffen gibt es regelmäßige Ministertreffen im Rahmen von sektoralen Räten *(consejos sectoriales),* in denen die Mitgliedsländer in verschiedenen Politikbereichen zusammenarbeiten. Die zunächst neun, später 12 sektoralen Räte decken folgende Politikfelder ab: Verteidigung, Gesundheit, Wahlen, Energie, Wissenschaft und Technologie, Kultur, Entwicklung, Finanzen, Erziehung, Infrastruktur, Drogen, innere Sicherheit und grenzüberschreitende Kriminalität. Einige der sektoralen Räte arbeiten eng mit südamerikanischen *Think Tanks* oder zu ihrer Unterstützung geschaffenen Institutionen zusammen wie etwa dem Zentrum für strategische Studien (Centro de Estudios Estratégicos de Defensa, CEED) in Buenos Aires oder dem südamerikanischen Gesundheitsinstitut (Instituto Suramericano de Gobierno en Salud, ISAGS) in Rio de Janeiro. Das System der sektoralen Räte ist mit einer „variablen Geometrie" oder kooperativen Form regionaler Gouvernanz vereinbar. Die UNASUR-Räte stellen das Mandat von anderen bereits bestehenden Regionalorganisationen wie Mercosur oder Andengemeinschaft nicht infrage (und *vice versa*).

Von zentraler Bedeutung sind die Räte für Infrastruktur und Verteidigung. Von Anfang an war die Idee, die Verkehrsinfrastruktur (aber auch die Vernetzung im

Energiesektor) auszubauen, ein zentrales Element des südamerikanischen Integrationsprojektes. Folglich war eines der ersten konkreten Ergebnisse des südamerikanischen Präsidentengipfels im Jahr 2000 die Initiative zur Integration der südamerikanischen Infrastruktur (Iniciativa para la Integración de la Infraestructura Regional Suramericana, IIRSA), mit der grenzüberschreitende Infrastrukturprojekte koordiniert und zumindest teilweise über nationale und internationale Entwicklungsbanken finanziert werden. Ein wichtiger Baustein sind die Verkehrskorridore, die den Atlantik mit dem Pazifik verbinden sollen. IIRSA wurde später in die UNASUR-Struktur eingebunden und dem südamerikanischen Rat für Infrastruktur und Planung (Consejo Suramericano de Infraestructura y Planeamiento, COSIPLAN) zugeordnet. IIRSA kann als geopolitisches Projekt angesehen werden, mit dem die Interdependenzen der südamerikanischen Staaten verstärkt werden und ein neuer (sub-)kontinentaler Raum geschaffen wird.

Generell zeigt sich in Lateinamerika eine Tendenz zur subregionalen Sicherheitskooperation. Bereits in den 1990er Jahren hatte die damalige argentinische Regierung die Schaffung eines südamerikanischen Verteidigungsrates vorgeschlagen, in Venezuela wurde eine ähnliche Idee einige Jahre später lanciert. Beide Vorschläge wurden aber nicht ernsthaft diskutiert. Dass schließlich doch ein südamerikanischer Verteidigungsrat entstand, ist auf die Initiative und Führungsrolle Brasiliens in den Jahren 2007/2008 zurückzuführen. Hauptziele des südamerikanischen Verteidigungsrates (Consejo de Defensa Suramericano, CDS) sind nach seinen Statuten: Südamerika als eine Friedenszone zu konsolidieren und eine gemeinsame Identität in Fragen der Verteidigung herauszubilden. Diesem Ziel dienen unter anderem vertrauensbildende Maßnahmen und ein besserer Informationsaustausch zwischen den Mitgliedsländern. UNASUR kann zusammen mit dem südamerikanischen Verteidigungsrat als Kern einer südamerikanischen Sicherheitsarchitektur angesehen werden.

Im Gegensatz zu den zuvor genannten Bereichen ist UNASUR in Handelsfragen nicht selbst aktiv. Den sektoralen Unterbau in diesem Politikfeld bilden in gewisser Weise der Mercosur und die Andengemeinschaft. Konsequenterweise benennt die Präambel des Gründungsvertrags von UNASUR beide Organisationen und Chile mit seinem Sonderstatus in Handelsfragen (d. h. einer Vielzahl von bilateralen Freihandelsabkommen in Lateinamerika und außerhalb der Region) als Bausteine zukünftiger südamerikanischer Integration. Mercosur und Andengemeinschaft haben ihren Mitgliedsländern wechselseitig den Status assoziierter Mitglieder zuerkannt. Chile ist mit beiden Organisationen assoziiert.

UNASUR ist es gelungen, ihren Vertretungsanspruch in Südamerika zu konsolidieren und die OAS zu verdrängen, wenn es um Konfliktvermittlung und -beilegung in der Region geht. In diversen südamerikanischen Krisen in den Jahren

2008 bis 2010 (in Bolivien 2008; zwischen Kolumbien und Ekuador/Venezuela 2010) hat die UNASUR erfolgreich vermittelt, teilweise parallel mit der OAS und mit deutlichen Vorteilen gegenüber der als Konkurrentin angesehenen Organisation. Gewissermaßen verkörpert UNASUR die Grundidee „Südamerika den Südamerikanern". Seit November 2010 verfügt die UNASUR – ähnlich wie die OAS – über eine Demokratieklausel, die Sanktionen im Falle eines gewaltsamen Sturzes einer gewählten demokratischen Regierung vorsieht. In der Paraguaykrise 2012, als der damalige Präsident Fernando Lugo vom Parlament des Amtes enthoben wurde, handelten UNASUR und Mercosur gemeinsam und suspendierten die Mitgliedschaft der neuen paraguayischen Regierung bis zur nächsten Präsidentschaftswahl (und der nachfolgenden Amtsübergabe). Die OAS teilte diese Position nicht.

Die Suspension Paraguays wurde von den übrigen Mercosur-Mitgliedsstaaten dazu ausgenutzt, Venezuela offiziell in den Mercosur aufzunehmen. Die Präsidenten hatten dem Beitrittsgesuch bereits 2006 zugestimmt, der paraguayische Senat hatte den Beitritt aber nicht ratifiziert (erst nachträglich im Dezember 2013). Nachfolgend hat auch Bolivien – bisher assoziiertes Mitglied – einen Beitrittsantrag gestellt, und auch die ekuadorianische Regierung hat Interesse an Beitrittsverhandlungen geäußert. So könnte der Mercosur in der Zukunft bald sieben von 12 UNASUR-Staaten umfassen. Dadurch dürfte die Andengemeinschaft weiter geschwächt werden. Bereits 2006 war Venezuela aus Protest gegen bilaterale Freihandelsabkommen von Kolumbien und Peru mit den USA aus der Andengemeinschaft ausgetreten.

5 Neue regionale und interregionale Organisationen und Netzwerke

Mit dem wirtschaftlichem Aufstieg Asiens und vor allem Chinas im 21. Jahrhundert haben sich die geopolitischen Koordinaten verschoben. Der pazifische Raum hat als geoökonomische Region an Bedeutung gewonnen. Dies verstärkt zentrifugale Fliehkräfte innerhalb der Region Lateinamerika. Als Ausdruck eines neuen „Pazifikkonsensus" – die Ausweitung von Handelsströmen und Investitionen in Richtung der pazifischen geoökonomischen Region – sind drei lateinamerikanische Länder (Chile, Mexiko und Peru) in den 1990er Jahren dem Asia-Pacific Economic Cooperation Forum (APEC) beigetreten (vgl. hierzu auch Wagner in diesem Band). Andere Länder wie Costa Rica, Ekuador, Kolumbien und Panama haben Interesse an einem Beitritt geäußert. Chile und Mexiko, die eine Vielzahl von Freihandelsabkommen mit asiatischen Ländern abgeschlossen haben, verstehen sich als *Gateway* für den Handel zwischen beiden Regionen.

2012 gründeten Chile, Kolumbien, Mexiko und Peru die Pazifikallianz (Alianza del Pacifico). Es handelt sich um ein Kooperationsprojekt, mit dem eine Freihandelszone zwischen den beteiligten Mitgliedsländern geschaffen und die Beziehungen zu den asiatischen Volkswirtschaften gestärkt werden sollen. Nachfolgend haben auch Costa Rica und Panama eine Mitgliedschaft beantragt. Die engere wirtschaftliche Kooperation hat auch politische Folgen, denn sie birgt das Risiko einer größeren wirtschaftlichen Fragmentierung Lateinamerikas.

Zurzeit lassen sich mindestens drei unterschiedliche Projekttypen von regionaler Kooperation in Lateinamerika unterscheiden. Erstens ein Modell, das die wirtschaftliche Integration via Freihandel propagiert und für eine wirtschaftliche Öffnung gegenüber dem Weltmarkt eintritt (NAFTA, Pazifikallianz). Zweitens hybride Projekte, die neben der Ausweitung des Handels für eine stärkere staatliche Intervention in die Wirtschaft eintreten, eine stärkere politische Ausrichtung aufweisen und neue Elemente wie die Sicherheitspolitik einbeziehen (UNASUR, Mercosur). Ein weiteres Regionalprojekt priorisiert drittens politische und soziale Aspekte als Grundlage für regionale Kooperation und tritt für eine starke staatliche Intervention in die Wirtschaft mit teilweise sozialistischer Zielrichtung ein (ALBA).

Aus einer geopolitischen Perspektive verstärken die Pazifikallianz und die damit verbundene größere Vernetzung mit Asien die Zentrifugalkräfte und die Hinwendung zum Pazifik in Südamerika. Die Idee den Atlantik und Pazifik durch bi-ozeanische Verkehrskorridore zu verbinden – als Kernelement des IIRSA-Projektes – ist zugleich eine Anerkennung der wachsenden geoökonomischen Bedeutung des pazifischen Raums und eine Reaktion (vor allem Brasiliens) darauf. IIRSA kann aus geopolitischer Perspektive als ein Instrument angesehen werden, den zentrifugalen Kräften eines pazifischen und eines atlantischen Lateinamerikas entgegen zu wirken, indem das südamerikanische „Kernland" gestärkt wird.

Obwohl Mexiko die wirtschaftliche Dimension der Pazifikallianz betont, wird diese von anderen Ländern wie etwa Kolumbien auch als ein Instrument zur regionalen Balance gegenüber Brasiliens Einfluss in Südamerika gesehen. Aus geopolitischer Perspektive ist die neue Allianz für Mexiko wichtig, um wieder mehr Einfluss in Lateinamerika und insbesondere in Südamerika zu gewinnen. Nach einer positiven Lesart kann die Pazifikallianz auch als eine Klammer angesehen werden, Lateinamerika wieder stärker zusammenzufügen. Denn die neue Organisation umfasst im Gegensatz zu anderen Regionalorganisationen sowohl südamerikanische Staaten als auch Mexiko und zukünftig mehrere zentralamerikanische Staaten. Sie ist nach ihrem Anspruch nicht auf eine einzelne lateinamerikanische Subregion beschränkt.

6 Aktuelle Trends: Bewertung und Perspektiven des (latein)amerikanischen Regionalismus

Die Vergleichende Regionalismusforschung unterscheidet zwischen regionaler Kooperation mittels intergouvernementaler Institutionen und regionaler Integration (vgl. hierzu Lenz/Striebinger in diesem Band). Letztere setzt die Schaffung supranationaler Institutionen voraus, auf die politische Autorität übertragen wird und die für die Mitgliedsländer bindende Entscheidungen treffen können. In Lateinamerika wird der Begriff regionale Integration allerdings breiter verwendet und schließt auch Formen regionaler Kooperation mit ein. Die Schaffung eigenständiger supranationaler Institutionen wird in Lateinamerika in der Regel nicht angestrebt. Der lateinamerikanische Regionalismus basiert auf regelmäßigen Treffen und (vertraglichen) Absprachen zwischen den Regierungen, dabei kommt den Präsidentengipfeln zentrale Bedeutung zu. Lateinamerika ist gleichwohl ein interessanter Fall für die Vergleichende Regionalismusforschung, da es eine Vielzahl von Regionalorganisationen gibt, und sich – wie am Beispiel UNASUR aufgezeigt wurde – eine spezifische regionale Gouvernanzstruktur herausgebildet hat.

Das Phänomen der Proliferation von Regionalorganisationen in Lateinamerika und seine Konsequenzen werden kontrovers diskutiert. Aus einer kritischen Perspektive wird darin ein Zeichen regionaler Desintegration und Fragmentierung gesehen. Nach einer positiven Lesart sorgt die Ausdifferenzierung und Pluralität von Regionalorganisationen für institutionelle Elastizität, die das Risiko von Blockaden innerhalb einzelner Regionalorganisationen mindert und mehr Foren für regionale Initiativen schafft.

Ähnlich wie in Europa hat sich in Lateinamerika eine „variable Geometrie" regionaler Kooperation herausgebildet. Artikel 13 des Gründungsvertrags von UNASUR sieht explizit eine derartige Form der Kooperation vor. Staaten müssen nicht an allen Initiativen der Regionalorganisation mitwirken. Es ist ihnen aber auch nicht untersagt, dort enger zusammenzuarbeiten, wo es ihren Interessen entspricht. Gleichgesinnte Staaten schließen sich zusammen, um in einem begrenzten Politikfeld ihre gemeinsamen Belange zu befördern. Dies schließt nicht aus, dass sie in anderen Bereichen nicht kooperieren beziehungsweise sich anders zusammengesetzte Interessengemeinschaften bilden. Einzelne AutorInnen (Gardini 2013) sprechen deshalb auch von einem „modularen Regionalismus". So ist es zum Beispiel möglich, im Hinblick auf die Liberalisierung des Handels und der Märkte zwischen den Interessen der Länder der Pazifikallianz, des Mercosur und von ALBA zu unterscheiden. Die Mitgliedsländer der genannten Organisationen weisen unterschiedlich hohe durchschnittliche Einfuhrzölle auf, sie unterscheiden sich im Hinblick auf die Zahl der abgeschlossenen Freihandelsabkommen und sie treten für divergierende Modelle der Wirtschaftsentwicklung und regionaler Integration ein. Anders sieht es im Hinblick auf die sicherheitspolitische Kooperation aus. Während drei Länder der Pazifikallianz (Chile, Kolumbien, Peru) auch UNASUR und dem südamerikanischen Verteidigungsrat angehören, gilt dies nicht für Mexiko. Mexiko arbeitet in sicherheitspolitischen Fragen eng mit den USA und den zentralamerikanischen Ländern zusammen, die ihrerseits ihre eigenen sicherheitspolitischen Kooperationsforen geschaffen haben. Die Zusammenarbeit in unterschiedlichen sicherheitsbezogenen Regionalorganisationen spiegelt unterschiedliche Sicherheitsinteressen und Bedrohungswahrnehmungen der beteiligten Regierungen wider.

Der lateinamerikanische Regionalismus zeigt, dass ein Nebeneinander und das Überlappen von Regionalorganisationen nicht notwendigerweise zu Konflikten führen. Zu einer Konkurrenzsituation ist es bisher vor allem zwischen Organisationen gekommen, die unterschiedliche regionale Ebenen vertreten – wie etwa UNASUR und OAS –, wobei letztlich die Mitgliedsländer (bzw. die Regierungen) der im Hinblick auf ihren regionalen Einzugsbereich kleineren Organisation (in diesem Fall UNASUR) entscheiden, mittels welcher Regionalorganisation sie in einer bestimmten Konstellation ihre Interessen vertreten und Probleme lösen wollen.

Insgesamt kann für Lateinamerika, und insbesondere für Südamerika, von einer Form der kooperativen regionalen Gouvernanz gesprochen werden. Diese ist charakterisiert durch die Existenz einer zentralen Regionalorganisation (im Falle Südamerikas UNASUR). Diese wird von den Regierungen (vor allem den wichtigen) in der Region unterstützt und sie ist zumindest lose mit anderen in der Region vertretenen Regionalorganisationen (wie etwa Mercosur und Andengemeinschaft) vernetzt. Auch wenn nicht alle Regierungen die gleichen Regionalorganisationen unterstützen, kooperieren sie im Rahmen der zentralen Regionalorganisation. Die von der zentralen Organisation vertretenen wesentlichen Normen werden nicht infrage gestellt. Eine sich überschneidende Mitgliedschaft in unterschiedlichen Regionalorganisationen geht einher mit einer Tendenz zur Arbeitsteilung zwischen diesen Organisationen.

Wie sieht die Zukunft des lateinamerikanischen Regionalismus aus? Auch künftig werden sich unterschiedliche Regionalorganisationen überlagern und teilweise miteinander konkurrieren. Auf die regionalen Kooperationsprojekte werden weiterhin vielerlei Fliehkräfte einwirken. Ansätze zu einer kontinentalen Kooperation und subregionale Kooperationsprojekte werden nebeneinander fortbestehen. Auch die subregionale Segmentation wird andauern. Möglicherweise wird sich eine südamerikanische regionale Identität mit UNASUR als Kern verfestigen. Es ist zu erwarten, dass in Lateinamerika die Beziehungen zwischen verschiedenen Regionalorganisationen nicht durch Konflikte gekennzeichnet sein werden, sondern vielmehr ein System kooperativer regionaler Gouvernanz fortbestehen wird.

Basisliteratur

Dabene, Olivier. 2009. *The politics of regional integration in Latin America: Theoretical and comparative explorations.* New York: Palgrave Macmillan. *Das Buch gibt einen Überblick über den historischen Prozess regionaler Integration in den verschiedenen lateinamerikanischen Subregionen und stellt einen Bezug zur theoretischen Literatur her.*

Heine, Jorge, und Brigitte Weiffen. 2014. *21st Century democracy promotion in the Americas. Standing up for the polity.* New York: Routledge. *Das Buch gibt einen Überblick von Demokratieförderung und -verteidigung im Rahmen des Interamerikanischen Systems mit der OAS als Kern, und geht auf zukünftige Herausforderungen ein.*

Herz, Monica. 2011. *The organization of American states (OAS).* New York: Routledge. *Standardwerk zur Geschichte und Struktur der OAS und ihrer Rolle in einer pluralistischen regionalen Architektur in den Amerikas.*

Webseiten

ALBA: www.portalalba.org.
CRIES Anuario de integración: www.cries.org.
Mercosur: www.mercosur.int.
OAS: www.oas.org.
Pazifikallianz: alianzapacifico.net.
UNASUR: www.unasursg.org.

Verwendete Literatur

Briceño-Ruiz, José. 2014. Regional dynamics and external influences in the discussions about the model of Economic integration in Latin America. EUI Working Paper RSCAS 2014/11. Florenz: European University Institute.

Cifuentes, Manuel, und José Antonio Sanahuja, Hrsg. 2010. *Una región en construcción, UNASUR y la integración en América del sur.* Barcelona: CIDOB.

Fawcett, Louise, und Mónica Serrano, Hrsg. 2005. *Regionalism and governance in the Americas. Continental drift.* Basingstoke: Palgrave Macmillan.

Gardini, Gian Luca. 2010. *The origins of Mercosur. Democracy and regionalization in South America.* New York: Palgrave Macmillan.

Gardini, Gian Luca. 2013. The added value of the Pacific Alliance and 'modular regionalism' in Latin America. LSE IDEAS, 21 March. http://blogs.lse.ac.uk/ideas/2013/06/the-added-value-of-the-pacific-alliance-and-modular-regionalism-in-latin-america/.

Gomez-Mera, Laura. 2013. *Power and regionalism in Latin America. The politics of Mercosur*. Notre Dame: University of Notre Dame Press.

Legler, Thomas. 2013. The rise and decline of the summit of the Americas. *Journal of Iberian and Latin American Research* 19 (2): 179–193.

Malamud, Andrés. 2010. Latin American regionalism and EU studies. *Journal of European Integration* 32 (6): 637–657.

Malamud, Andrés. 2013. Overlapping regionalism, no integration: Conceptual issues and the Latin American experiences. EUI Working Paper RSCAS 2013/20. Florenz: European University Institute.

Malamud, Andrés, und Gian Luca Gardini. 2012. Has regionalism peaked? The Latin American quagmire and its lessons. *The International Spectator: Italian Journal of International Affairs* 47 (1): 116–133.

Nolte, Detlef. 2014. Latin America's new regional architecture: A cooperative or segmented regional governance complex? EUI Working Paper RSCAS 2014/89. Florenz: European University Institute.

Nolte, Detlef, und Leslie Wehner. 2013. UNASUR and security in South America. In *Regional organisations and security. Conceptions and practices*, Hrsg. Stephen Aris und Andreas Wenger, 183–202. New York: Routledge.

Palestini Céspedes, Stefano, und Giovanni Agostinis. 2014. Constructing regionalism in South America: The cases of transport infrastructure and energy within UNASUR. EUI Working Paper RSCAS 2014/73. Florenz: European University Institute.

Pastor, Robert. 2011. *The North American idea. A vision of a continental future*. Oxford: Oxford University Press.

Portales, Carlos. 2014. ¿A dónde va el multilateralismo en las Américas? Proyectos superpuestos en un periodo de cambios globales. *Pensamiento Propio* 19 (39): 35–74.

Riggirozzi, Pia, und Diane Tussie, Hrsg. 2012. *The rise of post-hegemonic regionalism. The case of Latin America*. Dordrecht: Springer.

Sanahuja, José Antonio. 2012. Post-liberal regionalism in South America: The case of UNASUR. EUI Working Paper RSCAS 2012/05. Florenz: European University Institute.

Saraiva, Miriam Gomes. 2010. Brazilian foreign policy towards South America during the Lula administration: Caught between South America and Mercosur. *Revista Brasileira de Política Internacional* 53:151–168 (special edition).

Tussie, Diana. 2009. Latin America: Contrasting motivations for regional projects. *Review of International Studies* 35 (1): 169–188.

Weiffen, Brigitte, Leslie Wehner, und Detlef Nolte. 2013. Overlapping regional security institutions in South America: The case of OAS and UNASUR. *International Area Studies Review* 16 (4): 370–389.

Über den Autor

Prof. Dr. Detlef Nolte ist Direktor des GIGA-Instituts für Lateinamerika-Studien in Hamburg.

Afrika

Frank Mattheis

> **Zusammenfassung**
>
> Dieser Beitrag befasst mit dem vielschichtigen Regionalismus in Afrika. Im ersten Abschnitt erfolgt eine historische Einordnung, welche sich der Krux zwischen nationaler Souveränität und panafrikanischen Idealen nach der Kolonialzeit widmet und die Entstehung der wichtigsten Projekte bis zur Gegenwart skizziert. Im zweiten Abschnitt folgt eine detaillierte Übersicht der wichtigsten Akteure, Normen und Institutionen. Hierzu gehören neben Regionalorganisationen und ihren zahlreichen Überlappungen auch die potenziellen aber oft widerstrebenden Regionalmächte sowie die Bildung von informellen Regionalismen im Schatten zwischenstaatlicher Abkommen. Der dritte Abschnitt stellt die aktuellen politischen Trends vor. Hierbei wird deutlich, dass sich der Regionalismus in Afrika auf vielen Ebenen in einer Transition befindet, insbesondere im Bereich der Finanzierung und der Konsolidierung der zahlreichen Initiativen. Gleichzeitig ist eine Expansion jenseits der territorialen Grenzen erkennbar, sowohl im maritimen Bereich als auch in Interaktion mit anderen Weltregionen.

F. Mattheis (✉)
University of Pretoria, Johannesburg, Südafrika
E-Mail: ftmattheis@gmail.com

1 Historisch-konzeptionelle Einordnung: Ist Afrika eine Region?

Die bis heute prägendste politische Ideologie zur Konstruktion Afrikas als Region ist der Panafrikanismus, dessen intellektuelle Wurzeln auf die erste Hälfte des 20. Jahrhunderts zurückgehen (Geiss 1974). Panafrikanismus entstand zunächst als identitätsstiftende Bewegung, um ein Zusammengehörigkeitsgefühl zwischen Sklavennachkommen zu schaffen. Diese Zusammengehörigkeit beruhte daher weniger auf Sprache, Kultur oder Religion, sondern vornehmlich auf dem gegenwärtigen Rassismus sowie dem Ursprungsterritorium. Hierbei spielte die Erfahrung der Versklavung als Entwurzelung eine ebenso große Rolle wie die Kolonisierung und der gescheiterte Widerstand gegen ebendiese. Da auch nach den Sklavenbefreiungen die Diskriminierung in Nordamerika, Brasilien, der Karibik und Europa andauerte, entstanden bei den Nachkommen Rückkehrhoffnungen in ein romantisiertes „Mutterland" Afrika. Die Zentren der Bewegung waren daher zunächst weit entfernt von Afrika. In den USA aber auch in London und Paris formierten sich Strömungen von intellektuellen Eliten, die Afrika als Bezugspunkt verstanden. Auf diese Weise sollte der Konflikt zwischen europäischer beziehungsweise amerikanischer Assimilierung und kultureller Eigenständigkeit überwunden werden. Die angestrebte Verflechtung mit Afrika kollidierte jedoch mit der tatsächlichen Isolierung und Entfremdung einer Generation, die nicht nur koloniale Sprachen, sondern auch Werte der Demokratie und Modernisierung angenommen hatte. Im kolonialen Afrika selbst waren eigenständige Bewegungen vorerst selten und vorwiegend auf Westafrika beschränkt.

Die Ziele des Panafrikanismus waren somit sowohl auf Afrika selbst als auch auf das Selbstverständnis der Sklavennachkommen in Amerika und Europa ausgerichtet. Den Kern bildeten eine soziale und wirtschaftliche Modernisierung Afrikas, eine kulturelle Emanzipation und politische Selbstbestimmung. Jenseits dieser übergreifenden Werte bildeten sich unterschiedliche Varianten des Panafrikanismus heraus, die unterschiedliche Gruppenvorstellungen vertraten. Unter der Idee des „Homeland Africa" strebten insbesondere Afroamerikaner eine engere Bindung mit Afrikanern an. Der Begriff „Africa for the Africans" verkörperte das antikoloniale Streben nach kultureller Einheit und politischer Unabhängigkeit. „Negritude" stand vorwiegend für den Kampf um die Gleichstellung der Kolonialbewohner und ihrer Kultur innerhalb des französischen Kolonialsystems. Es entstanden sowohl Rassenidentitäten mit dem Pannegroismus wie auch territoriale Abgrenzungen, die Panafrikanismus auf den Kontinent selbst beschränkten. Dies geschah teils unter Ausschluss von Nordafrika, wo der kulturell-religiös geprägte Panarabismus Widerhall fand (vgl. hierzu Stetter in diesem Band).

Schließlich bestand auch eine globale Solidarisierung mit Asien und teilweise Lateinamerika im Sinne einer pankolonialen beziehungsweise panfarbigen Bewegung, welche in der Allianz von Bandung 1955 ihren politischen Ausdruck fand. In den 1950er und 1960er Jahren veränderte sich die globale Weltordnung so fundamental, dass die bisher vorwiegend als Ideal existierende Ideologie des Panafrikanismus plötzlich in politische Realitäten umgesetzt werden konnte. Nach dem Zweiten Weltkrieg etablierten sich durch die Vereinten Nationen (VN) Antirassismus und Selbstbestimmung als Leitbilder, während die Kolonialmächte mit dem europäischen Wiederaufbau beschäftigt waren. Somit wurde in den 1960er Jahren die politische Unabhängigkeit der meisten afrikanischen Kolonien erreicht. Während somit der Panafrikanismus einem seiner Hauptziele – der politischen Unabhängigkeit – immer näher rückte, entstanden innerhalb Afrikas neue Bruchlinien. Je mehr das Bild des gemeinsamen kolonialen Feindes wegfiel, desto mehr traten die Interessen lokaler Eliten in den Vordergrund. Auch wenn der Freiheitskampf durch grenzüberschreitende Solidarität geprägt war, so blieb die koloniale Grenzziehung trotz ihrer Willkürlichkeit in den meisten Fällen unangetastet. Der Aufbau von politischer Macht basierte auf eigenständigen Nationalstaaten, während Föderationen oder eine territoriale Neuordnung als Bedrohung für Stabilität und Partikularinteressen galten. Die ersten postkolonialen Regionalorganisationen in Nord- und Westafrika, welche im Zuge der politischen Unabhängigkeit im panafrikanischen Sinne gegründet wurden, scheiterten daher bald am erstarkenden Nationalismus. Selbst die bisherigen kolonialen Regionalstrukturen wie das Französisch-Äquatorialafrika zerfielen in ihre heutigen Einzelstaaten. Eine weitere Bruchlinie zog sich zwischen Nord- und Subsaharaafrika mit Kairo und Accra als intellektuelle Zentren eigenständiger regionaler Projekte. Dies führte einerseits zur kurzzeitigen Vereinigung von Syrien und Ägypten zu einem panarabischen Staat und andererseits zur fortdauernden Mitgliedschaft der ehemaligen britischen Kolonien im Commonwealth.

Während sich der Panafrikanismus von einer außerafrikanischen Emanzipationsbewegung zu einer politischen Ideologie im postkolonialen Afrika wandelte, änderten sich auch die Hauptakteure. Auf intellektueller Ebene standen europäisierte afrikanische Eliten, welche Diskurse von Liberalismus und Modernität übernommen hatten, den Verteidigern einer traditionellen afrikanischen Kultur gegenüber. Im politischen Raum wurden Kompromisse ausgehandelt und europäische Konzepte an den lokalen Kontext angepasst. Es entstanden afrikanische Interpretationen des Sozialismus, des Nationalismus und letztlich auch des Regionalismus. Im afrikanischen Sozialismus wurden Imperialismus und Kapitalismus gleichgesetzt sowie auf Klassenkampf und Atheismus verzichtet. Der afrikanische Nationalismus übernahm zentrale Elemente wie die Parteienbildung oder Nationalsymbolik, ohne jedoch Stammesherrschaft und ethnische Trennlinien zu überwinden. Ähnlich war auch der afrikanische Regionalismus institutionell angelehnt an ein Konzept regionaler Integration des Nachkriegseuropas, welches aber für eigenständige politische Ziele adaptiert wurde. Er stützte sich sowohl auf den afrikanischen Sozialismus als auch den Nationalismus. Da Freihandel und neokoloniale Arbeitsteilung die Ungleichheit des Weltwirtschaftssystems zementierten, sollte eine regionale industrielle Entwicklung mittels Protektionismus und Importsubstitution angeregt werden. Zudem unterstützte der Regionalismus die Verfestigung souveräner Staaten.

Während des Kalten Krieges entstand ein komplexes Bild an politischen Regionalismen in Afrika. 1963 wurde die Organisation für Afrikanische Einheit (OAU) gegründet, die im panafrikanischen Sinne auf Unterstützung für die Befreiungskämpfe in den verbliebenen Kolonien ausgelegt war (van Walraven 1999). Unter dem vereinigenden Paradigma des Antikolonialismus wurden von Anfang an alle unabhängigen Staaten des Kontinents einbezogen. Dieses überdeckte alle Fragmentierungen zwischen Nord- und Subsaharaafrika, zwischen frankofonen und anglofonen Staaten, sowie zwischen Befürwortern einer afrikanischen Föderation und Nationalisten. Allerdings litt der Integrationsfortschritt folglich unter dem Konsensprinzip. Die starke Betonung von Nichteinmischung und nationaler Souveränität kam vor allem autoritären Herrschern zugute und konterkarierte somit die eigentliche Einheitsidee. Unterhalb der OAU formierten sich Organisationen im Sinne eines afrikanischen Regionalismus wie die Wirtschaftsgemeinschaft Westafrikanischer Staaten (ECOWAS) oder die Ostafrikanische Gemeinschaft (EAC). Hierbei wurde eine Strategie der wirtschaftlichen Eigenständigkeit verfolgt, die es ermöglichen sollte, durch Protektionismus und staatlich gelenkte Industrialisierung unabhängiger von den ehemaligen kolonialen Zentren und Apartheid-Südafrika zu werden. Gleichzeitig bestanden weiterhin fremd bestimmte Regionalismen, wie beispielsweise die CFA-Franc Zone, deren Gemeinschaftswährung auch nach der politischen Unabhängigkeit von Frankreich garantiert wurde. Im südlichen Afrika verfestigte sich hingegen ein imperialer Regionalismus. Die Zollunion im Südlichen Afrikas (SACU) wurde durch Südafrika genutzt, um seine Nachbarn politisch und wirtschaftlich zu kontrollieren.

CFA-Franc

Weit länger als die europäische Gemeinschaftswährung ECU beziehungsweise Euro besteht seit den 1960er Jahren im frankofonen West- und Zentralafrika mit dem CFA-Franc eine grenzüberschreitende Währung. Der CFA-Franc entstand als Erbe der französischen Kolonien und unterteilte sich in zwei separate aber in der Funktionsweise vergleichbare Währungsgebiete in West- und in Zentralafrika. Die beiden Zentralbanken sind eng an Frankreichs Finanzministerium gebunden, welches die Stabilität der Währungen garantiert. Das Grundprinzip ist somit eher politischer als wirtschaftlicher Natur, zumal kein gemeinsamer Markt besteht, der den Bedarf an einem grenzüberschreitenden Zahlungsmittel erklären könnte. Mit dem Euro-Beitritt Frankreichs wurde die Bindung vom französischen Franc auf den Euro übertragen und somit die Monopolstellung Frankreichs relativiert. Trotz mehrerer Abwertungen hat sich der CFA-Franc als stabiles Konstrukt erwiesen und wird daher von afrikanischer Seite selten ernsthaft infrage gestellt, auch weil es Bestrebungen der Währungszone gibt, ihrem kolonialen Erbe zu entwachsen. In Zentralafrika wurde mit Äquatorialguinea bereits ein nicht-frankofones Mitglied aufgenommen und in Westafrika steht die Schaffung einer Westafrikanischen Währungsunion zur Debatte, die frankofone und anglofone gleichermaßen einschließen würde.

Viele afrikanische Staaten durchlebten in den 1980er Jahren eine Schuldenkrise, die zu einer Veränderung des Wirtschaftsparadigmas führte. Wirtschaftsliberalisierung sollte einer Marginalisierung auf globaler Ebene entgegenwirken. Auch auf politischer Ebene setzte sich mit dem Ende des Kalten Krieges ein demokratisches Leitbild durch, welches sich in einer Ablösung von zahlreichen Einparteienstaaten und der Apartheid widerspiegelte. In den 1990ern Jahren erlebten folglich auch die bestehenden Regionalorganisationen paradigmatische und institutionelle Veränderungen.

Die wirtschaftlichen Ambitionen Freihandelszonen zu schaffen, die zu einem afrikanischen Binnenmarkt führen würden, blieben jedoch weitestgehend unerfüllt. Bis heute hinken die meisten Vorhaben weit hinter ihren Zielen her. Ähnliches gilt für partizipative Institutionen wie regionale Parlamente oder Gerichtshöfe. Im Gegenzug haben sich zahlreiche Regionalismen in Afrika intensiv den Themen Frieden und Sicherheit gewidmet, oft als Reaktion auf Kriege und Unruhen (Francis 2006). Regionale Frühwarnsysteme wurden ebenso entwickelt wie regionale Eingreiftruppen und Kontrollmechanismen, auch wenn weiterhin zahlreiche Einsätze von westlichen Staaten geleitet werden. Das Ideal, afrikanische Lösungen für afrikanische Konflikte zu finden, wurde am ehesten durch geschlossen auftretende Regionalorganisationen verkörpert. Die Staaten der Entwicklungsgemeinschaft des Südlichen Afrikas (SADC) beanspruchten beispielsweise den Umgang mit den politischen Krisen in Lesotho, Madagaskar und Simbabwe in den 1990er und 2000er Jahren für sich und minimierten somit den Einflussbereich externer Akteure.

Die Herausbildung von postkolonialen Einzelstaaten bei einer andauernden starken wirtschaftlichen, außerafrikanischen Ausrichtung erschwert eine Förderung von grenzüberschreitenden sozialen Räumen. Als Konsequenz ist der nicht staatliche Regionalismus in den meisten Teilen Afrikas marginalisiert. Die Formierung und Entfaltung von Interessensgruppen bleibt meist auf die nationale Arena beschränkt, während ein Großteil transnationaler Aktivitäten, von Migration bis Handel, informell stattfinden. Die finanziellen und ideellen Hauptpartner von zivilgesellschaftlichen Organisationen befinden sich häufig in Europa, Nordamerika oder auf globaler Ebene, sodass eine regionale Vernetzung mitunter erst durch Fremdeinfluss geschieht. Dennoch ist in den letzten Jahren eine zunehmende Vernetzung spürbar, sowohl auf intellektueller Ebene als auch durch politische Bewegungen, welche zukünftig eine wichtige Rolle für die Herausbildung neuer Regionalismen spielen könnte.

Die mannigfaltige Entwicklung an Regionalismen lässt den Schluss zu, dass Afrika als eigene Weltregion abgrenzbar ist. Dabei ist jedoch zu beachten, dass es jenseits der rein topografischen Kategorie Afrikas zahlreiche andere Interpretationen gibt, die auf Identitäten, politischen Ideen oder Vernetzungen basieren. Dass es kein singuläres Afrika gibt, wird auch am Blick nach innen deutlich. Auch wenn mit der Afrikanischen Union (AU) ein umfassendes Projekt besteht, so ist der Kontinent von zahlreichen Fragmentierungen gekennzeichnet. Die Bruchzonen verlaufen entlang der überlappenden Organisationen, der Inkongruenz zwischen Institutionen und informellen Regionalisierungen, des Dogmas nationaler Souveränität und der ambivalenten Rolle von potenziellen Regionalmächten. Im folgenden Abschnitt werden diese Themen einzeln beleuchtet.

2 Entwicklungen, Akteure, Normen, Institutionen

2.1 Regionalorganisationen

Während sich Afrika als Kontinent vergleichsweise einfach nach außen abgrenzen lässt, ist die Unterteilung Afrikas in Subregionen umso komplexer. Regionalismus in Afrika ist durch eine Fragmentierung in Subregionen gekennzeichnet, die zwar gewisse Gemeinsamkeiten aufweisen, aber vielerorts sehr porös bleiben. Das kontinentale und panafrikanische Projekt wird durch die AU repräsentiert, welche 2002 aus der OAU hervorging. Sie hat eine umfassende institutionelle Struktur mit Sitz in Addis Abeba (Äthiopien) geschaffen und verfügt über Kommission, Ministerrat und Generalversammlung. Die Funktionsweise ist intergouvernemental geprägt, da die Nationalstaaten kaum Entscheidungsbefugnisse abgeben.

Die AU bildet den Überbau für die Regionalen Wirtschaftsgemeinschaften (RECs), die überwiegend in den 1980er und 1990er Jahren mit überambitionierten Integrationszielen entstanden. Hierzu gehören neben den reformierten ECOWAS und EAC auch die SADC und die Wirtschaftsgemeinschaft Zentralafrikanischer Staaten (ECCAS). Diese RECs konzentrieren sich in ihren Integrationszielen zwar vorwiegend auf Handel und Wirtschaft, haben aber graduell in andere Politikfelder wie Sicherheit, Frieden und teilweise Migration und Umwelt expandiert (Oosthuizen 2006). Wie in der AU, sind auch in den RECs die Regierungen der Mitgliedsstaaten federführend, während dem Privatsektor und der Zivilgesellschaft kaum Einfluss zugestanden wird.

Neben den RECs bestehen weiterhin regionale Institutionen, die sich nicht in das panafrikanische Leitbild einfügen. Die französische Zentralbank und das Finanzministerium sind weiterhin Schüsselakteure in der Währungszone des CFA-Franc in West- und Zentralafrika. Auch die SACU besteht weiterhin und trotz einer Reform im Jahre 2002, welche den kleineren Staaten mehr Mitspracherecht einräumen sollte, zementiert der institutionelle Rahmen ihre Abhängigkeit von südafrikanischen Entscheidungen.

2.2 Schattenregionalismen

Regionalismen werden oft mit der Bereitstellung regionaler Güter wie Stabilität oder Wohlstand in Verbindung gebracht. Dadurch wohnt ihnen eine normative Konnotation inne, die davon ablenkt, dass Regionen auch ohne solche Leitbilder gebildet werden und ihnen sogar entgegenlaufen können. Schattenregionalismen bezeichnen solche Prozesse, die entweder unter dem Deckmantel formeller Regionalismen verlaufen oder jenseits staatlicher Kontrolle entstehen (Shaw et al. 2011). In die erste Kategorie fällt die Ausnutzung von Regionalorganisationen für partikularistische Interessen, insbesondere die materielle Bereicherung staatlicher Elitennetzwerke. Der militärische Einsatz von SADC-Mitgliedsstaaten in der Demokratischen Republik Kongo Ende der 1990er Jahre ist beispielsweise nicht vom Zugang zu Ressourcen und Patronage zu trennen. In die zweite Kategorie fallen Regionen, die von Warlords oder fundamentalistischen Gruppen geformt werden. Diese Regionalismen sind porös und oft nur temporären Charakters, aber sie sind in der Lage Kontrolle auszuüben und mitunter eine Identität zu schaffen. Hierzu gehören beispielsweise „Taylorland", ein Gebiet in und um Liberia, welches in den 1990er Jahren vom Milizenführer Charles Taylor beherrscht wurde, oder von islamistischen Banden wie Boko Haram und Al-Shabaab geschaffene Institutionen. Oft bilden sich Schattenregionalismen entlang ihrer finanziellen Grundlage wie Blutdiamanten,

Waffenschmuggel oder Erdöltransport und expandieren in grenzüberschreitenden Räumen, die ein Machtvakuum und logistische Knotenpunkte bieten.

2.3 Souveränität

Nationale Souveränität ist seit der politischen Unabhängigkeit eine beherrschende Norm der politischen Kultur. Dies spiegelt sich auch in den Regionalprojekten wider (Welz 2013). Die Afrikanische Entwicklungsbank ist zwar ein einflussreicher Akteur im Bereich funktionaler Kooperation, aber sie hat keine Kompetenz über finanzpolitische Fragen. Regionalparlamente sind bestenfalls gelegentliche Treffpunkte für nationale Abgeordnete, aber sie werden nicht direkt gewählt. Regionalgerichtshöfe haben sehr beschränkte Mandate und können sich nur schwer gegen Nationalregierungen behaupten. Auch Wirtschaftsprojekte wie die Verarbeitung von Bodenschätzen oder Energiequellen werden vorwiegend als nationale Angelegenheit betrachtet. Eine beachtliche sicherheitspolitische Ausnahme stellt die ECOWAS dar, die zumindest theoretisch das Recht hat, auch ohne deren Zustimmung in Mitgliedsstaaten einzugreifen.

Aber auch wenn der Fokus auf nationale Souveränität der Bildung regionaler Institutionen und Zusammenarbeit enge Grenzen setzt, so besteht dennoch eine instrumentale Beziehung zu Regionalismen. Insbesondere für „schwache" Staaten mit stabilen Regierungen bieten regionale Organisationen einen Raum für die Legitimierung und Selbstvergewisserung nationaler Stärke (Söderbaum 2004). Institutionen, die auf Konsens und Nichteinmischung basieren sowie Gipfeltreffen, die personifizierte Macht zelebrieren, verstärken somit nationale Souveränität anstatt sie auszuhöhlen.

2.4 Regionalmächte

Die Herausbildung von Regionalmächten gestaltet sich in Afrika äußerst schwierig (Alden und Le Pere 2004). Staatschefs wie Ghanas Nkrumah und Libyens Gaddafi, die sich dem Panafrikanismus in Form einer politischen Union widmeten und daraus einen Führungsanspruch erwarben, konnten sich nicht gegen den Widerstand der Befürworter einer graduellen Kooperation durchsetzen. Andere Staaten, die aufgrund ihrer relativen wirtschaftlichen, militärischen, territorialen oder demografischen Größe eine regionale Führungsrolle spielen könnten, sind entweder durch innere Konflikte gehemmt (z. B. Nigeria, Kenia, Kongo-Kinshasa, Ägypten und Simbabwe) oder privilegieren außerafrikanische

Kooperationen (z. B. Angola und Marokko). Südafrika, das Land mit dem größten Potenzial zur Führungsmacht, hat sich nach der Apartheid in seiner Außenpolitik deutlich zum panafrikanischen Regionalismus bekannt. Allerdings wird es weiterhin von anderen Staaten misstrauisch beäugt, sodass die Kapazität, Macht zu projizieren beschränkt ist. Auch wenn südafrikanische Unternehmen bereits zahlreiche Märkte erschlossen haben und multilaterale Operationen militärisch unterstützt werden, ist keine politische Vorreiterrolle erkennbar.

2.5 Überlappende Regionalismen

Die Vielfalt an Regionalismen in Afrika wird aufgrund der zahlreichen Verflechtungen von manchen Autoren als „Spaghettischale" *(spaghetti bowl)* bezeichnet. In der Tat sind zahlreiche afrikanische Staaten Mitglieder von zwei oder mehr Regionalorganisationen, die in den gleichen Politikfeldern aktiv sind. Die Schaffung neuer beziehungsweise die Ausdehnung bestehender Projekte führt meist zu weiteren Überlappungen. In manchen Fällen besteht ein Konkurrenzverhältnis (z. B. zwischen der panafrikanischen ECCAS und der nach Frankreich ausgerichteten Zentralafrikanischen Wirtschafts- und Währungsgemeinschaft, CEMAC), in anderen Fällen wird Kooperation und Harmonisierung angestrebt (z. B. das geplante Tripartite Abkommen zwischen EAC, SADC und dem Gemeinsamen Markt für das Östliche und Südliche Afrika, COMESA). Überlappungen werden durch die mangelnde Implementierung von institutionellen Regeln erleichtert, da das Nichtzahlen von Mitgliedsbeiträgen oder die Nichtumsetzung von Freizügigkeit oder Zollunionen selten sanktioniert werden. Die Bildung einer Region ist somit von Antagonismen geprägt, welche *ad hoc*-Interessenskoalitionen von Militärinterventionen bis Wirtschaftsparadigmen widerspiegeln. Es besteht jedoch ein Konsens, dass der gesamte Kontinent Teil der AU sein soll. Lediglich europäische Territorien sowie – aufgrund des Westsaharakonflikts – Marokko sind derzeit ausgeschlossen. Das Kernkriterium einer Mitgliedschaft ist somit weniger die Verpflichtung zu einem bestimmten Paradigma, sondern basiert auf einer fixen Topografie.

2.6 Mikroregionalismus

Jenseits der vorwiegend zwischenstaatlich gesteuerten Regionalismen sind in Afrika auch eine Reihe von Mikroregionalismen entstanden (Söderbaum und Taylor 2008). Da diese grenzüberschreitenden Projekte nicht ganze Staaten betreffen, sondern nur geografische oder thematische Teilbereiche, sind die angrenzenden Verwaltungen und private Akteure die treibenden Kräfte. Daraus folgt eine begrenzte Aneignung regionaler Räume, die zahlreiche Formen annehmen kann. Wenn Wirtschaftskammern sich zusammenschließen, um Handelserleichterungen voranzutreiben, können zollfreie Exportzonen entstehen, die vorwiegend durch Ausgrenzung gekennzeichnet sind. Infrastrukturprojekte und die Vernetzung von Energiequellen mit Konsumenten sind hingegen funktionell geleitet. Die sogenannten Entwicklungskorridore, welche insbesondere im östlichen und südlichen Afrika geschaffen wurden, um wirtschaftsstarke Zentren aus unterschiedlichen Ländern zusammenzuführen, zeichnen sich durch einen expansiven Charakter aus, der beide Elemente vereinbart. Andere Projekte wie grenzüberschreitende Nationalparks, transnationale Gewässerkommissionen oder ethnische Bewegungen sind hingegen eher mit einer inneren Konsolidierung befasst.

3 Aktuelle politische Trends

3.1 Interregionalismus

Die weltweite Zunahme an Regionalismen hat zu Kontakten zwischen diesen Projekten geführt. In Afrika ist das Phänomen des Interregionalismus stark von den Beziehungen zur Europäischen Union (EU) geprägt. Zwischen der EU und der AU besteht eine enge Partnerschaft, in welcher die EU aufgrund seiner umfassenden finanziellen und personellen Beiträge eine institutionelle Vorbildrolle einnimmt (vgl. hierzu den Beitrag von Dembinski in diesem Band). Dies gilt auch für andere Organisationen wie SADC, ECOWAS, EAC und ECCAS, deren Anbindung zur EU teils stärker ausgeprägt ist als die Beziehungen untereinander.

Im Zuge der Krisen des europäischen Integrationsprozesses, welche sowohl die Vorbildrolle als auch die finanziellen Beiträgen der EU mit einem Fragezeichen versehen, sowie dem Aufrücken asiatischer und lateinamerikanischer Staaten in der Weltordnung, finden zunehmend interregionale Beziehungen mit anderen Weltregionen statt. Mit Südamerika bestehen mittlerweile mehrere Initiativen, die in den letzten Jahren an Intensität zugenommen haben (vgl. hierzu Stolte in diesem Band). Ähnliche Bestrebungen bestehen Richtung Asien. Gemeinsam ist diesen Süd-Süd-Interregionalismen, dass sie vorwiegend politisch motiviert sind und zunächst einem unverbindlichen Dialog dienen, um gemeinsame Interessen zu erkunden. Statt eigenständiger Institutionen entstehen eher flexible Foren.

Zu Nordamerika haben die interregionalen Beziehungen in der letzten Dekade ebenfalls zugenommen. Diese haben sich von der konventionellen, bilateralen Entwicklungshilfe Kanadas und der USA zu einer verstärkten Unterstützung der kontinentalen Institutionen zugewandt.

> **Economic Partnership Agreements (EPAs)**
> Die Wirtschaftsbeziehungen zwischen Europa und ihren ehemaligen Kolonien in Afrika, der Karibik und im Pazifik wurden nach den Unabhängigkeiten durch Handelsabkommen geregelt, welche diesen Staaten einen bevorzugten und einseitigen Zugang zum europäischen Markt erlaubte. Diese Bevorzugung verstieß später gegen die Regeln der 1994 gegründete Welthandelsorganisation (WTO) und so wurde im Jahre 2000 im Cotonou-Abkommen von beiden Parteien beschlossen, dass Freihandelszonen zwischen der EU und sieben Regionen abgeschlossen werden sollten. Die angestrebten EPAs sollten den Marktzugang für Agrargüter in die EU ausweiten und im Gegenzug den Zugang für europäische Waren und Dienstleistungen erleichtern. Die EPA Verhandlungen erwiesen sich als sehr zählebig (Asche und Engel 2008). Da die sieben Regionen nicht vollständig mit den existierenden Regionalorganisationen übereinstimmten, standen die Verhandlungen in der Kritik, zur regionalen Fragmentierung beizutragen. Gleichzeitig brachte die Notwendigkeit, als Gruppe zu verhandeln in vielen Fällen bestehende Bruchzonen deutlich hervor. Ein Großteil der afrikanischen Länder genoss aufgrund ihrer niedrigen Wirtschaftskraft bereits weitreichende Privilegien und war daher nicht auf die EPAs angewiesen. Exporteure von Erdöl und anderen Naturressourcen, die selten auf Protektionismus treffen, standen ebenso wenig unter Druck wie Länder, die bereits bilaterale Abkommen mit der EU geschlossen hatten (z. B. Südafrika). So bestand lediglich für Exporteure von Agrargütern und verarbeiteten Waren ein wirtschaftlicher Anreiz. Auch die mit den EPAs verknüpfte Entwicklungshilfe der EU sowie neue Fristlegungen beschleunigte den Prozess nur unwesentlich und so sind alle bisherigen Abkommen sowohl hinsichtlich der teilnehmenden Staaten als auch der abgedeckten Themen lückenhaft. Beim geplanten Abschluss 2014 hatten 15 afrikanische Staaten noch kein Abkommen unterzeichnet und die ausgehandelten EPAs haben bis zur Umsetzung noch einen weiten Weg vor sich.

3.2 Rationalisierungsversuche

Aus den Überlappungen von Regionalismen entstehen besondere Herausforderungen (Gibb 2009). Es geht einerseits um die Prioritätensetzung, ob in finanzieller, politischer oder personeller Hinsicht, sowie anderseits darum, regionale Organisationen so deckungsgleich wie möglich, mit wirtschaftlichen und sozialen Räumen auszurichten. Da in Afrika bereits zahlreiche Regionalismen bestehen, ist die Konsequenz selten eine Neuschaffung, sondern vielmehr eine Neuausrichtung bestehender Organisationen. In den letzten Jahren kommt es daher häufiger zu Rationalisierungsversuchen. Auf Handelsebene gibt es Verhandlungen zwischen COMESA, EAC und SADC für ein Tripartite Abkommen. Auf finanzieller Ebene ist eine Westafrikanische Währungsunion der anglofonen Staaten Westafrikas im Entstehen, welche mit der westafrikanischen CFA-Franc Zone verschmelzen soll. Und auf institutioneller Ebene haben CEMAC und ECCAS eine Fusion in Aussicht gestellt. All diese Versuche deuten darauf hin, dass die bestehende Regionalgrenzziehung nicht den Realitäten der grenzüberschreitenden sozialen Räume entspricht. Darüber hinaus entsteht durch eine Neuausrichtung der Entwicklungshilfe des Hauptgebers, der EU, Druck auf unterfinanzierte Institutionen. Allerdings gestaltet sich das Voranschreiten dieser Rationalisierungsversuche äußerst zähflüssig. Trotz zahlreicher Versuche und Ankündigungen lässt eine ernsthafte Neuordnung weiter auf sich warten. Regionale Organisationen zeichnen sich wie die meisten internationalen Institutionen durch einen Selbsterhaltungsantrieb aus. Zudem privilegieren die etablierten Strukturen die Position bestimmter Staaten und spiegeln somit ein regionales Machtgefüge wider, welches sich selbst unter Druck sehr resistent zeigt.

3.3 Alte und neue Partner

In vielen Fällen hat der anfängliche Enthusiasmus über das Potenzial von Regionalismen zu einer Phase der Ernüchterung geführt (Nathan 2012). Zahlreiche Ambitionen wie die Liberalisierung von Handel und Migration wurden in weiten Teilen Afrikas nicht umgesetzt, sondern weiter vertagt. Institutionen wie das ECCAS Parlament oder der SADC Gerichtshof, welche eine größere Partizipation in Aussicht stellten, existieren nur auf dem Papier oder wurden wieder abgeschafft. Zudem erwiesen sich viele Regionalorganisationen als tatenlos im Falle von Menschenrechtsverletzungen in einem Mitgliedsstaat. Die daraus resultierende Enttäuschung hat zu einer Abkehr von verschiedenen Akteuren geführt. Zivilgesellschaftliche und privatwirtschaftliche Bündnisse konzentrieren insbesondere im zentralen und südlichen Afrika ihre Einflussbemühungen wieder auf die nationale oder globale Ebene, während westliche Geber wie die USA Abstand von der SADC genommen haben.

Gleichzeitig haben aufstrebende Globalmächte wie China oder Brasilien, die ihre Außenbeziehungen zu Afrika traditionell bi- und multilateral gestalten, Kooperationen mit Regionalorganisationen aufgenommen. Diese neuen Akteure erhoffen sich Skaleneffekte für wirtschaftliche und politische Ziele, da so eine effektivere Verhandlung für Marktzugang und Unterstützung im Rahmen der VN möglich ist. Diese Kooperationen sind bis jetzt noch nicht fest institutionalisiert und bestehen vorwiegend aus Rahmenabkommen, Sympathiebekundungen und punktueller Unterstützung (Mattheis 2014).

3.4 Finanzielle Unabhängigkeit

Afrikanische Integrationsprojekte stehen oft aufgrund ihrer Finanzierung in der Kritik. Nur wenige Organisationen bestreiten einen substanziellen Teil ihrer Ausgaben aus eigenen Mitteln (Tjønneland 2008; Engel 2015). Die AU und SADC werden zu großen Teilen fremdfinanziert, allen voran von der EU. Dies liegt an einer Mischung aus Zahlungsunfähigkeit und -unwilligkeit aufseiten der Mitgliedstaaten. Die öffentlichen Mittel von zahlreichen Ländern reichen lediglich dazu aus, einem Bruchteil internationaler Verpflichtungen nachzukommen und hierbei rangieren regionale Institutionen deutlich hinter VN-Beiträgen. Da afrikanische Regionalorganisationen kaum Sanktionen für säumige Beitragszahlungen aussprechen und meist auf ausländische Geber Verlass ist, um einen Großteil des Budgets zu schultern, ist die Versuchung für Trittbrettfahrer groß, selbst bei zahlungsfähigen Regierungen. So summieren sich die Zahlungsrückstände mancher Staaten, insbesondere, wenn sie überlappende Mitgliedschaften haben. Die AU ist sich dieser Situation bewusst und befasst sich mit Reformen, damit zukünftig die Grundfinanzierung der afrikanischen Regionalismen eigenständig bestritten werden kann. Externe Geber, insbesondere die EU, tragen ebenso zur Aufrechterhaltung der finanziellen Fremdbestimmung bei, da die Förderung regionaler Integration ein zentrales Ideal darstellt. Die Existenz funktionierender Regionalorganisationen, die zudem in ihrer formellen Ausgestaltung einzelnen Institutionen der EU gleichen, ist folglich ein Erfolgskriterium, welches das eigene Wirken legitimiert.

3.5 Maritime Regionalismen

Regionen werden meist mit Territorialität und physischer Kohärenz verbunden (vgl. hierzu Koschut in diesem Band). Ozeane stellen daher für die Ausgestaltung von Regionen selten einen gemeinsamen Nenner dar. Dies gilt insbesondere für Afrika, wo die kontinentale Version des Panafrikanismus weiterhin großen Einfluss innehat. Es sind allerdings zunehmend Veränderungen wahrnehmbar, welche die dominanten geografischen Einteilungen verwischen. Der Indische Ozean, der ein historisch gewachsenes Netz an Austauschbeziehungen bildet, bleibt ein aktiv genutzter kultureller und wirtschaftlicher Raum. Er wird zudem zunehmend als Projektionsfläche für außen- und sicherheitspolitische Ambitionen von Anrainerländern wie Südafrika, Indien, Australien und sogar China wahrgenommen. Die lange brachliegende Indian Ocean Rim Association (IORA) könnte dabei als Arena für die Aushandlung verschiedener Strategien dienen. Auch die wirtschaftliche Nutzung der Gewässer – Stichwort *Blue Economy* – wird verstärkt verfolgt.

Ähnliches lässt sich zum Atlantischen Ozean festhalten. Auch wenn die historische Vernetzung abgesehen vom Sklavenhandel weniger bedeutsam ist, wird derzeit die Friedens- und Zusammenarbeitszone des Südatlantiks (ZOPACAS) wiederbelebt. Das einstige Relikt aus dem Kalten Krieg wird aktiv von Brasilien genutzt, um seine globalen Interessen zu verfolgen. Der Südatlantik bietet Raum für die Bildung von neuen Allianzen, für den Ausschluss westlicher Militärpräsenz und für funktionale Kooperation im Bereich Sicherheit und Entwicklung. Die Piraterie im Golf von Guinea, der Drogenhandel, die industrielle Fischerei, neue Energievorkommen auf hoher See und die Verdichtung der Containerrouten bieten vielerlei Herausforderungen, welche kontinentale Regionalismen nur unvollständig lösen können.

Basisliteratur

Bach, Daniel. 2016. *Regionalism in Africa*. Abingdon: Routledge. *In diesem Buch wird Regionalismus in Afrika in fünf Prototypen unterteilt, die von transnationalen Netzwerken über Institutionen zur pfadabhängigen Integration reichen. Alle verzahnten Ebenen werden ausführlich aufgegliedert, um eine umfassende Analyse bereitzustellen. Bach greift hierzu auf seine jahrzehntelange Forschung zum afrikanischen Regionalismus zurück. Er verknüpft sie mit Ansätzen aus Studien zu Grenzgebieten auf dem Kontinent, um die Verwischung der Trennung zwischen lokaler, regionaler und globaler Integration sowie zwischen formeller und informeller Regionalisierung zu veranschaulichen.*

Söderbaum, Fredrik, und Rodrigo Tavares, Hrsg. 2013. *Regional organizations in African security*. Abingdon: Routledge. *Dieser Sammelband, der aus einer Sonderausgabe der Zeitschrift African Security hervorgegangen ist, versammelt einige der wichtigsten Experten im Bereich Sicherheit in Afrika. Die Autoren decken die Bandbreite an kontinentalen und regionalen Organisationen ab, die sich mit inner- und interstaatlichen Konflikten auseinandersetzen, aber häufig noch nicht den neuen Bedrohungen im Bereich Umwelt oder Piraterie angepasst sind. Neben den institutionellen Entwicklungen werden insbesondere die Beweggründe von Interventionen beleuchtet, aus denen sich die Grenzen des staatszentrischen Sicherheitsregionalismus ablesen lassen.*

Söderbaum, Fredrik, und Ian Taylor, Hrsg. 2008. *Afro-regions. The dynamics of cross-border micro-regionalism in Africa*. Uppsala: Nordiska Afrikainstitutet. *Dieser Sammelband stellt ein Standardwerk für das Studium der afrikanischen Regionalismen jenseits der zwischenstaatlichen Regionalorganisationen dar. Er befasst sich tief gehend mit den konzeptionell oft schwer zu fassenden informellen Varianten der Herausbildung von grenzüberschreitenden Netzwerken und Institutionen. Das reichhaltige empirische Material der Autoren deckt dabei einen beachtlichen Teil des Kontinents und der relevanten Themen ab.*

Van Walraven, Klaas. 1999. *Dreams of power. The role of the organization of African unity in the politics of Africa, 1963–1993.* Aldershot: Ashgate. *Dieses Werk bietet eine umfassende Abhandlung der Rolle der OAU als panafrikanische Institution in den ersten Dekaden der politischen Unabhängigkeit. Van Walraven zeichnet die Inkonsistenzen der Organisation ebenso nach wie die unterschiedlichen Regionalvorstellungen, welche die OAU verkörperte. Das Buch gibt umfassend Einblick in die informellen und formellen Mechanismen, die den kontinentalen Regionalismus bis Anfang der 1990er Jahre prägten.*

Welz, Martin. 2013. *Integrating Africa. Decolonization's legacies, sovereignty and the African Union.* Abingdon: Routledge. *Dieses Buch befasst sich mit der wechselseitigen Beziehung zwischen Nationalstaatlichkeit und kontinentalem Einheitsprojekt. Anhand einer ausführlichen Analyse der Außenpolitik von acht Staaten bietet Welz Erklärungsansätze für die Diskrepanz zwischen panafrikanischem Leitbild und mangelnder politischer Umsetzung.*

Webseiten

Afrikanische Union AU: http://www.au.int.
Entwicklungsgemeinschaft des Südlichen Afrikas SADC: http://www.sadc.int.
Gemeinsamer Markt für das Östliche und Südliche Afrika COMESA: http://www.comesa.int.
Ostafrikanische Gemeinschaft EAC: http://www.eac.int.
Wirtschaftsgemeinschaft Westafrikanischer Staaten ECOWAS: http://www.ecowas.int.
Wirtschaftsgemeinschaft Zentralafrikanischer Staaten ECCAS: http://www.ceeac-eccas.org.
Zentralafrikanische Wirtschafts- und Währungsgemeinschaft CEMAC: http://www.cemac.int.
Zollunion im Südlichen Afrikas SACU: http://www.sacu.int.

Verwendete Literatur

Alden, Chris, und Garth Le Pere. 2004. South Africa's post-apartheid foreign policy: From reconciliation to ambiguity. *Review of African Political Economy* 31 (100): 283–297.

Asche, Helmut, und Ulf Engel, Hrsg. 2008. *Negotiating regions. Economic partnership agreements between the European Union and the African regional economic communities. Global history and international studies.* Leipzig: Leipziger Universitätsverlag.

Engel, Ulf. 2015. The African Union finances – How does it work? Working Paper Series of the Centre for Area Studies, Nr. 6. Leipzig: Leipziger Universitätsverlag.

Francis, David J. 2006. *Uniting Africa: Building regional peace and security systems.* Aldershot: Ashgate.

Geiss, Imanuel. 1974. *The pan-African movement. A history of pan-Africanism in America, Europe and Africa.* London: Methuen.

Gibb, Richard. 2009. Regional integration and Africa's development trajectory: Meta-theories, expectations and reality. *Third World Quarterly* 30 (4): 701–721.
Mattheis, Frank. 2014. *New regionalism in the South – Mercosur and SADC in a comparative and interregional perspective*. Leipzig: Leipziger Universitätsverlag.
Nathan, Laurie. 2012. *Community of insecurity. SADC's struggle for peace and security in Southern Africa*. Farnham: Ashgate.
Oosthuizen, Gabriël. 2006. *The Southern African development community. The organisation, its policies and prospects*. Midrand: Institute for Global Dialogue.
Shaw, Timothy M., Andrew J. Grant, und Scarlett Cornelissen. 2011. Introduction and overview: The study of new regionalism(s) at the start of the second decade of the twenty-first century. In *The Ashgate research companion to regionalisms*, Hrsg. Timothy M. Shaw, Andrew J. Grant, und Scarlett Cornelissen, 3–30. Burlington: Ashgate.
Söderbaum, Fredrik. 2004. Modes of regional governance in Africa: Neoliberalism sovereignty boosting, and shadow networks. *Global Governance: A Review of Multilateralism and International Organizations* 10 (4): 419–436.
Söderbaum, Fredrik, und Ian Taylor. 2008. Considering micro-regionalism in Africa in the twenty-first century. In *Afro-regions: The dynamics of cross-border micro-regionalism in Africa*, Hrsg. Fredrik Söderbaum und Ian Taylor, 13–31. Nordiska Afrikainstitutet: Uppsala.
Tjønneland, Elling Njål. 2008. *From aid effectiveness to poverty reduction. Is foreign donor support to SADC improving? FOPRISA report*, 4. Aufl. Gaborone: Lightbooks/Botswana Institute for Development Policy Analysis.
Van Walraven, Klaas. 1999. *Dreams of power. The role of the organization of African unity in the politics of Africa, 1963–1993*. Aldershot: Ashgate.
Welz, Martin. 2013. *Integrating Africa. Decolonization's legacies, sovereignty and the African Union*. Abingdon: Routledge.

Über den Autor

Dr. Frank Mattheis ist Senior Research Fellow am Centre for the Study of Governance Innovation an der University of Pretoria (Südafrika).

Asien

Christian Wagner

Zusammenfassung

Asien verzeichnet ein hohes Wachstum an regionalen Organisationen. Diese Entwicklung wird vor allem von dem Interesse an einem Ausbau der Handels- und Wirtschaftsbeziehungen zwischen den beteiligten Staaten angetrieben. In den letzten Jahren haben einige Regionalorganisationen auch sicherheitspolitische Probleme aufgegriffen, aus denen neue regionale Foren entstanden sind. Im Unterschied zur Entwicklung in Europa stehen im asiatischen Regionalismus Prinzipien wie Souveränität und Nichteinmischung im Vordergrund. Die Regionalorganisationen haben deshalb kaum Autonomie gegenüber den Mitgliedsstaaten.

1 Einleitung

Das 21. Jahrhundert wird oft als „asiatisches" Jahrhundert bezeichnet. Die demografische und wirtschaftliche Entwicklung Chinas, Indiens und Indonesiens wird zunehmend den Takt der Weltwirtschaft bestimmen. Welche Folgen wird die wachsende wirtschaftliche Verflechtung für die politische Entwicklung Asiens haben? Wird die Interdependenz die schwelenden Territorialkonflikte überwinden können oder wird die höhere Wirtschaftskraft die nationalistischen Ambitionen gegenüber den Nachbarstaaten befördern?

Ich danke Nadine Godehardt, Felix Heiduk, Hanns-Günther Hilpert und Howard Loewen für Kommentare und Anmerkungen.

C. Wagner (✉)
Stiftung Wissenschaft und Politik, Berlin, Deutschland
E-Mail: Christian.Wagner@swp-berlin.org

© Springer Fachmedien Wiesbaden GmbH 2017
S. Koschut (Hrsg.), *Regionen und Regionalismus in den Internationalen Beziehungen*, DOI 10.1007/978-3-658-05434-2_10

Der asiatische Kontinent weist eine hohe politische, wirtschaftliche, kulturelle und soziale Heterogenität auf. Die politischen Grenzen des Raumes, der als „Asien" bezeichnet wird, divergieren somit deutlich von den geografischen Definitionen des Kontinents, zu dem zum Beispiel auch große Teile Russlands zählen. Der westliche Teil des Kontinents wird im deutschsprachigen Raum als Naher und Mittlerer Osten bezeichnet (vgl. hierzu Stetter in diesem Band), während er in vielen asiatischen Staaten Westasien genannt wird. Begrifflichkeiten wie „Asien" oder „Südostasien" wurden oft von externen (westlichen) Beobachtern für die jeweiligen Räume genutzt. In Staaten wie zum Beispiel China gibt es hingegen oft völlig andere Diskussionen über das, was „Asien" darstellt.[1] Der Begriff „Südostasien" entstand im Zweiten Weltkrieg und war zunächst eine militärische Kategorisierung. Diese ursprünglich externe Idee einer Region hat mittlerweile einer Diskussion über regionale Identität Platz gemacht, die intensiv in den Staaten Südostasiens geführt wird (Acharya 2012b, S. 4).[2]

Die Divergenz zwischen geografischen, politischen, sozialen, wirtschaftlichen und kulturellen Kategorisierungen und den damit verbundenen Fremd- und Eigenzuschreibungen dessen, was eine „Region" darstellt, hat weitreichende Folgen für die Debatte über Regionalismus und die Eingrenzung dessen, was als „Asien" bezeichnet wird. Regionalismus wird im Folgenden verstanden als das Streben von Staaten nach einer engeren Zusammenarbeit mit ihren Nachbarn. Dieser Regionalismus kann eines oder mehrere Politikfelder (Sicherheit, Wirtschaft, Umwelt, Energie, etc.) umfassen, staatliche, nichtstaatliche und multilaterale Akteure beinhalten (z. B. Unternehmerverbände, internationale Organisationen) und teilweise wenig formelle Strukturen aufweisen.[3]

Regionen sind im akademischen Diskurs somit keine natürlichen Gegebenheiten, sondern sozial konstruierte Räume, die durch die Zusammenarbeit von

---

[1] Zur chinesischen Konzeption von Asien, vgl. Godehardt 2011.
[2] Die historische Bedingtheit von „Regionen" zeigt sich auch an zwei weiteren Beispielen. Myanmar war bis 1935 noch Teil Britisch-Indiens, gilt aber seit seinem Beitritt 1997 in die Association of Southeast Asian Nations (ASEAN) eher als Teil Südostasien denn Südasiens. Die Geschichte des Regionalismus in Südostasien wäre sicherlich anders verlaufen, wenn Indien dem neuen Staatenbund bei seiner Gründung 1967 beigetreten wäre, was die damalige Premierministerin Indira Gandhi aber ablehnte.
[3] Die Indian Ocean Rim Association (IORA) sieht zum Beispiel in ihrer Charta explizit eigene Arbeitsgruppen für Wissenschaft und Wirtschaft vor. In der Central Asia Regional Economic Cooperation (CAREC) sind neben Staaten auch internationale Organisationen wie die Asia Development Bank (ADB), die Weltbank und die Islamische Entwicklungsbank vertreten.

Staaten als zentrale Akteure in der internationalen Politik entstehen (vgl. hierzu auch Koschut in diesem Band). Die interessierten Staaten definieren mit dem Akt ihres Beitritts zu einer gemeinsamen Organisation eine Region und deren Grenzen. Zugleich sind Regionen aber keine exklusiven Einheiten, da Staaten oft in unterschiedlichen Regionalorganisationen engagiert sind.

Ausgehend von dieser Definition zeigt sich, dass „Asien" keine einheitliche Region darstellt. Der asiatische Kontinent weist vielmehr eine Vielzahl von regionalen Organisationen auf, die eine sehr unterschiedliche institutionelle Ausprägung haben. Dabei erfreut sich der Regionalismus steigender Beliebtheit. Es gibt eine wachsende Zahl von regionalen Einrichtungen, um die wirtschaftlichen, außen- und sicherheitspolitischen sowie die kulturellen Beziehungen zwischen den Staaten zu vertiefen. Durch das Instrument des „Beobachter(-status)" können weitere interessierte Staaten teilweise in bereits bestehende institutionelle Strukturen eingebunden werden.

Zugleich gibt es aber auch geografische Räume, für die es regionale Zuweisungen gibt, die aber kaum einen eigenen oder nur einen sehr schwach ausgeprägten Regionalismus aufweisen. In Zentralasien haben zum Beispiel die aus dem Zerfall der Sowjetunion entstandenen neuen Staaten bislang keine eigenständige Regionalorganisation entwickelt. Sie sind aber über ihre Mitgliedschaft in der Economic Cooperation Organisation (ECO), Shanghai Cooperation Organisation (SCO) oder der Collective Security Treaty Organisation (CSTO) institutionell teilweise miteinander verbunden (vgl. hierzu den Beitrag von Hoffmann in diesem Band). In Nordostasien gibt es zwar zwischen China, Japan und Südkorea eine sehr hohe wirtschaftliche Verflechtung, doch haben die drei Staaten aufgrund historischer Vorbehalte und ihrer Territorialkonflikte erst 2008 ein erstes Gipfeltreffen durchgeführt, um ihre trilaterale Zusammenarbeit zu stärken (Yuechun 2013, S. 109–128).

Je nach Perspektive und Interessenlagen gibt es somit sehr unterschiedliche Ideen von Asien. In vielen wissenschaftlichen und politischen Diskussionen ist zum Beispiel der „Aufstieg Asiens" oft das Synonym für die wirtschaftliche Entwicklung Chinas nicht jedoch für Staaten wie Afghanistan, Laos oder Nordkorea, obwohl diese geografisch ebenfalls zu Asien zählen. Außen- und sicherheitspolitische Interessen führen oft dazu, dass auch Staaten wie Australien und Neuseeland aufgrund ihrer engen wirtschaftlichen Verflechtung oder ihrer strategischen Ausrichtung zu Asien gerechnet werden (Heritage Foundation 2012, S. 3).

Unabhängig von den konzeptionellen Problemen haben sich in den wissenschaftlichen und politischen Debatten Regionenbegriffe etabliert, die sich zumeist an Regionalorganisationen oder geografischen Kriterien orientieren. So steht Südostasien für die Mitgliedsstaaten der Association of Southeast Asian Nations

(ASEAN), Südasien für die in der South Asian Association for Regional Cooperation (SAARC) zusammengeschlossen Staaten. Ostasien gilt als Kombination der ASEAN mit den Staaten im nordöstlichen Teil Asiens, d. h. China, Taiwan, Japan, Süd- und Nordkorea.

Der Regionalismus ist ein offenes und dynamisches Instrument, das sich beständig weiterentwickelt. Im Zuge der weltwirtschaftlichen Verflechtung sind Organisationen wie die Asia-Pacific Economic Cooperation (APEC) oder die Indian Ocean Rim Association (IORA) entstanden, deren Mitgliedsstruktur weit über Asien hinausweist und Staaten aus Lateinamerika beziehungsweise Afrika mit einschließt. Das geplante Freihandelsabkommen Trans-Pacific Partnership (TPP) soll den Handelsaustausch und die Investitionen zwischen Ostasien und dem amerikanischen Kontinent verstärken. In Indien und Australien gibt es Überlegungen, die Region des Indischen Ozeans mit dem asiatisch-pazifischen Raum zu verbinden (Rumley et al. 2012, S. 1–20; vgl. auch Raja und Samudra 2012). Die chinesische Regierung forciert mit ihren Seidenstraßeninitiativen *(Silk Road Economic Belt/Maritime Silk Road)* neue regionalistische Ideen, die bislang aber noch kaum eine institutionelle Verankerung haben.

Im Folgenden sollen zunächst die historischen Entwicklungswege des Regionalismus in Asien sowie die Unterschiede im Hinblick zur europäischen Erfahrung skizziert werden. Anschließend werden mit der ASEAN, der SCO und der SAARC drei unterschiedliche Beispiele regionaler Zusammenarbeit in Asien kurz vorgestellt. Die ASEAN steht für die Erfolgsgeschichte des asiatischen Regionalismus, die SCO repräsentiert eine Organisation, die vor allem eine sicherheitspolitische Ausrichtung verfolgt und die SAARC steht stellvertretend für eine Reihe von Regionalorganisationen, deren Wirken im regionalen und globalen Umfeld kaum bekannt ist.

2 Die historische Entwicklung

Die Entwicklung des Regionalismus in Asien hatte unterschiedliche Ausgangspunkte. Hierzu zählten unter anderem die neue internationale Ordnung nach dem Ende des Zweiten Weltkriegs, der Beginn der Dekolonisierung, die 1947 mit der Unabhängigkeit Indiens und Pakistans einsetzte und der wirtschaftliche Aufstieg Japans und der ostasiatischen Schwellenländer in den 1970er und 1980er Jahren.

Die USA verfolgten ihre sicherheitspolitischen Interessen in Asien im Kalten Krieg durch eine enge bilaterale Zusammenarbeit mit einzelnen Staaten wie Japan. Daneben förderten sie analog zur North Atlantic Treaty Organisation (NATO) militärische Allianzen wie die Central Treaty Organisation (CENTO), die South East Asia Treaty Organisation (SEATO) oder den ANZUS-Pakt, in dem

Australien, Neuseeland und die USA zusammenarbeiteten. Während der ANZUS-Pakt fortbesteht, hat der militärische Regionalismus nach dem Ende des Vietnamkrieges mit der Auflösung der SEATO 1977 und der CENTO 1979 deutlich an Bedeutung verloren. Die US-amerikanische Sicherheitspolitik basiert seitdem vor allem auf den bilateralen Beziehungen zu einzelnen Staaten wie Australien, Japan, den Philippinen, Südkorea und Thailand und wird als *Hub-and-Spokes*-System bezeichnet. Daneben pflegen die USA noch eine enge militärische Zusammenarbeit mit Singapur und Taiwan. In Asien haben sich ausgehend von der ASEAN neue Formen des sicherheitspolitischen Dialogs entwickelt, mit denen die Staaten Südostasiens den territorialen Ansprüchen Chinas begegnen wollen.

Für viele der dekolonisierten Staaten in Asien bildeten aber die neuen wirtschaftlichen und politischen Probleme nach der Unabhängigkeit den Ausgangspunkt für eine engere Kooperation. Bereits im Frühjahr 1947 fand in Neu-Delhi die erste Asian Relations Conference statt, die unter Leitung des späteren indischen Premierministers Jawaharlal Nehru eine engere Zusammenarbeit in Asien zum Ziel hatte. Initiativen wie der Colombo-Plan 1950, die Konferenz von Bandung 1955, die 1961 gegründete Association of Southeast Asia (ASA) und die 1963 von Malaysia, den Philippinen und Indonesien gegründete MAPHILINDO-Gruppe waren Beispiele für die ersten Ansätze dieser neuen regionalen und multilateralen Zusammenarbeit.

Die rasante Entwicklung Japans, das in den späten 1970er Jahren als neuer Herausforderer der USA gesehen wurde, beförderte die wirtschaftliche Zusammenarbeit in Teilen Asiens.[4] Im Zuge ihrer Weltmarktintegration dehnten zunächst japanische Unternehmen ihre Produktionsnetzwerke zunehmend in Schwellenländer wie Taiwan, Singapur, Thailand und Indonesien aus. Um Japans Position in den dortigen aufstrebenden Volkswirtschaften zu verbessern, wurden bilaterale Freihandelsabkommen (*Free Trade Agreement*, FTA) geschlossen. Die wirtschaftliche Expansion südkoreanischer und chinesischer Firmen nach Südostasien ließ die Zahl der FTAs deutlich ansteigen. Mittlerweile gibt es über 40 intraregionale Freihandelsabkommen und über 100 mit Staaten außerhalb Asiens (Heritage Foundation 2012). Dieser Ausbau der wirtschaftlichen Beziehungen war aber nicht notwendigerweise auf die Schaffung von Regionalorganisationen ausgerichtet, sondern diente der Weltmarktintegration der jeweiligen Unternehmen.

Die Geschichte des „modernen" Regionalismus in Asien beginnt vermutlich mit der 1967 in Bangkok gegründeten ASEAN. Die Staaten der neuen Organisation, der zunächst nur Indonesien, Singapur, die Philippinen, Malaysia und Thailand

---

[4]Zur unterschiedlichen Rolle der USA bei der Entwicklung des Regionalismus in Asien und Europa, vgl. Katzenstein 2005.

angehörten, wollten neben ihrer wirtschaftlichen auch ihre sicherheitspolitische Zusammenarbeit gegenüber den kommunistischen Regimen Südostasiens ausbauen. Die ASEAN entwickelte sich zur wichtigsten Regionalorganisation und wurde zum Ausgangspunkt für eine Reihe von regionalen Initiativen, die weitere Teile Asiens umfassten.

3 Regionalismus in Asien zwischen Eigenständigkeit und Nachahmung

Die Debatte über Regionalismus war lange Zeit von der Entwicklung der Europäischen Union (EU) geprägt, die oft als Modell oder Vorbild für andere regionale Organisationen gesehen wurde. In vergleichender Perspektive zeigt sich aber immer mehr, dass der Regionalismus in Europa mit der Herausbildung supranationaler Institutionen wie der EU-Kommission, die ein eigenständiger Akteur gegenüber den Mitgliedsstaaten ist, eher die Ausnahme und nicht die Regel ist (vgl. hierzu Heiduk in diesem Band). Die europäische Entwicklung gilt heute deshalb immer weniger als Modell, wenngleich Europa als Partner in vielen Bereichen wichtige Impulse für andere regionale Organisationen geben kann (Jetschke 2013, S. 226–246; vgl. auch Acharya 2012a). In Asien haben die Unterschiede in der Entwicklung von regionalen Organisationen mittlerweile ihren Ausdruck in den Debatten über den „offenen", „weichen" beziehungsweise „neuen" Regionalismus gefunden (vgl. Hettne et al. 1999; Hettne 2005; Jürgen 2002; Ufen 2004; Dent 2012; Connors 2011 sowie Panke in diesem Band).

Im Unterschied zu Europa fußt die regionale Zusammenarbeit in Asien auf dem Prinzip der nationalen Souveränität und stärkt dieses, anstatt es durch supranationale Institutionen zu überwinden. Vor dem Hintergrund der Auswüchse des Nationalismus im 20. Jahrhundert war die zentrale Idee in Europa, dass die neu geschaffenen regionalen Institutionen die nationale Souveränität begrenzen sollten, um einen weiteren Weltkrieg zu verhindern (vgl. hierzu Koschut in diesem Band). Im Gegensatz dazu betonen asiatische Staaten in regionalen Institutionen hingegen das Prinzip der nationalen Souveränität und der Nichteinmischung in innere Angelegenheiten. Regionale Zusammenarbeit hat also nicht wie in Europa das langfristige Ziel, die Auswüchse nationaler Interessen zu begrenzen, sondern gilt als Instrument zur Durchsetzung derselben.

Der europäische Regionalismus in Form der EU ist stark verregelt und institutionalisiert. Während die EU eigene Kompetenzen gegenüber den Mitgliedstaaten beansprucht, ist dies bei Regionalorganisationen in Asien nicht der Fall, sodass auch der Grad der Institutionalisierung zumeist deutlich geringer ist. Die regionale Zusammenarbeit basiert nicht wie in Europa auf einklagbaren Verträgen, sondern zumeist auf einer Charta mit gemeinsamen Grundsätzen. Diese haben aber einen wenig verpflichtenden Charakter und räumen den beteiligten Staaten sehr viel Interpretationsspielraum bei der Umsetzung in nationale Politiken ein.

Es findet eher eine Erweiterung der Zusammenarbeit, denn eine Vertiefung statt. Die Ankündigung zur Zusammenarbeit in neuen Politikfeldern dient auf Gipfeltreffen einerseits als Nachweis für die Bedeutung und die Aktivitäten der jeweiligen Organisationen. Da aber andererseits der Grad der Verbindlichkeit vergleichsweise schwach ist, entsteht schnell der Eindruck von Symbolpolitik. Es gibt deshalb bei nahezu allen Regionalorganisationen eine wiederkehrende Kritik daran, dass diese nur „talk shops" sind beziehungsweise vor allem „reports, not results" produzieren. Dieser „offene" Charakter regionaler Institutionen wurde in Südostasien als *ASEAN-way* umschrieben und durchaus positiv gesehen: „This approach involves a high degree of discreteness, informality, pragmatism, expediency, consensus-building, and non-confrontational bargaining styles" (Archarya 1997, S. 329).

In den europäischen Debatten schwingt oft ein lineares Verständnis von Regionalismus mit, dass eine Entwicklungslinie ausgehend von der Kooperation hin zur Integration beinhaltet. Aufgrund der historischen und politischen Unterschiede gibt es in Asien aber kaum eine Diskussion darüber, ob und inwiefern einzelne Regionalorganisationen einen *sui generis* Charakter entwickeln werden, wie dies für die Struktur der EU konstatiert wird. Die verschiedenen regionalen Institutionen sind sehr viel stärker an die Nationalstaaten und ihre Interessen gebunden.

Ein weiteres Merkmal ist die große politische, wirtschaftliche und kulturelle Heterogenität von Mitgliedstaaten in Regionalorganisationen. So arbeiten in der ASEAN und der SAARC demokratische und autoritäre Staaten zusammen, die darüber hinaus zum Teil sehr unterschiedliche religiöse und säkulare Vorstellungen von Staat und Gesellschaft haben und teilweise divergierende wirtschaftspolitische Strategien verfolgen. Der Regionalismus in Ostasien war im Unterschied zu Europa eher marktgetrieben, d. h. die wirtschaftlichen Interessen großer Unternehmen haben im Zuge ihrer Produktionsausweitung neue Formen regionaler Zusammenarbeit gefördert.

In der Diskussion über die künftige Struktur des internationalen Systems wurde Regionalorganisationen teilweise eine wichtige Rolle zugewiesen (Acharya 2007, S. 629–652; Hurrell 2007, S. 127–146). Sie sollten zum Beispiel die Interessen ihrer Mitgliedsstaaten bündeln und in internationale Verhandlungsrunden einbringen. Es gibt zwar Regionalorganisationen wie die IORA, die einen solchen Passus in ihrer Charta haben, doch erlaubt die schwache Institutionalisierung vieler Regionalorganisationen in Asien kaum ein solches Vorgehen.

Die Entwicklung eines Interregionalismus als neue internationale Ordnungsstruktur konnte hingegen eher auf Beispiele aus Asien zurückgreifen (Hänggi et al. 2006). Der EU-ASEAN Dialog ist vermutlich das beste empirische Beispiel für diese Form der institutionalisierten Zusammenarbeit zwischen zwei Regionalorganisationen, die bereits 1977 begann (Rüland 2001). Das 1996 gegründete Asia Europe Meeting (ASEM) gilt ebenfalls als Beispiel einer interregionalen Kooperation, wobei ursprünglich neben den Mitgliedstaaten der ASEAN und der EU auch die EU-Kommission und das ASEAN-Sekretariat auf asiatischer Seite sowie China, Japan, Südkorea und Indien daran teilnehmen (Bersick et al. 2006).

4 Die Association of South East Asian Nations (ASEAN)

Die ASEAN gilt als eine der erfolgreichsten Regionalorganisationen in Asien. Die Organisation wurde am 8. August 1967 mit der Bangkok Erklärung von Indonesien, Malaysia, den Philippinen, Singapur und Thailand ins Leben gerufen. Der Erfolg der Organisation beruht unter anderem darauf, dass die Mitglieder ihre bilateralen Spannungen und Rivalitäten angesichts der kommunistischen Bedrohung in den 1960er Jahren in Südostasien überwinden konnten (Feske 1991; Dosch 1997). Die im Rahmen der ASEAN vereinbarten Handelserleichterungen trugen zum wirtschaftlichen Erfolg der „Tigerökonomien" Südostasiens in den 1980er und 1990er Jahren bei und haben den intraregionalen Handel zwischen den Mitgliedsstaaten befördert. Die Einbindung der früheren kommunistischen Staaten (Festland-) Südostasiens in die ASEAN kann ebenfalls als Erfolg der Organisation gesehen werden. Brunei Darussalam trat 1984 der Organisation bei, Vietnam 1995, Laos und Myanmar und Burma 1997 und Kambodscha schließlich 1999. Die Attraktivität der Organisation zeigt sich unter anderem daran, dass auch Papua-Neuguinea und Timor-Leste einen Antrag auf Mitgliedschaft gestellt haben.

Die ASEAN hat auch ihre interne Struktur immer stärker institutionalisiert. Seit 1981 hat die ASEAN ein eigenes Sekretariat in Jakarta, seit 2009 gibt es halbjährlich stattfindende Gipfeltreffen der Staats- und Regierungschefs. Zudem hat die Organisation eine Reihe von Maßnahmen ergriffen, um die Identität als eigenständige Einheit nach innen, d. h. in den Mitgliedstaaten und nach außen zu stärken. So verfügt die ASEAN über einen eigenen Leitspruch („One Vision, One Identity, One Community"), eine eigene Flagge, ein eigenes Wappen sowie eine eigene Hymne und führt jedes Jahr am 8. August in den Mitgliedsstaaten den ASEAN-Tag durch (Association of Southeast Asian Nations 2014). Am 31. Dezember 2015 wurde die *ASEAN Community* eingeführt, die weitere Fortschritte im Hinblick auf eine

engere Zusammenarbeit und Integration in den drei Bereichen Politik und Sicherheit, Wirtschaft und soziokulturelle Beziehungen bringen soll.
Eine Besonderheit der ASEAN ist, dass sie als Organisation eigene auswärtige Beziehungen entwickelt hat. Sie ist damit zu einer Keimzelle für eine Reihe von neuen regionalen Initiativen geworden. Angesichts der veränderten sicherheitspolitischen Herausforderungen, vor allem die territorialen Ansprüche Chinas im Südchinesischen Meer, gründeten die Staaten Südostasiens 1994 das ASEAN Regional Forum (ARF) (ASEAN Regional Forum 2014). Das ARF umfasst mittlerweile 27 Staaten, zu denen neben China, den USA, Russland und Japan auch Kanada und Sri Lanka zählen. Es hat sich zur wichtigsten Dialogplattform für sicherheitspolitische Themen in Südostasien entwickelt.

Die Asienkrise erschütterte 1997/1998 die wirtschaftliche Entwicklung in Ost- und Südostasien, vor allem in Thailand und Indonesien. Es kam zu einem massiven Einbruch der wirtschaftlichen Entwicklung und einer deutlichen Abwertung der Wechselkurse. Die Hilfsprogramme des Internationalen Währungsfonds (IWF) verschärften die sozialen Probleme in der Region. In Reaktion auf die Krise gründete die ASEAN zusammen mit China, Japan und Südkorea die ASEAN Plus Three (APT) (Loewen 2006). In dieser Form der Kooperation zwischen Südostasien und den Staaten Nordostasiens erblickten viele Beobachter die Geburtsstunde einer neuen Idee von „Ostasien" (Nabers 2002, S. 267–274). Mit der Chiang Mai-Initiative unterstrichen die Staaten in der APT ihr Interesse, eigene regionale Strukturen aufzubauen, um künftigen Finanz- und Wirtschaftskrisen besser begegnen zu können.

Seit Anfang der 1990er Jahre hatte es wiederholt Bemühungen in der ASEAN gegeben, die wirtschaftliche Zusammenarbeit auszubauen, unter anderem auch in Abgrenzung zu neuen Organisationen wie die 1989 gegründete APEC, die vor allem als Instrument westlicher Industriestaaten wie den USA, Kanada und Australien gesehen wurde. Aus den Diskussionen über eine East Asia Economic Grouping (EAEG) und später einen East Asia Economic Caucus (EAEC) im Rahmen der APEC entwickelte sich der East Asia Summit (EAS), dessen erstes Gipfeltreffen 2005 in Malaysia stattfand. Mittlerweile umfasst der EAS insgesamt 18 Staaten, die 55 % der Weltbevölkerung und 56 % des globalen Bruttosozialprodukts repräsentieren (Australian Department of Foreign Affairs and Trade 2014).[5] 2007 wurde die Gründung der ASEAN Plus Six (APS) beschlossen, die aus APT sowie Indien, Australien und Neuseeland besteht, mit dem Ziel eine Comprehensive Economic

---

[5]Zum EAS zählen die zehn Mitgliedsstaaten der ASEAN sowie Australien, China, Indien, Japan, Neuseeland, Südkorea, die USA und Russland.

Partnership in East Asia (CEPEA) zu etablieren (Toh 2009). Aus den Treffen der ASEAN Verteidigungsminister (ASEAN Defence Ministers' Meeting, ADMM) ist 2010 das Format ADMM Plus entstanden, an dem auch die Verteidigungsminister der acht ASEAN Dialogpartner (Australien, China, Indien, Japan, Neuseeland, Südkorea, Russland und die Vereinigten Staaten) teilnehmen (ASEAN Defence Ministers' Meeting 2014).

5   Die Shanghai Cooperation Organisation (SCO)

Die SCO wurde 2001 von Russland, China und den fünf zentralasiatischen Republiken gegründet, die nach dem Zerfall der Sowjetunion entstanden waren. Bei der Organisation standen von Beginn an sicherheitspolitische Erwägungen im Vordergrund, unter anderem die Regelung von Grenzkonflikten oder die Kontrolle illegaler Migration zwischen China und Russland (Troitskiy 2007, S. 30–44). Für die Regierung in Peking war die SCO eine wichtige Institution, denn es war die erste von China initiierte Regionalorganisation. Die wichtigsten Ziele waren die vertrauensbildenden Maßnahmen mit den Nachbarstaaten auszubauen, neue transnationale Sicherheitsrisiken wie Terrorismus, Extremismus und Separatismus in der Region zu bekämpfen und die wirtschaftliche Entwicklung durch gemeinsame Infrastrukturprojekte voranzutreiben (Pan 2007, S. 46). Die SCO etablierte 2004 die Regional Anti-Terrorist Structure (RATS), um gegen extremistische Aktivitäten und den Drogenhandel in der Region vorzugehen. 2006 wurde ein gemeinsamer *Business Council* geschaffen (Alyson und Dunay 2007, S. 1–29).

Die chinesische Regierung zeigte auch größeres Interesse an einer engeren wirtschaftlichen Zusammenarbeit zum Beispiel durch die Schaffung einer Freihandelszone. Davon hätten vor allem chinesische Firmen in Zentralasien profitiert, was jedoch nicht im russischen Interesse war. Die Energiereserven Zentralasiens sind zwar für viele Staaten von Interesse, doch spielen wirtschaftspolitische Erwägungen für Russland und China nur eine untergeordnete Rolle. Russland verfolgt seine ökonomischen Interessen im Rahmen der Eurasian Economic Community (EURASEC). Für China hat die wirtschaftliche Verflechtung mit Ost- und Südostasien ein deutlich größeres außenpolitisches Gewicht. Neben der Erörterung ihrer bilateralen Sicherheitsprobleme haben China und Russland die SCO auch immer als gemeinsame Einrichtung verstanden, um damit den Einfluss des Westens in Zentralasien zu begrenzen. Für beide Staaten hatte die SCO damit nicht nur eine regionale, sondern auch eine globale Dimension (Aris 2011).

Der Abzug der International Security Assistance Force (ISAF) aus Afghanistan hat eine Diskussion entfacht, ob und inwieweit die SCO eine stärkere Rolle bei der künftigen Stabilisierung des Landes einnehmen kann. Afghanistan hat bereits einen Beobachterstatus in der SCO und arbeitet bei der Bekämpfung des Drogenhandels mit der Organisation zusammen (Godehardt 2014, S. 4). 2016 sollen zudem Indien und Pakistan, die bislang ebenfalls Beobachter sind, als Vollmitglieder die SCO erweitern (Singh 2014). Damit wären alle wichtigen Nachbarn Afghanistans in der SCO vertreten.

6 Die South Asian Association for Regional Cooperation (SAARC)

Die 1985 gegründete SAARC zählt eher zu den erfolglosen Beispielen des Regionalismus. Die Initiative zu ihrer Gründung ging 1977 ursprünglich von Bangladesch aus, das durch den Zusammenschluss mit anderen Staaten ein Gegengewicht zur übermächtigen Rolle Indiens in der Region schaffen wollte (Arndt 2013). Indien und Pakistan standen einer regionalen Organisation zunächst skeptisch gegenüber, da sie deren Dominanz durch den jeweils anderen Staat befürchteten. Die sieben Gründungsmitglieder Bangladesch, Bhutan, Indien, die Malediven, Nepal, Pakistan und Sri Lanka konnten bislang kaum nennenswerte Erfolge in ihrer regionalen Zusammenarbeit vorweisen.[6] Im Unterschied zur ASEAN gelang es vor allem den beiden größten Staaten Indien und Pakistan nicht, ihren Konflikt um Kaschmir in den Hintergrund zu rücken.

Aufgrund der zahlreichen bilateralen Konflikte zwischen Indien und seinen Nachbarn verständigten sich die Mitgliedstaaten in der Charta darauf, dass alle Entscheidungen nur einstimmig beschlossen werden können und dass strittige Themen von der Agenda ausgeklammert blieben. Die 2006 etablierte SAARC Free Trade Area (SAFTA) hat bislang kaum zu einer nennenswerten Steigerung des intraregionalen Handels beigetragen. Das seit 1985 in Katmandu ansässige SAARC Sekretariat ist zu schwach und verfügt über keine nennenswerten Kompetenzen gegenüber den Mitgliedstaaten. In den letzten Jahren sind insgesamt elf Regionalzentren für gemeinsame Aufgaben eingerichtet worden, darunter ein landwirtschaftliches Zentrum in Dhaka, ein Tuberkulosezentrum in Katmandu, ein Energiezentrum in Islamabad und ein Forstzentrum in Bhutan. Die Einrichtungen sind aber oft schlecht ausgestattet, sodass sie kaum Wirkung entfalten können. Zu den wenigen Erfolgen der SAARC zählt die Einrichtung einer South Asia University (SAU) für Studierende aus der Region, deren Hauptsitz bislang in Neu-Delhi angesiedelt ist. Eine weitere positive Entwicklung ist der Ausbau des

---

[6]2007 wurde Afghanistan achtes Mitglied der SAARC.

SAARC Development Fund (SDF) in Thimphu, der seit einigen Jahren kleinere Regionalprojekte finanziell unterstützt.

Aufgrund der verschiedenen bilateralen Konflikte zwischen Indien und den Nachbarstaaten war die SAARC bislang nicht in der Lage, jährliche Gipfeltreffen durchzuführen. Allerdings wurden die Gipfeltreffen von den Staats- und Regierungschefs auch immer wieder dazu genutzt, ihre bilateralen Spannungen außerhalb der offiziellen Agenda zu erörtern. So brachte der SAARC-Gipfel 1988 in Islamabad das erste Zusammentreffen zwischen dem indischen Premierminister Rajiv Gandhi und der neuen pakistanischen Premierministerin Benazir Bhutto, dem mehr Aufmerksamkeit zu Teil wurde als dem offiziellen Programm. Eine Folge dieser Gespräche war die Unterzeichnung einer Nichtangriffsvereinbarung der nuklearen Einrichtungen im Kriegsfall. Das Gipfeltreffen in Malé 1997 ermöglichte die erste Begegnung der neu ins Amt gewählten Premierminister Indiens und Pakistans, I.K. Gujral und Nawaz Sharif. Der SAARC Gipfel 2010 in Bhutan wurde von Indien und Pakistan für bilaterale Gespräche genutzt, mit denen die bilaterale Annäherung nach dem Anschlag von Mumbai im November 2008 wieder in Gang gesetzt wurde.

Der Wert der SAARC liegt somit in erster Linie darin, eine Plattform für Begegnungen auf höchster politischer Ebene zu bilden und damit vertrauensbildende Maßnahmen zu ermöglichen (Wagner 2012, S. 209–216). Das erscheint angesichts der allgegenwärtigen Entwicklungsdefizite in Südasien als geringer Erfolg, doch sollte nicht übersehen werden, dass es in der Region keine vergleichbaren Institutionen gibt.

7 Regionalismus in Asien: Das Primat der Politik

Die Erfolgsgeschichte des Regionalismus in Asien bleibt ambivalent. Einerseits gibt es ein ungebrochenes Interesse vieler Staaten, neue regionale Organisationen oder Initiativen ins Leben zu rufen und den Kreis bestehender Einrichtungen durch die Einbeziehung weiterer Staaten als neue Mitglieder, Beobachter oder Dialogpartner zu erweitern (Tab. 1). Damit entstehen einerseits neue Formen der Interaktion und Kommunikation sowie Netzwerke auf höchster politischer Ebene, die für vertrauensbildende Maßnahmen genutzt werden können. Andererseits ist die Erfolgsbilanz vieler Regionalorganisationen schlecht, da eine Vertiefung beschlossener Maßnahmen oft ausbleibt. Der Regionalismus bleibt somit, abgesehen vom besseren Handelsaustausch, für die Mehrheit der Bevölkerung oft nur eine leere Hülle.

Der Regionalismus in Asien wird weiter seiner eigenen Logik folgen, die durch das Primat nationaler Politik und wirtschaftlicher Interessen gekennzeichnet ist,

Tab. 1 Regionalorganisationen in Asien (Auswahl). (Quelle: Eigene Darstellung)

Name	Mitglieder
Asia Pacific Economic Cooperation (APEC) http://www.apec.org/	Australien, Brunei Darussalam, Chile, China, Hongkong, Indonesien, Japan, Kanada, Malaysia, Mexiko, Neuseeland, Papua-Neuguinea, Peru, Philippinen, Russland, Singapur, Südkorea, Taiwan, Thailand, USA, Vietnam
Asia–Europe Meeting (ASEM) http://www.aseminfoboard.org/	Australien, Österreich, Bangladesch, Belgien, Brunei Darussalam, Bulgarien, Kambodscha, China, Zypern, Tschechische Republik, Dänemark, Estland, Finnland, Frankreich, Deutschland, Griechenland, Ungarn, Indien, Indonesien, Irland, Italien, Japan, der Republik Korea, Laos, Lettland, Litauen, Luxemburg, Malaysia, Malta, Mongolei, Myanmar, die Niederlande, Neuseeland, Norwegen, Pakistan, den Philippinen, Polen, Portugal, Rumänien, Russland, Singapur, Slowakei, Slowenien, Spanien, Schweden, Schweiz, Thailand, das Vereinigte Königreich, Vietnam, die Europäische Kommission und das ASEAN-Sekretariat
Association of Southeast Asian Nations (ASEAN) http://www.asean.org	Brunei Darussalam, Kambodscha, Indonesien, Laos, Malaysia, Myanmar, Philippinen, Singapur, Thailand, Vietnam
ASEAN Plus Three (APT) http://www.asean.org/asean/external-relations/asean-3/item/asean-plus-three-cooperation	10 ASEAN-Staaten + China, Japan, Südkorea
ASEAN Regional Forum (ARF)	ASEAN-Mitgliedsstaaten + 16 Länder: Australien, Bangladesch, China, Indien, Japan, Kanada, Mongolei, Neuseeland, Nordkorea, Pakistan, Papua-Neuguinea, Russische Föderation, Südkorea, Sri Lanka, Timor Leste, USA, EU
Bay of Bengal Initiative for Multi-Sectoral Technical and Economic Cooperation (BIMSTEC) http://www.bimstec.org/	Bangladesch, Bhutan, Indien, Myanmar, Nepal, Sri Lanka, Thailand
Bangladesh–China–India–Myanmar Forum for Regional Cooperation (BCIM)	Bangladesch, China, Indien, Myanmar

(Fortsetzung)

Tab. 1 (Fortsetzung)

Name	Mitglieder
China, Japan, Korea (CJK)	China, Japan, Korea
East Asia Summit (EAS) http://www.asean.org/asean/external-relations/east-asia-summit-eas	10 ASEAN-Staaten + China, Japan, Südkorea, Australien, Neuseeland, Indien, USA, Russland
Economic Cooperation Organization (ECO) http://www.ecosecretariat.org/in2.htm	Afghanistan, Aserbaidschan, Iran, Kasachstan, Kirgisistan, Pakistan, Tadschikistan, Türkei, Turkmenistan, Usbekistan
Indian Ocean Rim Association (IORA) http://www.iora.net/	Australien, Bangladesch, Komoren, Indien, Indonesien, Iran, Kenia, Madagaskar, Malaysia, Mauritius, Mosambik, Oman, Seychellen, Singapur, Südafrika, Sri Lanka, Tansania, Thailand, Vereinigte Arabische Emirate, Jemen
Mekong–Ganga Cooperation (MGC) http://www.aseanindia.com/about/mgc/	Indien, Thailand, Myanmar, Kambodscha, Laos und Vietnam
Shanghai Cooperation Organization (SCO) http://www.sectsco.org/EN123/	China, Kasachstan, Kirgisistan, Russische Föderation, Tadschikistan, Usbekistan
South Asian Association for Regional Cooperation (SAARC) http://www.saarc-sec.org	Afghanistan, Bangladesch, Bhutan, Indien, Malediven, Nepal, Pakistan, Sri Lanka

nicht aber durch eine größere Form von Autonomie für regionale Institutionen, die diese zum Gegenspieler staatlicher Interessen machen könnten. Damit werden auch weiterhin Normen wie territoriale Integrität, nationale Souveränität und Nichteinmischung in innere Angelegenheiten den Takt der Entwicklung vorgeben und nicht der Erweiterung, wohl aber der Vertiefung der regionalen Zusammenarbeit enge Grenzen setzen.

Basisliteratur

Beeson, Mark, und Richard Stubbs, Hrsg. 2012. *Routledge handbook of Asian regionalism.* London: Routledge. *Umfassender Überblick über die wirtschaftlichen, politischen und strategischen Entwicklungen regionaler Institutionen in Ostasien. Der Sammelband beleuchtet auch einzelne Regionalorganisationen wie ASEAN, ARF, APEC, EAS, SCO und ASEM.*

Dent, Christopher, und Jörn Dosch, Hrsg. 2012. *The Asia-Pacific, regionalism and the global system.* Cheltenham: Elgar. *Der Sammelband analysiert die unterschiedlichen regionalen Institutionen im asiatisch-pazifischen Raum. Daneben werden auch die*

Außenpolitiken der USA, Chinas, Japans und Südkoreas und deren Interessen an der Entwicklung regionaler Organisationen in Ostasien untersucht.
Katzenstein, Peter J. 2005. A world of regions: Asia and Europe in the American imperium. Ithaca: Cornell University Press. *Standardwerk über den Einfluss US-amerikanischer Außenpolitik auf die Entstehung regionaler Organisationen in Europa und Asien nach dem Zweiten Weltkrieg. Katzenstein betont die besondere Rolle Deutschlands und Japans in der unterschiedlichen Entwicklung von Regionen und arbeitet die institutionellen Unterschiede regionaler Organisationen in Europa und Asien heraus.*

Verwendete Literatur

Acharya, Amitav. 2007. The emerging regional architecture of world politics. World Politics 59 (4): 629–652.
Acharya, Amitav. 2012a. Common security with Asia. Changing Europe's role from "model" to "partner". Berlin: Friedrich-Ebert-Stiftung.
Acharya, Amitav. 2012b. The making of Southeast Asia. International relations of a region. Singapur: Oxford University Press.
Aris, Stephen. 2011. Eurasian regionalism: Shanghai cooperation organisation. Basingstoke: Palgrave Macmillan.
Arndt, Michael. 2013. India's foreign policy and regional multilateralism. Basingstoke: Palgrave Macmillan.
ASEAN Defence Ministers' Meeting. 2014. About the ASEAN Defence Ministers' Meeting (ADMM-Plus). https://admm.asean.org/index.php/about-admm/about-admm-plus.html.
ASEAN Regional Forum. 2014. http://aseanregionalforum.asean.org/about.html.
Association of Southeast Asian Nations. 2014. http://www.asean.org/asean/about-asean/asean-day.
Australian Department of Foreign Affairs and Trade. 2014. The East Asia summit. http://www.dfat.gov.au/asean/eas/.
Bailes, Alyson J. K., und Pal Dunay. 2007. The Shanghai Cooperation Organization as a regional security institution. In The Shanghai Cooperation Organization, Hrsg. Alyson J. K. Bailes, Pal Dunay, Pan Guang, und Mikhail Troitskiy. Stockholm: SIPRI.
Bersick, Sebastian, Wim Stokhof, und Paul Van der Velde, Hrsg. 2006. Multiregionalism and multilateralism: Asian-European relations in a global context. Amsterdam: Amsterdam University Press.
Connors, Michael, Davison Remy, und Jörn Dosch. 2011. The new global politics of the Asia-Pacific. New York: Routledge.
Dent, Christopher, und Jörn Dosch, Hrsg. 2012b. The Asia-Pacific, regionalism and the global system. Cheltenham: Elgar.
Dosch, Jörn. 1997. Die ASEAN: Akteure, Interessenlagen, Kooperationsbeziehungen. Hamburg: Abera Verlag Meyer.
Feske, Susanne. 1991. ASEAN: Ein Modell für regionale Sicherheit. Ursprung, Entwicklung und Bilanz sicherheitspolitischer Zusammenarbeit in Südostasien. Baden-Baden: Nomos.

Godehardt, Nadine. 2011. China and the definition of the Asian region. In *Regional powers and regional orders*, Hrsg. Nadine Godehardt und Dirk Nabers, 114–136. New York: Routledge.

Godehardt, Nadine. 2014. *Die Shanghai Cooperation Organisation. Regionale Aufgaben mit geopolitischer Bedeutung?* Bonn: Stiftung Entwicklung und Frieden.

Guang, Pan. 2007. A Chinese perspective on the Shanghai cooperation organization. In *The Shanghai cooperation organization*, Hrsg. Alyson J. K. Bailes, Pál Dunay, Pan Guang, und Mikhail Troitskiy, 45–58. Stockholm: SIPRI.

Hänggi, Heiner, Ralf Roloff, und Jürgen Rüland, Hrsg. 2006. *Interregionalism and international relations*. Abingdon: Routledge.

Hettne, Björn. 2005. Beyond the 'new' regionalism. *New Political Economy* 10 (4): 543–571.

Hettne, Björn, András Inotai, und Osvaldo Sunkel, Hrsg. 1999. *Globalism and the new regionalism*. London: Palgrave Macmillan.

Hurrell, Andrew. 2007. One world? many worlds? The place of regions in the study of international society. *International Affairs* 83 (1): 127–146.

Jetschke, Anja. 2013. Regional integration support by the EU in Asia: Aims and prospects. In *The Palgrave handbook of EU-Asia relations*, Hrsg. Thomas Christiansen, Emil Kirchner, und Philomena Murray, 226–246. Basingstoke: Palgrave Macmillan.

Katzenstein, Peter J. 2005. *A world of regions: Asia and Europe in the American imperium*. Ithaca: Cornell University Press.

Loewen, Howard. 2006. *Die ASEAN als Impulsgeber ostasiatischer Integration*. Hamburg: GIGA.

Mohan, Raja, C. und Manthan, Samudra, 2012. Sino-Indian rivalry in the Indo-Pacific. Washington: Carnegie Endowment for International Peace.

Nabers, Dirk. 2002. Neuer Regionalismus in Ostasien – das Forum der ASEAN+3. *Nord-Süd Aktuell* 2:267–274.

Rüland, Jürgen. 2001. *ASEAN and the European Union: A bumpy interregional relationship*. Bonn: Zentrum für Europäische Integrationsforschung.

Rüland, Jürgen. 2002. „Dichte" oder „schlanke" Institutionalisierung? Der Neue Regionalismus im Zeichen von Globalisierung und Asienkrise. *Zeitschrift für Internationale Beziehungen* 9 (2): 175–208.

Rumley, Dennis, Timothy Doyle, und Sanjay Chaturvedi. 2012. Securing the Indian Ocean? Competing regional security constructions. *Journal of the India Ocean Region* 8 (1): 1–20.

Singh Roy, Meena. 2014. *The Shanghai cooperation organisation: India seeking new role in the Eurasian regional mechanism*. New Delhi: IDSA.

The Heritage Foundation. 2012. *Key Asian indicators: A book of charts*. Washington: The Heritage Foundation.

Toh, Mun-Heng. 2009. ASEAN+6 as a step towards an Asian Economic Community. http://www.eastasiaforum.org/2009/05/15/asean6-as-a-step-towards-an-asian-economic-community/.

Troitskiy, Mikhail. 2007. A Russian perspective on the Shanghai cooperation organization. In *The Shanghai cooperation organization*, Hrsg. Alyson J. K. Bailes, Pál Dunay, Pan Guang, und Mikhail Troitskiy, 30–44. Stockholm: SIPRI.

Ufen, Andreas. 2004. Neuer Regionalismus in Südostasien – das Beispiel der ASEAN. *Nord-Süd Aktuell* 1:88–104.

Wagner, Christian. 2012. SAARC – Südasiatische Vereinigung für Regionale Kooperation. In *Handbuch Internationaler Organisationen. Theoretische Grundlagen und Akteure*, Hrsg. Katja Freistein und Julia Leininger, 209–216. München: Oldenbourg.

Yuechun, Jiang. 2013. Asia-Pacific regional economic cooperation and CJK cooperation. *China International Studies* 39 (2): 109–128.

Über den Autor

Dr. habil. Christian Wagner ist Senior Fellow in der Forschungsgruppe Asien an der Stiftung Wissenschaft und Politik in Berlin.

Teil III
Interregionale und vergleichende Perspektiven

Transpazifische Sicherheitsbeziehungen

Reinhard Wolf

Zusammenfassung

Transpazifische Sicherheitsbeziehungen existieren vor allem aufgrund des US-amerikanischen Engagements im Westpazifik. Dieses beruht insbesondere auf Washingtons Interesse an der Sicherheit seiner regionalen Verbündeten und auf der wachsenden wirtschaftlichen Bedeutung Ostasiens. Den größten Einfluss auf die Sicherheitsbeziehungen haben nach wie vor Nationalstaaten, allen voran die USA, China und Japan. Regionale Institutionen konnten hingegen noch wenig dazu beitragen, dass die zahlreichen Konflikte nicht weiter eskalierten. Die derzeitigen Entwicklungstrends geben auch wenig Anlass zu größerem Optimismus: Chinas anhaltender Aufstieg und der wachsende Nationalismus der wichtigsten Regionalstaaten deuten eher auf eine Verschärfung territorialer Auseinandersetzungen hin. Die USA haben auf diese Entwicklung mit einem geopolitischen „Schwenk" *(pivot)* Richtung Pazifik reagiert, der seinerseits wieder das Misstrauen Beijings stärkt.

R. Wolf (✉)
Goethe Universität Frankfurt, Frankfurt am Main, Deutschland
E-Mail: wolf@soz.uni-frankfurt.de

1 Die sicherheitspolitische Integration des Pazifikraums

Begonnen hat die sicherheitspolitische Integration dieses Raumes am Ende des 19. Jahrhunderts als Washington im Zuge des spanisch-amerikanischen Krieges unter anderem die Philippinen und Hawaii annektierte. Damit wurden die USA zu einem strategischen Akteur in der Region, der von den bisherigen ostasiatischen Mächten beachtet werden musste. Multilateral institutionalisiert wurden transpazifische Sicherheitsbeziehungen erstmalig zu Beginn der 1920er Jahre, als unter anderem China, Japan, Frankreich, Großbritannien und die USA in Washington mehrere Verträge abschlossen, die insbesondere den Status Chinas und die Begrenzung der maritimen Rüstungen regelten. In den 1930er Jahren unterminierten Japans Invasionen in China zusehends dieses „Washingtoner System". Aus einstigen Partnern wurden erbitterte Rivalen, die 1941–1945 den Pazifikkrieg austrugen (Wolf 2001). Nach der Niederlage Japans entstand schon bald ein neuer transpazifischer Antagonismus. Spätestens mit dem Beginn des Koreakrieges im Jahre 1950 erfasste der Kalte Krieg auch Ostasien in aller Konsequenz. Auf den Kriegsausbruch folgten bald Amerikas militärische Unterstützung Taiwans (gegen die Volksrepublik China) und Frankreichs (gegen die Vietminh) sowie die unmittelbare militärische Intervention in den Vietnamkrieg. Mit dem Ausbau der sowjetischen Pazifikflotte (inklusive strategischer Raketen-U-Boote) wurde der Westpazifik dann auch zunehmend zu einer Region, die das nuklear-strategische Kräfteverhältnis zwischen Ost und West beeinflusste. Nach der Desintegration der Sowjetunion wurde der Pazifik zunächst zu einem „mare nostrum" der USA, das sie uneingeschränkt kontrollieren konnten. Der Aufstieg Chinas und der Ausbau seiner Flotte stellen diese Vorherrschaft aber zunehmend infrage. Zumindest für die küstennahen Seegebiete des Westpazifiks zeichnet sich heute ein maritimes Wettrüsten ab, das durch divergierende Ordnungsvorstellungen beider Staaten angefacht wird (Yoshihara und Holmes 2010).

Auch heute noch lässt sich nur deshalb von einer transpazifischen Sicherheitsregion sprechen, weil die USA nicht nur die erforderlichen militärischen Fähigkeiten, sondern auch politisches Interesse daran haben, die Ordnung auf der anderen Seite des Ozeans maßgeblich zu beeinflussen. Hätten die Vereinigten Staaten kein nachhaltiges Interesse an der Sicherheitslage im Westpazifik, könnten und müssten die ostasiatischen Staaten ihre Angelegenheiten weitgehend unter sich regeln. Sie hätten dann allenfalls die Einflussmöglichkeiten anderer asiatischer oder ozeanischer Staaten (wie z. B. Indiens oder Australiens) zu berücksichtigen. Umgekehrt wären die Vorgänge und staatlichen Akteure in Ostasien ohne unmittelbare Bedeutung für die Sicherheit der amerikanischen Staaten. Der

Pazifik könnte, wie gelegentlich von chinesischer Seite angedeutet, in zwei separate Sicherheitskomplexe unterteilt werden, die höchstens in der Mitte des Ozeans lose „zusammenhängen" würden. Weil die transpazifischen Interessen der USA die entscheidende „interkontinentale Klammer" darstellen, lohnt sich ein kurzer Blick auf ihre gegenwärtige Natur und Intensität.

Auch wenn das unmittelbare Überleben und die territoriale Integrität des US-amerikanischen Kernlands kaum von den Entwicklungen im Westpazifik abhängt, gibt es doch eine Reihe nachrangiger sicherheitspolitischer Interessen, die Washington an die Region binden (Steinberg und O'Hanlon 2014; Friedberg 2011). An erster Stelle ist hier das System bilateraler Bündnisse zu nennen, welches die USA mit Japan, Südkorea, Australien, Neuseeland, den Philippinen und Thailand unterhalten. Die USA könnten diese Allianzen zwar grundsätzlich aufgeben oder relativieren (z. B. um gefährliche Konfrontationen mit China zu vermeiden). Dies könnte jedoch Amerikas weltweite Reputation als verlässlicher Bündnispartner beschädigen und dadurch auch US-amerikanischen Einfluss in anderen Regionen schwächen. Hinzu kommt, dass eine Relativierung oder Widerrufung der US-amerikanischen Beistandsgarantien mittelfristig auch dazu führen könnte, dass diese Verbündeten ihren demokratischen Charakter verlieren könnten. Darüber hinaus würde ein *Disengagement* auch die Sicherheit kleinerer US-amerikanischer Territorien (Guam, nördliche Marianen) gefährden. Schließlich ist zu berücksichtigen, dass Ostasien die dynamischste Wachstumsregion der Welt darstellt und bald schon zur wichtigsten Wirtschaftsregion überhaupt aufsteigen könnte. Insofern berührt die sicherheitspolitische Stabilität der Region zunehmend auch zentrale US-amerikanische Wirtschaftsinteressen. Dies intensiviert nicht zuletzt Washingtons Interesse daran, dass dort die Freiheit der Schifffahrt weiterhin gewährleistet wird.

2 Akteure, Institutionen und Entwicklungen

Die bisherigen Ausführungen haben bereits angedeutet, dass die Vereinigten Staaten der wichtigste transpazifische Sicherheitsakteur sind. Bis heute sind sie der einzige Staat, der auf beiden Seiten des Ozeans militärisch präsent ist und jeweils eine zentrale politische Rolle spielt. Die 7. US-Flotte hat ihre Heimatbasis in Japan, wo insgesamt über 50.000 US-amerikanische Soldatinnen und Soldaten stationiert sind. In Südkorea befinden sich weitere Einheiten in einer Gesamtstärke von etwa 30.000 Militärangehörigen. Eine weitere wichtige Basis für Marine, Marineinfanterie und Luftwaffe befindet sich auf Guam (Steinberg und O'Hanlon 2014). Künftig soll auch das nordaustralische Darwin stärker als

Basis für rotierende Einheiten der US-amerikanischen Marineinfanterie genutzt werden. Hinzu kommen verschiedene Vereinbarungen über die regelmäßige Nutzung von Hafenanlagen, die insbesondere mit dem strategisch wichtigen Singapur abgeschlossen wurden. Ergänzt werden diese westpazifischen Basen durch die traditionellen Stützpunkte auf Hawaii und an der Westküste der USA. All dies gibt den Vereinigten Staaten bis heute die exklusive Fähigkeit, die Seeherrschaft über diesen Ozean auszuüben und militärische Macht an alle Küsten zu projizieren.

Dabei sind sie allerdings in einem erheblichen Maße auf die Unterstützung ihrer regionalen Verbündeten angewiesen, die ihnen nicht nur militärische Nutzungsrechte einräumen, sondern auch ihre hervorgehobene Rolle im Westpazifik international legitimieren und mit eigenen Kapazitäten unterstützen (Wagener 2009). Besondere Erwähnung verdient in diesem Zusammenhang Japan. Zwar hält sich Tokio nach wie vor an ein ungeschriebenes Gesetz, nach dem nur ein Prozent des Bruttoinlandsprodukts für militärische Zwecke verwendet werden kann. Dennoch verfügt Japan über eine der modernsten und schlagkräftigsten Flotten der Welt, die zumindest in ihren Heimatgewässern allen potenziellen Gegnern Paroli bieten könnte. Abschreckend wirkt darüber hinaus auch sein allgemeines wirtschaftliches und technologisches Potenzial, das Japan die Option verschafft, notfalls in wenigen Jahren zu einer militärischen Großmacht (inklusive nuklearer Abschreckungskapazität) zu werden. So mag Tokio im Schatten seines US-amerikanischen Verbündeten – und trotz wachsender Spannungen mit China (Roy 2013) – bisher nur eine zweitrangige sicherheitspolitische Rolle spielen. Allen Beteiligten ist jedoch bewusst, dass es sich dabei weitgehend um eine Selbstbeschränkung handelt, die nicht von Bestand sein muss.

Südkorea und Taiwan verfügen über deutlich weniger Machtpotenzial, bauen aber ebenfalls auf US-amerikanischen Schutz. In diesem Zusammenhang könnten sie für die transpazifischen Sicherheitsbeziehungen eine zentrale Bedeutung erlangen, insbesondere wenn sie dazu beitragen sollten, dass sich die Spannungen zwischen China und den USA deutlich verschärfen sollten (Schreer und Taylor 2011; Bader 2012). Im Falle Südkoreas erscheint dies momentan weniger wahrscheinlich, weil die Regierung in Seoul bei den Auseinandersetzungen mit Nordkorea zuletzt eher mäßigend agiert hat. Delikater ist deshalb die Politik der taiwanesischen Regierung. Taiwan ist zwar seit der Aufnahme diplomatischer Beziehungen zwischen Beijing und Washington nicht mehr offizieller Verbündeter der USA. Mit dem Taiwan Relations Act von 1979 haben die Vereinigten Staaten aber unmissverständlich ihr fortwährendes Interesse an der Sicherheit der Insel erklärt. Insofern birgt der Konflikt nach wie vor die Gefahr, dass eine gewaltsame Eskalation zwischen Taiwan und der Volksrepublik auch die USA in eine gefährliche Auseinandersetzung verwickeln könnte (Roy 2013; Rigger 2013).

Weniger hervorgehoben ist die Rolle der anderen US-amerikanischen Verbündeten in der westpazifischen Region. Australien, Neuseeland und Thailand sind derzeit in keine gefährlichen Konflikte verwickelt und verfügen auch über wenig militärisches Potenzial. Erwähnenswert ist hier höchstens die australische Marine. Militärisch schwach sind auch die Philippinen. Allerdings sind sie einer der Staaten, die an den Souveränitätsdisputen über Inseln im Südchinesischen Meer beteiligt sind. Diese sind freilich insofern etwas weniger brisant für die transpazifischen Sicherheitsbeziehungen, als die USA hinsichtlich dieser Hoheitsansprüche offiziell eine neutrale Haltung einnehmen.

Der wichtigste Akteur außerhalb des US-amerikanischen Bündnissystems ist natürlich die Volksrepublik China. Dies liegt zum einen an ihrer zunehmenden Bedeutung als Wirtschaftsmacht, Handelspartner und Militärmacht. Zum anderen basiert Chinas Bedeutung auf seiner Beteiligung an zahlreichen Regionalkonflikten (über die Diayou/Senkaku-Inseln, mit Taiwan über die Vereinigung Chinas, über die Paracel- und Spratly-Inseln im südchinesischen Meer, nicht zu vergessen seine Rolle als Alliierter Nordkoreas) sowie auf der Tatsache, dass es der einzige Pazifikanrainer ist, der die regionale Hegemonie der USA infrage stellt. Während Amerikas Militärpräsenz im Westpazifik früher noch akzeptabel erschien, weil sie zur Eindämmung der Sowjetunion beitrug und eine vollständige Remilitarisierung Japans verhinderte, überwiegen aus chinesischer Sicht inzwischen eindeutig die Nachteile (Roy 2013; Friedberg 2011). Zu nennen wären hier vor allem Washingtons diplomatische und militärische Unterstützung Taiwans, Japans sowie der Staaten, die ebenfalls Ansprüche auf Inseln im südchinesischen Meer erheben. Aus der Perspektive Beijings verhindert Washingtons „Einmischung" immer wieder gütliche Einigungen unter den unmittelbar betroffenen Konfliktparteien. Aus seiner Sicht ist dies Teil einer US-amerikanischen Gesamtstrategie, die auf die Eindämmung der Volksrepublik abzielt, damit die USA ihre Vormachtstellung uneingeschränkt behalten können (Lieberthal und Wang 2012). Dies widerspricht Chinas Anspruch auf Gleichrangigkeit, der nach dem „Jahrhundert der Demütigung" mit wachsendem Selbstvertrauen erhoben wird (Deng 2008).

Vor diesem Hintergrund überrascht es nicht, dass Beijing immer weniger bereit ist, die US-amerikanische Militärpräsenz an seinen Küsten zu tolerieren und verstärkte Anstrengungen unternimmt, um US-amerikanische Streitkräfte (im Frieden und erst recht im Falle eines möglichen Konfliktes) von seinen Küsten fernzuhalten. Jedenfalls erklären viele Beobachter Chinas aktuelle Aufrüstungsmaßnahmen (vor allem die Beschaffung von U-Booten, Boden-Boden- und Boden-See-Raketen) damit, dass die Volksrepublik eine „Anti-Access/Area Denial"-Strategie (A2AD) verfolge (Paul 2013). Da Washington seinerseits nicht hinnehmen möchte, dass Teile des Westpazifik zu einer „no go zone" für

US-amerikanische Streitkräfte werden, bahnt sich hier ein intensives Wettrüsten zwischen diesen beiden Staaten an, die bereits heute die weltweit höchsten Militärausgaben tätigen (Steinberg und O'Hanlon 2014).

Neben all den Akteuren, die sich (mit der gebotenen Vorsicht) tendenziell einem US-amerikanischen und einem chinesischen „Lager" zuordnen lassen, sind noch Staaten zu erwähnen, die relativ unabhängig agieren. Dies betrifft zum Beispiel Russland, das in Wladiwostok über einen pazifischen Flottenstützpunkt verfügt. Seit dem Ende des Kalten Krieges ist seine strategische Bedeutung für die Region jedoch gesunken. Abgesehen von dem Territorialkonflikt über die Kurilen, den der japanische Kontrahent wenig forciert, ist Russland eher Zuschauer als Akteur. Eine Ausnahme bildet allenfalls seine Beteiligung an der Sechser-Gruppe, die über die Denuklearisierung Nordkoreas verhandelt. Indiens Territorialstreitigkeiten mit China bergen demgegenüber mehr Eskalationspotenzial. Sie betreffen die Pazifikregion aber nur indirekt. Allerdings gibt es erste Anzeichen, dass sich Neu Delhi daran interessiert zeigt, die militärischen Kontakte zu Japan, Australien und Vietnam zu vertiefen. Zudem könnte es durch maritime Aufrüstung zunehmend die Fähigkeit erlangen, den wichtigsten Zugang zum Westpazifik, die Straße von Malakka, zu kontrollieren – eine Entwicklung, die nicht zuletzt die Führung in Beijing stärker beunruhigen könnte (Malone und Mukherjee 2010).

Mehr Eigenständigkeit wahren auch diejenigen Mitglieder der Association of Southeast Asian Nations (ASEAN), die nicht (wie Thailand und die Philippinen) eine offizielle Allianz mit den USA verbindet (vgl. hierzu auch den Beitrag von Wagner in diesem Band). Unter ihnen kann lediglich Singapur noch als ein Quasi-Verbündeter der Vereinigten Staaten gelten. Selbst Vietnam, das eine Vielzahl von Kriegen gegen China ausgetragen hat und im südchinesischen Meer große Territorialansprüche erhebt, kooperiert bisher nur sehr zurückhaltend mit Washington. Ähnliches gilt für Indonesien, den bei weitem größten ASEAN-Staat, und erst recht für Laos und Kambodscha, die seit längerem schon gute Beziehungen zu China unterhalten.

Diese unterschiedliche Nähe zu China und den USA ist einer der Faktoren, welcher die ASEAN-Staaten daran hindert, geschlossen aufzutreten, wenn es um eine erfolgreiche Regulierung der Konflikte im südchinesischen Meer geht. Auf den ersten Blick könnte man meinen, dass ASEAN dazu prädestiniert ist, eine besondere Rolle bei der Beilegung dieser Streitigkeiten zu spielen. Zum einen vereint sie, abgesehen von China, alle Anrainer-Staaten des südchinesischen Meeres in einer politischen, wirtschaftlichen und kulturellen Organisation. Zum anderen verfügt sie mit dem ASEAN Regional Forum (ARF) auch über eine Einrichtung, die als Sicherheitsinstitution für die Region nahezu konkurrenzlos ist, weil das Forum neben den ASEAN-Mitgliedern selbst auch 17 weitere

Dialogpartner einbindet, darunter alle staatlichen Akteure, die in den vorangehenden Absätzen erwähnt wurden (Strothmann 2012 sowie Wagner in diesem Band). Die bisherigen Bemühungen um eine Regulierung des Konfliktes verliefen jedoch ernüchternd (Chachavalpongpun 2014). Bislang hat ASEAN mit China nur (im Jahr 2002) eine „Declaration on the Conduct of the Parties in the South China Sea" vereinbaren können, welche die Parteien sehr allgemein dazu verpflichtet, zurückhaltend zu agieren und auf die Androhung von Gewalt zu verzichten. Die damals vorgesehene Konkretisierung zu einem genauer verregelten *Code of Conduct* ist bis heute nicht gelungen (International Crisis Group 2012b). ASEAN seinerseits konnte sich auch nicht auf eine einheitliche Position verständigen, als 2012 die Philippinen und Vietnam im Abschlusskommuniqué einen aktuellen chinesisch-philippinischen Zwischenfall erwähnt sehen wollten. Damals widersetzte sich Kambodscha einer entsprechenden Formulierung (International Crisis Group 2012a). Vermittlungsbemühungen im Rahmen des ARF, die damals unter anderem von den USA ermutigt wurden, brachten ebenfalls keine greifbaren Ergebnisse.

Neben den Meinungsverschiedenheiten unter den ASEAN-Staaten und dem geringen Institutionalisierungsgrad der regionalen Sicherheitskooperation ist ein Hauptgrund für die begrenzte Wirkung regionaler Sicherheitsinstitutionen darin zu sehen, dass Beijing meistens bilaterale Gespräche bevorzugt. Eine naheliegende Interpretation dieser Präferenz ist, dass die chinesische Regierung sich von rein bilateralen Formaten größere Chancen verspricht, ihr Machtpotenzial zur Geltung zu bringen (Roy 2013; Raine und Le Mière 2013). Hierfür spricht auch Beijings Weigerung, die konfligierenden Ansprüche im Rahmen des internationalen Seerechtes klären zu lassen, zum Beispiel durch ein neutrales Schiedsgericht.

Das zentrale Element der transpazifischen Sicherheitsarchitektur stellt somit nach wie vor das Netzwerk bilateraler Allianzen dar, das die USA während des Kalten Krieges geknüpft haben. Anders als sein multilaterales Gegenstück im Nordatlantik ist es bisher institutionell ganz auf die zentrale Rolle der USA zugeschnitten. Oft wird es bildlich als ein System bezeichnet, das aus einer Nabe (USA) und mehreren Speichen (den bilateralen Bündnissen) besteht *(hub and spokes)*. Allerdings zeichnet sich auch hier ein gewisser Wandel ab: Amerikas Alliierte haben zuletzt ihre Zusammenarbeit untereinander deutlich ausgeweitet. Hintergrund ist offenbar die Sorge, dass China seine territorialen Ansprüche immer entschlossener durchsetzt. Diese Befürchtungen basieren auf mehreren Trends, die sich zum Teil gegenseitig verstärken.

Der wichtigste Trend ist nach wie vor das anhaltende Wirtschaftswachstum der Volksrepublik. Selbst wenn man berücksichtigt, dass sich die chinesische Wachstumsrate in den letzten Jahren etwas verringert hat und künftig kaum wieder zweistellige Werte erreichen wird, liegt die Erwartung auf der Hand, dass China in wenigen Jahren die größte Volkswirtschaft der Welt sein wird (Subramanian 2011; Shambaugh 2013). Infolgedessen wird Beijing absehbar über die ökonomischen Ressourcen verfügen, die es bräuchte, um die US-amerikanische Dominanz im Westpazifik zu brechen. Chinas große Bevölkerungszahl, seine großen Umweltprobleme und sein derzeitiger Rückstand im Bereich der Hochtechnologie verschaffen den USA einstweilen vielleicht noch eine gewisse „Atempause". Dass die Volksrepublik in ihrer Region in ein bis zwei Jahrzehnten militärisch gleichziehen könnte, ist nach Maßgabe der aktuellen Trends jedoch sehr wahrscheinlich.

Parallel mit Chinas Bruttoinlandsprodukt wachsen auch seine Abhängigkeit von Rohstoffeinfuhren, Energieträgern und Exportmärkten und damit auch seine Verwundbarkeit gegenüber militärischen Zwischenfällen oder wirtschaftlichen Embargos. Dies fördert zwar generell das Interesse an internationaler Kooperation, weckt aber auch den Wunsch nach Optionen, um Einfuhren und Ausfuhren im Notfall auch einseitig durchsetzen zu können (Economy und Levi 2014). Es stärkt insofern das Interesse an der nationalen Kontrolle sowohl küstennaher Rohstoffvorkommen in den Süd- und Ostchinesischen Meeren als auch dort verlaufender Handelswege.

Beides wird noch gefördert durch den wachsenden Nationalismus in der chinesischen Bevölkerung. Dieser ist seinerseits eine Folge des wirtschaftlichen Aufstiegs und der internen Propaganda der Kommunistischen Partei Chinas (KPCh). Mit den liberalen Wirtschaftsreformen entfernte sich die Partei von einem wesentlichen Teil ihrer ideologischen Legitimationsbasis, verschärfte soziale Ungleichheiten und weckte ungewollt Hoffnungen auf politische Liberalisierung, die in die blutigen Ereignisse vom Juni 1989 mündeten. Die Führung reagierte hierauf, indem sie eine groß angelegte „patriotische Erziehungskampagne" ins Leben rief, die vor allem herausstellte, wie konsequent die Führung das „Jahrhundert der Demütigungen" überwunden hat. Der innenpolitische Erfolg dieser Kampagne ist außenpolitisch jedoch zweischneidig, weil er Spielräume für internationale Kompromisse verringert und die Popularität unilateraler Maßnahmen erhöht (Wang 2012).

Vermutlich haben all diese Trends ihren Anteil daran, dass Beijing in den letzten Jahren versucht hat, seine territorialen Ansprüche im Westpazifik mit größerer Entschiedenheit durchzusetzen. Dies betrifft vor allem die Konflikte mit Japan um die Diayou/Senkaku-Inseln und mit Vietnam und den Philippinen (zum Teil auch mit Malaysia und Brunei) um die Spratly-Inseln und andere Territorialgewässer im Südchinesischen Meer. In Bezug auf letzteres ist der genaue Umfang der chinesischen Ansprüche unklar: In manchen Verlautbarungen forderte Beijing nur die Hoheit über alle dort befindlichen Inseln (die Paracel-Inseln hat es bereits 1974 und 1988 gewaltsam besetzt), in anderen reklamiert es offensichtlich sogar die uneingeschränkte Souveränität über nahezu das gesamte Seegebiet (d. h. auch außerhalb der Zwölf-Meilen-Zonen der umstrittenen Inseln). Im Falle einer Durchsetzung dieses weitergehenden Anspruchs würde das Südchinesische Meer nicht länger ein frei befahrbares Seegebiet sein – eine Konsequenz, die Washington keinesfalls hinnehmen möchte. Klar ist, dass die betroffenen ASEAN-Staaten diese Ansprüche nicht akzeptieren und sich durch Chinas Auftreten zunehmend in die Defensive gedrängt fühlen. Deren Regierungen sehen sich ihrerseits dem wachsendem Druck der jeweiligen Bevölkerung ausgesetzt, die eigenen Ansprüche zu verteidigen. Auch deshalb bemühen sie sich zunehmend um diplomatische und militärische Unterstützung seitens anderer Regionalstaaten und der USA (Raine und Le Mière 2013; Chachavalpongpun 2014; Kaplan 2014).

Japan sieht sich in einer ganz ähnlichen Situation im Streit um die unbewohnten Inseln im Ostchinesischen Meer, die von den Japanern „Senkakus" und von den Chinesen „Diayou" genannt werden (Drifte 2013; Choong 2014). Im Vergleich zu den Philippinen ist Japans Position komfortabler, weil Washington mehrfach bekräftigt hat, dass das bilaterale Bündnis auch einen möglichen Angriff auf die Senkakus abdecken würde (ob Japans Hoheitsanspruch rechtlich ausreichend begründet ist, lässt die US-amerikanische Regierung dabei offen.) Bei der Wiederaufnahme der diplomatischen Beziehungen 1972 hatten Japan und China sich noch darauf verständigt, die Auseinandersetzung um die Inseln auf unbestimmte Zeit zu vertagen – ein Jahr nachdem die USA die Inseln an Japan zurückgegeben und China seine Ansprüche erstmals angemeldet hatte.

Der Disput um die Diayou/Senkaku-Inseln
Die unbewohnten Inseln sind nur wenige Quadratkilometer groß und liegen nordöstlich von Taiwan im Ostchinesischen Meer. Nach Beijings Auffassung befanden sie sich bis zum chinesisch-japanischen Krieg von 1894–1895 in chinesischem Besitz und wurden erst in der Folge der chinesischen Niederlage von Japan annektiert. Deshalb hätten sie gemäß den Beschlüssen, die die Siegermächte des Zweiten Weltkriegs in Kairo 1943 und Potsdam 1945 gefasst haben, als Teil der Territorien, „die Japan von China gestohlen hat", an letzteres zurückgegeben werden müssen. Japan behauptet hingegen, die Inseln seien bereits kurz *vor* dem chinesisch-japanischen Krieg in seinen Besitz gekommen, und verweist darauf, dass sie weder in den genannten Dokumenten noch im Friedensvertrag von San Francisco namentlich erwähnt werden. Insofern unterscheide sich ihr Status von demjenigen Taiwans und der Pescadores-Inseln, die dort explizit aufgeführt seien.

Bis 1972 verblieben die Inseln (zusammen mit den Ryukyu-Inseln) unter US-amerikanischer Kontrolle. Nach Washingtons Auffassung besaß Tokio in dieser Zeit immerhin noch eine „residuale Souveränität" über die Inseln, die seine Hoheitsansprüche begründete. Ein Jahr vor der Rückgabe änderten die USA jedoch überraschend ihre völkerrechtliche Position. Damals erklärte ein Rechtsexperte des US-amerikanischen Außenministeriums, man übertrage nur ein „Verwaltungsrecht" an Japan und vertrete die Auffassung, dass die Frage der Souveränitätsansprüche von den beteiligten Parteien selbst zu klären sei. Allerdings haben US-amerikanische Vertreter seither wiederholt bekräftigt, dass der Geltungsbereich des amerikanisch-japanischen Bündnisvertrags sich auch auf die Inseln erstreckt, solange sie unter japanischer Verwaltung sind.

Die chinesischen Regierungen in Beijing und Taipeh blieben in dieser Angelegenheit jahrzehntelang untätig. Ihren Anspruch auf die Inseln meldeten sie erst 1971 an, nachdem geologische Untersuchungen ergeben hatten, dass in den umliegenden Seegebieten beträchtliche Öl- und Gasvorkommen liegen könnten. Letztere sind auch ein wesentlicher Grund dafür, dass China und Japan sich bis heute auch noch nicht einigen konnten, wo die Grenze zwischen ihren Ausschließlichen Wirtschaftszonen im Ostchinesischen Meer verlaufen soll.

Dieses „Stillhalteabkommen" hielt bis in die 1990er Jahre, als China per Gesetz seine Ansprüche bekräftigte. Wirklich eskaliert ist die Auseinandersetzung jedoch erst ab der Mitte des folgenden Jahrzehnts, als chinesische Fischer und Patrouillenboote immer häufiger in die Zwölf-Meilen-Zonen eindrangen. In der Folge verstärkte China weiter die Patrouillen seiner See- und Luftstreitkräfte und erklärte das Gebiet 2013 zum Teil einer neuen „Air Defense Identification Zone". Tokio zeigte sich jedoch unnachgiebig. Die Regierung Abe stützt sich ihrerseits auf eine nationalistischere Stimmung in der japanischen Bevölkerung. Gleichzeitig setzte sie eine Neuinterpretation der pazifistischen Nachkriegsverfassung durch, mit der die militärische Zusammenarbeit mit den USA erleichtert werden soll. Auch in Japan wuchs das Interesse an einer stärkeren Militärpräsenz der USA. Parallel wuchsen aber in Tokio, ebenso wie bei anderen Verbündeten, die Zweifel, ob Washington hierzu noch bereit war.

Angesichts dieser Entwicklung fasste die Obama-Administration den Beschluss, ihre Ostasien-Politik neu zu fokussieren (ausführlicher zum Folgenden Wolf 2014). Ergebnis dieser Neuformulierung war das Schlagwort vom „pivot", das im Herbst 2011 lanciert wurde. Nach offizieller Lesart sollte dieser „Schwenk nach Asien" nahezu das gesamte Spektrum der US-amerikanischen Außenpolitik stärker auf die Region ausrichten (Congressional Research Service 2012; Indyk et al. 2012; Kelly 2014). In der öffentlichen Wahrnehmung dominierte freilich der militärstrategische Aspekt. Entscheidend war hier Obamas Ankündigung, dass die US-Streitkräfte in der Region Ostasien/Westpazifik von den bevorstehenden Ausgabenkürzungen ausgenommen werden sollten. In Zukunft sollen 60 % der US-amerikanischen Marine im Pazifik stationiert sein. In diplomatischer Hinsicht bekannte sich die Administration zum einen zu ihren vorhandenen bilateralen Bündnisverpflichtungen, stellte jedoch daneben auch klar, dass Washington von nun an weitaus stärker in den multilateralen Institutionen der Region (ASEAN Regional Forum, East Asia Summit und APEC) mitwirken wolle. Zudem bekräftigten die US-amerikanischen Regierungsvertreter ihr Interesse an einer transpazifischen Freihandelszone (TPP), an konstruktiven Beziehungen zu China und an der Förderung von Demokratie und Menschenrechten.

Der *Asian Pivot*: Obamas Bekenntnis zum „Schwenk" zum Pazifik

„Our new focus on this region reflects a fundamental truth – the United States has been, and always will be, a Pacific nation ... From the bombing of Darwin to the liberation of Pacific islands, from the rice paddies of Southeast Asia to a cold Korean Peninsula, generations of Americans have served here, and died here – so democracies could take root; so economic miracles could lift hundreds of millions to prosperity. Americans have bled with you for this progress, and we will not allow it – we will never allow it to be reversed ... Now, I know that some in this region have wondered about America's commitment to upholding these principles ... So here is what this region must know. As we end today's wars, I have directed my national security team to make our presence and mission in the Asia Pacific a top priority. As a result, reductions in U.S. defense spending will not – I repeat, will not – come at the expense of the Asia Pacific ... We will keep our commitments, including our treaty obligations to allies like Australia. And we will constantly strengthen our capabilities to meet the needs of the 21st century. Our enduring interests in the region demand our enduring presence in the region. The United States is a Pacific power, and we are here to stay"

Barack Obama am 17. November 2011 vor dem australischen Parlament in Canberra.

Das kaum verhohlene Ziel, das mit der strategischen Selbstbindung und der Stärkung regionaler Institutionen verfolgt wurde, bestand darin, das Selbstvertrauen und die multilaterale Kooperation der ostasiatischen Regierungen soweit zu stärken, dass sie sich gegen eventuelle chinesische Einschüchterungsversuche besser behaupten könnten (Raine und Le Mière 2013). Indem sie Zweifel an der US-amerikanischen Standfestigkeit gegenüber China zerstreute und damit die Erfolgsaussichten multilateraler Zusammenarbeit in Ostasien erhöhte, wollte die Obama Administration die Selbstbehauptungstendenzen der regionalen Akteure möglichst soweit anregen, dass sich eine weit größere Aufstockung der US-amerikanischen Präsenz erübrigen würde (Le Mière 2013).

3   Perspektiven

Mitte der 2010er Jahre deuten die laufenden Trends eher auf eine weitere Zunahme der regionalen Spannungen hin. Wie kaum anders zu erwarten, hat der „pivot" in China nur den Argwohn verstärkt, dass die USA den Aufstieg der Volksrepublik möglichst behindern und ihren internationalen Einfluss einschränken wollen. Angesichts dieses Misstrauens erscheint es unwahrscheinlich, dass Beijing sich bereit finden wird, seine derzeitige militärische Unterlegenheit langfristig zu akzeptieren. Dies widerspräche zudem seinem wachsenden Anspruch auf politische Ebenbürtigkeit. Fortgesetzte Aufrüstung aber wird die Befürchtungen Washingtons und seiner Verbündeten nur weiter stärken. Es ist kaum zu erwarten, dass die USA zunehmendem chinesischen Druck nachgeben und ihr Engagement im Westpazifik reduzieren könnten. Dagegen sprechen nicht nur die oben skizzierten außenpolitischen Interessen und Ankündigungen, sondern auch innenpolitische Gesichtspunkte. Sowohl Kongress als auch Öffentlichkeit wünschen grundsätzlich zwar gute Beziehungen zu China. Tendenziell neigen sie aber dazu, im Zweifelsfall auf eine konfrontative Linie zu setzen (Wolf 2014). Ein Zurückweichen würde deshalb nicht nur Amerikas internationales Prestige schwächen – zumal nach den unmissverständlichen Zusagen Obamas –, sondern käme die jeweilige Administration auch innenpolitisch teuer zu stehen. Aber nicht nur US-Amerikaner und Chinesen erschweren mit ihrem großen Nationalstolz ein kooperatives Management der Sicherheitsbeziehungen. Auch die Identität von Japanern, Vietnamesen und Philippinos spielt hier oft eine unheilvolle Rolle.

Anlass zu Optimismus gibt am ehesten das Voranschreiten der wirtschaftlichen Verflechtung. Angesichts der wechselseitigen Abhängigkeiten kann sich eigentlich keiner der Hauptakteure eine Verschärfung der Lage leisten. Allerdings vertieften sich die jüngsten chinesisch-japanischen Spannungen ungeachtet der tief greifenden Interdependenz der beiden Volkswirtschaften. Zudem sollte nicht vergessen werden, dass wirtschaftliche Verflechtung ihrerseits auch für Misstrauen und Konfliktstoff sorgen kann, wie nicht zuletzt die amerikanisch-chinesischen Beziehungen vor Augen führen. Insgesamt überwiegen jedoch die kooperationsfördernden Anreize von Handel und Direktinvestitionen. Wenn China und seine Nachbarn sie konsequent nutzen und politische Differenzen umsichtig und kooperativ bearbeiten, dann könnte wachsendes Vertrauen zueinander vielleicht doch noch einer engeren Sicherheitskooperation den Weg ebnen, die US-amerikanische Beistandsgarantien entbehrlicher erscheinen ließe. In diesem Fall könnte womöglich ein kooperatives Sicherheitssystem entstehen, das alle Beteiligten einbindet und ein partielles (militärisches) *Disengagement* der USA attraktiv machen könnte – sowohl für diese selbst als auch für ihre Verbündeten. Momentan spricht allerdings nicht sehr viel dafür, dass dieses optimistische Szenario Realität werden könnte.

Basisliteratur

Pempel, T. J., und Lee Chung-Min, Hrsg. 2012. *Security cooperation in Northeast Asia: Architecture and beyond*. New York: Routledge. *Die Edition analysiert die aktuellen Probleme und Optionen ostasiatischer Sicherheitskooperation vor allem aus der Perspektive der wichtigsten staatlichen Akteure einschließlich der USA, berücksichtigt aber auch die Rolle internationaler Institutionen.*
Roy, Denny. 2013. *Return of the dragon. Rising China and regional security*. New York: Columbia University Press. *Die Monografie beschreibt sehr detailliert die aktuelle chinesische Sicherheitspolitik und die Folgen, die Chinas wirtschaftlicher und militärischer Aufstieg für die wichtigsten Regionalkonflikte haben könnte.*
Shambaugh, David, Hrsg. 2013. *Tangled titans. The United States and China*. Lanham: Rowman & Littlefield. *Die Beiträge in diesem Sammelband vermitteln einen sehr kenntnisreichen Überblick über Hintergründe und Probleme der amerikanisch-chinesischen Beziehungen.*

Webseiten

http://www.thediplomat.com.
http://www.iiss.org/en/iiss-asia
http://www.brookings.edu/research/topics/asia-and-the-pacific
http://csis.org/program/pacific-forum-csis
http://www.eastwestcenter.org/
http://ips.cap.anu.edu.au/sdsc
http://www.ciis.org.cn/english/

(China Institute for International Studies, affiliiert mit dem Chinesischen Außenministerium)
http://www.cfr.org/region/asia-and-pacific/ri161
http://www2.jiia.or.jp/en/topics_asia_pacific.php

Verwendete Literatur

Bader, Jeffrey A. 2012. *Obama and China's rise. An insider's account of America's Asia Strategy*, Washington: Brookings Institution Press.

Chachavalpongpun, Pavin, Hrsg. 2014. *Entering unchartered waters. ASEAN and the South China sea*. Singapur: Institute of Southeast Asian Studies.

Choong, William. 2014. *The ties that divide. History, honour and territory in Sino-Japanese relations*. Abingdon: Routledge.

Congressional Research Service. 2012. Pivot to the Pacific? The Obama Administration's ‚rebalancing' toward Asia. http://www.fas.org/sgp/crs/natsec/R42448.pdf.

Deng, Yong. 2008. *China's struggle for status. The realignment of international relations*. Cambridge: Cambridge University Press.

Drifte, Reinhard. 2013. The Senkaku/Diayou Islands territorial dispute between Japan and China: Between the materialization of the ‚China Threat' and Japan ‚reversing the outcome of world war II'? http://pendientedemigracion.ucm.es/info/unisci/revistas/UNISCIDP32-NUMERO%20ENTERO.pdf.

Economy, Elizabeth, und Michael A. Levi. 2014. *By all means necessary: How China's resource quest is changing the world*. Oxford: Oxford University Press.

Friedberg, Aaron L. 2011. *A contest for supremacy. China, America, and the struggle for mastery in Asia*. New York: Norton.

Hayton, Bill. 2014. *The South China sea. The struggle for power in Asia*. New Haven: Yale University Press.

Indyk, Martin S., Lieberthal, Kenneth G., und O'Hanlon, Michael E. 2012. *Bending history. Barack Obama's foreign policy*. Washington: Brookings Institution Press.

International Crisis Group. 2012a. Stirring up the South China Sea: (II): Regional responses. http://www.crisisgroup.org/~/media/Files/asia/north-east-asia/229-stirring-up-the-south-china-sea-ii-regional-responses.pdf.

International Crisis Group. 2012b. Stirring up the South China sea (I). http://www.crisisgroup.org/~/media/Files/asia/north-east-asia/223-stirring-up-the-south-china-sea-i.pdf.

Kaplan, Robert D. 2014. *Asia's cauldron. The South China sea and the end of a stable pacific*. New York: Random House.

Kelly, Robert E. 2014. The 'Pivot' and its problems: American foreign policy in Northeast Asia. *Pacific Review* 27 (3): 479–503.

Le Mière, Christian. 2013. Rebalancing the burden in East Asia. *Survival* 55 (2): 31–41.

Lieberthal, Kenneth, und Jisi Wang. 2012. *Addressing US-China strategic distrust*. Washington DC: Brookings Institution Press.

Malone, David M., und Rohan Mukherjee. 2010. India and China: Conflict and cooperation. *Survival* 52 (1): 137–158.

Paul, Michael. 2013. *Die Flottenrüstung der Volksrepublik China: Maritime Aspekte sino-amerikanischer Rivalität*. SWP Studie 15. Berlin: Stiftung Wissenschaft und Politik.

Raine, Sarah, und Le Mière, Christian. 2013. *Regional disorder. The South China sea disputes.* New York: Routledge.
Rigger, Shelley. 2013. Taiwan in U.S.-China relations. In *Tangled titans: The United States and China,* Hrsg. David L. Shambaugh, 293–311. Lanham: Rowman & Littlefield.
Roy, Denny. 2013. *Return of the dragon. Rising China and regional security.* New York: Columbia University Press.
Schreer, Benjamin, und Brendan Taylor. 2011. The Korean crises and Sino-American rivalry. *Survival* 53 (1): 13–19.
Shambaugh, David L. 2013. *China goes global. The partial power.* Oxford: Oxford University Press.
Steinberg, James, und Michael E. O'Hanlon. 2014. *Strategic reassurance and resolve. US-China relations in the twenty-first century.* Princeton: Princeton University Press.
Strothmann, Dirk. 2012. *Das ASEAN Regional Forum. Chancen und Grenzen regionaler Sicherheitskooperation in Ostasien.* Springer VS: Wiesbaden.
Subramanian, Arvind. 2011. Inevitable superpower: Why China's dominance is a sure thing. *Foreign Affairs* 90 (5): 66–78.
Wagener, Martin. 2009. *Hegemonialer Wandel in Südostasien: Der machtpolitische Aufstieg Chinas als sicherheitsstrategische Herausforderung der USA.* Dissertation, Trier.
Wagener, Martin. 2013. Einführung in die Sicherheitspolitik Ostasiens. *Asien* 127 (1): 133–148, 128(2): 133–145 und 129(3):181–199.
Wang, Zheng. 2012. *Never forget national humiliation. Historical memory in Chinese politics and foreign relations.* New York: Columbia University Press.
Wolf, Reinhard. 2001. *Partnerschaft oder Rivalität? Sicherheitsbeziehungen zwischen Siegermächten.* Baden-Baden: Nomos.
Wolf, Reinhard. 2014. The U.S. as a pacific power? Chinas Aufstieg und die Zukunft der amerikanischen Weltführungspolitik. In *Weltmacht vor neuen Herausforderungen: Die Außenpolitik der USA in der Ära Obama,* Hrsg. Steffen Hagemann, Wolfgang Tönnesmann, und Jürgen Wilzewski, 87–113. Trier: Wissenschaftlicher Verlag.
Xiang, Lanxin. 2012. China and the 'Pivot'. *Survival* 54 (5): 113–128.
Yoshihara, Toshi, und James R. Holmes. 2010. *Red Star over the Pacific: China's rise and the challenge to U.S. maritime strategy.* Annapolis: Naval Institute Press.

Über den Autor

Prof. Dr. Reinhard Wolf ist Inhaber der Professur für Internationale Beziehungen mit dem Schwerpunkt Weltordnungsfragen an der Goethe-Universität Frankfurt am Main.

Transatlantische Handelsbeziehungen: TTIP als geostrategisches, interregionales Projekt

Andreas Falke

Zusammenfassung

Die transatlantische Handels- und Investitionspartnerschaft, kurz TTIP, baut auf der engen wirtschaftlichen Verflechtung zwischen der Europäischen Union (EU) und den USA auf und zielt auf eine stärkere institutionelle Verdichtung des transatlantischen Wirtschaftsraums. Damit verfolgen beide Partner nicht nur Handelsliberalisierung, sondern auch geostrategische Ziele, insbesondere ein Gegengewicht zum Aufstieg Chinas und eine Antwort auf die neuen sicherheitspolitischen Herausforderungen durch Russland. Doch wird TTIP als geostrategisches Projekt nur Erfolg haben, wenn beide Seiten die schwierigen regulatorischen Probleme lösen können.

1 Das Ausmaß wirtschaftlicher Verflechtung

Der transatlantische Wirtschaftsraum ist einer der verflochtensten Wirtschaftsräume in der Welt. Auf ihn entfallen fast die Hälfte des Weltbruttosozialproduktes, hohe Anteile an den weltweiten Güterexporten und -importen sowie Anteile von weit über 50 % an den weltweiten ausländischen Direktinvestitionen. Unter Einschluss der Dienstleistungsexporte sind sich die EU und die USA gegenseitig die wichtigsten Handelspartner. Die EU weist seit Jahren einen

---

A. Falke (✉)
Friedrich-Alexander-Universität Erlangen-Nürnberg, Nürnberg, Deutschland
E-Mail: andreas.falke@fau.de

Handelsüberschuss mit den USA, einschließlich des Agrarbereiches, auf. Nur im Dienstleistungshandel ist die Bilanz der USA positiv. Zudem sind die Zölle sehr niedrig: Handelsgewichtet betragen sie nur noch 2 %. Allerdings sind sie bei Agrargütern, insbesondere in der EU, noch signifikant. Auch gibt es nach wie vor Zollspitzen bei Textilien, Lederprodukten, elektrischen Maschinen, Chemikalien und bestimmten Fahrzeugklassen, die den Handel belasten.

Noch stärker als der Handel haben sich die Umsätze entwickelt, die auf die Tochtergesellschaften großer Unternehmen auf den Märkten des jeweils anderen Partners entfallen: Die Umsätze US-amerikanischer Tochtergesellschaften in Europa beliefen sich 2013 auf 2,3 Billionen US$, das Dreifache des Exportvolumens; das der europäischen Tochtergesellschaften 2,1 Billionen US$, mehr als das Dreifache des Exportvolumens. Außerdem ist der Intra-Firmenhandel dominant: 61 % der US-amerikanischen Importe aus Europa und ein Drittel der US-amerikanischen Exporte nach Europa entfielen auf diesen Handel. Dies sind höhere Verflechtungsgrade als sie mit dem pazifischen und dem südamerikanischen Raum bestehen (Hamilton und Quinlan 2015, S. v). Die reale Verflechtung ist erstaunlich, doch der transatlantische Wirtschaftsraum stagniert auf hohem Niveau: die Zuwachsraten bei Handel und Investitionen im asiatisch-pazifischen Raum sind wesentlich größer, was bedeutet, dass ein Stimulus für Handel und Investitionen wieder auf der Tagesordnung steht (Abb. 1, 2, 3 und 4).

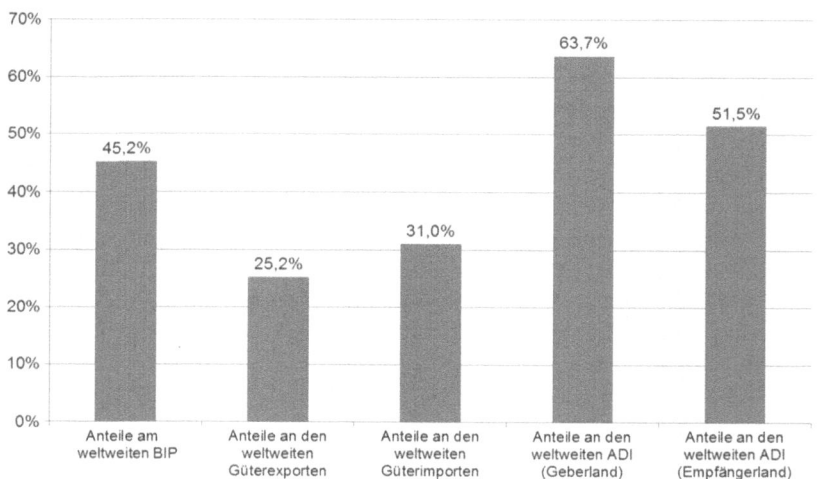

Abb. 1 Daten zum transatlantischen Wirtschaftsraum. (Quelle: Eigene Darstellung)

Abb. 2 US-amerikanische Güterexporte 2012. (Quelle: Eigene Darstellung)

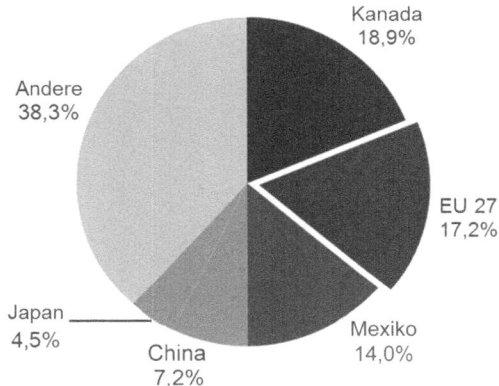

Abb. 3 EU Güterexporte 2012. (Quelle: Eigene Darstellung)

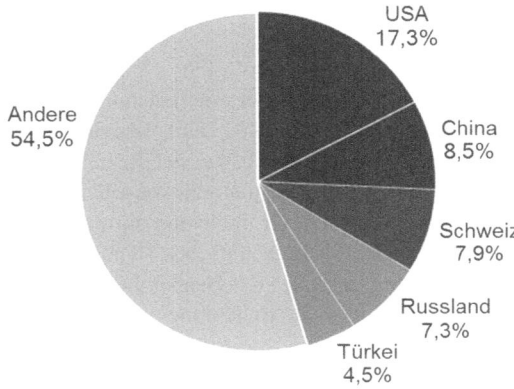

	Einfacher angewandter MFN-Zoll in %	Handels- gewichteter Durchschnitt	Zollfreie Zolllinien in % (angewandter MFN-Zoll)	Zölle über 15% (angewandter MFN-Zoll in %)
USA				
Industriegüter	3,2	2,0	48,6	2,3
Agrargüter	4,7	3,9	30,7	5,3
EU				
Industriegüter	4,2	2,3	26,1	1,6
Agrargüter	13,2	8,6	31,2	26,1

Abb. 4 Zollsätze EU/USA 2012. (Quelle: Eigene Darstellung)

2 Handelsabkommen zur Stärkung interregionaler Interaktion

Ein institutionalisierter Interregionalismus, also eine formale, auf einem umfassenden Abkommen beruhende Handelsbeziehung zwischen den USA und der EU, gibt es bisher nicht. Der Ausbau der Beziehungen beziehungsweise die Behandlung der Konflikte wurde bilateral, vor allem aber im WTO/GATT-System betrieben. Das gilt vor allem für die häufig auftretenden Konflikte im Agrarbereich und bei der Behandlung von technischen Handelsbarrieren. Hinzu traten seit Ende des Kalten Krieges, als die sicherheitspolitische Komponente der transatlantischen Beziehungen relativ an Bedeutung verlor, verstärkte diplomatische Konsultationen und Interaktionen, die durchaus agendasetzenden Charakter hatten, deren Umfang und rechtliche Bindungswirkung jedoch gering blieben. Dazu zählen auch eine Reihe von kleineren technischen Abkommen (z. B. über die Anerkennung von Veterinärverfahren), deren Umfang und Reichweite jedoch begrenzt ist. Der transatlantische Wirtschaftsraum weist also eine relativ enge wirtschaftliche Verflechtung, aber eine geringe Institutionalisierung auf. Erst 2011 begannen beide Seiten ernsthaft das Projekt einer transatlantischen Freihandelszone zu diskutieren und beschlossen 2013 die Aufnahme von Verhandlungen. Die USA dagegen hatten schon in den 1980er Jahren ein Freihandelsabkommen mit Kanada geschlossen, das schließlich 1995 mit dem Beitritt Mexikos zur Nordamerikanischen Freihandelszone (NAFTA) ausgedehnt wurde. Insofern hinkte der transatlantische Wirtschaftsraum hinter dem nordamerikanischen hinterher.

Freihandelsabkommen bieten sich zur Intensivierung interregionaler Beziehungen geradezu an, weil der Abbau von Handelshemmnissen (Zölle, Quoten, beschränkende Regulierungen und Normen) in diskriminierender Wirkung erfolgen, also nur den Vertragspartnern zugutekommt, während alle anderen Akteure im multilateralen WTO-System davon ausgeschlossen sind. Dieser Ausschluss ist nach den Bestimmungen der WTO unter bestimmten Bedingungen durchaus legal. Entscheidend für die internationale Politik ist aber nicht nur der selektive materielle Nutzen, sondern auch die Tatsache intensivierter politischer Interaktion, Regelsetzung und Institutionalisierung der Transaktionen. Freihandelsabkommen finden sich deshalb auch vor allem zwischen Partnern, die schon ein bestimmtes Ausmaß an intensiver, meist regional grundierter Interaktion und Kooperation pflegen. Hier spielen sowohl der Ausbau der wirtschaftlichen Verbindungen als auch die Verrechtlichung bzw. formalisierte Institutionalisierung der Konfliktbearbeitung eine Rolle. Die Konflikte, die aufgrund der unterschiedlichen Ausrichtung der Wirtschaftssysteme und der stärkeren Interaktionen auftreten, sollen in geordnete Bahnen gelenkt werden. Dies gilt aus handelspolitischer Sicht umso mehr, als Schranken an den Grenzen von Wirtschaftsräumen (vor allem Zölle) nur noch eine geringe Rolle spielen und sich das Augenmerk heute auf die handelsbeschränkende Wirkung der komplexen sozioökonomischen, binnenpolitisch legitimierten Regulierungssysteme moderner Volkswirtschaften richtet. Im Idealfall müsste Handelspolitik die unterschiedlichen Regulierungssysteme kompatibel machen und Institutionen verankern, die die Kompatibilität sichern und weiterentwickeln. Damit würden dann auch institutionelle Strukturen geschaffen, die einen Raum interregionaler Interaktion verdichten und ein Profil gegenüber anderen Wirtschaftsräumen und Akteuren definieren.

3 Überblick über die Verhandlungsmaterie

Die Verhandlungsmaterie von TTIP lässt sich grob in drei thematische Dossiers einteilen:

1. *Marktzugang:* Hierzu zählen der Abbau der verbliebenen Zollschranken, die Öffnung der jeweiligen öffentlichen Beschaffungsmärkte, die Liberalisierung

des Dienstleistungsverkehrs und Behandlung der für Freihandelsabkommen notwendigen Ursprungsregeln.[1]

2. *Abbau nichttarifärer Handelshemmnisse durch Regulierungskooperation:* Hier geht es um den Kern des Abkommens, nämlich um den Abbau von handelsverzerrenden Regulierungen wie Produktvorschriften, technischen Regulierungen, darunter Vorschriften, die gesundheitspolitischen, sozialen oder umweltpolitischen Zielen dienen und die eine legitime gesellschaftspolitische Berechtigung haben. Dabei mag es sich um relativ unproblematische technische Produktnormen aber auch um gesellschaftlich tief verankerte Bestimmungen in der Lebensmittelregulierung handeln (Verbot gentechnisch veränderten Saatgutes, mit Wachstumshormonen behandeltes Rindfleisch, antibakterielle Behandlung von Geflügel in der EU, Verbot von nicht pasteurisiertem Käse in den USA). Die Hürden bei der Behandlung dieses Dossiers sind hoch. Harmonisierung von Regulierungen setzt Konsens über Risiken voraus, der häufig nicht gegeben ist und durch unterschiedliche gesellschaftliche und wertebezogene Perzeptionen verhindert wird. Zudem wird durch gemeinsame Regulierungen tendenziell die Souveränität von nationalen Regulierungsbehörden untergraben, die selbst, wenn ihre Entscheidungsverfahren auf ähnlichen technisch-wissenschaftlichen Kriterien beruhen, ihre Regulierungshoheit nur ungerne aufgeben. Methoden wie die gegenseitige Anerkennung unterschiedlicher Regulierungsansätze setzen ungefähre Äquivalenz des Schutzniveaus voraus. Potenzial hat jedoch eine Vereinfachung der Anerkennungs- und Zertifizierungsverfahren.

3. *Neue globale Regeln:* Hier handelt es sich um Materien, die bisher noch gar nicht oder nur ansatzweise in globalen wie nationalen Regulierungssystemen erfasst worden sind, besonders bei Innovationen im Hochtechnologiebereich (Nanotechnik, E-Mobilität, Energie- und Umwelttechnik), wo die Festlegung von grundlegenden Normen und Verfahren globale Marktführerschaft begründen könnte. Davon tangiert ist auch die Sicherung geistiger Eigentumsrechte (Patente, Markenzeichen, Urheberrechte) und Regeln für die Rolle staatseigener Firmen und versteckter Subventionen im Innovations- und Produktionsprozess, die besonders in China und asiatischen Staaten eine Rolle spielen. Hier kommt am deutlichsten zum Ausdruck, dass TTIP dazu dienen soll, eine

---

[1]Ursprungsregeln sind notwendig, um sicher zu stellen, dass Drittländer nicht über den Umweg eines Partnerlandes mit niedrigem Außenschutz von den Vorteilen des internen Zollabbaus profitieren. Vereinfacht gesagt, muss das Produkt überwiegend aus dem Wirtschaftsraum des Freihandelsabkommen stammen. Das Ausmaß der Tiefe von Ursprungsregeln ist jedoch strittig. Sie sind auch administrative Hemmnisse, besonders für kleine Unternehmen.

technologische Vorreiterrolle des transatlantischen Raumes gegenüber Asien und China zu definieren. Implizit darin enthalten ist die Anerkennung, dass TTIP eine Reaktion auf die Herausforderung des Aufstiegs Asiens als des dynamischsten Wirtschaftsraums des 21. Jahrhundert darstellt.

4 Schwäche des Multilateralismus und Aufstieg der „Mega-Regionals": Geostrategische Implikationen

Die Verfolgung von TTIP muss auch im Kontext der Schwäche des multilateralen Handelssystems der WTO gesehen werden. Unter dem Aufstieg der Schwellenländer, insbesondere Chinas, stagnieren die WTO-Verhandlungen in der Doha-Runde und bringen auf mittlere Sicht keine Liberalisierungsgewinne. Als Reaktion darauf ist ein Trend zu umfassenden, häufig Regionen übergreifenden Freihandelsabkommen entstanden: Dazu gehören neben TTIP die Trans-Pacific Partnership (TPP), die zwischen den USA und 11 pazifischen Anrainerstaaten[2] ausgehandelt wird, sowie die Regional Comprehensive Economic Partnership (RCEP), die China mit asiatischen Ländern, insbesondere ASEAN aushandelt. Dabei setzt sich eine Tendenz durch, die als *Mega-Regionals* beschrieben wird, das heißt Abkommen, die besonders große Wirtschaftsräume der Weltwirtschaft verbinden und umfassende Materien behandeln, die tief in die Wirtschaftssysteme der beteiligten Staaten eingreifen (geistiger Eigentumsschutz, Investitionen, binnenpolitische Wirtschafts- und Sozialregulierung) (World Economic Forum World Economic Forum 2014). Signifikant ist auch die Rolle der USA, die im Mittelpunkt der beiden wichtigsten Abkommen, TTIP und TPP, steht: Sie gewinnt dadurch wieder eine führende, agendasetzende Rolle im Welthandelssystem und macht damit den Verlust der Dominanz im WTO-System wieder wett. Sie kann auch auf Verhandlungspartner wie die EU subtil Druck ausüben, damit diese auf die US-amerikanischen Vorstellungen einschwenken. Auffällig an der von den USA verfolgten Strategie ist zudem der Ausschluss Chinas und anderer Schwellenländer wie Indien und Brasilien.

So kann der Anstoß zur Verfolgung derartiger Freihandelsabkommen als Versuch verstanden werden, den Einfluss Chinas auf das Welthandelssystem einzudämmen. Präsident Obama hat dies in seiner Rede zur Lage der Nation explizit zum Ausdruck gebracht:

---

[2]Dazu gehören Kanada, Mexiko, Peru, Chile, Australien, Neuseeland, Singapur, Malaysia, Brunei, Vietnam und Japan.

But as we speak, China wants to write the rules for the world's fastest-growing region ... That would put our workers and our businesses at a disadvantage. Why would we let that happen? We should write those rules. We should level the playing field (Obama 2015).

Dies gilt nicht nur für die USA, sondern ebenso für die EU. Beide Partner haben Anteile am Welthandel verloren und sehen die Strukturen des chinesischen Wirtschaftsmodells mit dem großen Einfluss subventionierter und marktdominanter Staatsunternehmen und Banken, der Beschränkung und Benachteiligung ausländischer Investitionen und der Missachtung geistiger Eigentumsrechte, die die wesentlichen Bausteine der Modernisierungsstrategie Chinas sind, als Herausforderung für das Welthandelssystem an. Eine institutionelle Verdichtung der transatlantischen Wirtschaftsbeziehungen als Gegengewicht zu Chinas Aufstieg macht eminenten Sinn.

Die Schaffung interregionaler Strukturen und eine Verdichtung der politischen Interaktion im transatlantischen Wirtschaftsraum lassen sich geostrategisch begründen und mit neorealistischen Theorieansätzen analysieren, die die Schaffung interregionaler Strukturen aus der Gegenmachtbildung zu Herausforderungen aus anderen Regionen ableitet. Allerdings können hier auch andere Theorieansätze komplementär in Anwendung gebracht werden. Aus liberalerinstitutionalistischer Sicht dienen interregionale Ansätze der besseren Beherrschung von Interdependenz zwischen den transatlantischen Partnern, die bisher über kein bilaterales Regelwerk zur Behandlung ihrer Handelskonflikte verfügen. Aus konstruktivistischer Sicht dienen interregionale Arrangements der Identitätsbildung, die in diesem Fall über die Verfolgung abstrakt proklamierter Wertegemeinschaften hinausgeht und die essenziellen Normen der Wirtschaftssysteme als transatlantisches Projekt konkretisieren will (Hänggis 2000). Geopolitische Konstellationen, die durch den Aufstieg der Schwellenländer markiert sind, drängen die USA wie die EU zu interregionaler Kooperation und institutioneller Verdichtung.

5 Transatlantische Kooperation vor TTIP

Die geopolitische Motivation wird durch die Vorgeschichte von TTIP deutlich. Seit Ende des Kalten Krieges 1990 ist die Kooperation zwischen der EU und den USA intensiviert worden (McKinney 2014, S. 86–88). Bis 1990 lief die Zusammenarbeit vor allem im Rahmen der verschiedenen Verhandlungsrunden des GATT-Systems ab. Mit der Transatlantic Declaration von 1990 wird die EU formell als wichtiger regionaler Akteur von den USA anerkannt, mit dem vorrangig alle wichtigen transatlantischen Themen angesprochen werden können, was in der Einrichtung regelmäßiger jährlicher Gipfeltreffen zwischen dem US-amerikanischen Präsidenten und den Spitzenvertretern der EU seinen Ausdruck findet. Die New Transatlantic Agenda von 1995 präsentierte einen breiten Themenkatalog der Zusammenarbeit, der Themen wie Friedens- und Demokratisierungsstrategien, globale Herausforderungen wie Umwelt- und Klimaschutz und *stake-holder*-Dialoge zwischen Wirtschaftsverbänden, Arbeitnehmerorganisationen und Verbraucherverbänden von beiden Seiten des Atlantiks beinhaltete.

Die Verfolgung eines Freihandelsabkommens wurde dagegen explizit ausgeschlossen. Stattdessen befürworteten beide Seiten den Ausbau des multilateralen Handelssystems unter der zu dieser Zeit gerade gegründeten Welthandelsorganisation (WTO). Erst das von dem damaligen deutschen Außenminister Klaus Kinkel, dem britischen Außenminister Malcolm Rifkin und dem britischen EU-Kommissar Sir Leon Brittan vorangetriebene Projekt eines New Transatlantic Market Place kam mit seinem Vorschlag der Abschaffung aller Industriezölle und einer weitgehenden Liberalisierung des Dienstleistungshandels der Idee einer Freihandelszone, damals als Transatlantic Free Trade Area (TAFTA) bezeichnet, wesentlich näher. Forderungen der USA, auch die Agrarsubventionen zu reduzieren und audiovisuelle Dienstleistungen (quotenfreier Zugang zum europäischen Medienmarkt für US-amerikanische Anbieter) führten jedoch zu starken französischen Widerständen und damit zum Scheitern des Projektes. Das als Ersatz angesetzte Projekt einer Transatlantic Economic Partnership war weniger politisch prominent, begann aber wichtige Konfliktpunkte in der transatlantischen Wirtschaftskooperation anzusprechen: Die Reibungsverluste unterschiedlicher Regulierungs- und Zulassungsverfahren, die Harmonisierung oder die gegenseitige Anerkennung von Standards sowie Konsumentenschutz. Diese Themen wurden seit 2007 im Transatlantic Economic Council unter Einschluss der Regulierungsbehörden auf beiden Seiten des Atlantiks mit der politischen Vorgabe behandelt, konkrete Vorschläge für die Gipfeltreffen zu machen. Die Erträge waren jedoch relativ gering und verfestigten den *status quo* durch permanenten Dialog. Das Projekt vertiefter transatlantischer Kooperation aufgrund eines Freihandelsabkommens war zwar im Hintergrund präsent, wurde aber nie ernsthaft von den entscheidenden wirtschaftspolitischen Akteuren verfolgt.

Erst 2011 nach der Finanzkrise setzten die USA und die EU eine Arbeitsgruppe *(High-level Working Group)* mit dem Auftrag ein, die möglichen Dossiers eines Abkommens zu skizzieren, und beschlossen auf dem Gipfel von 2013, mit Verhandlungen zu beginnen. Der Ministerrat der EU erteilte der Kommission ein Verhandlungsmandat. Was hatte sich geändert?

6 Veränderte geopolitische Konstellationen: Neue Argumentationslinien für TTIP

Zur Beantwortung muss man sich die Argumente gegen TAFTA aus den 1990er Jahren anschauen: Für die handelspolitischen Eliten war TAFTA zugleich ein zu kleines und ein zu großes Projekt. Zu klein, weil die Zollsätze nach der Uruguay-Runde zu einem (fast) vernachlässigbaren Faktor geworden waren und der Einfluss regulatorischer Handelshemmnisse nicht richtig eingeschätzt werden konnte. Zu groß, weil der Anteil der USA und der EU am globalen BIP wesentlich höher war als heute und TAFTA damit das multilaterale System beeinträchtigt hätte. Zudem ging vor allem die US-amerikanische Seite davon aus, dass eine neue multilaterale Verhandlungsrunde sehr viel mehr Wohlstandsgewinne versprechen würde. Auch hatten die handelspolitischen Eliten auf beiden Seiten nur zu gut in Erinnerung, wie schmerzhaft und konfliktbeladen die Einigung über Agrarsubventionen zwischen beiden Partnern innerhalb der Uruguay-Runde gewesen war. Und seit den Protesten auf dem Ministertreffen der WTO in Seattle wurde deutlich, dass große Teile der den US-amerikanischen Demokraten nahestehenden Öffentlichkeit, prinzipielle Vorbehalte gegen weitere Handelsliberalisierung hatten, obwohl sich die Befürchtungen überwiegend an den niedrigen Umwelt- und Sozialstandards in Schwellen- und Entwicklungsländern festmachten (Ries 2015). Dies bedeutete, dass für die handelspolitischen Eliten TAFTA wenig dringlich war und zur Marktöffnung die ab 2001 begonnene Doha-Verhandlungsrunde in der WTO vielversprechender erschien.

Diese Einstellung änderte sich jedoch mit der Stagnation der Doha-Runde, in der die Schwellenländer immer mehr zu Veto-Akteuren und Trittbrettfahrern zugleich wurden. Aus Sicht der USA und der EU waren China, Brasilien und Indien immer weniger an effektiver Marktöffnung und an regelbasierter Verfahren in den Bereichen Investitionen, regulatorischen Handelsbarrieren und geistigem Eigentum interessiert. Die wachsenden Anteile Asiens am Welthandel und der Versuch Chinas, die eigenen Regeln zum Maßstab wirtschaftlicher Transaktionen zu machen, führten zu einer Neubewertung einer transatlantischen Freihandelszone. Seit den 1990er Jahren ist Chinas Anteil an globalen Warenexporten von 3 % auf fast 12 % gestiegen und im Hochtechnologiebereich und beim geistigen Eigentum setzt China eigene Standards (Morrison 2013). Diesen Zusammenhang hat der US-amerikanische Handelsbeauftragte Michael Froman explizit artikuliert:

> This century's defining battle could be won or lost without a shot fired. As President Barack Obama's National Security Strategy makes clear, the rules-based system we have led since World War II is competing against alternative, more mercantilist

models. Unlike past challenges to American leadership, this competition is primarily economic in nature, and victory hinges more on opening markets and raising standards than on building bombs and raising armies (Froman 2015).

Ein zusätzlicher Anstoß zur Verfolgung eines Freihandelsabkommens kam durch die Wirtschafts- und Finanzkrise. Wachstumsanstöße waren wegen der hohen Haushaltsdefizite vor allem durch Ausweitung des Handels und nicht mehr durch zusätzliche staatliche Ausgabenprogramme oder Senkung der Leitzinsen der Zentralbanken zu erzeugen. TTIP wurde von beiden Seiten als Wachstumsprojekt begriffen (Europäische Kommission 2013). Eine transatlantische Freihandelszone erscheint in der zweiten Dekade des neuen Jahrhunderts nicht mehr als zu groß, sondern als adäquate Reaktion auf den Aufstieg neuer Mächte im Welthandelssystem. Auch gibt es eine Neubewertung des wirtschaftlichen Nutzens: Die durchschnittlichen Zollsätze mögen zwar als gering erscheinen, doch das große Handelsvolumen würde zu höheren absoluten Gewinnen bei Zollsenkungen führen als bei kleineren Märkten. Der Fokus auf Handelshemmnisse, die durch Regulierungen und Produktstandards erzeugt werden, ist zwar erste Priorität, doch auch die Abschaffung von Zöllen bringt positive Beiträge und hat vor allem Signalcharakter. Auch weisen die beiden Teilmärkte des transatlantischen Wirtschaftsraums mehr Gemeinsamkeiten auf als die neuen Märkte im asiatisch-pazifischen Raum. Zugleich teilen die USA und die EU – bei allen Unterschieden im Einzelnen – im globalen Maßstabe, vor allem im Vergleich zu den Schwellenländern, ein hohes Niveau an Gesundheits-, Sozial-, Umwelt- und Sicherheitsstandards, sodass eine Konvergenz viel leichter zu erreichen ist als auf globaler Ebene. Vielversprechend würde ein Ansatz sein, der Produkt- und technische Standards harmonisiert und bei Umwelt-, Gesundheits-, Verbraucherschutz- und Sozialnormen zumindest größere regulatorische Kohärenz anstrebt.

7 TTIP als geostrategisches Konzept

Die Betonung auf regulatorische Kooperation ist jedoch nicht nur durch mögliche Wohlfahrtsgewinne mithilfe des Abbaus von Handelsschranken motiviert. Wie aus dem Verhandlungsmandat hervorgeht, geht es vor allem auch um die Formulierung von Standards und Regeln, die die aufstrebenden Konkurrenten der USA und der EU aus den asiatischen Ländern, insbesondere China, binden. Das gilt vor allem für die Standards neuer Technologien wie E-Mobilität und Nanotechnik sowie neue Verfahren und Normen im Gesundheits- und Umweltbereich, wie Präsident Obama in seiner Ansprache zur Lage der Nation weiter ausführt:

But as we speak, China wants to write the rules for the world's fastest-growing region. That would put our workers and our businesses at a disadvantage. Why would we let that happen? We should write those rules. We should level the playing field. That's why I'm asking both parties to give me trade promotion authority to protect American workers, with strong new trade deals from Asia to Europe that aren't just free, but are also fair (Obama 2015).

Bei TTIP geht es nicht nur um engere wirtschaftliche Vorteile, sondern um die Etablierung westlicher Kernnormen und Standards, die, solange die EU und die USA noch zusammen ein wirtschaftliches Übergewicht haben, eine größere Chance besitzen, globale Wirkungskraft zu entfalten. Diese Regelsetzung ist die Grundlage für einen neuen transatlantischen Interregionalismus. Mit den Worten eines der führenden US-amerikanischen Vordenker der transatlantischen ökonomischen Integration geht es um eine „more strategic, dynamic and holistic U.S.-EU relationship" (Hamilton 2015, S. xi).

Im Vordergrund stehen hier systemische Aspekte: TTIP wird von seinen geostrategischen Verfechtern als Reaktion auf alternative, staatlich gelenkte Wirtschaftsmodelle verstanden. Die Verankerung des westlich-liberalen Modells geht nur so lange, wie der transatlantische Wirtschaftsraum Dreh- und Angelpunkt der Weltwirtschaft ist. Nur solange wird man die systemischen Grundstrukturen der Weltwirtschaft beeinflussen können. Für die USA, die mit TPP auf den asiatisch-pazifischen Raum als Teil der Gewichtsverschiebung nach Asien schon einen Akzent gelegt haben, wird mit TTIP unterstrichen, dass die Hinwendung nach Asien keine Abkehr von Europa darstellt. Dies ist umso dringlicher, als durch die russische Annektierung der Krim und die Intervention Russlands in der Ukraine die transatlantische Solidarität vor einer neuen Herausforderung steht. TTIP muss hierbei nicht als „ökonomische" NATO verstanden werden (denn sie richtet sich nicht gegen eine spezifische sicherheitspolitische Bedrohung), sondern als ein zusätzlicher Anker im transatlantischen Verhältnis. In diesem Sinne setzt TTIP auch ein Gegengewicht gegen Russlands Eurasische Union und Versuche Moskaus, das westliche Bündnis auseinander zu dividieren (vgl. hierzu auch den Beitrag von Hoffmann in diesem Band). Eine wichtige Rolle spielt hierbei das Problem der Energieabhängigkeit vieler Länder Europas von russischen Erdgaslieferungen. Ein Drittel aller europäischen Gasimporte stammt aus Russland, wobei einige osteuropäische Staaten bis zu 90 % von russischen Lieferungen abhängig sind. TTIP könnte die Versorgungssicherheit Europas mit Gas erhöhen, da für Länder mit Freihandelsabkommen mit den USA Gasexporte keiner weiteren Genehmigung bedürfen. TTIP könnte zur Grundlage engerer Kooperation im Energiebereich werden, zumal durch die Schiefergasrevolution in den USA das Angebot von Gas im Weltmarkt wächst.

Die geostrategischen Ziele von TTIP werden sich aber nur realisieren lassen, wenn ein Rahmen für den Umgang mit den komplizierten regulatorischen Unterschieden zwischen der EU und den USA geschaffen wird. Anzustreben wären regulatorische Kohärenz und Prinzipien für die Kooperation zwischen Regulierungsbehörden, ohne die Autonomie der Regulierungsbehörden noch ihre demokratische Rechenschaftspflicht infrage zu stellen. Instrumente wären das *Regulatory Compatibility Assessment* für neue Regulierungen von transatlantisch gehandelten Produkten und Dienstleistungen, die die Partnerbehörden einbeziehen und die Vereinbarkeit mit den entsprechenden Bestimmungen im Partnerland bewerten. Für bestehende Regulierungen könnte ein *Regulatory Equivalence Assessment* eingeführt werden, um einen Prozess in Gang zu setzen, der äquivalente Schutzniveaus identifiziert und in öffentlichen Anhörungsprozessen zur Diskussion stellt. Derartige Strukturen könnten auf den vielfältigen, bestehenden sektoralen Kooperationen zwischen EU und US-amerikanischen Behörden (z. B. in der Luftverkehrssicherheit) aufbauen. Vor allem würde ein derartiger Prozess klarmachen, dass die Regulierungsinstanzen die Federführung haben und nicht die handelspolitischen Instanzen (Chase und Pelkmans 2015, S. 12–20). TTIP würde nicht Deregulierung präjudizieren, sondern Regulierungskooperation zur Erhaltung hoher Standards aktivieren und so das Vertragswerk in ein *living agreement* verwandeln, das dem transatlantischen Wirtschaftsraum eine klarere Definition gibt.

Ob sich allerdings solche Prozesse zur Behandlung von regulatorischen Problemen durchsetzen lassen, steht auf einem anderen Blatt. Davon hängt ab, ob TTIP die gewünschte geostrategische Wirkung entfalten kann.

Basisliteratur

Chase, Peter, und Jacques Pelkmans. 2015. *This time it's different: Turbo-charging regulatory cooperation in TTIP*. Paper no. 7, TTIP in the balance. Washington DC: CEPS-CTR Project. *Sehr eingehende Studie zum Hauptproblem der Verhandlung, zur Herstellung regulatorischer Konvergenz bzw. Kohärenz von einem europäischen und einem amerikanischen Experten.*

Hamilton, Daniel S. Hrsg. 2015. *The geopolitics of TTIP. Repositioning the transatlantic relationship for a changing world*. Washington: John Hopkins University Press. *Umfassender Sammelband zu den geopolitischen Motivationen und Verhandlungsstrategien von TTIP aus amerikanischer und europäischen Sicht, einschließlich der Auswirkungen auf Drittländern.*

Webseiten

Büro des amerikanischen Handelsbeauftragten (USTR): The Transatlantic Trade and Investment Partnership. https://ustr.gov/ttip.

Center for European policy studies (CEPS Brüssel): Topics TTIP. https://www.ceps.eu/topics/ttip.

EU Kommission, Generaldirektion Handel: The Transatlantic Trade and Investment Partnership. http://ec.europa.eu/trade/policy/in-focus/ttip/.

Pew research center, Public opinion and TTIP http://www.pewglobal.org/2014/04/09/support-in-principle-for-u-s-eu-trade-pact/.

Verwendete Literatur

Europäische Kommission. 2013. Trade – A key source of growth and jobs for the EU. Commission contribution to the European Council. Brüssel, 7./8. Februar.

Froman, Michael. 2015. The geopolitical stakes of American trade policy. In Foreign policy, 17. Februar. http://foreignpolicy.com/2015/02/17/the-geopolitical-stakes-of-americas-trade-policy-tpp-ttip.

Hamilton, Daniel S. 2015. TTIP's geostrategic implications. In *The geopolitics of TTIP*, Hrsg. Daniel S. Hamilton, vii–xxxii. Washington DC: John Hopkins University.

Hamilton, Daniel S., und Joseph Quinland 2015. The transatlantic economy 2015. http://transatlanticrelations.org/sites/default/files/TE2015_CompleteBook.pdf.

Hänggi, Heiner. 2000. Interregionalism: Empirical and theoretical perspectives. Paper prepared for the workshop "Dollars, Democracy and Trade" at the Pacific Council on International Policy, Los Angeles, 18. Mai.

McKinney, Joseph A. 2014. Challenges on the way to a transatlantic trade and investment partnership. In *The TTIP. The transatlantic trade and investment partnership between the European union and the United States*, Hrsg. Joaqim Roy und Roberto Dominguez, 85–100. Miami: University of Miami Press.

Morrison, Wayne M. 2013. China's economic rise: History, trends, challenges, and implications for the United States, congressional research service. https://fas.org/sgp/crs/row/RL33534.pdf.

Obama, Barack. 2015. Remarks by the president in the state of the union address, 20. Januar. https://www.whitehouse.gov/the-press-office/2015/01/20/remarks-president-state-union-address-january-20-2015.

Ries, Charles. 2015. The strategic significance of TTIP. In *The geopolitics of TTIP. repositioning the transatlantic relationship for a changing world*, Hrsg. Daniel S. Hamilton, 1–12. Washington DC: John Hopkins University Press.

World Economic Forum. 2014. *Mega regional trade agreements. game changers or costly distractions for the world trade system?* Genf: World Economic Forum.

Über den Autor

Prof. Dr. Andreas Falke ist Inhaber der Professur für Auslandswissenschaft mit Schwerpunkt Englischsprachige Gesellschaften an der Friedrich-Alexander Universität Erlangen-Nürnberg.

Brasiliens Süd-Süd-Kooperation mit Afrika – eine neue atlantische Partnerschaft?

Christina Stolte

Zusammenfassung

Brasilien hat die Beziehungen zu Afrika in den letzten zehn Jahren mit großem Engagement vertieft. Durch eine intensive Reisediplomatie, die Ausweitung der diplomatischen Präsenz, verstärkten Wirtschaftsaustausch und die Förderung politisch-kultureller Kontakte mit Afrika ist es Brasilien gelungen, das Verhältnis zu seinem Nachbarkontinent deutlich zu stärken. Zentraler Bestandteil der brasilianischen Afrikapolitik ist die Süd-Süd-Kooperation, in deren Rahmen das südamerikanische Land seinen afrikanischen Partnern technische Hilfe in entwicklungspolitischen Problemen gewährt. Während die Zielsetzung der brasilianischen Annäherung an Afrika in erster Linie außenpolitisch motiviert war, konnte die südamerikanische Wirtschaftsmacht zum Teil auch ökonomisch von den intensivierten Kontakten profitieren. Angesichts der Verschlechterung seiner wirtschaftlichen Lage hat das politische und ökonomische Engagement Brasiliens in Afrika jedoch zuletzt an Dynamik verloren.

1 Einleitung

Als der brasilianische Präsident Luiz Inacio Lula da Silva (2003–2010) in seiner Antrittsrede vor dem Kongress eine außenpolitische Priorisierung Afrikas ankündigte, war die Überraschung groß: Eine Weltregion, die für Brasilien zu diesem

---

C. Stolte (✉)
Friedrich-Alexander-Universität Erlangen-Nürnberg, Berlin, Deutschland
E-Mail: Christina.Stolte@fau.de

© Springer Fachmedien Wiesbaden GmbH 2017
S. Koschut (Hrsg.), *Regionen und Regionalismus in den Internationalen Beziehungen*, DOI 10.1007/978-3-658-05434-2_13

Zeitpunkt keine nennenswerte wirtschaftliche oder außenpolitische Bedeutung hatte, war von dem neuen Präsidenten zu einem der wichtigsten zukünftigen Partner des Landes erklärt worden. Obwohl der brasilianische Außenhandel zur Zeit des Amtsantritts von Präsident Lula klar von den USA und der Europäischen Union (EU) dominiert wurde und damit eine Priorisierung dieser Wirtschaftspartner nahegelegen hätte, beschwor der neue Präsident die Süd-Süd-Partnerschaft mit dem wirtschaftlich wie politisch wenig bedeutsamen afrikanischen Kontinent. Welche Motive führten zu dieser überraschenden außenpolitischen Priorisierung? Wie setzte Brasilien diese in die Praxis um? Und wie ist die brasilianische Afrikastrategie insgesamt zu bewerten?

Der Beitrag wird nach einer kurzen allgemeinen Einführung in das Konzept der Süd-Süd-Kooperation den Blick auf Brasiliens Beziehungen mit Afrika richten, deren Grundlinien skizzieren sowie die dahinterstehenden Motive beleuchten. Abschließend werden aktuelle Entwicklungen und Ergebnisse der bisherigen brasilianischen Afrikapolitik aufgezeigt.

2 Süd-Süd-Kooperation vs. Nord-Süd-Kooperation

Seit dem Beginn des neuen Jahrtausends engagieren sich Schwellenländer wie China, Indien oder Brasilien in verstärktem Maße in Afrika und anderen Entwicklungsregionen. Sie agieren dabei gleichermaßen als Handelspartner und entwicklungspolitische Geber und präsentieren sich als „neue Partner" im Rahmen von sogenannten Süd-Süd-Kooperationen (De la Fontaine 2013).

Ihrem Anspruch nach unterscheiden sich die Süd-Süd-Kooperationen grundlegend von den traditionellen Nord-Süd-Partnerschaften, die die industrialisierten Länder des globalen Nordens mit den Entwicklungsländern des globalen Südens unterhalten. Der wichtigste und grundlegendste Unterschied besteht hierbei im Charakter der Partnerschaft, die – so das Postulat – keine Hierarchie zwischen den jeweiligen Partnern aufweise. Während in Nord-Süd-Partnerschaften eine Rangordnung zwischen dem entwicklungspolitischen Geber und dem Nehmer vorherrsche, bezeichnen sich die südlichen Geber als Partner auf Augenhöhe (Burges 2012).

Da sie selbst noch vor nicht allzu langer Zeit als Entwicklungsländer angesehen wurden und zum Teil nach wie vor Entwicklungshilfe beziehen, lehnen sie die Bezeichnung als entwicklungspolitische Geber ab und bevorzugen den Begriff des entwicklungspolitischen Partners. Vor dem Hintergrund ihrer eigenen Erfahrungen als Nehmerstaaten sowie der Entwicklungsexpertise, die sie während ihres wirtschaftlichen Aufstiegs zu Schwellenländern gewannen, präsentieren sie sich als Partner, die die Situation der Entwicklungsländer kennen und mit ihren Problemen bestens vertraut sind.

Im Unterschied zu den nördlichen Gebern, die Entwicklungshilfe an demokratische und marktwirtschaftliche Grundprinzipien knüpfen, verwehren sich die südlichen Geber gegen derartige „politische Konditionen". Weniger Probleme haben sie hingegen mit der Vermischung wirtschaftlicher Interessen und entwicklungspolitischer Zusammenarbeit. So bindet beispielsweise China Entwicklungshilfe und Investitionsprogramme häufig an den Abschluss von langjährigen Liefer- oder Förderverträgen für natürliche Ressourcen wie Erdöl, Kohle oder Eisenerz. In diesem Punkt herrscht jedoch keine Einheitlichkeit: Andere „neue Geber" wie etwa Brasilien lehnen diese sogenannte „tied aid", also an wirtschaftliche Konditionen geknüpfte Hilfe, ab (Stolte und De la Fontaine 2012).

Auch hinsichtlich ihrer Außendarstellung unterscheiden sich Süd-Süd-Kooperationen von traditionellen Entwicklungspartnerschaften. Denn die Schwellenländer erkennen ausdrücklich das ökonomische Potenzial der Entwicklungsregionen an und bekennen sich explizit zu ihren wirtschaftlichen Interessen in den Partnerländern. Aus Sicht der traditionellen Geber widerspricht die Vermischung von Hilfsleistungen und Wirtschaftsinteressen hingegen den Grundsätzen einer empfängerorientierten Entwicklungszusammenarbeit. In ihrer Außendarstellung wird vielmehr das Motiv der internationalen Hilfsbereitschaft in den Vordergrund gestellt. Dies resultiert letztlich auch in einer unterschiedlichen Wahrnehmung der Entwicklungspartner: Während nördliche Geber ihre Entwicklungszusammenarbeit in der Regel als Hilfe für bedürftige Länder darstellen, betten die südlichen Geber ihre Entwicklungspartnerschaften stärker in den Kontext von *Win-Win*-Kooperationen ein, bei denen die Schwellenländer ärmeren Staaten helfen ihr wirtschaftliches Potenzial zu entfalten und beide Partner davon profitieren (UNCTAD 2010).

Insgesamt umfasst der Begriff Süd-Süd-Kooperation ein sehr breites Spektrum an Aktivitäten zwischen den sogenannten „Ländern des Südens". So werden neben den oben erwähnten entwicklungspolitischen Kooperationen zum Teil auch andere Formen der Zusammenarbeit wie etwa klassische Investitionsprogramme oder auch Militärkooperationen unter der Bezeichnung Süd-Süd-Kooperation geführt. Geografisch konzentrieren sich viele der Süd-Süd-Kooperationen aufstrebender Schwellenländer auf den afrikanischen Kontinent, obwohl der Begriff theoretisch alle regionalen und überregionalen Kooperationsformen zwischen Entwicklungs- beziehungsweise Schwellenländern umfasst.

3 Brasiliens Brückenschlag nach Afrika

Während Brasilien in Bezug auf die Süd-Süd-Kooperation mit Afrika eher als Nachzügler gegenüber anderen Schwellenländern wie China und Indien zu sehen ist, verfügt die südamerikanische Wirtschaftsmacht von allen „neuen Gebern" über die historisch längsten Verbindungen zum afrikanischen Kontinent. Denn Brasiliens und Afrikas gemeinsame Vergangenheit reicht rund zweihundert Millionen

Jahre zurück, als die beiden über eine gemeinsame Landmasse miteinander verbunden waren, die als Urkontinent „Gondwana" bezeichnet wird. Noch heute lässt sich diese sprichwörtliche Verbundenheit daran erkennen, dass Brasilien über sehr ähnliche geologische Bedingungen wie sein Nachbarkontinent verfügt und sich auf der Landkarte wie ein Puzzlestück an Afrikas Westküste anfügen lässt. Auch gesellschaftlich waren Brasilien und Afrika früh miteinander verbunden. So begann die gemeinsame Vergangenheit mit dem portugiesischen Sklavenhandel im 16. Jahrhundert, als Afrikaner als Sklaven auf den brasilianischen Zuckerrohrplantagen eingesetzt wurden. Afrika kam damit nicht nur eine zentrale Rolle hinsichtlich des wirtschaftlichen Aufbaus Brasiliens zu, sondern auch in Bezug auf die brasilianische Gesellschaft: Rund die Hälfte der Brasilianer hat afrobrasilianische Wurzeln, was Brasiliens ehemaligen Regierungschef Lula mehrfach dazu verleitete Brasilien als die größte „afrikanische Nation außerhalb Afrikas" zu bezeichnen.

Die kulturelle und wirtschaftliche Elite Brasiliens, die nur sehr vereinzelt afrobrasilianische Mitglieder zählt, stand der außenpolitischen Neuausrichtung des Landes zunächst äußerst kritisch gegenüber. Doch allen gesellschaftlichen Zweifeln zum Trotz ließ sich die Regierung Lula nicht von ihrem Kurs abbringen und unterstrich ihren Willen zur Annäherung an Afrika durch eine Reihe von Initiativen gleich zu Beginn der ersten Amtsperiode. Auf politisch-kultureller Ebene bemühte man sich beispielsweise mit großem Einsatz Kanäle für den gemeinsamen Austausch zu schaffen, indem man neue Foren und Institutionen gründete. Das 2003 initiierte Brasilien-Afrika-Forum (Fórum Brasil-África: Política, Cooperação e Comércio), auf dem afrikanische und brasilianische Vertreter aus Zivilgesellschaft, Wirtschaft und Kultur erstmals zum organisierten Dialog zusammentrafen, sollte die brasilianisch-afrikanischen Beziehungen auf eine neue Ebene heben. Das politische Pendant, ein Forum, das den Regierungschefs die Möglichkeit zum regelmäßigen Austausch geben sollte, wurde nach längeren Beratungen schließlich auf eine breitere regionale Basis gestellt und 2006 erstmals als Afrika-Südamerika-Gipfel (ASA) abgehalten. Verbindungen knüpfte Brasilien außerdem zur Afrikanischen Union (AU), auf deren jährlichen Gipfeltreffen sowohl Ex-Präsident Lula als auch seine Nachfolgerin Dilma Rousseff (seit 2011) als Ehrenredner gastierten (Stolte 2012).

Auf diplomatischer Ebene unternahm Brasilien die größten Anstrengungen, um seine Hinwendung zu Afrika zu untermauern. So eröffnete das südamerikanische Land unter der Regierung Lula 20 neue Botschaften und verdoppelte damit seine diplomatische Präsenz auf dem Nachbarkontinent. Mit 37 Botschaften zählt Brasilien heute zu den diplomatisch am stärksten vertretenen Staaten auf dem afrikanischen Kontinent (MRE 2010; Exman 2013) (Abb. 1). Auch die brasilianische Reisediplomatie unterstrich das gesteigerte Interesse an Afrika: In seinen acht Jahren Amtszeit unternahm Regierungschef Lula zwölf Reisen

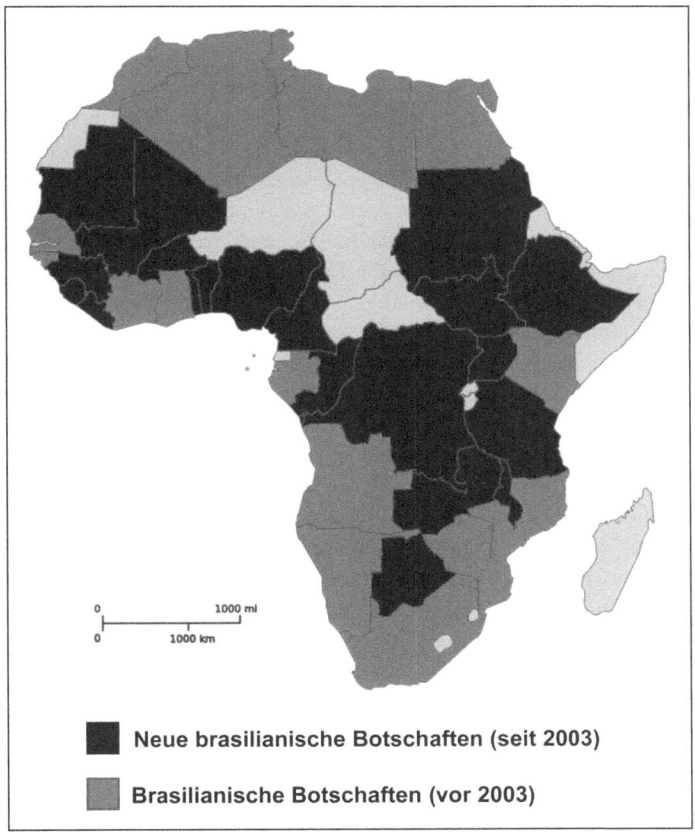

Abb. 1 Brasiliens gewachsene diplomatische Präsenz in Afrika. (Quelle: Eigene Darstellung auf Grundlage von MRE 2010; Exman 2013)

zum Nachbarkontinent und besuchte insgesamt 29 afrikanische Staaten. Dies ist nicht allein vor dem Hintergrund beeindruckend, dass seine Amtsvorgänger Afrika gar nicht oder nur einmalig besucht hatten, sondern ist auch im weltweiten Vergleich bislang unerreicht. Kein nichtafrikanischer Regierungschef hat den Kontinent so oft bereist wie Brasiliens Präsident Lula da Silva. Seine Nachfolgerin Dilma Rousseff machte ihm hierbei zwar keine Konkurrenz, doch auch sie unterstrich Afrikas Bedeutung für Brasilien mit einer Reise im ersten Amtsjahr, obwohl sie das Instrument der Reisediplomatie insgesamt nur äußerst selten nutzte (Macondes 2011).

4 Brasiliens Wirtschaftsbeziehungen mit Afrika

Wie bereits zuvor angedeutet, waren Brasiliens Wirtschaftsbeziehungen zu Afrika zur Zeit des Amtsantritts von Präsident Lula wenig ausgeprägt und die brasilianische Wirtschaft zeigte anfangs nur wenig Interesse daran, diesen Zustand zu ändern. Zu schlecht waren die Erfahrungen gewesen, die brasilianische Wirtschaftsunternehmen in der Vergangenheit in Afrika gesammelt hatten. Zu risikoreich und aufwendig erschien vielen Unternehmern ein wirtschaftliches Engagement auf einem als krisen- und kriegsbehaftet wahrgenommenen Kontinent.

Zudem wiesen Brasiliens damalige Außenwirtschaftsbeziehungen klar in andere Weltregionen: Allein mehr als 20 % des brasilianischen Außenhandels war zur Zeit des Amtsantritts von Präsident Lula 2003 auf die USA konzentriert und als Wirtschaftsraum stellte die EU mit ca. 25 % den wichtigsten Handelspartner dar. Die 54 Staaten Afrikas hingegen machten mit ihrem Handelsvolumen gerade einmal 5 % des brasilianischen Außenhandels aus (MDIC 2015).

Vor diesem Hintergrund verwundert es nicht, dass die brasilianischen Wirtschaftsvertreter der neuen außenpolitischen Priorisierung Afrikas durch die Regierung mit wenig Enthusiasmus entgegensahen. Doch staatliche Förderprogramme, wie etwa vergünstigte Exportkredite der brasilianischen Entwicklungsbank BNDES (Banco Nacional de Desenvolvimento Econômico e Social) oder vom Außenministerium vermittelte Wirtschaftskontakte in afrikanische Staaten, überzeugten die brasilianische Wirtschaft nach und nach ihren Blick stärker Richtung Afrika zu richten.

Dies zeigte sich nicht zuletzt an der Entwicklung des Handelsvolumens, das in den Regierungsjahren von Präsident Lula (2003–2010) von 6,1 Mrd. US$ auf 20,6 Mrd. US$ stieg. In diesem Zeitraum verzeichnete Brasilien sogar das zweitgrößte Handelswachstum mit dem afrikanischen Kontinent nach China. Der Warenaustausch mit den Staaten des Nachbarkontinents intensivierte sich um jährlich durchschnittlich 16 % und erfuhr nur im weltwirtschaftlichen Krisenjahr 2009 einen kurzen Einbruch. In den letzten Jahren ist das Wachstum im Handel mit Afrika jedoch etwas zurückgegangen. Unter der Nachfolgeregierung konnte der Warenaustausch nur noch auf 28,5 Mrd. US$ (2013) gesteigert werden und Brasiliens Handelsdefizit mit Afrika vergrößerte sich. Als Parteigenossin und politische Ziehtochter von Präsident Lula hatte die brasilianische Regierungschefin Dilma Rousseff zwar versprochen den Afrikakurs ihres Vorgängers beizubehalten, doch mit der abnehmenden Wirtschaftsdynamik innerhalb Brasiliens büßte in den letzten Jahren auch das Wachstum des Außenhandels an Kraft ein (MDIC 2015).

In Bezug auf die Zusammensetzung des Warenaustauschs zeigt sich bei den Wirtschaftsbeziehungen zwischen Brasilien und Afrika trotz der Süd-Süd-Ausrichtung ein klassisches Muster, das aus den Nord-Süd-Beziehungen bekannt ist: So importiert Brasilien fast ausschließlich Erdöl und andere Rohstoffe aus Afrika. Doch wenngleich dieses Beziehungsmuster zunächst den Anschein neo-imperialer Ausbeutung erweckt, bei der Afrika als günstiger Rohstofflieferant für die industrielle Entwicklung Brasiliens fungiert, ist das Bild letztlich komplexer als es auf den ersten Blick erscheint. Denn Brasilien ist – ähnlich wie Afrika – selbst ein großer Rohstoffexporteur, dessen Handelsbilanz in starkem Maße von den internationalen Rohstoffpreisen abhängt. Zudem verfügt die südamerikanische Wirtschaftsmacht über eigene Erdölvorkommen vor der brasilianischen Küste (Pré-Sal-Vorkommen), die allerdings aufgrund noch nicht überwundener technischer Herausforderungen sowie hoher Förderkosten derzeit nicht in großem Maßstab gefördert werden. Bis zur kostendeckenden Förderung der eigenen Vorkommen importiert Brasilien daher günstigeres Öl aus dem Ausland.

Entgegen der Annahme, dass Brasilien seine industrielle Entwicklung durch Rohstoffimporte aus afrikanischen Staaten vorantreibe, ist Brasiliens Industriesektor zudem nicht im Wachstum begriffen, sondern schwächelt seit Jahren. Sein Anteil am brasilianischen Bruttoinlandsprodukt (BIP) ging zuletzt kontinuierlich zurück und nährte damit Befürchtungen, dass Brasilien sich in einem Prozess der De-Industrialisierung befinde. Da der Anteil verarbeiteter Produkte bei Brasiliens Exporten nach Afrika überdurchschnittlich hoch lag, verband die brasilianische Regierung mit dem Ausbau der Wirtschaftsbeziehungen zu Afrika die Hoffnung, dass sich dort ein neuer Absatzmarkt für brasilianische Industrieerzeugnisse ergeben könnte. Hierbei sah man eine Nische für „tropikalisierte" Produkte, wie etwa robust verarbeitete Reisebusse für Überlandfahrten bei schlechten Straßenverhältnissen oder speziell auf tropische Landwirtschaft ausgerichtete Agrarmaschinen, die den speziellen Anforderungen der tropischen Abnehmerländer in Afrika besser gerecht würden als die aufwendig verarbeiteten aber technisch sensibleren Geräte aus den Industrieländern. Die Hoffnung auf einen neuen Wachstumsmarkt für brasilianische Produkte in Afrika hat sich jedoch bislang nur begrenzt erfüllt: Neben Herstellern von Autoteilen (Marcopolo, VAG) und Flugzeugen (Embraer) sowie großen brasilianischen Lebensmittelkonzernen (Brasil Foods, Marfig) gibt es bislang nur wenige Industrieunternehmen, die ihre Produkte erfolgreich in afrikanische Staaten exportieren. Im Dienstleistungsbereich sowie im klassischen Primärsektor hingegen konnten brasilianische Konzerne deutlichere Erfolge verzeichnen: Alle größeren Baukonzerne (Odebrecht, Camargo Correa, Andrade Gutierrez) sowie Brasiliens halbstaatlicher Energieriese Petrobras und das Minenunternehmen Vale haben sich erfolgreich in einigen afrikanischen Staaten etablieren können und erwirtschaften nun einen Teil ihrer Einnahmen auf dem Nachbarkontinent. Odebrecht stieg im portugiesischsprachigen Angola sogar zum drittgrößten privatwirtschaftlichen Arbeitgeber des Landes auf (Stolte 2012, 2013).

5 Brasiliens Süd-Süd-Kooperation mit Afrika

Nach allgemeiner Definition fallen sowohl die oben beschriebenen Wirtschaftsbeziehungen als auch der politisch-kulturelle Austausch zwischen Brasilien und Afrika unter den eingangs definierten Begriff der Süd-Süd-Kooperation, da sie grob gesprochen „zwischen Ländern und Regionen des Südens" stattfinden. Doch Brasiliens Beziehungen zu Afrika zeichnen sich durch stark kooperative Elemente aus, die sich von gewöhnlichen Wirtschafts- und Kulturbeziehungen unterscheiden und damit auch die enge Definition von Süd-Süd-Kooperation treffen.

So hat Brasilien seit 2005 zahlreiche Abkommen zur Süd-Süd-Kooperation mit afrikanischen Staaten abgeschlossen und sich zu einem wichtigen „neuen Geber" entwickelt. Interessanterweise liegt der Schwerpunkt der brasilianischen Süd-Süd-Kooperation nicht etwa auf der eigenen Region Südamerika oder dem für Brasilien wirtschaftlich immer wichtiger werdenden Asien sondern in Afrika. Dies zeigt sich sowohl an den für die jeweiligen Regionen bereitgestellten Kooperationsmitteln, als auch an der Anzahl der Projekte und Partnerländer. Besonders beeindruckend ist dabei das Tempo, mit dem Brasilien seine Kooperation mit Afrika ausgebaut hat: Zwischen 2005 und 2010 wurden mit 30 afrikanischen Partnern Abkommen zur Süd-Süd-Kooperation geschlossen. 2012 war die Anzahl der Partnerschaften bereits auf 42 angewachsen (ABC 2012).

In Bezug auf die bereitgestellten Mittel konnte ebenfalls eine deutliche Steigerung in der Amtszeit von Präsident Lula beobachtet werden: Betrug die brasilianische Entwicklungszusammenarbeit mit Afrika 2005 nur eine halbe Millionen US-Dollar, wuchs sie bis 2010 auf rund 20 Mio. US$ an. Zwar ist auch letzterer Betrag im Vergleich zu den Entwicklungshilfeleistungen anderer Geber als sehr gering zu betrachten. Doch die rund 40-fache Steigerung der brasilianischen Süd-Süd-Kooperation während der Lula Administration ist dennoch beachtlich. Zudem ist es Brasilien trotz der recht geringen finanziellen Mittel gelungen, sich als neuer Geber in Afrika zu etablieren und für seine Süd-Süd-Kooperation weltweite Anerkennung zu erhalten (World Bank und IPEA 2011). So lobten internationale Entwicklungsorganisationen wie die Weltbank, das World Food Program oder die Bill & Melinda Gates Stiftung die brasilianischen Ansätze der Entwicklungszusammenarbeit als innovativ und effizient und schlossen Kooperationsabkommen mit Brasilien ab.

Der Fokus der brasilianischen Entwicklungszusammenarbeit liegt auf der Bereitstellung technischer Hilfe in Bereichen, in denen die südamerikanische Macht besondere Entwicklungserfolge vorweisen kann. Als Land, dem es gelungen ist das Millennium-Entwicklungsziel der Halbierung der Armut fast zehn Jahre früher zu erreichen und die extreme Ungleichheit innerhalb einer Dekade signifikant zu reduzieren, verfügt Brasilien über Entwicklungserfahrungen, die für arme Länder von großem Interesse sind. Denn die brasilianischen Programme zur Bekämpfung von Armut und Unterentwicklung haben den Praxistest bereits erfolgreich bestanden. Zudem kann das südamerikanische Land Lösungsansätze in Bereichen vorweisen, die für Entwicklungsländer besonders zentral sind: Schwerpunkte der brasilianischen Süd-Süd-Kooperation sind die Bereiche Landwirtschaft, Sozialpolitik, Gesundheitspolitik (insbesondere AIDS-Politik) und Energiepolitik. Mit den portugiesischsprachigen Ländern teilt Brasilien aufgrund der gemeinsamen Sprache zudem Erfahrungen im Bereich von Bildungsprogrammen und Lehrinhalten.

Konkret orientiert sich die brasilianische Süd-Süd-Kooperation sehr eng an den Programmen und Projekten, die in den letzten Jahrzehnten im eigenen Land umgesetzt wurden. Dabei kommen in der Regel keine klassischen Entwicklungshelfer zum Einsatz, sondern Experten, die bereits innerhalb Brasiliens mit der Umsetzung der Programme befasst waren und diesen Erfahrungsschatz nun Partnerländern im Rahmen von Schulungen und Informationsveranstaltungen zur Verfügung stellen. Häufig werden beispielsweise sogenannte „Study Tours" für interessierte Spezialisten aus den Partnerländern angeboten, bei denen diese sich ein Bild der brasilianischen Programme machen können. Ein anderes Modell besteht in der kurzzeitigen Entsendung brasilianischer Spezialisten in die etwaigen Partnerländer, um die spezifischen Probleme und Bedürfnisse vor Ort in Erfahrung zu bringen. Nur sehr vereinzelt etabliert Brasilien feste Strukturen in Form von Regional- oder Länderbüros, die dann meist einen besonderen Themenschwerpunkt haben (Baumwollforschungszentrum in Mali, experimentelle Reisfarm in Senegal, Gesundheitszentrum in Mosambik).

Obwohl Brasilien mit seinen Projekten zur Süd-Süd-Kooperation wie bereits oben erwähnt in insgesamt 42 Staaten Afrikas aktiv ist, hat in den letzten Jahren vor allem ein Projekt im ostafrikanischen Mosambik Schlagzeilen gemacht: Das Großprojekt PROSAVANNAH, in dessen Rahmen Brasiliens Agrarexpertise auf das durch ähnliche Bodenverhältnisse gekennzeichnete Mosambik übertragen werden sollte, hat bereits vor der praktischen Umsetzungsphase starke Kritik geerntet. Ursprünglich von der mosambikanischen Regierung erbeten, um die extrem ineffiziente Landwirtschaft zu verbessern und langfristig die Agrarimporte des Landes zu reduzieren, hat das Projekt schon in der Studienphase vehementen Protest lokaler Bauerninitiativen ausgelöst. Die mosambikanischen Bauern fürchten einen Ausverkauf des Agrarlandes an ausländische Großkonzerne und stemmen sich mithilfe internationaler (auch brasilianischer) Nichtregierungsorganisationen gegen die Übernahme des agro-industriellen brasilianischen Agrarmodels (Chichava et al. 2014). Zwar hat Brasilien gemeinsam mit der mosambikanischen Regierung bereits angekündigt, die lokalen Bauern zukünftig stärker konsultieren und informieren zu wollen, doch der Protest hat das zuvor recht positive Image Brasiliens als „solidarische Entwicklungsmacht" beschädigt. Die oben beschriebenen Probleme bei der konkreten Umsetzung der brasilianischen Süd-Süd-Kooperation zeigen, dass auch die horizontale Kooperation nicht ohne Fallstricke ist und „neue Geber" wie Brasilien trotz ihrer eigenen Entwicklungserfahrung nicht davor gefeit sind, manchen Fehler der klassischen Nord-Süd-Kooperationen zu wiederholen.

Auch organisatorisch stößt Brasilien bei der Süd-Süd-Kooperation auf Probleme. Denn das südamerikanische Land, das jahrzehntelang ausschließlich als Empfänger von internationaler Entwicklungshilfe fungierte und auch heute noch Mittel aus staatlicher Entwicklungszusammenarbeit (EZ) bezieht, war auf seine Rolle als neuer Geber nicht ausreichend vorbereitet. Die schnelle Steigerung der Projektzahlen und Partnerländer führte letztlich zu einer organisatorischen Überdehnung und Überforderung der Entwicklungsagentur. Die ehemalige Regierungschefin Dilma Rousseff hatte deshalb einen Stopp für neue Projekte verhängt und eine Reduzierung der Anzahl der Partnerländer angekündigt. Rund zehn Jahre nach Beginn der brasilianischen Süd-Süd-Kooperation gibt es zudem noch immer keine rechtliche Grundlage für die Geberaktivitäten des Landes, weshalb der Großteil der brasilianischen Süd-Süd-Kooperation über Organisationen der Vereinten Nationen (VN) abgewickelt wird. Auch der Berufszweig des Entwicklungshelfers existiert bislang nicht in Brasilien. Da die Entwicklungsagentur ABC eine Untereinheit des brasilianischen Außenministeriums ist, wird die brasilianische Süd-Süd-Kooperation fast ausschließlich von Diplomaten organisiert (Fleck 2013; Rossi 2013).

6 Schlussbetrachtungen: Motive und Bilanz der brasilianischen Süd-Süd-Kooperation mit Afrika

Die Tatsache, dass die brasilianische Süd-Süd-Kooperation im Außenministerium konzeptioniert und organisiert wird, lässt bereits Rückschlüsse auf die dahinter stehenden Motive zu. Der ehemalige Außenminister Brasiliens, Celso Amorim, machte daher auch keinen Hehl daraus, dass die Süd-Süd-Kooperation ein Instrument der brasilianischen Außenpolitik ist (Amorim 2006, S. 16). Doch welche Motive verfolgt Brasiliens Außenpolitik damit konkret?

Naheliegend wäre hier zunächst der Schluss, dass Brasilien – ähnlich wie andere aufstrebende Schwellenländer – vor allem Wirtschaftsinteressen in Afrika verfolgt und die Süd-Süd-Kooperation dabei als „Türöffner" für die Eroberung

Brasiliens Süd-Süd-Kooperation mit Afrika 221

der neuen Märkte einsetzt. Doch obwohl die Steigerung der Exporte von industriell verarbeiteten Produkten im Interesse der brasilianischen Regierung liegt und sicherlich als Teilmotiv der brasilianischen Afrikapolitik gesehen werden kann, lässt sich kein sichtbarer Zusammenhang zwischen Brasiliens Süd-Süd-Kooperation und seinen wirtschaftlichen Interessen erkennen. Denn abgesehen von den lusofonen Ländern Angola und Mosambik, die aufgrund ihrer sprachlich-kulturellen Nähe zu Brasilien sowohl Handels- als auch Entwicklungspartner sind, konzentriert sich die brasilianische Süd-Süd-Kooperation mehrheitlich auf wirtschaftlich unbedeutendere Staaten Afrikas anstatt auf die wichtigsten Wirtschaftspartner (Stolte 2015) (Abb. 2).

Zwar strebte die ehemalige Regierungschefin Dilma Rousseff an, den Fokus der brasilianischen Afrikapolitik stärker auf die Wirtschaftsinteressen ihres Landes zu legen, dessen ökonomische Entwicklung zuletzt von einem massiven Einbruch der Wirtschaftsleistung geprägt war. Ihr Vorgänger Lula da Silva jedoch hatte bei seinem Brückenschlag nach Afrika vor allem die außenpolitische Profilierung Brasiliens im Sinn (Stolte 2015). Nicht zufällig verlegte er den Schwerpunkt der brasilianischen Süd-Süd-Kooperation auf den Nachbarkontinent. Denn in Brasiliens eigener Nachbarschaft Südamerika sieht man die Ambitionen des Landes nach einer größeren Rolle in der Weltpolitik mit gemischten Gefühlen

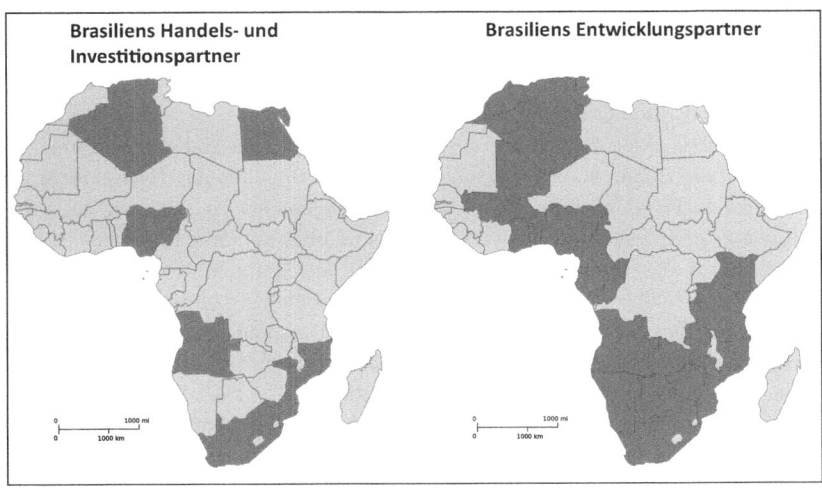

Abb. 2 Brasiliens Wirtschafts- und Entwicklungskooperation mit Afrika im Vergleich. (Quelle: Eigene Darstellung auf Grundlage der Daten von MDIC (2015) und ABC 2012)

und argwöhnt eine zunehmende Dominanz des wirtschaftlich und territorial mächtigsten Staates der Region.

Die Süd-Süd-Kooperation mit Afrika hat zudem den Vorteil, dass sie Brasilien ein außerregionales Forum für seine außenpolitischen Aktivitäten gibt. Denn als Staat, der wie Brasilien für sich beansprucht in weltpolitischen Fragen mitzureden und einen ständigen Sitz im Sicherheitsrat der VN zu erlangen, reicht eine regionale Rolle nicht aus. Um am Tisch mit den Großmächten zu sitzen und über Fragen von Krieg und Frieden zu entscheiden, muss eine Regionalmacht ihren Willen und ihre Kapazitäten zu weltweitem Engagement demonstrieren. Auch in dieser Hinsicht bietet Afrika Brasilien eine ausgezeichnete Bühne, um sich als aufstrebende Macht zu profilieren: Mit seiner Süd-Süd-Kooperation in der Bekämpfung von Hunger, AIDS oder Energieknappheit bedient es nicht nur drängende Bedürfnisse afrikanischer Länder, sondern widmet sich gleichzeitig globalen Problemen, die von einigen Staaten gar als sicherheitspolitische Bedrohung eingestuft werden. Trotz seiner relativ geringen militärischen Macht kann Brasilien auf diese Weise demonstrieren, dass es bereit ist, internationale Verantwortung zu übernehmen und über globale Problemlösungskompetenz verfügt (Stolte 2015).

Nicht zu vergessen ist außerdem, dass Brasilien zur Erlangung seines außenpolitischen Ziels eines ständigen Sitzes im Sicherheitsrat der VN auf die Stimmen der afrikanischen Staaten angewiesen ist. Diese verfügen über ein hohes Stimmengewicht in der Generalversammlung der VN und sind somit zentral für die von Brasilien angestrebte Reform des Sicherheitsrates. Brasiliens Engagement in Afrika trägt vor diesem Hintergrund auch die Züge einer Werbetour, die zum Ziel hat die afrikanischen Staaten davon zu überzeugen, dass das Land einen ständigen Sitz im höchsten Gremium der VN verdient.

Hinsichtlich einer Bewertung der brasilianischen Süd-Süd-Kooperation mit Afrika fällt die Bilanz durchwachsen aus. Zwar hat Brasilien das Teilziel erreicht, sein globales Profil mithilfe seines Afrika-Engagements zu schärfen und sich trotz relativ geringem Mittelaufwand als neuer Geber auf dem Kontinent zu etablieren. Doch das Langzeitziel des ständigen Sitzes im VN-Sicherheitsrat ist letztlich kaum näher gerückt – wenngleich natürlich einschränkend hinzuzufügen ist, dass dies weniger auf die Afrikapolitik Brasiliens als vielmehr auf die Blockadehaltung der ständigen Mitglieder des Sicherheitsrates (USA, Russland, China, Großbritannien, Frankreich) zurückzuführen ist. Doch ob sich der diplomatische Aufwand zur Vertiefung der Beziehungen mit Afrika ausgezahlt hat, wird in Brasilien angesichts der wenig greifbaren Erfolge sowie einer immer schwierigeren Haushaltslage derzeit kritisch diskutiert. Die frühere Präsidentin Dilma Rousseff hatte bereits in ihrer ersten Amtszeit angekündigt, die Süd-Süd-Kooperation neu organisieren und reformieren zu wollen (Fleck 2013). Im Zuge der brasilianischen Wirtschaftskrise seit 2014 und ihrer Amtsenthebung durch den brasilianischen Senat rückt die Partnerschaft mit Afrika jedoch mehr und mehr in den Hintergrund und der Fokus der brasilianischen Außen- und Wirtschaftspolitik liegt nun wieder stärker auf bedeutenderen Wirtschaftspartnern wie China, den USA und der Europäische Union.

Auch wirtschaftlich konnten die Ziele nur teilweise erreicht werden. Zwar haben eine Reihe von brasilianischen Großkonzernen den Sprung nach Afrika geschafft, doch das wirtschaftliche Gewicht des Kontinents für Brasiliens Außenhandel ist nach wie vor relativ gering. Einige Unternehmen, wie etwa Petrobras oder Vale, scheinen zudem bereits wieder im Rückzug begriffen und haben angekündigt sich zukünftig verstärkt auf den brasilianischen Markt konzentrieren zu wollen.

Vor dem Hintergrund dieser Entwicklungen sieht es derzeit ganz danach aus, als würde Brasiliens Afrikapolitik die Luft ausgehen. Wenngleich abzuwarten bleibt, wie sich die Außen- und Wirtschaftspolitik gegenüber dem Nachbarkontinent zukünftig im Detail gestalten wird, ist die Perspektive für den weiteren Ausbau der Beziehungen eher trüb. Nach einem Jahrzehnt der außenpolitischen Priorisierung des Nachbarkontinents und des verstärkten Engagements, scheint die brasilianische Süd-Süd-Kooperation mit Afrika damit ihren Höhepunkt überschritten zu haben.

Basisliteratur

African Development Bank. 2011. Brazil's economic engagement with Africa. *Africa Economic Brief* 2 (5): 1–11. *Überblick der Afrikanischen Entwicklungsbank über Brasiliens ökonomische Aktivitäten in Afrika.*

Alves, Ana Christina. 2013. Brazil in Africa: Achievements and challenges. In *Emerging powers in Africa*, Hrsg. Nicholas Kitchen, 37–44. London: London School of Economics. *Kompakte Zusammenfassung der brasilianischen Afrikapolitik.*

Zilla, Claudia, und Christoph Harig. 2012. *Brasilien als Emerging Donor. Politische Distanz und operative Nähe zu den traditionellen Gebern.* Berlin: Stiftung Wissenschaft und Politik. *Gute deutschsprachige Einführung zu Brasiliens Ansatz der Süd-Süd-Kooperation.*

Webseiten

Internetforum zum Thema Süd-Süd-Kooperation: The South-South Opportunity: http://www.southsouth.info.

Seite des UN Büros für Süd-Süd-Kooperation: United Nations Office for South-South Cooperation: http://ssc.undp.org/content/ssc.html.

Webpage der brasilianischen Entwicklungsagentur ABC (portugiesisch, teilweise auch in englischer Übersetzung): ABC – Agência Brasileira de Cooperação: http://www.abc.gov.br.
Webseite des brasilianischen Wirtschaftsministeriums mit Zugriff auf Außenhandelsstatistiken (portugiesisch): MDIC – Ministério do Desenvolvimento, Indústria e Comércio Exterior: http://www.desenvolvimento.gov.br/sitio/interna/interna.php?area=5&menu=576.

Verwendete Literatur

Agência Brasileira de Cooperação. 2012. *Brazilian Development Cooperation.* Präsentation von Embaixador Fernando José Marroni de Abreu. KAS Cadenabbia (Italien), 12. November.
Amorim, Celso. 2006. A Cooperação como Instrumento da Política Externa Brasileira. *Via ABC-Boletin Electrônico da Âgencia Brasileira de Cooperação,* Juni: 16.
Burges, Sean W. 2012. Developing from the South: South-South cooperation in the global development game. *Austral: Brazilian Journal of Strategy & International Relations* 1 (2): 225–249.
Chichava, Sérgio, Jimena Duran, Lídia Cabral, Alex Shankland, Lila Buckley, Tang Lixia, und Zhang Yue. 2014. *Chinese and Brazilian cooperation with African agriculture: The case of Mozambique.* Future agricultures CBAA working papers 49. Chr. Michelsen Institute, Bergen.
De la Fontaine, Dana. 2013. *Neue Dynamiken in der Süd-Süd-Kooperation. Indien, Brasilien und Südafrika als Emerging Donors.* Wiesbaden: Springer VS.
Exman, Fernando. 2013. Sem Companhia Sul-Americana, Brasil dobra Presença Diplomática na África. *Valor Econômico,* 27. Mai.
Fleck, Isabel. 2013. Governo mudará Agência de Cooperação. *Folha de São Paulo,* 19. Juli.
Macondes, Danilo, und Neto de Souza. 2011. Brazil and Africa. Challenges and opportunities. *Africa Quarterly* 3 (4): 76–86.
Ministério das Relações Exteriores. 2010. *Balança de Política Externa 2003/2010 – Resumo Executivo.* Brasília: MRE.
Ministério do Desenvolvimento, Indústria e Comércio Exterior. 2015. *Balança Comerical Brasileira: Países e Blocos Econômicos.* Brasília: MDIC.
Rossi, Amanda. 2013. Projetos do Brasil ajudam Países Africanos, mas enfrentam Dificuldades. *Estado de São Paulo,* 30. Oktober.
Stolte, Christina. 2012. *Brazil in Africa: Just another BRICS country seeking resources?* Chatham House briefing paper. London: Chatham House.
Stolte, Christina. 2013. Brazil in Africa. *Harvard International Review* 34 (4): 63–67.
Stolte, Christina. 2015. *Brazil's Africa strategy. Role conception and the drive for international status.* New York: Palgrave Macmillan.
Stolte, Christina, und Dana De la Fontaine. 2012. *Neue externe Akteure in Afrika.* GIGA Focus Afrika 7. Hamburg: GIGA.
UNCTAD. 2010. *Economic development in Africa report, 2010. South-South cooperation: Africa and the new Forms of development partnership.* New York: UNCTAD.
World Bank, und IPEA-Instituto de Pesquisa Econômica Aplicada. 2011. Bridging the Atlantic. Brazil and Sub-Saharan Africa. South-South partnering for growth. World Bank/IPEA-Instituto de Pesquisa Econômica Aplicada, Washington/Brasília.

Über die Autorin

Dr. Christina Stolte ist Wissenschaftliche Mitarbeiterin am Lehrstuhl für International Business and Society Relations mit Schwerpunkt Lateinamerika an der Friedrich-Alexander Universität Erlangen-Nürnberg.

Regionalisierung globaler Normen: ‚Human Security' Ansätze von EU und AU

Matthias Dembinski

> **Zusammenfassung**
>
> Der folgende Beitrag beleuchtet das Zusammenspiel zwischen Institutionen und Normen des globalen Regierens und regionalen Sicherheitsorganisationen. Er fragt, unter welchen Bedingungen regionale Sicherheitsorganisationen eher als Bausteine globalen Regierens wirken und wann sie als Barrieren normative Einflüsse der globalen Ebene abwehren? Während etablierte Ansätze diese Frage mit Verweis auf die Übereinstimmung zwischen entstehenden globalen und tradierten regionalen Normen beantworten, arbeitet dieser Beitrag die Bedeutung von regionalen Mitsprachemöglichkeiten bei der Formulierung und Umsetzung globaler Normen heraus. Er illustriert diesen Zusammenhang am Beispiel der europäischen und afrikanischen Reaktionen auf die Internationale Schutzverantwortung (R2P).

1 Einleitung

Die fortschreitende Regionalisierung auch im Feld der Sicherheit wirft eine Kernfrage des globalen Regierens neu auf, die bereits die Delegierten der Gründungskonferenz der Vereinten Nationen (VN) in San Francisco 1944 beschäftigte. Soll es neben den VN als globale normsetzende und -durchsetzende Instanz regionale

---

M. Dembinski (✉)
Hessische Stiftung Friedens- und Konfliktforschung, Frankfurt am Main, Deutschland
E-Mail: dembinski@hsfk.de

Abmachungen oder Einrichtungen geben, die in ihren Regionen Verantwortung für die internationale Sicherheit übernehmen? Und würden starke regionale Organisationen als tragende Elemente der globalen Sicherheitsarchitektur zur effektiveren Friedenssicherung beitragen oder einer Fragmentierung Vorschub leisten und dazu führen, dass die Ziele und Grundsätze der Vereinten Nationen nur noch regional gebrochen durchgesetzt werden? Historisch wurde diese Frage bekanntlich zuungunsten der regionalen Struktur entschieden (Wilcox 1965). Die VN-Charta weist regionalen Abmachungen im Kap. VIII lediglich eine subsidiäre Rolle bei der friedlichen Streitbeilegung (Art. 52) beziehungsweise eine nachgeordnete und unterstützende Funktion bei der Durchführung von Zwangsmaßnahmen (Art. 53) zu.

Mit der seit den 1990er Jahren rasant wachsenden Anzahl und Kompetenz regionaler Sicherheitsorganisationen steht diese Unterordnung wieder zur Diskussion und es stellt sich die Frage, ob dieser Prozess die Chance auf globales Regieren erhöht oder verringert. Stellen regionale Sicherheitsorganisationen Brücken des globalen Regierens dar oder wirken sie eher als Barrieren? Dieser Beitrag konzentriert sich auf einen Ausschnitt dieser Problematik, nämlich die Frage, unter welchen Bedingungen Regionalorganisationen dazu tendieren, globalen Regelwerken in ihren Regionen Geltung zu verschaffen oder globale Regeln an lokale Bedingungen und Interessen anzupassen beziehungsweise ganz abzublocken? Er beleuchtet das Wechselspiel zwischen der Entwicklung globaler Normen und ihrer regionalen Akzeptanz beziehungsweise Ablehnung am Beispiel der Reaktionen der Europäischen Union (EU) und der Afrikanischen Union (AU) auf die Diskussion um eine Schutzverantwortung der Staatengemeinschaft (*Responsibility-to-Protect,* R2P). Die Auswahl der beiden Regionalorganisationen ist nicht zufällig. Sie folgt zum einen der Strategie, auf diesem jungen Feld der vergleichenden Forschung regionaler Sicherheitsorganisationen zunächst explorativ zu prüfen, wie sich vermutete Mechanismen der Normübernahme bei unterschiedlich gelagerten Fällen darstellen. Zum anderen soll mit der EU die Regionalorganisation in den Blick genommen werden, von der und deren Mitgliedern am ehesten ein (militärisches) Eingreifen zugunsten des Menschenrechtsschutzes erwartet wird. Die AU wurde ausgewählt, weil sich weltweit der größere Teil der innerstaatlichen Konflikte, die eine Schutzintervention hätten auslösen können, in Afrika abspielten. Die AU ist auch insofern interessant, als sie die erste und zudem nichtwestliche Regionalorganisation war, die sich noch in der Entstehungsphase der neuen Norm zu ihr bekannte, und damit deren Anspruch auf globale Gültigkeit erst plausibilisierte, dann aber nach dem ersten Anwendungsfall in Libyen 2011 von diesem Konzept abrückte. Die Auflösung dieses Puzzles könnte einen weiteren Baustein zu einer über den Fall hinausgehenden Antwort auf die

Frage liefern, unter welchen Bedingungen Regionalorganisationen die lokale Akzeptanz globaler Normen stärken oder schwächen.

Im ersten Teil beschreibt dieser Beitrag kurz die wachsende Bedeutung regionaler Sicherheitsorganisationen und bettet die Fragestellung theoretisch ein. Im zweiten Teil rekonstruiert er, wie die AU und die EU auf die Herausbildung der R2P als globale Norm reagierten, welche Positionen sie bezogen und was diese Befunde für die theoretischen Modelle aussagen. Abschließend versuche ich einen kurzen praxisorientierten Ausblick auf die Rolle von regionalen Sicherheitsorganisationen im Kontext des Globalen Regierens zu geben.

2 Regionale Sicherheitsorganisationen als Bausteine einer globalen Ordnung: empirische Beobachtungen und theoretische Erwartungen

Die Rede über Machtverschiebungen und den Aufstieg neuer Mächte verstellt den Blick auf einen möglicherweise ebenso strukturbildenden Trend der Weltpolitik: die Regionalisierung der Sicherheitspolitik und die wachsende Bedeutung regionaler Sicherheitsorganisationen (RSO). Dass sich die Welt nach dem Ende des Ost-West-Konflikts auch in ihren sicherheitspolitischen Dimensionen als eine „Welt starker Regionen" (Buzan und Waever 2003, S. 20) oder schlicht als „World of Regions" (Katzenstein 2005) darstellt, diagnostizieren Beobachter seit geraumer Zeit. Dass lokale Staaten ihre Regionen mithilfe regionaler Sicherheitsorganisationen und -institutionen zunehmend selbststeuernd strukturieren, gerät dagegen erst langsam in den Blick. Dabei ist der Trend unübersehbar (Kirchner und Dominguez 2011; Aris und Wenger 2014; Wallensteen und Bjurner 2015). Viele der vormals primär auf die wirtschaftliche, soziale und kulturelle Kooperation ausgerichteten Regionalorganisationen bauen sicherheitspolitische Kompetenzen auf. Andere wie die Union der Südamerikanischen Nationen (UNASUR) werden explizit mit dem Ziel der sicherheitspolitischen Koordinierung geschaffen (vgl. auch den Beitrag von Nolte in diesem Band). Einer neueren Zählung zufolge befassen sich mittlerweile über 30 RSOs mit unterschiedlichen Aspekten der Gewährung von Sicherheit in ihren Regionen. Sie entwickeln wie die ASEAN einen spezifischen Stil der Konfliktvermeidung untereinander, vereinbaren Standards des internen Verhaltens (Beispiele sind etwa die von amerikanischen und afrikanischen Regionalorganisationen kodifizierten Regeln gegen den nichtkonstitutionellen Regierungswechsel), sie organisieren die regionale Konfliktprävention und Friedenssicherung, und sie strukturieren ihr Umfeld, wie etwa die EU mithilfe der Nachbarschaftspolitik oder die ASEAN mit der Externalisierung ihrer internen Regeln der Konfliktvermeidung. Dabei sind regionale Sicherheitsorganisationen zunächst Werkzeuge ihrer Mitgliedstaaten. In dem Maße, in dem sie sich als nützlich erweisen und an Bedeutung gewinnen, können sie dann einen eigenständigen Anreiz zur Befolgung ihre Regeln erzeugen und so die Bandbreite der politischen Optionen ihrer Mitglieder beschränken. Durch diese strukturierende und legitimierende Funktion beeinflussen regionale Sicherheitsorganisationen auch das Verhältnis zwischen der globalen und der lokalen Ebene. Zum einen dienen RSOs gemäß einer Innen-Außen-Logik als Instrumente, um aus der Region heraus Einfluss auf die normative Entwicklung auf globaler Ebene zu nehmen. Zum anderen fungieren RSOs gemäß dieser Außen-Innen-Logik als Filter, der die Akzeptanz globaler normativer Einflüsse auf der lokalen Ebene begünstigen oder behindern kann. In diesem Zusammenhang können sie internationalen Erzwingungsmaßnahmen Legitimität verleihen oder entziehen (Coleman 2007). So wären etwa die Resolutionen des Sicherheitsrats zur Autorisierung von Zwangsmaßnahmen in Libyen (UNSC-Resolution 1973) und der Elfenbeinküste (UNSC-Resolution 1975) ohne Zustimmung der Arabischen Liga beziehungsweise der Westafrikanischen Staatengemeinschaft ECOWAS kaum denkbar gewesen (Bellamy und Williams 2011, S. 847). In diesem Beitrag konzentriere ich mich auf die Filterfunktion.

Die lokale Umsetzung globaler Normen und Regelwerke wird insbesondere von Sozialisations- und Lokalisierungstheorien thematisiert. Daneben beleuchten Gerechtigkeitstheorien interessante Aspekte dieser Prozesse. Frühe Sozialisationstheorien erwarteten, dass Organisationen unter gleichen Umweltbedingungen eine Tendenz zur Angleichung ihrer Grundstrukturen aufweisen. Sie orientierten sich nämlich nicht nur an Effizienzkriterien, sondern ebenso an der Notwendigkeit der Legitimitätsbeschaffung und damit an den Erwartungen ihrer Umgebung (Meyer und Rowan 1991). Unsichere und weniger gefestigte Organisationen übernähmen, so die Vermutung, die Grundstrukturen erfolgreicher und anerkannter Organisationen. Neuere Varianten der Sozialisationstheorie entwickelten zwar differenzierte Bedingungen, die über den Erfolg von Sozialisation entscheiden – insbesondere die Kosten der Übernahme von Normen und anderen Vorgaben sowie das Engagement von Normunternehmern – hielten aber an der Annahme eines hierarchischen Verhältnisses von normativ gesättigter Sozialisationsinstanz und unsicherem, passivem Sozialisationsobjekt fest.

Gegen dieses Bild setzt die insbesondere von Acharya (2004) entwickelte Lokalisierungstheorie die Annahme aktiv und strategisch handelnder lokaler Akteure. Diese würden globale Normen je nach ihrer lokalen Nützlichkeit übernehmen, abblocken oder an lokale Verhältnisse und Traditionen – Acharya spricht in diesem Zusammenhang von „cognitive priors" – anpassen. Beide

Schulen sehen im normativen Gleichklang beziehungsweise dem *fit* zwischen neuen globalen Normen und lokalen politischen Kulturen eine Variable, die über Übernahme, Zurückweisung oder Anpassung (Lokalisierung) entscheidet. Daneben betonen beide das (strategische) Handeln von Akteuren als Normunternehmer. Während Sozialisationstheorien hier zuerst an transnationale NGOs denken, sehen Lokalisierungstheorien eher lokale Eliten am Werk. Diese für das Zusammenspiel von globaler und lokaler (staatlicher) Ebene entwickelte Heuristik lässt sich problemlos auf RSOs übertragen. Hier lautet die Vermutung, dass der *fit* zwischen globalen Normen und regionalen Sicherheitskulturen sowie die von der regionalen Organisation vergebenen Mitsprache- und Einflussmöglichkeiten darüber entscheiden, ob eher mit Normübernahme, Ablehnung oder Anpassung zu rechnen ist. Für alle drei Erwartungen bezüglich der Filter- oder Verstärkerfunktion von RSOs finden sich *prima facie*-Indizien. So weist eine Reihe von Beobachtungen darauf hin, dass RSOs wie etwa die Organisation Islamischer Konferenz (OIC) als Motor der Modernisierung wirken (Hermann 2013). Andere Beobachter sehen zwar ebenfalls Prozesse der institutionellen Angleichung am Werk, erkennen darin aber insofern eine Pathologie, als die Übernahme westlicher Organisationsformen und -prinzipien nicht an Effizienzkriterien orientiert sei (Jetschke und Lenz 2013). Dritte wiederum betonen mit Blick auf Diskussionen wie etwa um die der *Asian Values* in den 1990er Jahren die Blockadefunktion von RSOs. Dagegen rücken Gerechtigkeitstheorien Verteilungsfragen ins Zentrum und setzen mit der Unterscheidung zwischen distributiver und prozeduraler Gerechtigkeit an einer bislang wenig beachteten Unterscheidung zwischen zwei Dimensionen von Normen an, nämlich ihrer regelsetzenden und regelinterpretierenden Dimension (Dembinski und Peters 2014).

3 Die R2P und die Neujustierung des Verhältnisses zwischen Menschenrechten und dem Recht auf Souveränität

Die Geschichte der R2P ist gut dokumentiert und braucht hier nicht rekapituliert zu werden. Es genügt festzuhalten, dass fast 15 Jahre nach Veröffentlichung des einflussreichen Berichts der International Commission on Intervention and State Sovereignty (ICISS 2001) und zehn Jahre nachdem der World Summit der Vereinten Nationen die Schutzverantwortung 2005 bekräftigte, ihr rechtlicher Status, ihre Reichweite und ihre Auslösebedingungen nach wie vor unklar und umstritten sind. Zwei Trends sind festzuhalten. Erstens übernahm der VN-Generalsekretär Ban Ki Moon ab 2008/2009 eine führende Rolle bei der Weiterentwicklung der

R2P und versuchte in seinen jährlichen Berichten, das Prinzip der Souveränität mit dem der Staatenverantwortung für den Menschenrechtsschutz zu harmonisieren (Hofmann 2015).[1] Zweitens steht die Verantwortung des Sicherheitsrats als den Gewalteinsatz autorisierende Instanz nicht mehr infrage. Während die ICISS noch mit der Frage rang, wie die Staatengemeinschaft mit einer Blockade des Sicherheitsrats umgehen solle und dabei zwei Gewalt legitimierende Alternativen ins Spiel brachte – nämlich einen Beschluss der VN-Generalversammlung oder einer Regionalorganisation – bestätigte schon der World Summit die alleinige Verantwortung des Sicherheitsrats. Kurzum ist die konkrete Bedeutung der R2P nach wie vor umstritten und offen für verschiedene Deutungen. Wie sie von den beiden Regionalorganisationen interpretiert wurde, soll im Folgenden behandelt werden.

4 Die Europäische Union und die R2P

Obwohl eine Reihe europäischer Staaten frühzeitig eine prominente Rolle bei der Herausbildung der R2P spielten, bezog die EU erst nach dem World Summit 2005 Position zur Schutzverantwortung. Dabei unterstützte sie eher die präventive Dimension, die zivile Instrumente und die zentrale, Gewalt legitimierende Stellung des Sicherheitsrates betont (Dembinski und Schott 2014, S. 367–370). Angesichts der interventionsfreundlichen Grundpositionen der beiden europäischen Führungsmächte Frankreich und Großbritannien sowie des Entstehungskontexts der Europäischen Sicherheits- und Verteidigungspolitik (ESVP) ist diese Entwicklung keineswegs selbstverständlich. Wie aus theoretischer Perspektive erwartet, spielten dabei als Mechanismen der *fit* mit der europäischen Sicherheitskultur sowie die institutionalisierten Mitsprachemöglichkeiten der kleinen und neutralen Staaten wie etwa Finnlands und der europäischen Bürokratien

---

[1]Den Berichten des Generalsekretärs zufolge umfasst die R2P drei Säulen: die Pflicht jedes Staates, seine Bürger vor schwersten Menschenrechtsverletzungen zu schützen, die Pflicht der Staatengemeinschaft, ihre Mitgliedern dabei zu unterstützen und schließlich die Pflicht der Staatengemeinschaft, gemeinschaftlich auf schwerste Menschenrechtsverletzungen zu reagieren, wenn ein Staat seiner Schutzverantwortung nicht nachkommen kann. Selbst der Bericht zur dritten Säule, den der Generalsekretär unter den Titel „Timely and Decisive Response" stellte, spielt die militärische Reaktion herunter. Er erwähnt in dem 17 Paragrafen langen Abschnitt über „Tools Available for Implementation" nur in einem die nach Kap. VII der VN-Charta einsetzbaren militärischen Instrumente, vgl. A/66/876, 25. Juli 2012.

eine Rolle. So gelang es bereits während der schwedischen EU-Ratspräsidentschaft in der ersten Jahreshälfte 2001, die ursprünglich von Großbritannien und Frankreich vor dem Erfahrungshintergrund der jugoslawischen Zerfallskriege als robuste militärische Interventionsfähigkeit konzipierte ESVP in ein Konzept zur Konfliktprävention umzudeuten, das vor allem auf zivile und zivil-militärische Instrumente setzt. Die europäische Sicherheitsstrategie von 2003 brachte diesen Wandlungsprozess zu einem vorläufigen Abschluss. Sie definierte nämlich als das besondere Alleinstellungsmerkmal der EU die Fähigkeit, das ganze Spektrum konfliktpräventiver Instrumente aus einer Hand anbieten zu können. Damit knüpfte die EU nach dem „Kontinuitätsbruch" der britisch-französischen ESVP-Initiativen wieder an ihr traditionelles Leitbild der multilateral orientierten Zivilmacht an (Menon und Sedelmeier 2010). Mit der Aneignung der R2P passte die EU diese an die traditionelle europäische Sicherheitskultur an. Dabei spielten die europäischen Bürokratien, die ein eigenständiges Interesse am Ausbau der zivilen und zivil-militärischen Instrumente der Konfliktprävention verfolgten, sowie die kleinen und neutralen Staaten, deren Gewicht durch institutionelle Rollen wie die rotierende Präsidentschaft auf europäischer Ebene verstärkt wird, eine wichtige Rolle. Dies bedeutet nicht, dass Meinungsverschiedenheiten zwischen den EU-Mitgliedern über die richtige Antwort auf schwerste Menschenrechtsverletzungen damit ausgeräumt wären, sondern lediglich, dass die R2P auf europäischer Ebene so verankert wurde, dass sich daraus bestenfalls ein schwacher normativer Druck für militärische Schutzeinsätze ableiten ließ. In der Libyenkrise taugte das normative Gerüst zwar dazu, zögernde Mitgliedstaaten auf die Position einzuschwören, das Vorgehen Gaddafis sei strikt zu verurteilen und Sanktionen zu verhängen, nicht aber dazu, Widerstand gegen eine militärische Reaktion zu delegitimieren.

5 Die Afrikanische Union und die R2P

Der *fit* zwischen der neuen Norm und der regionalen Sicherheitskultur sowie dem Engagement normativer Unternehmer spielte auch beim nichtlinearen und in vielfacher Hinsicht überraschenden Prozess der afrikanischen Aneignung der R2P eine entscheidende Rolle. Die afrikanische Sicherheitskultur, hier verstanden als die Summe der prägenden Ideen der postkolonialen Gründungsgeneration afrikanischer Intellektueller und Entscheidungsträger (Mazrui 1967, S. 215; vgl. auch Williams 2007 sowie Mattheis in diesem Band), scheint auf den ersten Blick durch das Spannungsverhältnis zwischen zwei Prinzipien geprägt zu sein: das der Nichteinmischung in die inneren Angelegenheiten eines Staates und das der Verpflichtung, für das Wohlergehen afrikanischer Brüder einzutreten. Beide sind eng mit den Erfahrungen der Kolonisierung und postkolonialer Interventionen verwoben, die als eigentliches Hindernis afrikanischer Entwicklung gelten. Beide dienten folglich dem Ziel afrikanischer Selbstbestimmung beziehungsweise der Abwehr extrakontinentaler Intervention.

Das Nichteinmischungsgebot bezog sich zwar auch auf das Verhältnis der afrikanischen Staaten untereinander und erlangte in der politischen Praxis gerade aufgrund der schwachen Staatlichkeit und der oftmals künstlichen und allein kolonialen Interessen folgenden Grenzziehungen besondere Bedeutung (Williams 2007, S. 265). Dennoch verband sich mit dem Souveränitätsgebot und dem darauf aufruhenden *uti possidetis*-Prinzip ursprünglich ein weiterer Zweck. Aus der Einschätzung, dass „political disorder is the ultimate excuse for external interventions in Africa", folgte zwingend, Konflikte zwischen afrikanischen Staaten zu vermeiden, um so potenzielle Einfallstore für Interventionen extrakontinentaler Mächte zu schließen.

Aus dem Prozess der Dekolonisierung erwuchs auch die Vorstellung des Pan-Afrikanismus und die Idee einer wechselseitigen Solidarität und Verantwortung oder, in der Formulierung des früheren Generalsekretärs der Organisation für Afrikanische Einheit (OAU), Salim Achmed Salim, die Erwartung, dass „every African is his brother's keeper" (zitiert nach Adebajo 2010, S. 417). Daneben bildete der Pan-Afrikanismus die ideologische Basis für afrikanische Integrationsprojekte und Konfliktlösungsmodelle. Auch diese Idee einer *Pax Africana,* also der Vorstellung einer genuin afrikanischen Verantwortung für die Befriedung afrikanischer Konflikte (Adebajo 2010, S. 415), zielte im Kern darauf ab, Interventionen extrakontinentaler Mächte einen Riegel vorzuschieben. Bei näherer Betrachtung dienten die beiden scheinbar widersprüchlichen Elemente der afrikanischen Sicherheitskultur also demselben Zweck, nämlich innerafrikanische Konflikte zu vermeiden oder durch afrikanische Konfliktregelungsmechanismen zu lösen, um so das Risiko von Interventionen extrakontinentaler Mächte zu minimieren.

In der Praxis freilich spielte der Pan-Afrikanismus lange keine Rolle und das Nichteinmischungsgebot diente oftmals mehr oder weniger unverhüllt dem Machterhalt kleptokratischer Potentaten und gerade nicht der Abwehr externer Intervention. Der Schock des Völkermordes in Ruanda führte dazu, dass sich die Gewichte zwischen den beiden Prinzipien verschoben und ihre gemeinsame Wurzel sichtbarer wurde. Der Genozid bestätigte die Unzuverlässigkeit äußerer Akteure und die Notwendigkeit afrikanischer Selbsthilfe und Solidarität. Der Schock diskreditierte die politische Praxis der Nichteinmischung und damit auch die OAU, unter deren Regie die ursprüngliche Bedeutung dieses Prinzips verloren gegangen und an seine Stelle die Tolerierung des Machtmissbrauchs getreten war. Die AU als Nachfolgeorganisation der OAU betonte stattdessen die Prinzipien der Nicht-Indifferenz und der afrikanischen Verantwortung für afrikanische Konflikte. Als erste Regionalorganisation – und noch vor Veröffentlichung des legendären ICISS-Berichts zur R2P – bekannte sie sich darüber hinaus im Abschn. 4(h) zu ihrer konstitutiven Akte zur Schutzverantwortung. Dabei gab die AU das Prinzip der Nichteinmischung nicht auf, sondern formulierte es wieder im Sinne ihres ursprünglichen Zwecks, nämlich der Abwehr extrakontinentaler Einmischung. Die entscheidende Neuformulierung bestand darin, das Recht zur Entscheidung über Interventionen zum Schutz afrikanischer Bürger nicht der VN und extrakontinentalen Akteuren oder einzelnen afrikanischen Staaten einzuräumen, sondern nur der kontinentalen Organisation selbst. Der 2005 in Vorbereitung auf den World Summit von der AU verabschiedete *Ezulwini* Konsens bekräftigte diese Interpretation der Schutzverantwortung. Danach soll die Entscheidung über eine Intervention nicht dem Sicherheitsrat zufallen, sondern der AU. Die Autorisierung durch den Sicherheitsrat sei wünschenswert, könne aber auch nachträglich erfolgen. Zusammenfassend bekannte sich die AU also zu einer Art Tauschgeschäft. Sie akzeptierte einerseits die Schutzverantwortung, wissend dass Afrika aufgrund seiner Konfliktanfälligkeit die Region darstellt, in der Schutzinterventionen am wahrscheinlichsten sind. Sie beharrte andererseits angesichts des kolonialen Erbes und der in der afrikanischen Sicherheitskultur verankerten Gefahr eines Machtmissbrauchs auf der regionalen Kontrolle über die Umsetzung dieser Norm. Missbrauch drohte aus afrikanischer Sicht von zwei Seiten. Einerseits könnten die permanenten Mitglieder des Sicherheitsrats ihr Vetorecht missbrauchen, um dringend gebotene Interventionen zu blockieren. Andererseits könnte im Falle eines Konsenses der Staatengemeinschaft für eine Intervention die Gruppe der ausführenden Staaten ein Mandat missbrauchen, um ihre Interessen, und nicht die des afrikanischen Gemeinwohls zu verfolgen.

Diese Ausrichtung des afrikanischen Verständnisses der Schutzverantwortung an den Traditionen der afrikanischen Sicherheitskultur erfolgte nicht automatisch, sondern wurde in der Auseinandersetzung zwischen souveränitätsorientierten Staaten wie Simbabwe, einerseits, und den eher dem Solidaritätsprinzip verpflichteten Staaten wie Ruanda, andererseits, von Normunternehmern betrieben.[2] Ein Anstoß ging dabei ausgerechnet vom damaligen libyschen Präsidenten Gaddafi aus, der eine starke kontinentale Organisation mit Interventionsrechten forderte,

---

[2]Das Spektrum der afrikanischen Positionen zur R2P reicht von prinzipiellen Gegner wie Simbabwe und vielen der arabischen Staaten Nordafrikas bis zu Befürwortern wie Ruanda, Südafrika und Nigeria, vgl. Williams (2009).

wohl hoffend, so die libysche Praxis der Interventionen in Nachbarstaaten legitimieren zu können. Während der Verhandlungen über die Gründung der AU griffen insbesondere Südafrika und Nigeria diesen Vorstoß auf und deuteten ihn im Sinne der pan-afrikanischen Solidaritätskultur um. Dabei verfolgten auch Südafrika und Nigeria eigene und kontextabhängige Ziele, nämlich ihre demokratische Glaubwürdigkeit und die Afrikas gegenüber dem heimischen Publikum und skeptischen internationalen Beobachtern und Investoren unter Beweis zu stellen (Kwasi Tieku 2004).

Das Bekenntnis der AU zur Schutzverantwortung markiert einen Meilenstein, auch wenn unterschiedliche Ansichten über ihre Interpretation bestehen blieben. Eine Konfliktlinie verläuft zwischen dem Lager der souveränitätsorientierten und dem der solidaritätsorientierten Staaten und betraf die grundsätzliche Anerkennung der R2P. Eine zweite verläuft zwischen Südafrika und Nigeria als den führenden Befürwortern der afrikanischen Schutzverantwortung und betraf die Frage der angemessenen Strategien zu ihrer Umsetzung. Südafrika hatte vor dem Hintergrund seines antiimperialen Befreiungskampfes ein außenpolitisches Konzept entwickelt, das extraterritoriale Interventionen entschieden ablehnte und innerafrikanische Konflikte durch Mediation und Diplomatie zu lösen suchte. Südafrika fühlt sich also eher der Tradition der Nichteinmischung verpflichtet und prägt mit diesem Ansatz die sicherheitspolitische Kultur der subkontinentalen Regionalorganisation SADC. Dagegen repräsentiert Nigeria die zweite Tradition des aktiven Konfliktmanagements. Die unter seiner Führung stehende westafrikanische Regionalorganisation ECOWAS intervenierte militärisch schon in den 1990er Jahren entschlossen und bediente sich notfalls auch der Unterstützung extrakontinentaler Kräfte.

Der innerstaatliche Konflikt in Libyen 2011 wurde nicht nur zum ersten Anwendungsfall der R2P, sondern vielfach zum Test des afrikanischen Bekenntnisses zu dieser Norm stilisiert. Zunächst reagierte die AU in Übereinstimmung mit der Weltgemeinschaft. Am 23. Februar, eine Woche nach dem Beginn der Proteste, die zu diesem Zeitpunkt bereits das Leben von 200 Menschen gefordert hatten, drückte der Friedens- und Sicherheitsrat (PSC) der AU seine Besorgnis über die Lage aus und forderte vom libyschen Regime Respekt für die legitimen Forderungen der Protestierer. In Reaktion auf die sich verschärfende Situation warnte der PSC einerseits vor ausländischer, militärischer Intervention und insistierte andererseits auf Verhandlungen zur Lösung der Krise. Ein *ad hoc* gebildetes hochrangiges Komitee sollte gemäß einer von der AU entwickelten „Roadmap" Verhandlungen zwischen den Konfliktparteien auf den Weg bringen. Eine Woche später stimmte der VN-Sicherheitsrat mit den Stimmen der drei afrikanischen Mitglieder – Gabun, Nigeria und Südafrika – für die VN-Resolution 1973. Dabei gingen die drei afrikanischen Staaten nach eigenem Bekunden davon aus, dass das mit der Resolution beschlossene Maßnahmenpaket dazu dienen werde, die libysche Regierung an den Verhandlungstisch zu bringen. Sie sahen sich in dieser Interpretation durch die Aufnahme des Paragrafen 2 in die Resolution bestätigt, der die Notwendigkeit von Verhandlungen und die besondere Bedeutung der Vermittlungsmission der AU bekräftigte.

Verhandlungen wurden aber zunächst blockiert, weil eine Koalition williger Staaten direkt nach der Abstimmung eine Flugverbotszone verfügte und so eine geplante Vermittlungsreise des hochrangigen Komitees nach Tripolis verhinderte. In der Folge und nachdem sich der Regimewechsel als das Mittel oder sogar das Ziel der Intervention entpuppte, verschärfte sich die Tonlage der afrikanischen Kritik an der Umsetzung der Resolution. Der Vorsitzende der AU, Jean Ping, verurteilte das Vorgehen der Koalition als dem Friedensprozess abträglich und unterstellte ihren Mitgliedern verdeckte machtpolitische Motive (BBC 2011). Der südafrikanische Präsident Zuma und sein Vorgänger Mbeki gingen noch einen Schritt weiter. Zuma kritisierte das Vorgehen der westlichen Staaten als neokoloniale Politik und Mbeki warnte davor, dass mit Libyen ein gefährlicher Präzedenzfall geschaffen wurde und sich nun die Frage stelle, welches afrikanische Land als nächstes an der Reihe sei. Er erinnerte die afrikanischen Staaten an die „responsibility to protect our right to self-determination" und warnte vor der westlichen Ausnutzung des Rechts zum Schutz (Mbeki 2011). In der Folge rückte insbesondere Südafrika aber auch die kontinentale Organisation von der Schutzverantwortung ab.

6 Schlussfolgerungen

In Bezug auf die eingangs gestellte Frage nach den Bedingungen, unter denen Regionalorganisationen globale Normen akzeptieren, ablehnen oder nach ihren Bedürfnissen modifizieren, liefert dieser Beitrag lediglich Bausteine, die sich hoffentlich zukünftig zusammen mit den Ergebnissen weiterer Forschung zu einer Antwort zusammenfügen werden. Erstens bestätigt er die Bedeutung regionaler Sicherheitsorganisationen, die von ihren Mitgliedern als Instrument genutzt werden, um lokale normative Vorstellungen auf die globale Ebene „hochzuladen" und um globale Normen beim „Herunterladen" zu filtern. Er bestätigt weiterhin die Annahme, dass der *fit* zwischen globalen Normen und bestehenden lokalen Ideen eine Rolle spielt beziehungsweise dass RSOs globale Normen an bestehende lokale Verhältnisse anpassen. Dieser Prozess verläuft nicht automatisch oder linear, sondern wird von Normunternehmern beeinflusst. Auch wenn im Fall der EU der *fit* aufgrund ihrer liberalen Sicherheitskultur ohnehin fast perfekt war, sind doch drei Befunde zu notieren: Erstens war die EU weniger als regionaler Normunternehmer auf globaler Ebene tätig, sondern reagierte eher auf globale Entwicklungen. Zweitens eignete sich die EU eine Version der R2P an, die ihrem Leitbild als multilateraler und ziviler Macht entsprach. Diese Interpretation war drittens nicht selbstverständlich, sondern dem Engagement und den institutionell verstärkten Einflussmöglichkeiten der kleinen und neutralen Staaten sowie der europäischen Bürokratien zu verdanken.

Überraschender verlief die Aneignung der R2P durch die AU. Sie korrespondierte mit Elementen der afrikanischen Sicherheitskultur, die durch den Ruanda-Schock freigelegt worden waren und auf die sich Normunternehmer wie Nigeria und Südafrika bezogen. Hierbei stoßen wir erstmals auf deutliche Indizien für Sozialisierung, nämlich auf afrikanische Anstrengungen, einem globalen normativen Erwartungsdruck gerecht zu werden. Der interessantere Befund ist aber auch hier die Anpassung der R2P an lokale Bedürfnisse, insbesondere das Beharren auf Kontrolle durch die AU, womit das in der afrikanischen Wahrnehmung allgegenwärtige Risiko der Fremdbestimmung und des Machtmissbrauchs durch extrakontinentale Akteure minimiert werden sollte.

Wie aber ist die kritische Distanzierung der AU von der Schutzverantwortung nach der Libyenintervention zu interpretieren? Und was bedeutet dieses Ereignis für das Zusammenspiel von RSOs und globalem Regieren? Sozialisationstheorien würden dieses Ergebnis als Ausdruck unvollständiger Sozialisierung deuten, Lokalisierungstheorien als Ausdruck gelungener Lokalisierung. Beide stimmten darin überein, dass die AU zwar über R2P redet, aber in der Substanz darunter etwas ganz anderes versteht als die Mehrheit der westlichen Staaten und die nicht staatlichen Protagonisten der Norm. Aus beiden Blickwinkeln lautet die Lehre folglich, dass eine Stärkung von Regionalorganisationen wahrscheinlich mit einer Fragmentierung des globalen Regierens einhergeht und dass die Antwort der Delegierten von San Francisco richtig war und immer noch ist.

Diese Interpretation der Ereignisse ist allerdings nicht die einzig mögliche und sie ist nicht die, die sich am vollständigsten mit den empirischen Beobachtungen deckt. Zunächst zeigt der Vergleich der europäischen und afrikanischen Aneignung und Interpretation der R2P sowie der Reaktionen auf die Libyenkrise bis zur Umsetzung der Resolution 1973 keine so gewichtigen Unterschiede, was den Schluss nahelegt, die EU meinte es ernst und der AU ginge es nur um Kosmetik. Darüber hinaus lässt sich nicht erst *ex post* mit einiger Berechtigung fragen, ob der afrikanische Ansatz zur Lösung der Krise im Sinne des Schutzes menschlichen Lebens nicht der Bessere war. Vor allem aber weisen die empirischen Befunde darauf hin, dass das eigentliche Problem aus afrikanischer Sicht nicht in der Schutznorm als solcher liegt, sondern in der Lücke zwischen Normgehalt und

Normumsetzung. Eine Norm ist zunächst eine allgemeine Handlungsanweisung, deren konkrete Bedeutung sich erst über die Praxis, also ihre Anwendung, ergibt. Vollständig ist eine Norm erst abgebildet, wenn neben substanziellen Handlungsanweisungen auch prozedurale Regeln kodifiziert sind. Die AU glaubt diese Lücke und das darin steckende Ausbeutungsrisiko durch ihre eigene Regelsetzung und die Bestimmung schließen zu können, indem die AU über die Umsetzung der R2P in Afrika entscheidet. Aus ihrer Perspektive ging es dabei um eine Frage der Gerechtigkeit. Nämlich um das Recht Afrikas auf Selbstbestimmung und konkret um eine gerechte Neuverteilung von Kosten und Nutzen zwischen afrikanischen und globalen Akteuren. Die Wahrnehmung, bei der Umsetzung der R2P in der Libyenkrise hintergangen und ungerecht behandelt worden zu sein, erklärt erst die harsche Kritik, die über den Fall hinausweist und eine regionale Abkehr von der Schutznorm anzukündigen scheint.

Diese Interpretation der Ereignisse legt eine ganz andere Antwort auf die Frage nach dem Verhältnis zwischen regionalen Organisationen und der Chance auf globales Regieren nahe, als sie die Delegierten der Konferenz von San Francisco gaben. Ohnehin erscheint es wenig umstritten, dass sich die Ansichten und Anliegen von Regionalorganisationen immer weniger ignorieren lassen und dass ihre Einbeziehung erhebliche Effizienzgewinne verspricht. Wichtiger ist, dass regionale normative Differenzierungen gar nicht die Substanz der entsprechenden Regelwerke betreffen, sondern deren Anwendung. Die Aufwertung regionaler Organisationen und die Devolution von politischer Macht und Verantwortung würde aus dieser Sicht die Chance auf globales Regieren also nicht gefährden, sondern erhöhen.

Basisliteratur

Dembinski, Matthias, und Dirk Peters. 2014. Institutional justice as a condition for the regional acceptance of global order: The African union and the protection of civilians. Frankfurt: PRIF-Report No. 130. *Dieses Papier entwickelt mit Bezug auf die empirische Gerechtigkeitsforschung die Bedeutung der prozeduralen Dimension der Normdurchsetzung für das Wechselspiel zwischen regionalen Sicherheitsorganisationen und Institutionen des globalen Regierens.* http://www.hsfk.de/Publikationen.9.0.html?&no_cache=1&detail=5079&no_cache=0&cHash=f99b9dad8d.

Wallensteen, Peter, und Anders Bjurner, Hrsg. 2015. *Regional organizations and peacemaking: Challengers to the UN?* New York: Routledge. *Dieser Herausgeberband versammelt unter dem Dach eines konzeptionellen Beitrages zum Zusammenwirken zwischen dem VN-basierten System globaler Friedenssicherung und den Aktivitäten regionaler Sicherheitsorganisationen eine Reihe von Beiträgen zu regionalen Organisationen in Europa, Afrika und dem Nahen Osten.*

Webseiten

Website der Afrikanischen Union: www.au.int.
Website des Global Centre for the Responsibility to Protect: www.globalr2p.org.
Website der International Coalition for the Responsibility to Protect: www.responsibilitytoprotect.org.

Verwendete Literatur

Acharya, Amitav. 2004. How ideas spread: Whose norms matter? Norm localization and institutional change in Asian regionalism. *International Organization* 58 (2): 239–275.
Adebajo, Adekeye. 2010. Pax Nigeriana and the responsibility to protect. *Global Responsibility to Protect* 2 (4): 414–435.
Aris, Stephen, und Andreas Wenger, Hrsg. 2014. *Regional organisations and security: Conceptions and practices.* New York: Routledge.
BBC News. 2011. African Union ignored over Libyan crisis. http://news.bbc.co.uk/2/hi/programmes/hardtalk/9436093.stm. Zugegriffen: 26. Nov. 2014.
Bellamy, Alex J., und Paul D. Williams. 2011. The new politics of protection? Cote d'Ivoire, Libya and the responsibility to protect. *International Affairs* 87 (4): 825–850.
Buzan, Barry, und Ole Wæver. 2003. *Regions and powers: The structure of international security.* Cambridge: Cambridge University Press.
Coleman, Katharina. 2007. *International organizations and peace enforcement: The politics of international legitimacy.* Cambridge: Cambridge University Press.
Dembinski, Matthias, und Dirk Peters. 2014. *Institutional justice as a condition for the regional acceptance of global order. The African Union and the protection of civilians.* PRIF Report Nr. 130. Frankfurt a. M.: Hessische Stiftung Friedens- und Konfliktforschung.
Dembinski, Matthias, und Berenike Schott. 2014. Regional security arrangements as a filter for norm diffusion: The African Union, the European Union and the responsibility to protect. *Cambridge Review of International Affairs* 27 (2): 362–380.
Hermann, Rainer. 2013. Modernisierungsschub: Die „Organisation für Islamische Zusammenarbeit" als Motor für Veränderung. *Frankfurter Allgemeine Zeitung*, 4. Mai.
Hofmann, Gregor P. 2015. *Ten years R2P – What doesn't kill a norm only makes it stronger? Contestation, application and institutionalization of international atrocity prevention and response.* HSFK-Report Nr. 133. Frankfurt a. M.: HSFK.
Jetschke, Anja, und Tobias Lenz. 2013. Does regionalism diffuse? A new research agenda for the study of regional organizations. *Journal of European Public Policy* 20 (4): 626–637.
Katzenstein, Peter J. 2005. *A world of regions: Asia and Europe in the American imperium.* Ithaca: Cornell University Press.
Kirchner, Emil L., und Roberto Domingues, Hrsg. 2011. *The security governance of regional organizations.* London: Routledge.
Mazrui, Ali A. 1967. *Towards a pax Africana. A study of ideology and ambition.* Chicago: University of Chicago Press.
Mbeki, Thabo. 2011. International law and the future of Africa. Address at the AGM of the Law Society of the Northern Provinces, Sun City, 5. November.

Menon, Anand, und Ulrich Sedelmeier. 2010. Instruments and intentionality: Civilian crisis management and enlargement conditionality in EU security policy. *West European Politics* 33 (1): 75–92.

Meyer, John W., und Brian Rowan. 1991. Institutionalized organizations: Formal structure as myth and ceremony. In *The new institutionalism in organizational analysis*, Hrsg. Walter W. Powell und Paul J. DiMaggio, 41–62. Chicago: University of Chicago Press.

Tieku, Kwasi Thomas. 2004. Explaining the clash and accommodation of interests of major actors in the creation of the African Union. *African Affairs* 103 (411): 249–267.

Wallensteen, Peter, und Anders Bjurner, Hrsg. 2015. *Regional organizations and peacemaking. Challengers to the UN?* London: Routledge.

Wilcox, Francis O. 1965. Regionalism and the United Nations. *International Organization* 19 (3): 789–811.

Williams, Paul D. 2007. From non-intervention to non-indifference: The origins and development of the African Union's security culture. *African Affairs* 106 (423): 253–279.

Williams, Paul D. 2009. The 'Responsibility to Protect', norm localization, and African International Society. *Global Responsibility to Protect* 1 (3): 392–416.

Über den Autor

Dr. Matthias Dembinski ist Wissenschaftlicher Mitarbeiter an der Hessischen Stiftung Friedens- und Konfliktforschung in Frankfurt am Main.

Die Kooperation zwischen EU und ASEAN in der Terrorismusbekämpfung

Felix Heiduk

Zusammenfassung

Die Kooperation in der Terrorismusbekämpfung zwischen der Europäischen Union (EU) und Drittstaaten, insbesondere den USA, hat in Politik wie Wissenschaft zunehmend Beachtung gefunden. Anfangs als „Papiertiger" angesehen, hat die EU in den letzten Jahren Anstrengungen unternommen, international stärker zu kooperieren und dabei eigene Normen und Praktiken zu externalisieren. Die Kooperation der EU mit anderen Regionalorganisationen im Bereich Terrorismusbekämpfung hat jedoch bislang kaum Aufmerksamkeit bekommen. Vor diesem Hintergrund untersucht dieser Beitrag die Erfolgsaussichten wie Hindernisse einer Externalisierung von EU-Normen und Praktiken in der Terrorismusbekämpfung nach Südostasien.

1 Einleitung

Terrorismusbekämpfung hat für die EU sowohl mit Bezug auf die EU-interne wie auch die externe Sicherheitsagenda enorm an Bedeutung gewonnen. Sowohl die europäische Sicherheitsstrategie als auch die EU-Strategie für die innere

---

Bei diesem Beitrag handelt es sich in weiten Teilen um eine stark gekürzte und übersetzte Fassung von Heiduk (2014).

F. Heiduk (✉)
Stiftung Wissenschaft und Politik, Berlin, Deutschland
E-Mail: felix.heiduk@swp-berlin.org

Sicherheit benennen den Terrorismus als zentrale Sicherheitsbedrohung der EU. Hierbei ist es insbesondere die transnationale Dimension des sogenannten neuen Terrorismus, der aufseiten der EU zu Bestrebungen geführt hat, die Kooperation mit Drittstaaten sowie Regionalorganisationen zu intensivieren. Terrorismusbekämpfung nimmt daher in den politischen Dialogen der EU mit Ländern wie Russland, Indien oder Pakistan einen Platz ganz oben auf der politischen Agenda ein, und die EU hat zudem eine ganze Reihe von Terrorismusbekämpfungsabkommen in den letzten Jahren geschlossen. Eines der ersten davon 2003 mit der Association of Southeast Asian Nations (ASEAN).

Dass die sicherheitspolitische Zusammenarbeit zwischen der EU und ASEAN bislang weitestgehend unbeachtet geblieben ist, dürfte neben der räumlichen Distanz auch dem Umstand geschuldet worden sein, dass die Selbst- und Fremdwahrnehmung der EU in Asien generell mit „wirtschaftlicher Riese, politischer Zwerg" umrissen werden kann. Die Beziehungen der EU mit Südostasien sind daher fast ausschließlich wirtschaftlicher Natur. Der weitverbreiteten Annahme zum Trotz, dass die EU keinerlei sicherheitspolitische Rolle in Südostasien spiele, wurde durch die Joint Declaration to Combat Terrorism 2003 und eine Reihe von Folgedokumenten Terrorismusbekämpfung zumindest als zentrale strategische Priorität in der Kooperation zwischen den beiden Regionalorganisationen etabliert. Vor diesem Hintergrund fragt dieser Beitrag in einem ersten Schritt, ob im Bereich der Terrorismusbekämpfung über rhetorische Absichtserklärungen auf den häufig als bloße „talk shops" kritisierten diplomatischen Gipfeltreffen hinaus Kooperation(en) stattgefunden haben? Die Analyse bedient sich hierbei einem Raster, welches bereits in den Arbeiten von Rees und Kaunert zur EU-Terrorismuskooperation mit Drittstaaten Anwendung gefunden hat (Rees 2006; Kaunert und Léonard 2011). Dieses Analyseraster ist entlang von fünf für die Kooperation in der Terrorismusbekämpfung zentralen Bereichen strukturiert: polizeiliche Kooperation, rechtliche Kooperation, geheimdienstliche Kooperation, Kooperation in der Migrationskontrolle und dem Grenzmanagement, und Kooperation in der Bekämpfung der Terrorismusfinanzierung. In einen zweiten Schritt fragt der Beitrag, inwiefern es der EU im Rahmen dieser Kooperation gelungen ist, die eigenen Politikpräferenzen und Normen im Bereich Terrorismusbekämpfung nach Südostasien zu externalisieren.

2 EU-Sicherheitsgovernance und Terrorismusbekämpfung

Zugrunde liegen diesem Kapitel dabei theoretische Annahmen, die der Governance-Literatur, insbesondere der Literatur zur Externalisierung von Sicherheitsgovernance durch die EU entstammen. Letzteres wird hierbei als Versuch verstanden „to transfer the EU's rules and policies to third countries and international organizations" (Lavenex und Schimmelfennig 2009, S. 791 sowie Koschut in diesem Band). In der wissenschaftlichen Literatur wird die Fähigkeit der EU ihre Normen und Politikpräferenzen auf andere Akteure zu transferieren traditionell mittels dreier Ansätze erklärt, die jeweils auf andere Erklärungsfaktoren verweisen. Ein erster Ansatz hebt die Bedeutung des Institutionalisierungsgrades innerhalb der EU selbst als zentralen Erklärungsfaktor für die Externalisierung hervor. Je stärker ein bestimmtes Politikfeld innerhalb der EU europäisiert ist, desto breiter und tiefer können die hier vorherrschenden Normen und Politikpräferenzen externalisiert werden (Bures 2006; Monar 2007). Ein zweiter Ansatz betont die Zentralität materieller Machtressourcen der EU für deren Fähigkeit Politikpräferenzen zu externalisieren. Vor allem mit Blick auf EU-Beitrittskandidaten und Nachbarstaaten mit besonderen Beziehungen zur EU wird hierbei argumentiert, dass das asymmetrische Machtverhältnis zwischen diesen Staaten und der EU die Externalisierung ermöglicht (Schimmelfennig und Sedelmeier 2004; Joffé 2008; Wolff 2009). Ein dritter Ansatz erklärt schließlich Externalisierung über den Grad der Ähnlichkeiten zwischen den Strukturen und Praktiken der EU und denen des Drittstaates beziehungsweise des Staatenzusammenschlusses, mit denen die EU kooperiert. Je ähnlicher sich diese sind, desto einfacher ist es für die EU ihre Politikpräferenzen zu externalisieren (Keohane 2008; Shapiro und Byman 2006).

Obwohl alle drei Ansätze unterschiedliche Erklärungsfaktoren betonen, begreifen alle drei Externalisierung als eine vertikal strukturierte, vor allem durch Zwang ausgeübte, Form von Governance. Eine weitere Gruppe von Forschern/innen hat jedoch in den letzten Jahren versucht darzulegen, dass Externalisierung auch nicht zwangsläufig nur über vertikale (hierarchische) Strukturen verlaufen muss. Vielmehr kann Externalisierung auch entlang von horizontal strukturierten (nicht-hierarchischen) Netzwerken erfolgen. Externalisierung findet hierbei nicht über Zwangsmittel, wie zum Beispiel dem *acquis communautaire,* statt, sondern über den Transfer von Ideen, Informationen und *best practices* mittels Instrumenten wie gemeinsamen Trainings, Workshops und anderen Kooperationsforen. Mittels sogenannter „Network Governance" ist es darüber möglich, Ideen, politikrelevantes Wissen und Praktiken in Politikfeldern wie der Terrorismusbekämpfung zu externalisieren, ohne dabei formell in einer hierarchischen Beziehung zu dem betreffenden Drittstaat oder der Regionalorganisation stehen zu müssen (Lavenex und Wichmann 2009; Slaughter 2005). Unter Bezugnahme auf die hier kurz vorgestellten verschiedenen theoretischen Ansätze sollen im folgenden Teil die interregionale Kooperation von EU und ASEAN im Bereich der Terrorismusbekämpfung untersucht werden.

3 Nach Bali: EU-ASEAN Kooperation im Bereich Terrorismusbekämpfung

Wenige Monate nach den Anschlägen von Bali, bei denen fast ein Viertel der über 200 Opfer EU-Bürger/innen waren, wurde eine Joint Declaration to Combat Terrorism von der EU und der ASEAN verabschiedet. Neben der Gefahr von Anschlägen auf Nachtklubs, Hotels oder Botschaften war es zudem die Gefahr eines Terroranschlages in der zwischen Indonesien, Malaysia und Singapur verlaufenden Straße von Malakka als zentrale Seehandelsroute zwischen Europa und Asien, welche die „terroristische Bedrohung" in Südostasien auf die EU-Agenda brachte (Bünte 2009). Die Erklärung etablierte „Terrorismus" als interregionales Sicherheitsproblem und mahnte eine intensivere Kooperation zwischen den beiden Regionalorganisationen an, ohne dabei jedoch in irgendeiner Art und Weise über rechtlich bindende Inhalte zu verfügen (EU 2003). Das im selben Jahr veröffentlichte ASEAN-Strategiepapier der EU benennt ebenfalls den „Kampf gegen den Terrorismus" als strategische Priorität gegenüber Südostasien, ohne jedoch über derartig allgemeine Absichtserklärungen hinaus zu gehen (Europäische Kommission 2003).

Konkrete Kooperationsmaßnahmen wurden zuerst 2007 in der Nürnberger Erklärung festgehalten (Europäische Kommission 2007a). Im Bereich „political and security cooperation" ist unter anderem auch das Politikfeld „counter terrorism cooperation" explizit gelistet. Für den Bereich „political and security cooperation" führt der dem Dokument angehängte Aktionsplan für die Jahre 2007–2012 eine ganze Reihe sicherheitspolitischer „joint actions" auf (Europäische Kommission 2007b; Europäische Kommission 2012). Diese umfassen Expertenworkshops, Besuche von ASEAN-Delegationen bei EU-Institutionen und gemeinsame Seminare zu einer Reihe von Themen wie Geldwäsche, Kleinwaffen oder Landminen. Seminare oder Workshops, die inhaltlich direkt mit dem Feld Terrorismusbekämpfung verbunden sind, finden sich in dem Aktionsplan allerdings nicht. Der 2012 verabschiedete Aktionsplan für die Jahre 2013–2017 sieht allerdings EU-Unterstützung von neu geschaffenen Institutionen in Südostasien wie dem Jakarta Centre for Law Enforcement Cooperation (JCLEC), dem Southeast Asia Regional Centre for Counter-Terrorism (SEARCCT) und der International Law Enforcement Academy vor (Europäische Kommission 2012). Er sieht außerdem die Einrichtung eines ASEAN-EU Comprehensive Border Management Programme zur Verbesserung des Grenzmanagements in der Region vor. Außerdem werden, im Unterschied zum alten Aktionsplan, vage Referenzen hinsichtlich eines Dialogforums zur Terrorismusbekämpfung gemacht: „exploring the establishment of a regular policy dialogue on counter terrorism" (Europäische Kommission 2012, S. 2).

Darüber hinaus verweisen die Strategiedokumente auf etablierte multilaterale Dialogforen auf Ebene der Vereinten Nationen (VN), des Asia-Europe Meeting (ASEM) und des ASEAN Regional Forum (ARF) zur Herstellung engerer Kooperation zwischen der EU und ASEAN. Die zentralen interregionalen Institutionen ARF und ASEM zählen jedoch nicht nur die europäischen und südostasiatischen Staaten zu ihren Mitgliedern, sondern ebenfalls Staaten wie Australien, Indien, China und Japan (ASEM und ARF) und die USA (ARF). Obwohl dies die Möglichkeit zum Abbau von strategischem Misstrauen und dem Aufbau vertrauensbildender Maßnahmen zwischen den Mitgliedern beinhaltet, sind beide Institutionen geprägt von *non-legal* und *non-binding* Formen der Kooperation, äußerst geringer Institutionalisierung und der Abwesenheit formeller Druck- oder Zwangsmittel bei gleichzeitig starker Betonung des *ASEAN-way*. Daher werden beide Foren immer wieder als bloße *talk shops* kritisiert, in denen eine mögliche proaktive Rolle einzelner Mitglieder stark beschränkt ist (Weber 2013). Folglich sehen die strategischen Dokumente keinerlei Möglichkeiten einer vertikalen, hierarchischen Externalisierung der Politikpräferenzen der EU vor. Sie etablieren aber dennoch eine Reihe horizontaler Kooperationsforen für den Transfer von Ideen, *best practices* und, seit 2012, auch für *capacity building*[1]. Diese sollen im folgenden Abschnitt entlang der zu Beginn dargelegten fünf Bereiche (polizeiliche Kooperation, rechtliche Kooperation, geheimdienstliche Kooperation, Kooperation in der Migrationskontrolle und dem Grenzmanagement, und Kooperation in der Bekämpfung der Terrorismusfinanzierung) untersucht werden.

> **ASEAN-way**
> Zu den als *ASEAN-way* bezeichneten Normen der ASEAN zählen: das Nichteinmischungsprinzip in die inneren Angelegenheiten anderer Mitgliedsstaaten, die friedliche Konfliktbeilegung sowie das Konsensprinzip. Diese stehen der Aufgabe nationaler Souveränitätsrechte zugunsten einer Regionalorganisation nach EU-Vorbild im Weg.

---

[1]*Capacity building* bedeutet hierbei den Aufbau von (nachhaltigem) Wissen, Kompetenzen und Strukturen zum Zwecke der effektiven Terrorismusbekämpfung in verschiedenen Bereichen.

3.1 Strafverfolgungsbehörden

Die in den Strategiepapieren angemahnte Kooperation zwischen europäischen und südostasiatischen Strafverfolgungsbehörden beinhaltet zum einen die Kooperation zwischen Institutionen auf regionaler Ebene (Europol und Aseanapol); zum anderen die bilaterale Kooperation zwischen Strafverfolgungsbehörden einzelner EU und ASEAN Mitgliedstaaten. Eine Kooperation mit Aseanapol ist allerdings in kurz- und mittelfristiger Perspektive aufgrund des geringen Institutionalisierungsgrades der Organisation unrealistisch. Aseanapol ist primär ein Diskussionsforum für die Polizeichefs der ASEAN Staaten. Ein formelles Sekretariat wurde erst 2010 in Kuala Lumpur eingerichtet, welches bislang jedoch über kein ausreichendes Budget oder Personal verfügt. Auch verfügt Aseanapol über kein Äquivalent zu Europols Counter Terrorism Task Force (CTTF) (Holmes 2013). Für die Kooperation zwischen der EU und Drittstaaten hat Europol (als mittlerweile eigenständiges Rechtssubjekt, welches zum Abschluss bindender Kooperationsabkommen ermächtigt ist) in den letzten Jahren an Bedeutung gewonnen. Die Abkommen zwischen Europol und Drittstaaten werden von Europol selbst in zwei Kategorien unterteilt: „strategic agreements" und „operational agreements". Erstere sind auf den Austausch nichtpersonenbezogener Daten begrenzt, d. h. es werden primär strategische und technische Daten zwischen Europol und den entsprechenden Institutionen aufseiten der Drittstaaten ausgetauscht. „Operational agreements" hingegen gehen weiter, indem sie die Möglichkeit zum Austausch personenbezogener Daten vorsehen. „Strategic agreements", die keinen Austausch personenbezogener Daten vorsehen, sind daher als Kooperationsmechanismus für Staaten mit lückenhaften Menschenrechts- und/oder Datenschutzbestimmungen charakterisiert worden (de Hert und de Schutter 2009, S. 319). Europol hat bisher neun „strategic agreements" (u. a. mit der Türkei, Russland und der Ukraine) und neun „operational agreements" (u. a. mit den USA, der Schweiz und Australien) abgeschlossen. Mit der ASEAN oder einzelnen ASEAN Mitgliedstaaten liegt bislang kein Abkommen vor. Rechtlich bindende Kooperationsabkommen mit südostasiatischen Strafverfolgungsbehörden existieren somit nicht.

Die EU betreibt allerdings in Jakarta *capacity building* in den Bereichen Strafverfolgung und Terrorismusbekämpfung durch Unterstützung der indonesischen Polizei beim Aufbau des JCLEC, welches Seminare zu organisierter Kriminalität, Geldwäsche und Terrorismusbekämpfung anbietet. Die EU hat hierbei Gelder zur Entwicklung der Lehrpläne, zur Ausbildung von Dozenten und zur regionalen Vernetzung des JCLEC bereitgestellt (Delegation of the European Union to Indonesia, Brunei Darussalam and ASEAN 2011, S. 42). Ähnliche Formen der Kooperation mit anderen ASEAN Mitgliedstaaten, wie beispielsweise Thailand, sind derzeit aufgrund der Verwicklung der nationalen Strafverfolgungsbehörden in

Menschenrechtsverletzungen nicht geplant (EU 2007). Weiterhin haben einzelne EU Mitgliedsstaaten am SEARCCT Seminare im Bereich Terrorismusbekämpfung durchgeführt. Beispielsweise führte Frankreich Seminare am SEARCCT zu den Verbindungen zwischen *cybercrime* und Terrorismus sowie Geldwäsche und Terrorismusfinanzierung durch. Großbritannien führte Seminare zur Luftfahrtsicherheit und Italien Seminare zur Dokumentenfälschung und illegalen Grenzübertritten durch.

3.2 Justiz

Um eine engere gerichtliche Zusammenarbeit innerhalb Europas sowie zwischen der EU und Drittstaaten zu ermöglichen, wurde auf EU-Ebene Eurojust ins Leben gerufen. Der Bericht des EU-Antiterrorismusbeauftragten fordert insbesondere für die Kooperation mit Drittstaaten eine stärkere Rolle von Eurojust ein (Rat der Europäischen Union 2010). Ähnlich wie Europol ist Eurojust ein eigenständiges internationales Rechtssubjekt und kann daher Kooperationsabkommen mit Drittstaaten abschließen. Eurojust hat bislang mit einer Reihe von Staaten, unter anderem den USA, der Schweiz und Norwegen, entsprechende Abkommen abgeschlossen. Derartige Abkommen etablieren vor allem die legalen Rahmenbedingungen für Rechtshilfegesuche und ermöglichen Auslieferungen zwischen der EU und Drittstaaten. In einigen Fällen, wie zum Beispiel mit den USA, beinhalten diese auch die Entsendung von Liaison-Richtern von Drittstaaten nach Eurojust in Den Haag und umgekehrt (Bures 2010). Auf der ASEAN-Ebene fehlt allerdings ein Eurojust-Pendant, sodass zwischen den beiden Regionalorganisationen keine direkte gerichtliche Kooperation besteht. Auch mit einzelnen ASEAN-Mitgliedstaaten sind keine Kooperationsabkommen abgeschlossen worden. Eurojust unterhält lediglich Kontaktbüros in Thailand und Singapur.

Das Haupthindernis hierfür liegt in den unterschiedlichen Rechtsnormen und richterlichen Praktiken zwischen der EU und den ASEAN-Mitgliedstaaten begründet. Erstens erschweren die lückenhaften Datenschutzbestimmungen in Südostasien neben der polizeilichen auch die gerichtliche Kooperation. Die strikten Datenschutzbestimmungen von Eurojust in Bezug auf die Kooperation mit Drittstaaten machen eine direkte Kooperation mit südostasiatischen Staaten, in denen laut Eurojust die lokalen Datenschutzbestimmungen im Vergleich zu denen der EU mangelhaft sind, nahezu unmöglich (Eurojust 2009, S. 10). Zweitens haben eine Reihe von ASEAN-Mitgliedstaaten, unter anderem Malaysia, die VN-Antifolterkonvention bislang nicht unterzeichnet. Ein Beitritt zu eben dieser Konvention ist jedoch Vorbedingung für die Etablierung jedweder Kooperation mit Eurojust. Drittens haben eine Reihe von ASEAN-Staaten nationale Antiterrorismus-Gesetzgebungen erlassen, beispielsweise in Singapur der Internal

Security Act (ISA), welche die unbefristete Internierung von Terrorverdächtigen ermöglichen. Derartige Rechtsnormen sind mit dem *rights-based approach* der EU nicht kompatibel. Viertens sehen, mit Ausnahme der Philippinen und Kambodschas, alle ASEAN Staaten die Todesstrafe für Aktivitäten wie Drogenhandel oder Hochverrat vor. In Indonesien kann die Todesstrafe sogar gegen Terroristen verhängt werden. Auch dies steht den Rechtsnormen der EU diametral gegenüber und macht somit die direkte Kooperation mit ASEAN-Staaten unmöglich (Holmes 2013, S. 156).

3.3 Geheimdienstliche Kooperation

Die geheimdienstliche Kooperation stellt einen zentralen Bereich der Kooperation zwischen der EU und Drittstaaten im Bereich der Terrorismusbekämpfung dar. Vor allem in der Kooperation mit den USA ist ihr eine Schlüsselrolle zugekommen (Aldrich 2009). In den anfangs analysierten Strategiedokumenten wird diese für die Kooperation mit der ASEAN jedoch mit keinem Wort erwähnt. Auch die Aktionspläne beinhalten keinerlei Verweise auf geheimdienstliche Zusammenarbeit. Ebenso finden sich keine Verweise hierauf in den EU-Länderstrategien für die einzelnen ASEAN-Staaten. Allein das 2008 zwischen der EU und Indonesien geschlossene Partnerschaftsabkommen mahnt in sehr unverbindlichen Worten „the exchange of information on terrorist groups and their support networks in accordance with international and national law" an. Ähnlich wie bei der weitgehend ausgebliebenen gerichtlichen Zusammenarbeit dürften auch im geheimdienstlichen Bereich die Gründe in unterschiedlichen Rechtsnormen und Praktiken sowie einem Mangel an institutionellen Foren liegen. Darüber hinaus kann aus dem Verhalten von Staaten wie Indonesien gegenüber anderen westlichen Staaten abgeleitet werden, dass die Gründe auch innerhalb der ASEAN-Staaten selbst zu suchen sind. Hier bestehen innerhalb der Sicherheitsapparate wie der politischen Eliten starke Vorbehalte gegenüber geheimdienstlicher Kooperation aufgrund von Befürchtungen, derartige Kooperation könnten von externen Akteuren für Spionagetätigkeiten benutzt werden und damit die nationale Souveränität und Sicherheit gefährden.[2]

---

[2]Dass derartige Befürchtungen zumindest in Teilen berechtigt sind, verdeutlichte das langjährige Abhören indonesischer Eliten, inklusive des damaligen Präsidenten Susilo Bambang Yudhoyono, durch den australischen Geheimdienst. Nach dessen Bekanntwerden stellte Indonesien jegliche sicherheitspolitische Kooperation mit Australien ein. Ähnliche Vorbehalte bestehen auch gegenüber anderen westlichen Partnern (vgl. Bachelard 2013).

3.4 Grenzmanagement

Im Gegensatz zur geheimdienstlichen Kooperation finden sich eine Reihe von Verweisen auf EU-ASEAN Kooperation im Bereich Grenz- und Transportsicherheit. Beide Aktionspläne betonen die Wichtigkeit von „information sharing, the use of technologies relevant to border management, and document security". Um diese Vorgaben umzusetzen soll bis 2017 ein ASEAN-EU Comprehensive Border Management Programme implementiert werden, welches *capacity building* im Bereich Grenzsicherungstechniken für ASEAN Staaten von Seiten der EU vorsieht (European Commission 2012, S. 3). Ein entsprechendes Pilotprojekt, finanziert von der EU und implementiert von Interpol, wurde zwischen 2009 und 2012 in Vietnam und Kambodscha durchgeführt. Im Rahmen des Projektes wurden 16 entlegene Grenzposten mit modernem Equipment (insbesondere Computern) ausgestattet. Dadurch soll der Zugang zu Interpol-Datenbanken auch in entlegenen Grenzregionen gewährleistet werden, um so die technischen Möglichkeiten für internationale Kooperation herzustellen (Interpol 2012). Weitere Kooperationsprojekte über das relativ kleine Pilotprojekt mit einem Etat von nur 4,7 Mio. EUR sind bislang jedoch nicht implementiert worden.

3.5 Finanzierung

Internationale Kooperation zur Eindämmung der Finanzierung terroristischer Aktivitäten basiert auf den Empfehlungen der Financial Action Task Force (FATF), die ihren Sitz bei der Organisation für wirtschaftliche Zusammenarbeit und Entwicklung (OECD) in Paris hat. Der FATF gehören über regionale Ableger (wie zum Beispiel die Asia-Pacific Group on Money Laundering, der alle 10 ASEAN Staaten angehören) 180 Staaten an. Die Europäische Kommission gehört zu den Gründungsmitgliedern der FATF und organisiert ihre Antiterrorfinanzierungsbemühungen über die FATF. Als formell unabhängiges Expertengremium verabschiedet die FATF Richtlinien. Diese stellen für die Mitgliedstaaten die Grundlagen für nationale Gesetzgebungen gegen Geldwäsche dar. So hat beispielsweise die EU ihre Anti-Money Laundering Directive, die für alle Mitgliedstaaten bindend ist, auf der Basis der FATF Standards formuliert. Daneben evaluiert die FATF auch die nationalen Gesetzgebungen und deren Implementierung durch ihre Mitglieder. Folglich etabliert die FATF nicht nur Richtlinien, sondern versucht diese auch gegenüber den Mitgliedstaaten durchzusetzen.

Die Einhaltung der FATF Richtlinien wird zum einen über die Evaluation der nationalen Gesetzgebungen und deren Implementierung versucht durchzusetzen.

Zum anderen werden so genannte Non-Cooperative Countries and Territories (NCCTs) auf eine „schwarze Liste" gesetzt. NCCTs werden in zwei Kategorien unterschieden: *High risk non-cooperative states,* welche sich weigern die FATF Richtlinien umzusetzen; und solchen Staaten, die mit der FATF kooperieren, aber die entsprechenden FATF-Richtlinien in Bezug auf ihre nationalen Antigeldwäsche- sowie Antiterrorfinanzierungsgesetzgebungen nur unvollständig umgesetzt haben. Während derzeit nur Iran und Nordkorea als *high risk* klassifiziert sind, fallen eine Reihe von ASEAN Staaten in die zweite Kategorie (Indonesien, Thailand, Myanmar und Vietnam). Die Philippinen, Brunei und Kambodscha haben zwar in letzter Zeit laut Evaluation durch die FATF Fortschritte gemacht, haben aber bislang ebenfalls nicht alle FATF-Richtlinien auf nationaler Ebene umgesetzt. Vor diesem Hintergrund erwähnen beide Aktionspläne die Notwendigkeit der Befolgung der FATF-Richtlinien für die Antigeldwäsche- sowie Antiterrorfinanzierungsgesetzgebungen. Entsprechende Aktivitäten der EU umfassten bisher aber lediglich zwei kleine *capacity building*-Projekte auf den Philippinen (EU 2006, S. 21) und Indonesien (EU 2006, S. 9).

4 Fazit

Die Analyse der interregionalen Kooperation zwischen EU und ASEAN im Bereich Terrorismusbekämpfung offenbart vorerst den geringen Umfang und die geringe Tiefe der bestehenden Kooperation zwischen den beiden Regionalorganisationen. Trotz wiederholter Absichtserklärungen besteht die Kooperation zwischen EU und ASEAN bislang lediglich aus einer Reihe von Seminaren und Workshops. Rechtlich bindende Abkommen wurden bislang in keinem der fünf untersuchten Felder abgeschlossen. Die hier dargelegten Befunde legen somit zuerst einmal dar, dass keine vertikal beziehungsweise hierarchisch strukturierten Mechanismen zur Externalisierung von Normen, Politikpräferenzen oder Praktiken der EU auf die ASEAN bestehen. Dies zeigt sich vor allem daran, dass es der EU nicht gelungen ist, den eigenen sogenannten *rights-based approach* in der Terrorismusbekämpfung zu externalisieren. Trotz der häufigen Betonung eben dieses Ansatzes in Brüssel findet sich in der Kooperation mit der ASEAN keine explizite Verbindung der Themen Terrorismusbekämpfung und Menschenrechtsschutz. Vielmehr verweisen die entsprechenden Dokumente auf die Charta der VN sowie die VN-Sicherheitsratsresolution 1373. Insbesondere Letztere nimmt auf Menschenrechte nur äußerst unverbindlich Bezug. Zudem sind alle ASEAN Staaten als VN Mitglieder der entsprechenden Resolution ohnehin verpflichtet.

Dies stellt daher eher den kleinsten gemeinsamen Nenner als einen erfolgreichen *policy transfer* dar.

Einer umfassenderen interregionalen Kooperation im Wege standen zuerst einmal die unterschiedlichen regionalen Integrationsprozesse selbst. Die EU hat sich zu einer supranationalen Organisation entwickelt, die selbst in schwach europäisierten Politikfeldern wie der Terrorismusbekämpfung zumindest eine Koordinierungsfunktion über Institutionen wie Europol oder Eurojust wahrzunehmen vermag. ASEAN hingegen weist einen sehr viel geringeren Integrationsgrad auf. Der sogenannte *ASEAN-way* hat die Herausbildung supranationaler Strukturen bislang weitgehend verhindert beziehungsweise wo diese entstanden sind (z. B. Aseanapol), sind diese wenig mehr als Diskussionsforen ohne eigenes Budget, Personal, Weisungs- oder gar Entscheidungskompetenz. Neben den unterschiedlichen Integrationsgraden zwischen EU und ASEAN haben auch eine Reihe innenpolitischer Faktoren in den ASEAN Staaten selbst eine umfassendere Kooperation verhindert. Dies sind zum einen fehlende Datenschutzbestimmungen, Menschenrechtsverletzungen durch die lokalen Sicherheitskräfte und die Nichtunterzeichnung von Abkommen wie der VN-Antifolterkonvention. Zum anderen stehen die Antiterrorismusgesetzgebungen in einigen ASEAN Staaten im Widerspruch zu universellen Menschenrechten und liberalen Freiheitsrechten. Demnach machen unterschiedliche Rechtsnormen und -praktiken eine direkte Kooperation oft unmöglich. Auch darf nicht unerwähnt bleiben, dass die EU, im Gegensatz zu den USA, auf keine tradierten politischen Beziehungen zu den Staaten Südostasiens zurückgreifen kann. Sie wird nach wie vor als wirtschaftlicher Riese aber politischer Zwerg in der Region wahrgenommen, während andere Akteure wie die USA auf historisch gewachsene Beziehungen zu den politischen Eliten und Sicherheitsapparaten in der Region aufbauen können (Maier-Kapp 2012, S. 39).

Die Untersuchung hat nichtsdestotrotz ebenfalls gezeigt, dass die EU nicht vollends abwesend gewesen ist. Obwohl die Rolle der EU in der Terrorismusbekämpfung in Südostasien im Verhältnis zu der Bedeutung anderer Akteure sehr gering ist, ist es in den letzten Jahren dennoch zu einer Reihe von Kooperationen gekommen, die als frühe Formen interregionaler Netzwerk-Governance gedeutet werden können. Zwar ist das in den Strategiedokumenten erwähnte EU-ASEAN Dialogforum zur Terrorismusbekämpfung bislang nicht eingerichtet worden, aber Seminare und Workshops sowie *capacity building* für Organisationen auf regionaler Ebene wie SEARCCT und JCLEC wurden insbesondere im Feld der polizeilichen Zusammenarbeit etabliert. Während diese keinen direkten Transfer der Normen, Politiken und Praktiken der EU in der Terrorismusbekämpfung ermöglichen, so erlauben sie der EU beziehungsweise ihren Mitgliedstaaten doch zumindest den Transfer von Ideen und *best practices* aufgrund der eigenen spezifischen Fähigkeiten und Erfahrungen nach Südostasien.

Basisliteratur

Christiansen, Thomas, Emil Kirchner, und Philomena B. Murray, Hrsg. 2013. *The Palgrave handbook of EU-Asia relations*. Basingstoke: Palgrave Macmillan. *Dieser Sammelband behandelt sowohl theoretisch-konzeptionelle wie auch empirische Aspekte der Beziehungen zwischen der EU und Asien. In fast 40 Kapiteln werden nicht nur diplomatische Themen abgedeckt, sondern ebenso Fragen ökonomischer und sicherheitspolitischer Natur und bietet daher für Studierende eine umfassende Einführung in die Thematik.*
Novotny, Daniel, und Clara Portela. Hrsg. 2012. *EU-ASEAN relations in the 21st century. Strategic partnership in the making.* Basingstoke: Palgrave Macmillan. *Die Beziehungen zwischen EU und ASEAN stehen im Mittelpunkt dieses Buches. Dabei werden insbesondere die Rolle der EU in Südostasien und der mögliche Transfer von Normen, Ideen und politischer Praxis von Europa in die Region untersucht.*

Webseiten

Überblickseite zum Kampf der EU gegen den Terrorismus: http://www.consilium.europa.eu/en/policies/fight-against-terrorism.
Website der ASEAN Counter Terrorism Convention: http://www.asean.org/?static_post=asean-convention-on-counter-terrorism.
Website des EU Koordinators für die Terrorismusbekämpfung: http://www.consilium.europa.eu/de/policies/fight-against-terrorism/counter-terrorism-coordinator.
Website von Aseanapol: http://www.aseanapol.org.
Website von Europol: https://www.europol.europa.eu.

Verwendete Literatur

Aldrich, Richard J. 2009. US-European intelligence co-operation on counter-terrorism: Low politics and compulsion. *British Journal of Politics & International Relations* 11 (1): 122–139.
Bachelard, Michael. 2013. Indonesian president SBY orders end to co-operation over people smuggling. *Sydney Morning Herald,* 20. November. http://www.smh.com.au/federal-politics/political-news/indonesian-president-sby-orders-end-to-cooperation-over-people-smuggling-20131120-2xvit.html#ixzz3J27jCQ7l.
Bünte, Marco. 2009. Piraterie in Südostasien – Neuere Entwicklungen und Perspektiven. *Journal of Current Southeast Asian Affairs* 28 (2): 87–99.

Bures, Oldrich. 2006. EU counterterrorism policy: A paper tiger? *Terrorism and Political Violence* 18 (1): 57–78.
Bures, Oldrich. 2010. Eurojust's fledgling counterterrorism role. *Journal of Contemporary European Research* 6 (2): 236–256.
De Hert, Paul, und Bart De Schutter. 2009. International transfers of data in the field of JHA: The lessons of Europol, PNR and Swift. In *Justice, liberty, security: New challenges for EU external relations*, Hrsg. Bernd Martenczuk und Servaas Van Thiel, 299–335. Brüssel: VUB Press.
Delegation of the European Union to Indonesia, Brunei Darussalam and ASEAN. 2011. Blue book 2012: EU-Indonesia development cooperation 2010/2011. Jakarta.
Eurojust. 2009. Eurojust annual report 2009. Den Haag.
Europäische Kommission. 2003. A new partnership with Southeast Asia. COM (2003) 399/4. Brüssel.
Europäische Kommission. 2007a. Nuremberg declaration on an EU-ASEAN enhanced partnership. Nürnberg.
Europäische Kommission. 2007b. Plan of action to implement the Nuremberg declaration on an EU-ASEAN enhanced partnership. Nürnberg. http://eeas.europa.eu/asean/docs/action_plan07.pdf.
Europäische Kommission. 2012. Bandar Seri Begawan plan of action to strengthen the ASEAN-EU enhanced partnership (2013–2017). Bandar Seri Begawan. http://www.consilium.europa.eu/uedocs/cms_Data/docs/pressdata/EN/foraff/129884.pdf.
Europäische Union. 2003. Joint declaration on co-operation to combat terrorism. 5811/03. Brüssel.
Europäische Union. 2006. The EC-Philippines strategy paper 2007–2013. http://www.eeas.europa.eu/philippines/csp/07_13_en.pdf.
Europäische Union. 2007. Thailand-European community strategy paper for the period 2007–2013. Brüssel.
Heiduk, Felix. 2014. In it together yet worlds apart? EU-ASEAN counter-terrorism cooperation after the Bali bombings. *Journal of European Integration* 36 (7): 697–713.
Holmes, Leslie. 2013. Dealing with terrorism, corruption and organised crime: The EU and Asia. In *The Palgrave handbook of EU-Asia relations*, Hrsg. Thomas Christiansen, Emil Kirchner, und Philomena B. Murray, 143–164. Basingstoke: Palgrave Macmillan.
Interpol. 2012. EU-funded programme sees Interpol global tools reach frontline officers across ASEAN region. http://www.interpol.int/News-and-media/News-media-releases/2012/N20120619.
Joffé, George. 2008. The European Union, democracy and counter-terrorism in the Maghreb. *Journal of Common Market Studies* 46 (1): 147–171.
Kaunert, Christian, und Sarah Léonard. 2011. EU counterterrorism and the European neighbourhood policy: An appraisal of the southern dimension. *Terrorism and Political Violence* 23 (2): 286–309.
Keohane, Daniel. 2008. The absent friend: EU foreign policy and counter-terrorism. *Journal of Common Market Studies* 46 (1): 125–146.
Lavenex, Sandra, und Frank Schimmelfennig. 2009. EU rules beyond EU borders: Theorizing external governance in European politics. *Journal of European Public Policy* 16 (6): 791–812.

Lavenex, Sandra, und Nicole Wichmann. 2009. The external governance of EU internal security. *Journal of European Integration* 31 (1): 83–102.

Maier-Kapp, Naila. 2012. The EU and non-traditional security in Southeast Asia. In *EU-ASEAN relations in the 21st century: Towards a stronger partnership in the making*, Hrsg. Daniel Novotny und Clara Portela, 26–44. Basingstoke: Palgrave Macmillan.

Monar, Jörg. 2007. Common threat and common response? The European Union's counter-terrorism strategy and its problems. *Government and Opposition* 42 (3): 292–313.

Rat der Europäischen Union. 2010. Judicial dimension of the fight against terrorism. Recommendations for action. 13318/1/10. Brüssel.

Rees, Wyn. 2006. *Transatlantic security cooperation: Counter terrorism in the twenty-first century*. London: Routledge.

Schimmelfennig, Frank, und Ulrich Sedelmeier. 2004. Governance by conditionality: EU rule transfer to the candidate countries of Central and Eastern Europe. *Journal of European Public Policy* 11 (4): 661–679.

Shapiro, Jeremy, und Daniel Byman. 2006. Bridging the transatlantic counterterrorism gap. *Washington Quarterly* 29 (4): 33–50.

Slaughter, Anne-Marie. 2005. *A new world order*. Princeton: Princeton University Press.

Weber, Katja. 2013. The ASEAN regional forum and the EU's role in promoting security in the Asia-Pacific. In *The Palgrave handbook of EU-Asia relations*, Hrsg. Thomas Christiansen, Emil Kirchner und Philomena B. Murray, 344–358. Basingstoke: Palgrave Macmillan.

Wolff, Sarah. 2009. The Mediterranean dimension of EU counter-terrorism. *Journal of European Integration* 31 (1): 137–156.

Über den Autor

Dr. Felix Heiduk ist Wissenschaftlicher Mitarbeiter in der Forschungsgruppe Asien an der Stiftung Wissenschaft und Politik in Berlin.

Energie- und Umweltgovernance in der Arktis

Arne Riedel

Zusammenfassung

Die Arktisregion ist aus zwei Gründen ein herausragendes Beispiel für interregionale Governance-Strukturen: Zum Ersten umfasst sie geografisch sehr unterschiedliche natürliche Lebensräume. Zum Zweiten ist sie als „internationale" Region, die drei Kontinente umspannt, von einem Geflecht von nationalen, regionalen und internationalen Institutionen und Normen durchdrungen. Der globale Klimawandel verändert zunehmend die Umweltbedingungen in der Arktis und eröffnet in Verbindung mit der Weiterentwicklung technischer Möglichkeiten neue Potenziale für menschliche Aktivitäten. Der weltweit steigende Energie- und Rohstoffbedarf führt dabei zu einem besonderen ökonomischen Interesse an der historisch unzugänglichen Region. Die Erkundung und Nutzung von Ressourcen können erhebliche Risiken für bestehende Ökosysteme bergen. Zudem wirken Aktivitäten außerhalb der Arktis auf die Region ein: Luft- und Meeresströmungen verknüpfen den regionalen Naturraum mit den weltweiten Emissionen von Schadstoffen. Die Erwärmung der Atmosphäre und der Ozeane durch steigende Treibhausgasemissionen wirkt sich in der Arktis sogar noch stärker aus als in niedrigeren Breiten. Allen technischen Fortschritten zum Trotz sind große Teile dieser Region weiterhin nur saisonal beschränkt zugänglich. Diese Hürde für menschliche Aktivitäten in der Arktis hat unter vielen Aspekten zu einer Zusammenarbeit der relevanten Akteure

---

A. Riedel (✉)
Ecologic Institut gemeinnützige GmbH, Berlin, Deutschland
E-Mail: arne.riedel@ecologic.eu

geführt. Insbesondere Entwicklungen im Bereich der wirtschaftlichen Nutzung zeigen einen regen Austausch und führen häufig über nationale Regelungen hinaus zu regionalen und internationalen Kooperationen.

1 Einleitung und Einordnung des Arktischen Raums

Wenn von der „Arktis" gesprochen wird, kann dies schnell zu der Vorstellung eines einheitlichen Naturraums führen, der sich im Wesentlichen durch die Abwesenheit von menschlichen Einflüssen auszeichnet. Beide Aspekte – Uniformität und Unberührtheit – sind jedoch bereits seit langem widerlegt beziehungsweise verschwunden.

Zur Grenzziehung des Arktischen Raums wird häufig vereinfachend der arktische Polarkreis herangezogen (vgl. Abb. 1). Nach anderen Definitionen, zum Beispiel über die Durchschnittstemperatur im Sommer oder die Baumgrenze, wird die Region weiter gefasst. Sie schließt neben dem Arktischen Ozean und den angrenzenden Meeren auch erhebliche Landflächen und den Lebensraum von ca. 4 Mio. Menschen ein.[1]

Obwohl sich die Besiedlung nördlicher Breiten bis in früheste Menschheitsalter zurückdatieren lässt, wurden Teile der Arktis bis ins frühe 20. Jahrhundert oft als *terra nullius* – ein Niemandsland – angesehen. Entsprechend herrschten Expeditionen zur Erkundung, Erforschung und Kartierung vor. Im frühen 20. Jahrhundert gab es erste entscheidende Weiterentwicklungen: Der noch immer gültige, multilaterale Spitzbergenvertrag von 1920 regelte früh die Erfordernisse der Nutzung lokaler Ressourcen durch mehrere Staaten. Der Vertrag erwähnt auch bereits wissenschaftliche Kooperation.[2] In der zweiten Hälfte des 20. Jahrhunderts wurde die Arktis jedoch Grenzregion zwischen den Blöcken des Kalten Krieges und allenfalls für nationale Interessen genutzt. Entlang der russischen Küstenlinie

---

[1]Zu den geografischen Grenzen, vgl. AMAP 1998, S. 13 ff. Für die Definition des Arctic Human Development Reports (AHDR) und die Verteilung der Bevölkerung, vgl. Arctic Social Indicators (ASI) 2010, S. 13 f.
[2]Vertrag über Spitzbergen vom 9. Februar 1920, RGBl. 1925 II, 763, Bekanntgabe über Wiederanwendung BGBl. 1953 II, 117. Vgl. Art. 2 des Vertrags für die Rechte zur wirtschaftlichen Nutzung sowie Art. 5, Abs. 2 des Vertrags über mögliche wissenschaftliche Untersuchungen.

Energie- und Umweltgovernance in der Arktis

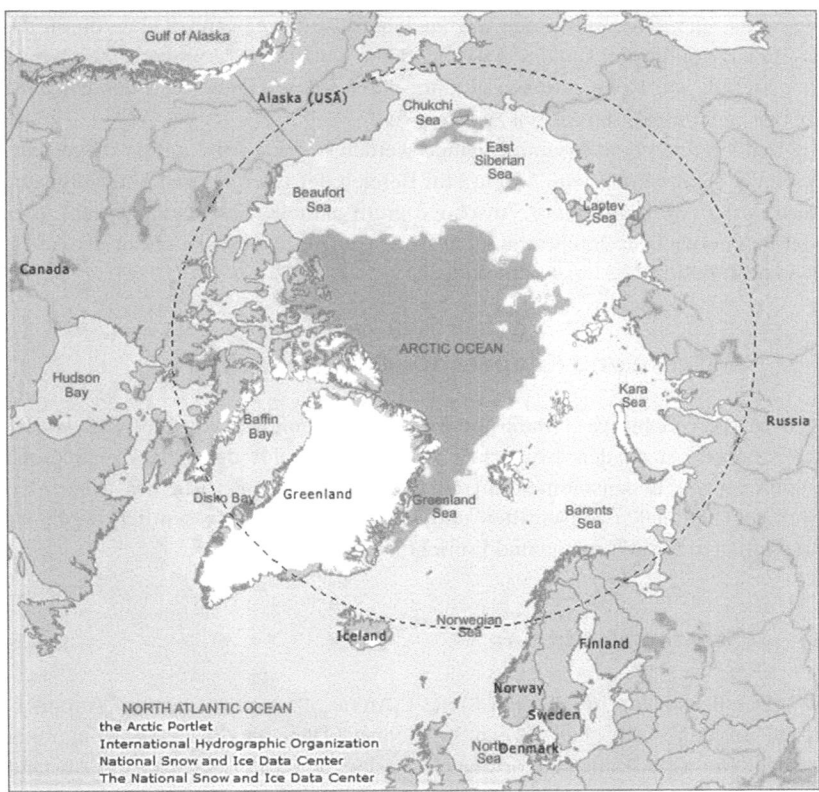

Abb. 1 Der Arktische Ozean und die acht arktischen Staaten (dunkel hervorgehoben ist die minimale Meereisausdehnung vom 16.09.2012). (Quelle: Darstellung durch www. arcticportal.org mit Daten der International Hydrographic Organization und dem National Snow and Ice Data Center)

entstanden industrielle Häfen und Ansiedlungen, in denen bis heute der größte Teil der Bevölkerung in der Region lebt.

Mit dem Ende des Kalten Krieges entstanden neue Kooperationen, vor allem im wissenschaftlichen Bereich, die auch der Diskussion von Arktisthemen erheblichen Vorschub leisteten.[3] Mit der Entdeckung der Arktis als rohstoffreiche

---

[3]Vgl. hierzu das International Arctic Science Committee (IASC), online unter www.iasc. info/home/iasc/history.

Region hat sich das Bild in den letzten Jahren weiter gewandelt: Die durch die Eisschmelze potenziell stärkere wirtschaftliche Nutzung in absehbarer Zeit hat zu einer Vielfalt von Kooperationen geführt, die vor dem Hintergrund des Umweltschutzes nicht immer unkritisch zu sehen sind.

Die übergreifenden Zusammenhänge werden in zwei Abschnitten dargestellt: Abschn. 2 stellt wesentliche Akteure im Bereich der Energie- und Umweltgovernance in der Arktisregion vor. Abschn. 3 greift aktuelle Entwicklungen auf, darunter neu entwickelte Rechtsregeln, das Engagement neuer Akteure in der Arktis sowie neue politische Herausforderungen.

2 Akteure und Kooperationen in der Arktis

Nach heutiger Gebietsverteilung grenzen die Küstenlinien von fünf Staaten auf drei Kontinenten an den Arktischen Ozean. Dies führt dazu, dass eine große Bandbreite von Lebensräumen auf ein Regelungsgeflecht trifft, das neben den jeweiligen nationalen Vorschriften und Institutionen auch wesentlich durch bi- und multilaterale Abkommen und Einrichtungen geprägt wird.

2.1 Staaten als Akteure

Als arktische Staaten im engeren Sinne („Arctic 5") werden die fünf Anrainerstaaten an den Arktischen Ozean bezeichnet: Dänemark (dessen Königreich Grönland umfasst), Kanada, Norwegen, Russland und die USA. Der mit Abstand größte Teil der arktischen Küstenlinie gehört zu russischem Territorium gefolgt von Kanada. Drei weitere Staaten, die in (sub-)arktischen Breitengraden angesiedelt sind, werden zu den arktischen Staaten im weiteren Sinne („Arctic 8") gezählt: Finnland, Island und Schweden.

Alle arktischen Staaten haben nationale Regulierungen erlassen, die sich mit den besonderen Gegebenheiten in der Arktis befassen. Um seine strikteren Vorschriften zur „Verhütung, Verringerung und Überwachung der Meeresverschmutzung durch Schiffe" für eisbedeckte Gebiete beibehalten zu können (Molenaar 2014, S. 137), setzte sich Kanada sogar dafür ein, eine Vorschrift für eisbedeckte Gebiete (Art. 234 SRÜ) in das internationale Seerechtsübereinkommen (SRÜ) aufzunehmen.

Mit Dänemark, Finnland und Schweden sind drei Mitgliedstaaten der Europäischen Union (EU) und mit Norwegen und Island zwei Mitgliedstaaten des Europäischen Wirtschaftsraums (EWR) als Mitgliedstaaten im Arktischen Rat vertreten.

Die EU sieht sich – auch aufgrund dieser engen wirtschaftlichen Verflechtung – als übergreifender Akteur in der Arktis und hat eine eigene Arktisstrategie.[4]

2.2 Regionale Kooperation

Mit der Öffnung der Sowjetunion zeichnete sich eine erste Kooperation in Umweltfragen ab: Im Juni 1991 wurde von den „Arctic 8" eine Strategie zum Umweltschutz (Arctic Environmental Protection Strategy, AEPS) ins Leben gerufen, die den Informationsaustausch und die Zusammenarbeit in Notfällen fördern sollte. Zur Umsetzung der Kooperation wurde das Arctic Marine Assessment Programme (AMAP) geschaffen und 1993 in eine Arbeitsgruppe umgewandelt (Koivurova und Hasanat 2009, S. 59). Der Erfolg dieses Ansatzes wurde auf weitere wissenschaftliche Bereiche ausgeweitet und mündete schließlich in die Gründung des Arktischen Rates im Jahr 1996 (Arctic Council 1996). Dieses Forum umfasst auch relevante indigene Gruppen als „Ständige Vertreter" *(permanent participants)* – eine Besonderheit.

Die sechs Arbeitsgruppen des Arktischen Rates haben seither eine Vielzahl von Berichten zu den Auswirkungen des Klimawandels auf die Arktis, zum Zustand des Arktischen Ozeans, der Arktischen Biodiversität, zum Schadstoffeintrag in der Region und spezifischen Stoffen hervorgebracht.[5] Die Führung jedes Arbeitsgruppenprojekts obliegt einem oder mehreren Staaten der „Arctic 8". Dadurch haben diese Gelegenheit, Prioritäten ihrer nationalen Forschungsansätze in diesem Gremium umzusetzen.

Die Arbeitsgruppen berichten über den Stand ihrer Ausarbeitungen und Empfehlungen den Senior Arctic Officials (SAOs), die seitens der Mitgliedstaaten benannt werden. Die Einrichtung von *task forces* erlaubt, Themen auch arbeitsgruppenübergreifend zu bearbeiten. Auf den Ministertreffen der Mitgliedstaaten werden alle zwei Jahre Berichte angenommen, neue Arbeitsaufträge verteilt und der Vorsitz des Rates nach dem Rotationsprinzip übergeben: Nach den USA (2015–2017) hat Finnland (2017–2019) den Vorsitz inne.[6]

---

[4]Siehe die gemeinsame Kommunikation der EU Kommission und der Hohen Vertreterin der EU für Außen- und Sicherheitspolitik, JOIN(2016) 21 final, 27. April 2016, https://eeas.europa.eu/topics/eu-arctic-policy/3500/eu-launches-a-new-integrated-policy-for-the-arctic_en.
[5]Zu den Arbeitsgruppen, vgl. http://www.arctic-council.org/index.php/en/about-us/working-groups.
[6]Für Anhaltspunkte der Agenda für den Vorsitz und die US-amerikanische Arktisstrategie, vgl. USCG Arctic Strategy 2013, S. 9 ff. und 22 ff.

Im Bereich der Ressourcenförderung beziehungsweise -nutzung decken auch andere Institutionen einen Teil der Arktis ab und haben sektorale Regelungen geschaffen. Das OSPAR-Übereinkommen ist ein Beispiel für eine Schnittstelle zwischen Energie- und Umweltgovernance. Sein Schwerpunkt liegt auf der Vermeidung von Meeresverschmutzung, es hat durch seine Vorgaben aber auch Auswirkungen auf die Öl- und Gasförderung in seinem Geltungsbereich. Die geografische Abdeckung umfasst mit dem Nordostatlantik aber nur einen vergleichsweise kleinen Teil der arktischen Gewässer. Als Exekutivorgan handelt die OSPAR-Kommission durch rechtsverbindliche Entscheidungen und nichtverbindliche Empfehlungen. Neben den europäischen arktischen Staaten und mehreren Beobachterstaaten des Arktischen Rates (einschließlich Deutschland) umfasst die Kommission auch Vertreter der EU-Kommission.[7] Die OSPAR-Kommission hat entsprechend ihrer Strategie zum Umgang mit der *Offshore*-Industrie für die Öl- und Gasförderung zum Beispiel den Einsatz bestimmter Chemikalien bei der Förderung oder die Einleitung von Öl und Öl-ähnlichen Substanzen begrenzt. Sie hat zudem ein themenübergreifendes gemeinsames *Monitoring*-Programm mit Berichtspflichten für die Mitglieder geschaffen.[8]

Fischbestände und ihre Bewirtschaftung reguliert das OSPAR-Übereinkommen explizit nicht. In diesem Bereich treten andere Akteure auf, die langjährige Kooperationen etabliert haben.[9] Die Nordostatlantische Fischereikommission (NEAFC) wurde bereits 1953 gegründet und dient der multilateralen Koordination einer nachhaltigen Fischerei wandernder Fischbestände über mehrere staatliche Einflusszonen. Die NEAFC deckt mit ihrem Regelungsgebiet ca. 8 % der Hohen See im Arktischen Ozean und zwei weitere Gebiete der Hohen See in der Norwegischen See sowie der Barentssee ab. Die Kommission legt unter anderem Fangquoten für ihre Mitgliedstaaten fest, die auch von kooperierenden Drittstaaten anerkannt werden.[10] Die Überprüfung der Einhaltung dieser Quoten findet durch ein System von Kontrollen und Berichterstattung der Hafenstaaten statt.

---

[7]Zur Zusammenarbeit der OSPAR-Kommission mit anderen Institutionen, vgl. Stoessel et al. 2014, S. 60.

[8]OSPAR Monitoring Program, http://www.ospar.org/content/content.asp?menu=00170301 000000_000000_000000.

[9]Molenaar (2014, S. 110 f.) gibt eine Übersicht über weitere (arktisrelevante) Fischereikommissionen.

[10]Mitglieder sind Dänemark (für die Färöer-Inseln und Grönland), Island, Norwegen und Russland, außerdem die EU. Kanada ist nur Kooperationspartner. Damit sind von den „Arctic 8" nur die USA ohne Anbindung an die Kommission. Eine Karte des Regelungsbereichs findet sich online unter http://neafc.org/page/27.

2.3 Internationale Kooperation

Eine weitere arktisrelevante Ebene stellen die internationalen Abkommen und Institutionen dar, die weitere Staaten und Beobachterorganisationen zusammenbringen. Dort wird die Agenda nicht in dem Maße von den Arktischen Staaten selbst bestimmt, wie dies im Arktischen Rat erfolgt. Andererseits führt die Behandlung überregionaler Themen zu einer größeren Relevanz für andere staatliche und wirtschaftliche Interessengruppen. Einigungen können daher aufwendiger zu erzielen sein.

Da die Arktis zum großen Teil vom Arktischen Ozean geprägt wird, und auch die von Meereis bedeckten Gebiete rechtlich als Teil des Meeres behandelt werden, stellt das Seerechtsübereinkommen (SRÜ) eine wichtige Rechtsgrundlage für Rechte und Pflichten der Anrainerstaaten dar. Dies gilt für (Meeres-) Umweltschutzaspekte ebenso wie für die Nutzung von (lebenden und nicht lebenden) Ressourcen oder die Grenzziehung zu anderen Staaten. Von den „Arctic 5" wurde das Übereinkommen 2008 als maßgebliches Instrument für die Kooperation in der Arktisregion ausdrücklich hervorgehoben.[11]

Während Ressourcen an Land grundsätzlich dem Staat zustehen, auf dessen Territorium sie sich befinden, ist die Einflussnahme der Küstenstaaten auf die vorgelagerten Gebiete nicht unbegrenzt möglich. Das SRÜ stellt einen rechtlichen Rahmen auf, der abgestufte Einflusszonen der jeweiligen Küstenstaaten vorsieht.

Küstenstaaten können Meeresboden und Wassersäule als Teil ihrer ausschließlichen Wirtschaftszone (AWZ) bis zu 200 Seemeilen vor der Küstenlinie für die wirtschaftliche Nutzung beanspruchen (Art. 57 SRÜ). Die tatsächliche Ausdehnung hängt insbesondere von konkurrierenden Ansprüchen anderer Staaten ab. Hinter dieser Grenze verbleiben – auch im zentralen Arktischen Ozean – Gebiete jenseits nationaler Einflusszonen, in denen grundsätzlich alle Staaten den im SRÜ garantierten Freiheiten von Schifffahrt und Fischerei nachgehen können. Im Unterschied zu der Wassersäule können die Hoheitsrechte über den Meeresboden auf Antrag bei der Kommission zur Begrenzung des Festlandsockels (CLCS) auf bis zu 350 Seemeilen ausgeweitet werden (Art. 76 Abs. 5–8 SRÜ).[12]

---

[11]Ilulissat-Erklärung der „Arctic 5" am Rande einer Veranstaltung des Arktischen Rates 2008, (http://www.oceanlaw.org/downloads/arctic/Ilulissat_Declaration.pdf). Die USA haben als einziger Arktis-Anrainerstaat das SRÜ noch nicht unterzeichnet. Es findet jedoch nach völkergewohnheitsrechtlichen Grundsätzen im Wesentlichen auch dort Anwendung.

[12]Dieser Antrag kann bis zu zehn Jahre nach Ratifizierung durch den jeweiligen Vertragsstaat des SRÜ erfolgen. Bis auf die USA haben mittlerweile alle „Arctic 5" Ansprüche im Arktischen Ozean bei der CLCS eingebracht. Anträge finden sich online unter http://www.un.org/depts/los/clcs_new/commission_submissions.htm. Die CLCS wird widerstreitende Ansprüche Dänemarks, Kanadas und Russlands auf den Meeresboden unter dem Nordpol berücksichtigen müssen.

Die tatsächliche wirtschaftliche Nutzbarkeit der Arktisregion jenseits der Küstenmeere ist derzeit fraglich:

- Hinsichtlich der Fischerei ist mangels hinreichender Daten noch nicht gesichert, ob und inwieweit die Produktivität der Bestände in arktischen Gewässern zunehmen wird: Steigende Wassertemperaturen könnten die Bedingungen für eine größere Anzahl an Arten begünstigen. Andere Faktoren dürften das Potenzial jedoch deutlich begrenzen, etwa der stärkere Eintrag von Kohlendioxid in die Ozeane (Versauerung), sowie die Tatsache, dass zum Beispiel Grundfische nicht in tiefere Meeresbecken vordringen können (Conservation of Arctic Flora and Fauna 2013, 230 ff.).
- Für die Erkundung und Ausbeutung von Öl und Gas sind ebenfalls gegenläufige Faktoren zu berücksichtigen: Nach viel zitierten Zahlen des US-amerikanischen Geological Survey (USGS) werden in der Arktisregion etwa 13 % der geschätzten, unentdeckten Ölreserven und 30 % der geschätzten, unentdeckten Gasreserven vermutet, 84 % dieser vermuteten Vorkommen im Meeresboden (Gautier et al. 2009, S. 1175, 1176, 1178).[13] Die Karte unten gibt einen Überblick über die geografische Verteilung (vgl. Abb. 2): Die Farbabstufungen zeigen mit zunehmender Intensität die steigende Wahrscheinlichkeit von Öl-/Gasvorkommen (< 10 %, 10–30 %, 30–50 %, 50–100 %, 100 %). Die Förderung in den Umweltbedingungen der Arktis ist jedoch kostspielig und risikoreich.[14] Bei stagnierenden oder gar fallenden Öl- und Gaspreisen lassen sich manche Vorkommen nicht rentabel erschließen. Bei einem Vergleich der Reserven, die nachgewiesen sind und zu aktuellen Preisen ausgebeutet werden können, schrumpfen die genannten Prozentsätze erheblich.[15] Hinzu kommt, dass bei einer ernsthaften Verfolgung des Ziels einer Begrenzung der globalen Erwärmung auf 2 °C – das im Paris-Abkommen im Dezember 2015 als Mindestziel festgeschrieben wurde – die Reserven kostenintensiver Fördergebiete gänzlich im Boden bleiben müssten (McGlade und Ekins 2015, S. 187 ff.). Es bleibt jedoch abzuwarten, in welchem Umfang nationale wirtschaftliche Interessen durch die arktischen Staaten priorisiert werden.

---

[13]Die Autoren weisen zugleich auf die Begrenzung ihrer Schätzungen hin: So wurden nicht-konventionelle Ressourcen, ebenso wie technologische oder ökonomische Risiken der Ausbeutung nicht berücksichtigt.

[14]Für einen Überblick zu potenziellen Risiken, vgl. Hossain et al. 2014, S. 164 ff.

[15]Rempel (2011, S. 118) nimmt für die zu vergleichbaren Bedingungen nutzbaren Ölreserven in der Arktis etwa 2 % der weltweit verfügbaren Vorkommen an. Für einen Überblick über Öl- und Gasfelder und Lizenzen, vgl. Emmerson und Lahn 2012, S. 19 ff.

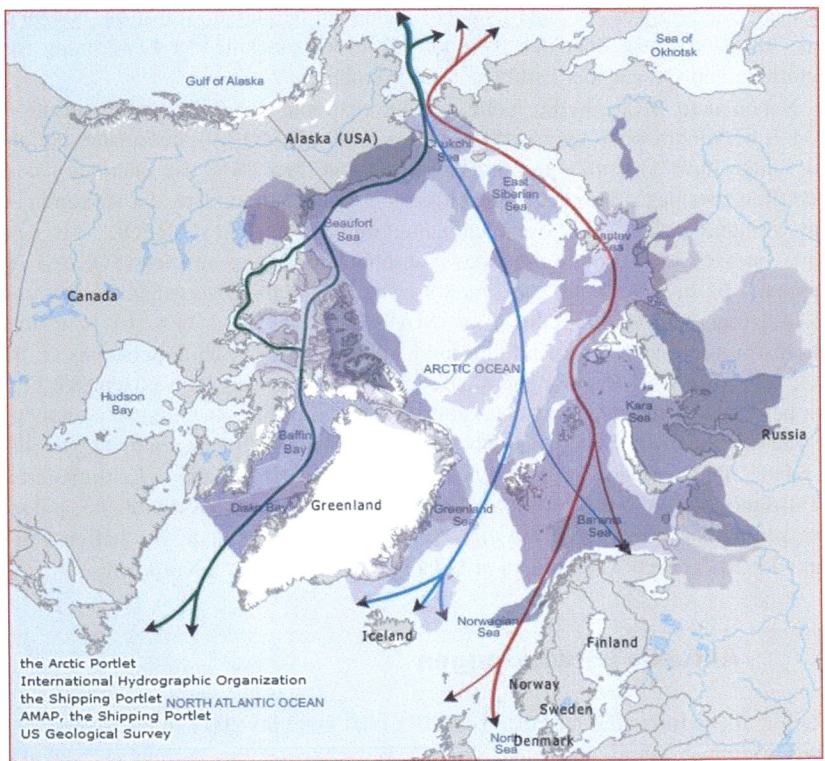

Abb. 2 Öl- und Gasvorkommen und Schifffahrtsrouten in der Arktis. (Quelle: Darstellung durch www.arcticportal.org mit Daten der International Hydrographic Organization, von AMAP und dem US Geological Survey [USGS])

Der Seeweg stellt in der Arktis häufig die schnellste und günstigste, manchmal sogar die einzige verfügbare Verbindung dar (vgl. Abb. 2). Er spielt eine große Rolle für die Beförderung von Personen, den Transport von Gütern, die wissenschaftliche Forschung, aber auch für die Rohstofferkundung und -nutzung. Akteure und Regelungen im Schifffahrtsbereich haben ebenfalls Relevanz für die Energie- und Umweltgovernance in der Arktis, da Schiffsverkehr auch erhebliche Umweltrisiken bergen kann. Mit der zunehmenden Eisschmelze kommt vor allem die Nordmeer-Route (NSR) für bestimmte Güter in Betracht. In geringerem Umfang ist auch die Nordwest-Passage (NWP) zunehmend befahrbar. Selbst die Nutzung einer direkten Route über den Nordpol dürfte bei zunehmender Erwärmung für Schiffe mit entsprechender Eisklasse infrage kommen.[16] Neben dem SRÜ ist die Rolle der Internationalen Schifffahrtsorganisation (IMO) hervorzuheben. Aufgrund der hohen Zahl an IMO Mitgliedstaaten entfalten einige ihrer Abkommen eine Abdeckung von über 98 % der internationalen Schifffahrtstonnage. Für den Umweltbereich sind insbesondere die Abkommen zur Verhütung der Meeresverschmutzung durch Schiffe (MARPOL, mit den Anlagen 1–6) sowie zum Schutz des menschlichen Lebens auf See (SOLAS) zu nennen. Mit ihren Verboten zur Einleitung von Öl und ihren Vorgaben zur Zusammensetzung von Schiffstreibstoffen (MARPOL Anlagen 1 bzw. 6) bzw. mit ihren Anforderungen an Ausbildung und Ausstattung des Schiffspersonals (z. B. SOLAS) tragen die Regelungen auch zur Vermeidung von Umweltschäden bei. Da beide Übereinkommen jedoch keine arktisspezifischen Regelungen enthalten, werden einige Anforderungen den besonderen Umweltbedingungen nicht gerecht. Im Jahr 2009 wurden daher bereits – rechtlich nicht bindende – Leitlinien zur Schifffahrt in (süd- und) nordpolaren Gewässern erlassen. Verbindliche, polarspezifische Anforderungen sind erst 2014 mit dem Polar Code geschaffen worden, der 2017 durch Änderungen in MARPOL und SOLAS in Kraft tritt.

3 Aktuelle Entwicklungen

Vor allem das International Polar Year (IPY) hat 2007 bis 2009 zu einer verstärkten Zusammenführung interdisziplinären Wissens und zur Anregung weiterer Untersuchungen in der Arktis geführt. Einen für die Öffentlichkeitswirksamkeit maßgeblichen Beitrag haben zudem das Setzen einer russischen Flagge auf den Meeresgrund unter dem Nordpol im Jahr 2007 und die USGS-Studie von 2008 gehabt, die – wie oben ausgeführt – erhebliche Öl- und Gasvorkommen in der Arktis prognostizierte (vgl. Serdy 2009, S. 499 ff; weitergehend: Humrich und Wolf 2011, S. 225 ff.). Die Diskussion wird seither auch unter dem Aspekt wirtschaftlicher Nutzung noch intensiver geführt. Hier wird der Schwerpunkt auf neue, arktisspezifische Regelungen, weitere Akteure in der Arktis und politische Herausforderungen gelegt.

---

[16]Für einen Überblick über die Routen, die Faktoren für ihre Nutzung und eine Prognose ihrer künftigen Öffnung, vgl. Emmerson und Lahn 2012, S. 29 ff.

3.1 Neue arktisspezifische Regelungen

Insbesondere ist der Wandel des Arktischen Rats von einem politischen Forum hin zu einem Organ zur rechtlichen Abstimmung zu verfolgen (Kankaanpää und Young 2012, S. 10 f.). In den Beschlussgremien des Arktischen Rats ist grundsätzlich Einstimmigkeit erforderlich. Da der Rat keine völkerrechtlich verbindlichen Abkommen beschließen kann, kann in seinem Rahmen nur über Inhalte und Text verhandelt werden. Regionale Abkommen und ihre Umsetzung in nationales Recht müssen von den Mitgliedstaaten beschlossen werden: 2011 entstand ein Abkommen zu Kompetenzen und der Kooperation bei Such- und Rettungseinsätzen (SAR Abkommen) und 2013 ein Abkommen zum Umgang mit Meeresverschmutzung durch potenzielle Ölunfälle (MOPPR Abkommen). Beide Instrumente beschränken sich im Wesentlichen auf Kompetenzverteilung und Informationsaustausch. Das Fehlen spezifischer Anforderungen zur Verhinderung von Unfällen wurde unter Umweltgesichtspunkten als unzureichend kritisiert (vgl. Byers und Stoller 2013; Greenpeace 2013). Das Abkommen könnte künftig aber auf den laufenden Betrieb der Erkundung, Förderung und Produktion von Öl ausgeweitet werden. Die Unterzeichnung eines dritten Abkommens zur wissenschaftlichen Zusammenarbeit wird 2017 erfolgen und weitere Kooperationen sind in Arbeit: Eine Expertengruppe entwickelt seit 2016 die Möglichkeiten der Umsetzung eines gemeinsamen Rahmens zu klimawirksamen Schadstoffen (Ruß und Methan) im Arktischen Rat. Sie folgt den Vorarbeiten einer *task force,* die dafür von 2013–2015 die Grundlagen legte (vgl. Griffith 2014, S. 5 ff.).

Auf der Ebene der IMO sind nach mehreren Jahren Entwicklungsarbeit im Jahre 2014 entscheidende Beschlüsse zum Polar Code gefasst worden, der ein erstes verbindliches Instrument für mehr Sicherheit in der Arktis- (und Antarktis-) Schifffahrt schafft und 2017 in Kraft tritt. Die Arktisanrainer haben sich in den Verhandlungen zwar mittels des Arktischen Rates koordiniert, aber nicht gänzlich geschlossen gezeigt (PAME 2014, S. 4 f.).

Die erste Fassung des Polar Code wird nur bestimmte Schiffsklassen umfassen, und – obwohl sie zum Teil über MARPOL Vorschriften hinausgeht – hinsichtlich einer Reihe umweltrelevanter Fragen ohne Antworten bleiben (z. B. zu Schadstoffemissionen bei der Verwendung von Schiffsdieseln). Der Regelungsinhalt des Polar Code wird daher auch weiterhin den Austausch von arktischen mit nichtarktischen Staaten erfordern.

3.2 Weitere Akteure in der Arktis

Die Vielfalt der Akteure in der Arktis-Governance nimmt zu, sei es durch nichtarktische Staaten oder durch private Unternehmen. Weltweit ist das Interesse am Naturraum Arktis in den letzten Jahren mit der Diskussion über Schifffahrtsrouten und die potenzielle Nutzung von Ressourcen, aber auch über die Folgen des Klimawandels erheblich gestiegen. Insbesondere sind von asiatischen Staaten wie China, Indien, Japan, Südkorea und Singapur Bestrebungen zu erkennen, die sich auf bestehende Governanceforen und auf die Entwicklung und Zusammenarbeit in der Arktisregion auswirken. Diese Staaten haben seit der Sitzung des Arktischen Rats in Kiruna im Mai 2013 Beobachterstatus und engagieren sich durch wissenschaftliche Beträge in den Arbeitsgruppen des Rates. Zum Teil wurden sogenannte „Arktisbotschafter" ernannt, die eine nationale Position in Arktisfragen schaffen sollen. Daneben ist das wirtschaftliche Interesse als treibende Kraft der raschen Entwicklung hervorzuheben. Kooperationen von Unternehmen mit Arktisanrainerstaaten zeigen das Interesse in der Region, Arbeitsplätze zu schaffen und mit der Entwicklung von Ressourcen steigende Einnahmen zu generieren. Zunehmend werden auch Schnittstellen zwischen staatlichen Akteuren und Unternehmen geschaffen. Auf dem oben genannten Kiruna-Treffen wurde zum Beispiel die Einführung eines *Arctic Economic Council* beschlossen. Während des Vorsitzes des Arktischen Rates durch die USA (2015–2017) stand neben der wirtschaftlichen Entwicklung auch der Klimaschutz verstärkt im Vordergrund. Auf internationaler Ebene wurden verstärkt Bemühungen unternommen, die den Abschluss und das Inkrafttreten des Paris-Abkommens zum Klimaschutz unterstützten.

3.3 Neue politische Herausforderungen

Das Thema Energiesicherheit hat zuletzt auch im Zusammenhang mit der Arktis große Aufmerksamkeit erhalten. Dabei sind potenzielle Konflikte im Zusammenspiel zwischen

- einem weiter steigenden Ressourcenbedarf,
- mittelfristig besser zugänglich werdenden Ressourcen in der Region, und
- den Weltmarktpreisen von Öl und Gas (z. B. durch die Zukunft von *fracking* in den USA)

zu beachten.

Die Notwendigkeit der Kooperation zwischen international agierenden Konzernen – gerade im Bereich der Ressourcenförderung und in der Arktis – hat das

Potenzial, außenpolitische Konflikte zu überstehen oder auch Anknüpfungspunkt für neue Gespräche zu sein. In den 2014 aufgekommenen Diskussionen um das Verhältnis EU-Russland und USA-Russland lassen sich Anzeichen für diese These finden (Bartsch 2014, S. 20 ff.). Der Konflikt um die territoriale Integrität der Ukraine und die Verschärfung der Beziehungen zu Russland zeigte zum Beispiel wenige Auswirkungen auf zeitgleiche Gespräche im Arktischen Rat. Diese Fortführung wissenschaftlicher Kooperationen lässt sich jedoch nicht ohne Weiteres auf die wirtschaftliche Zusammenarbeit erstrecken: So bleiben die längerfristigen Auswirkungen wirtschaftlicher Sanktionen der EU und der USA vom Sommer 2014 abzuwarten, die unter anderem die Lieferung von Bohrausrüstungen für arktische Bedingungen einschränken und darüber hinaus vormals bestehende Kooperationen wie die von Rosneft und Exxon Mobil beeinträchtigen (Valantin 2014). Es ist zudem nicht auszuschließen, dass Russland als politisches Signal der EU die Aufnahme in den Kreis der Beobachter des Arktischen Rates weiter verweigern könnte. Andererseits zeichnet sich eine Weiterentwicklung der EU-Kooperation mit Kanada ab, das bis 2013 die Aufnahme als Beobachter verhinderte.[17]

Mit Blick auf die russischen Außenbeziehungen könnte eine Stärkung wirtschaftlicher Verbindungen nach Asien und zu europäischen Nicht-EU Staaten die Konsequenz sein. Im Rahmen der Finanzierung von Großprojekten dürfte zum Beispiel eine stärkere Diversifizierung der internationalen Beteiligungen mögliche Ausfälle durch Sanktionen zu einem Teil auffangen können (Klimenko 2014, S. 13 ff., 16 ff.; vgl. auch Kramer 2014).

In der deutschen Politiklandschaft ist die Arktis insbesondere durch die lange wissenschaftliche Begleitung präsent geworden. Die Akzeptanz dieser Präsenz hat auch dazu geführt, dass mit allen Arktisanrainerstaaten aktiv zusammengearbeitet wird. Die Entdeckung der Arktis als rohstoffpolitisch relevante Region hat verstärkt außen-, wirtschafts- und verkehrspolitische Interessen geweckt. Dies gilt für Schifffahrtswege sowie in den Bereichen maritimer Technologien und der Sicherung von Rohstoffen. Die „Leitlinien deutscher Arktispolitik" stellen entsprechend die Nutzung wirtschaftlicher Möglichkeiten (insbesondere von Ressourcen und Schifffahrt) ins Zentrum, die jedoch mit Forschung und Technologien nachhaltig und umweltverträglich gestaltet werden soll (Auswärtiges Amt 2013; vgl. auch Haftendorn 2012, S. 91 ff.).

---

[17]Zur Zielsetzung „Arktis" in der EU und der erklärten Relevanz des Beobachterstatus im Arktischen Rat, vgl. die Vertretung der EU in Kanada, http://eeas.europa.eu/delegations/canada/eu_canada/political_relations/index_en.htm.

4 Zusammenfassung und Ausblick

Die Darstellung, dass die Arktisregion gesteigertes Konfliktpotenzial biete, das sich aus einem „Wettlauf um Ressourcen" und der Sicherung von Einflüssen durch militärische Präsenz ergibt, dürfte in dieser Konsequenz nicht zutreffen. Die Ausbeutung von Ressourcen erfolgt häufig als Kooperation internationaler Unternehmen mit Gewinnabsicht, dies gilt auch für Unternehmen unter staatlicher Führung. Die Auseinandersetzung um Einflusszonen findet in dem von den Vereinten Nationen (VN) vorgegebenen Rahmen statt. Die in der Arktis gelegenen Hoheitsräume der Anrainerstaaten sind nur schwer zu erschließen und harschen klimatischen Bedingungen ausgesetzt. Dadurch nehmen die Küstenwachen und militärische Schifffahrt der Arktisanrainer eine stärkere Rolle bei der Erkundung von Seewegen, Begleitung und Sicherung von zivilen Schiffen sowie der Kontrolle von Staatsgrenzen ein.

Wenngleich jüngere Entwicklungen politische Konfliktpotenziale in den bilateralen Beziehungen zwischen arktischen Staaten aufzeigen: Es ist keine nachhaltige Beeinträchtigung der regionalen, wirtschaftlichen und wissenschaftlichen Kooperation zu erwarten, solange keine direkte militärische Konfrontation besteht. Dies dürfte drei wesentlichen Punkten geschuldet sein:

- Die potenziellen Ressourcen, die in der Arktis vermutet werden, führen bei einer weiter wachsenden und auf Wachstum ausgerichteten Weltwirtschaft zu Begehrlichkeiten und in manchen Fällen auch wirtschaftlichen Notwendigkeiten.
- Die Herausforderungen, die der Naturraum Arktis für die Erkundung und Nutzung natürlicher Ressourcen bereithält, erfordern Austausch über Staatsgrenzen hinaus, zum Beispiel zu Regulierung und Koordination gemeinsamer Navigations- und Umweltstandards sowie einheitlicher Genehmigungsverfahren.
- Staaten wie Russland, die USA und Kanada sind sich ihrer nationalen Souveränität und Ausübung der Staatsmacht über ihre Territorien und Meeresgebiete sehr bewusst. Umso weniger werden Diskussionen in regionalen Gremien, die im Konsens entscheiden, als „Bedrohung" für die Verfolgung eigener Prioritäten gesehen.

Den Governancestrukturen in der Arktis ist daher eher eine stabile und eine stabilisierende Wirkung zuzuordnen: Die konsensgeprägte weitere Entwicklung von Abkommen unter dem Arktischen Rat oder der fortdauernde Austausch zum Polar Code im Rahmen der IMO sind Beispiele dafür, dass sich auch im Falle einer Irritation von Außenbeziehungen eine Basis für die Fortsetzung der Zusammenarbeit finden lässt.

Für die Umweltgovernance bedeutet die stark wirtschaftliche Orientierung arktischer Staaten, dass künftig keine vollständige Verhinderung von Aktivitäten in der Arktis zu erreichen sein wird. Umso wichtiger ist es daher, Umweltschutzaspekte in den Entscheidungsprozessen zur weiteren Entwicklung der Arktis zu verankern („Mainstreaming"). Dabei ist darauf hinzuweisen, dass durch den fortschreitenden Klimawandel die Bedeutung der Arktisregion für den Tourismus und auch als Lebensraum zunehmen dürfte. Das Interesse der arktischen Staaten an diesen mittel- und langfristig wachsenden „Ressourcen" zu wecken, könnte einen zusätzlichen Anreiz setzen, die kurzfristige Nutzung und Ausbeutung „klassischer" Ressourcen umweltverträglich und nachhaltig zu gestalten.

Basisliteratur

Sapper, Manfred, Volker Weichsel, und Christoph Humrich. Hrsg. 2011. Logbuch Arktis. Der Raum, die Interessen und das Recht. *Osteuropa 2011* (2–3) (Berlin: Berliner Wissenschaftsverlag). *Das Buch gibt den wohl umfassendsten – auf Deutsch erhältlichen – Einblick in jüngere Entwicklungen in der Arktis, darunter in den Bereichen Öl und Gas, Schifffahrt und Fischerei. Es setzt auch einen Schwerpunkt auf Entwicklungen in Russland, die in anderen Publikationen nicht oft zu finden sind.*

Stokke, Olav Schram, und Geir Hønneland. 2007. *International cooperation and Arctic governance.* New York: Routledge. *Das Buch nähert sich dem Governance-Thema arktischer Institutionen mit dem Blick auf ihre Effektivität, politische Mobilisierung und die Herausbildung einer Region. Dabei werden aber auch regionale Gremien dargestellt, die in der Barents-Region und dem Ostseeraum Governance-Strukturen geschaffen haben.*

Tedsen, Elizabeth, Sandra Cavalieri, und R. Andreas Kraemer. Hrsg. 2014. Arctic marine governance. Berlin: Springer VS. *Das Buch stützt sich im Wesentlichen auf die aktualisierten Erkenntnisse des „Arctic Transform" Projektes (www.arctic-transform.org) das für die EU eine Reihe von Sektoren in der Arktis analysierte. Es bezieht dabei nicht nur die wesentlichen Sektoren Öl und Gas, Schifffahrt und Fischerei mit ein, sondern erweitert die Perspektive um den spezifischen Blickwinkel möglicher transatlantischer Kooperationen.*

Webseiten

Arktischer Rat: http://www.arctic-council.org/index.php/en/.
Council of Foreign Relations (CFR)/The Emerging Arctic: http://www.cfr.org/arctic/emerging-arctic/p32620#!/.
Deutschland/Arktis-Politik: http://www.auswaertiges-amt.de/DE/Aussenpolitik/InternatRecht/Einzelfragen/Arktis/Arktis-Grundlagentext_node.html.
EU Auswärtiger Dienst/EU-Arktis-Politik: http://eeas.europa.eu/arctic_region/index_en.htm.

Internationale Schifffahrtsorganisation (IMO): http://www.imo.org/MediaCentre/HotTopics/polar/Pages/default.aspx.
NEAFC: http://www.neafc.org/.
OSPAR: http://www.ospar.org/.
WWF/ArkGIS: http://arkgis.org/.

Verwendete Literatur

AMAP. 1998. AMAP assessment report: Arctic pollution issues. http://www.amap.no/documents/doc/amap-assessment-report-arctic-pollution-issues/68.
Arctic Council. 1996. Declaration on the establishment of the Arctic Council. http://www.arctic-council.org/index.php/en/document-archive/category/4-founding-documents?download=118:the-ottawa-declaration.
Arctic Social Indicators. 2010. Arctic social indicators – Follow-up to the Arctic human development report, 2010. http://library.arcticportal.org/712/1/Arctic_Social_Indicators_NCoM.pdf.
Auswärtiges Amt. 2013. Auswärtiges Amt, Leitlinien Deutscher Arktispolitik – Verantwortung übernehmen, Chancen nutzen. http://www.auswaertiges-amt.de/cae/servlet/contentblob/658714/publicationFile/185871/Arktisleitlinien.pdf.
Bartsch, Golo M. 2014. Klimawandel und Sicherheit in der Arktis nach 2014. Hat die friedliche und kooperative internationale Arktispolitik eine langfristige Zukunft? Planungsamt der Bundeswehr, Future Topic. http://www.planungsamt.bundeswehr.de/resource/resource/MzEzNTM4MmUzMzMyMmUzMTM1MzMyZTM2MzIzMDMwMzAzMDMwMzAzMDY4Nzg3Njc0Mzg2NjdhNmIyMDIwMjAyMDIw/PlgABw_Future%20Topic_Arktis.pdf.
Byers, Michael, und Mark, Stoller. 2013. What small teeth you have. Strategic environmental impact assessment of development of the Arctic. http://arcticinfo.eu/en/features/76-what-small-teeth-you-have.
Conservation of Arctic Flora and Fauna. 2013. Assessment and trends in arctic biodiversity: Synthesis. Arctic biodiversity. http://www.arcticbiodiversity.is/downloads.
Emmerson, Charles, und Glada, Lahn. 2012. Arctic opening: Opportunity and risk in the high North. London: Chatham House.
Gautier, Donald L., Kenneth J. Bird, Ronald R. Charpentier, Arthur Grantz, David W. Houseknecht, Timothy R. Klett, Thomas E. Moore, Janet K. Pitman, Christopher J. Schenk, John H. Schuenemeyer, Kai Sørensen, Marilyn E. Tennyson, Zenon C. Valin, und Craig J. Wandrey. 2009. Assessment of undiscovered oil and gas in the Arctic. *Science* 324:1175–1179
Greenpeace. 2013. Presseerklärung vom 4. Februar. http://www.greenpeace.org/international/en/press/releases/Leaked-Arctic-Council-oil-spill-response-agreement-vague-and-inadequate---Greenpeace.
Griffith, Lindsey. 2014. The last climate frontier: Leveraging the Arctic council to make progress on black carbon and methane, clean air task rorce. http://www.catf.us/resources/publications/files/CATF_Arctic_Council_Report.pdf.
Haftendorn, Helga. 2012. Schatzkammer Arktis. Deutschlands Interessen an Rohstoffen aus dem Hohen Norden. *Internationale Politik*, 4:91–97.

Hossain, Kamrul, Timo Koivurova, und Gerald Zojer. 2014. Understanding risks associated with offshore hydrocarbon development. In *Arctic marine governance – Opportunities for transatlantic cooperation*, Hrsg. Elizabeth Tedsen, Sandra Cavalieri, und R. Andreas Kraemer, 159–176. Heidelberg: Springer.

Humrich, Christoph, Klaus Dieter Wolf. 2011. Krieg in der Arktis? *Osteuropa* 2011 (2–3): 225–242 (Logbuch Arktis. Der Raum, die Interessen und das Recht, Hrsg. Manfred Sapper, Volker Weichsel, und Christoph Humrich).

Kankaanpää, Paula, und Oran R. Young. 2012. The effectiveness of the Arctic council. *Polar Research* 31 (17176): 1–14.

Klimenko, Ekaterina. 2014. Russia's evolving Arctic strategy. Drivers, challenges and new opportunities. SIPRI Policy Paper No. 42. http://books.sipri.org/files/PP/SIPRIPP42.pdf.

Koivurova, Timo, und Waliul Hasanat. 2009. The climate policy of the Arctic council. In *Climate governance in the Arctic*, Hrsg. Timo Koivurova, Lotta Brännlund, und Nigel Bankes. New York: Springer.

Kramer, Andrew E. 2014. The 'Russification of oil exploration.' New York Times, 29. Oktober. http://www.nytimes.com/2014/10/30/business/energy-environment/russia-oil-exploration-sanctions.html?_r=0.

McGlade, Christophe, und Paul Ekins. 2015. The geographical distribution of fossil fuels unused when limiting global warming to 2 °C. *Nature* 517:190–197.

Molenaar, Erik J. 2014. Status and reform of international Arctic shipping law. In *Arctic marine governance – Opportunities for transatlantic cooperation*, Hrsg. Elizabeth Tedsen, Sandra Cavalieri, und R. Andreas Kraemer, 127–157. Heidelberg: Springer.

Protection of the Arctic Marine Environment. 2014. Status on implementation of the AMSA 2009 report recommendations. http://www.pame.is/index.php/projects/arctic-marine-shipping/amsa.

Rempel, Hilmar, Sapper Manfred, Volker Weichsel, und Christoph Humrich. 2011. Rohstoffe in der Arktis. *Osteuropa* 2011 (2–3): 113–127 (Logbuch Arktis. Der Raum, die Interessen und das Recht).

Serdy, Andrew. 2009. Reactions and overreactions to the Russian flag on the seabed at the North Pole. *Yearbook of Polar Law Online* 1 (1): 499–509.

Stoessel, Susannah, Elizabeth Tedsen, Sandra Cavalieri, und Arne Riedel. 2014. Environmental governance in the marine Arctic. In *Arctic marine governance – opportunities for transatlantic cooperation*, Hrsg. Elizabeth Tedsen, Sandra Cavalieri, und R. Andreas Kraemer, 45–69. Heidelberg: Springer.

US Arctic Strategy. 2013. National strategy for the Arctic region. http://www.whitehouse.gov/sites/default/files/docs/nat_arctic_strategy.pdf.

USCG Arctic Strategy. 2013. United States coast guard Arctic strategy. http://www.uscg.mil/seniorleadership/DOCS/CG_Arctic_Strategy.pdf.

Valantin, Jean-Michel. 2014. The Russian Arctic, energy and a massive power shift. https://www.redanalysis.org/2014/10/06/russian-arctic-energy-massive-power-shift.

Über den Autor

Arne Riedel, LLM, ist Fellow am Ecologic Institut in Berlin.

The manufacturer's authorised representative in the EU is Springer
Nature Customer Service Centre GmbH, Europaplatz 3, 69115 Heidelberg,
Germany. If you have any concerns regarding our products, please
contact ProductSafety@springernature.com

Printed and bound by CPI Group (UK) Ltd, Croydon, CR0 4YY
23/03/2026
02076738-0005